"十二五"高等教育精品课程系列教材

基础商品学

白世贞 牟维哲 主编

中国财富出版社

图书在版编目（CIP）数据

基础商品学/白世贞，牟维哲主编 . —北京：中国财富出版社，2014.6

（"十二五"高等教育精品课程系列教材）

ISBN 978 - 7 - 5047 - 4911 - 6

Ⅰ.①基…　　Ⅱ.①白…②牟…　　Ⅲ.①商品学—高等学校—教材　　Ⅳ.①F76

中国版本图书馆 CIP 数据核字（2013）第 228177 号

策划编辑	张　茜		责任印制	方朋远
责任编辑	尚林达　颜学静		责任校对	饶莉莉

出版发行	中国财富出版社（原中国物资出版社）			
社　　址	北京市丰台区南四环西路 188 号 5 区 20 楼		邮政编码	100070
电　　话	010 - 52227568（发行部）		010 - 52227588 转 307（总编室）	
	010 - 68589540（读者服务部）		010 - 52227588 转 305（质检部）	
网　　址	http://www.cfpress.com.cn			
经　　销	新华书店			
印　　刷	三河市西华印务有限公司			
书　　号	ISBN 978 - 7 - 5047 - 4911 - 6/F・2147			
开　　本	710mm×1000mm　1/16		版　　次	2014 年 6 月第 1 版
印　　张	20.75		印　　次	2014 年 6 月第 1 次印刷
字　　数	430 千字		定　　价	42.00 元

序　言

　　改革开放三十余年，我国经济已与世界接轨，并在世界经济格局中占据越来越重要的地位。我国经济的高速发展对经济管理人才提出了越来越高的要求，也对培养经济管理人才的高等教育提出了更高的要求。为配合当前经济发展水平对高等教育提出的要求，我们组织编写了"'十二五'高等教育精品课程系列教材"。此套系列教材以出版精品课程教材为己任，以市场需求与实际教学为出发点，精选经受市场检验的教材为主要出版品种，同时紧跟前沿学科发展开发新品教材。

　　中国财富出版社（原中国物资出版社）2005年起出版的"21世纪商品学专业核心教材"系列由于教学内容丰富、体系安排合理得到了各院校商品学专业及相关专业师生的好评，已累计销售2万余册。鉴于近年来科学技术的飞速发展和教学要求的更新变化，中国财富出版社根据市场需求与教学要求对"21世纪商品学专业核心教材"进行增删，形成了"'十二五'高等教育精品课程系列教材商品学系列"。此套商品学系列教材包括《基础商品学》《海关商品学（3版）》《食品商品学（2版）》《纺织商品学（2版）》《工业品商品学（2版）》《电子电器商品学（2版）》《冷链食品商品学》《纺织品检验学（2版）》《商品包装学（2版）》。

　　感谢全国各院校商品学专业及相关专业师生在第一版使用期间提出的建议与意见，是他们的建议与期望促使我们修订此套商品学系列教材，也感谢中国财富出版社一直以来在商品学教材建设方面所做的努力与探索。我们相信，此套教材的修订出版会进一步推动我国商品学专业教育的蓬勃发展，也将为我国经济人才的培养贡献力量。

"十二五"高等教育精品课程系列教材编委会

2014 年 5 月

前　言

　　本书共分十四章，主要介绍了商品学的基础知识，包括商品学概论知识和分论知识。概论知识包括商品及商品学概述、商品质量、商品分类、商品检验、商品包装与商标、商品的储存与养护等内容；分论知识包括食品商品、服装商品、日用商品、电子电器商品、金融产品、家具商品、装潢装饰商品和汽车商品等内容。本书的主要特色是商品学的知识体系完整、内容丰富，既有理论，又结合实际应用。通过本书的介绍，读者可以比较全面地了解商品学的基础知识。

　　本书既适合于各本科高等院校的商品学、物流管理、市场营销、企业管理、工商管理等专业使用，也可供从事商品营销管理等相关行业的业务人员参考，以及供其他对商品学感兴趣的读者学习使用。

　　本书由白世贞、牟维哲任主编，第一至第八章由牟维哲编写，第九、第十章由张静编写，第十一、第十二章由詹帅编写，第十三、第十四章由钟海岩编写，参加前期收集资料的有孟莹、倪超等。

　　本书在编写的过程中，得到了各方面专家、学者的支持和帮助，在这里一并表示感谢，如有任何疏漏之处，还望读者批评指正。

编　者

2014 年 1 月

前　言

目 录

第一章　商品及商品学概述

第一节　商品学的产生与发展

商品学是商品经济发展的必然产物，是伴随着商品生产的发展而产生、发展的。虽然这门学科从诞生至今仅有 200 多年历史，但它的产生、发展始终与商业经营和人民生活密切相关。

商品学最早产生在德国。18 世纪初，德国的工业发展迅速，将进口的原材料加工成成品出口，从而扩大了原材料与工业品的贸易。这种贸易的扩大要求商人必须具有相关的、较为系统的商品知识，这就促进了商品学知识的系统化发展。德国的约翰·贝克曼教授首次在哥丁堡大学开设了"工艺学和商品学"课程，于 1793—1800 年编著了《商品学导论》，建立了商品学的学科体系，明确了商品学的研究内容。因此，约翰·贝克曼教授被誉为商品学的创始人，他所建立的商品学的学科体系被称为贝克曼教授商品学。"商品学"这个词来源于德文"Warenkunde"，译成英文是"Commodity Science"。

在我国，古代商人为了招揽生意和辨别商品质量的优劣，将散落的商品知识逐渐汇集成书。春秋时期的《禽经》、唐朝的《茶经》、宋朝的《荔枝谱》，以及明朝的《本草纲目》和清朝的《商贾便览》等，都记载了与商品经营有关的知识。其中，唐朝陆羽所著的《茶经》一书，从学术角度看，被看做是早期商品学的萌芽。

随着社会的不断进步以及商业经济的蓬勃发展，商品学这一理论与实践兼具的学科将会向更为广阔的方向发展，并更好地指导商品的生产与经营。

第二节　商品概述

一、商品的概念

商品是人类社会生产力发展到一定历史阶段的产物，是为了交换而生产的劳动产品。商品具有使用价值和价值两种属性，是使用价值和交换价值的统一体。

商品的概念有狭义和广义之分。狭义的商品，也称传统的商品，是指通过市场交换，能够满足人们社会的需要（物质/精神需要）的物质形态的劳动产品。广义的商品，则是指通过市场交换，能够满足人们某种社会消费需要的所有形态（知识、劳务、资金、物质等形态）的劳动产品。随着现代化社会的高度商品化和技术创新的加速，商品的发展呈现出知识化、软件化、服务化等趋势和特点。商品已不满足于"需求"与"经济"相结合的形式，开始向"技术"与"文化"相结合的方向发展。

二、商品的特征

与一般劳动产品相比，商品具有以下特征。

（一）商品是具有使用价值的劳动产品

某些天然物品，如空气、河水等，虽然具有使用价值，但因其不是劳动产品，所以不能称为商品。而没有使用价值的劳动产品，如废品、掺假产品等，也不能算做商品。

（二）商品是供别人或社会消费，而不是供生产者或经营者自己消费的劳动产品

马克思指出："一个物可以使用，而且是人类劳动产品，但不是商品。谁用自己的产品来满足自己的需要，他生产的就只是使用价值，而不是商品。要生产商品，他不仅要生产使用价值，而且要为别人生产使用价值，即生产社会的使用价值。"

所以，自产自用的劳动产品，如农民留下自用的那部分农副产品，就不能归于商品。其自用部分所占比例越大，该类产品的商品率就越低。

（三）商品是为交换而生产的劳动产品

商品对生产者来说，只是交换价值的物质承担者，没有直接的使用价值，否则他就不会把它拿到市场上去卖。而要交换就必须进入市场，并且受市场规律（如价值规律、供求规律、竞争规律）支配。一种产品是否是商品，不能靠理论界定后才进入市场，而往往是先进入市场交换，然后再被承认为商品。

我国商品学侧重研究物质形态商品中的生活资料商品和生产资料商品。随着社会生产和科学技术的迅速发展，其商品研究范围必将逐步扩大，如研究知识形态、资金形态、劳务形态商品等。

三、商品的使用价值

（一）使用价值的本质

使用价值一般是指物的价值。使用价值表示物和人之间的自然关系，实际上

表示物为人而存在。物之所以对人或社会有使用价值，恰恰在于物本身具有能够满足人或社会需要的属性。"如果去掉使葡萄成为葡萄的那些属性，那么它作为葡萄对于人的使用价值就消失了"。因此，物的有用性使物具有使用价值。

由上可见，物的使用价值是由人的需要和物的属性两者之间的作用而形成的。人们可以根据自己的需要，自觉能动地利用现有的自然物或者将其加工改造成符合目的的人工物（产品或商品），或者从市场选用符合目的的商品。但这些物能否或在多大程度上使人的需要得以满足，即是否有使用价值或可能有多大的使用价值，又是由物本身的属性决定的。物的属性与人的需要的吻合程度或一致性程度，就决定了物对于人的使用价值的大小。可以说，人或社会的需要是物的使用价值形成的前提，离开人或社会的需要，物就没有使用价值可言。但人或社会的需要不是由主观意志决定的，是由该时代社会生产力发展水平、生产关系的性质以及人们在生产关系中所处地位（社会再生产的整体关系）所规定、制约的，因而是客观的。物本身的属性是物的使用价值形成的客观基础。物的属性多种多样，可分别满足人（社会）的不同需要，从而形成不同的使用价值。不同的物可以有不同的使用价值，同一种物也可以有不同的使用价值。值得注意的是，物及其属性本身还不是物的使用价值，物和它的属性只是物的使用价值的载体和客观基础。

（二）商品的使用价值

商品具有价值和使用价值，商品学学科主要是研究商品的使用价值，而商品的价值则主要是由经济类学科来研究。商品的这种二重性由商品生产者的劳动二重性来决定，具体劳动创造了商品的使用价值，抽象劳动则创造了商品的价值。

1. 商品使用价值的整体概念

商品首先是物，商品使用价值的概念来源于物的使用价值。商品使用价值是指商品对于其使用者的意义、作用或效用。它反映了商品属性与人或社会需要之间的满足关系。然而商品又不同于一般的物，它是通过交换满足他人或社会消费需要的劳动产品。因此，商品对其生产者、经营者来说，没有直接的消费使用价值，但有间接的使用价值，即可以用来交换，商品成为交换价值的物质承担者，成为企业经济效益的源泉。马克思把这种使用价值称为形式使用价值的客观存在及其本质，我们把它称为商品的交换使用价值。在商品的交换使用价值中，政治经济学意义上的价值充当了自己的对立物——使用价值的角色，价值作为特殊的有用性，满足了商品生产者、经营者的交换需要。马克思把商品对其消费者、用户所具有的直接的消费使用价值称为实际使用价值。它是由具体劳动赋予商品以各种有用性而产生的，是由商品的有用性在实际消费中所表现出来的满足消费者需要的作用而形成的。我们把这种使用价值称为商品的交换使用价值，反映了商品有关属性与人们的交换需要之间的满足关系。商品的消费使用价值则反映出商品有关属性与人们的消费需要之间的满足关系。广义的商品使用价值概念包含商品的交换使用价值和商品的消费使用价值。狭义的商品使用价值概念仅指商品的消费使用价值。通常人们所说的商品使用价值是指后者。

广义的、全面的商品使用价值是商品学学科的研究对象，它反映了商品使用价值的二重性，无疑对商品学理论和实践的研究具有非常重要的意义。

首先，坚持商品使用价值的二重性，有利于商品学彻底地从旧的计划经济体制下摆脱出来，更好地适应社会主义市场经济的新体制，从单一地强调商品的消费使用价值——物品的使用价值的研究，忽视商品的交换使用价值——商品（交换）的使用价值的研究，转向对"商""品"的使用价值的全面研究。

其次，坚持商品使用价值的二重性，有助于避免商品学研究中将商品使用价值与商品价值的对立绝对化，甚至将它们割裂开来，从而加深认识它们的对立转化和统一的关系，强调商品使用价值的研究必须同商品价值相联系。商品使用价值与商品价值在商品中的统一，还为商品学与经济管理学科的血缘关系以及商品学学科的交叉特点提供了重要的理论依据。

最后，坚持商品使用价值的二重性，就是要求商品学在理论研究和实践中，必须重视商品交换使用价值及其实现规律的研究。商品交换使用价值是通过商品生产和物流活动形成，并通过商品交换实现的，市场是商品交换的中心。

因此，商品学必须加强对不同类别商品的市场研究，例如，某类商品市场需求的调查预测研究；某类商品的市场规模、市场占有率、消费者购买行为、竞争对手特点等因素的研究；某类商品品种、规格、质量、价格等自变量因素变化所引起的该类商品销售量、市场占有率等因变量变化的因果研究等。

2. 商品使用价值的结构系统

商品使用价值是一个具有复杂结构的系统，包括不同的方面、不同的层次和不同的要素。通常可以分为静态和动态两类系统。

（1）商品使用价值的静态系统。商品使用价值作为静态的系统来考察，是由不同种类、不同层次的使用价值构成的。从满足需要的性质来看，包括商品的物质使用价值和精神（文化）使用价值；从主体的社会层次来看，包括商品的个人使用价值和社会使用价值；从客体的层次来看，包括商品的个体使用价值和群体使用价值；从主客体发生作用的地位来看，包括商品的主要使用价值和次要使用价值；从主客体发生作用的性质来看，包括商品正的使用价值和负的使用价值；从实现的客观依据来看，包括商品的现实使用价值和潜在使用价值等。商品使用价值的静态系统是一个纵横交错的立体系统。全面地分析商品使用价值的静态结构，认识商品使用价值的各个方面，把握商品交换或消费活动的综合价值，对于我们选择商品交换或消费的目标具有重大意义。

（2）商品使用价值的动态系统。商品使用价值的实现，要经历一个过程，即由潜在的使用价值向现实的使用价值转化的过程，我们把该过程称为商品使用价值的动态系统。商品使用价值的实现是分两个阶段完成的：第一阶段首先在交换过程中实现商品的交换使用价值，第二阶段最终在消费过程中实现商品的消费使用价值。如果商品的交换使用价值因故没有实现，那么商品的消费使用价值也无法实现。商品使用价值的动态系统包含三个基本要素，即需要、商品、效用。需要通过使用价值的选择、定向以及创造过渡到商品，由此潜在的使用价值已经形成；商品再通过交换或消费实践转化为现实的交换或消费使用价值，即产生预定效用，实现了使用价值；然后再过渡到新的需要。如此循环往复，以致无穷，如图 1-1 所示。

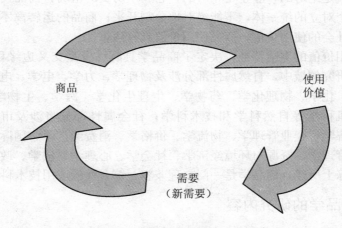

图 1-1　商品使用价值的动态系统

第三节　商品学的研究对象、研究内容和研究任务

一、商品学的研究对象

商品学是研究商品使用价值及其变化规律的科学。

商品的使用价值是由商品本身的属性所形成的。商品的自然属性构成了使用价值的物质基础，是商品使用价值形成和实现的重要依据和必备条件。商品的社会属性（除商品价值之外）构成了使用价值的社会基础，是社会需要和市场交换需要必不可少的组成部分，是商品使用价值实现的必要条件。

商品学研究商品的自然属性包括商品的功能、性能、性质、成分、结构等。不同效用的商品，有着不同的用途、使用方法和使用条件，与此相关的各种属性综合构成了自然属性的商品质量。

商品学研究商品的社会属性包括商品对社会的适应性、时代性、心理性、文化性、流行性、民族性、区域性、可持续发展性等，与其相关的商品市场质量、美学质量、包装质量（社会属性部分）综合构成了社会属性的商品质量。

对于商品的属性其静止状态是相对的，随着社会的发展和进步，商品的属性在不断地打破相对的静止状态处于动态的发展变化之中，因而促进新产品（商品）的开发、满足动态发展市场的需求是历史的必然。工商企业必须清楚这一点，才能在激烈的市场竞争中立于不败之地。

商品学研究的商品全面使用价值有如下特征：商品使用价值处在动态发展之中，动态发展是绝对的，静止是相对的，它属于历史的范畴；商品使用价值与商品价值是一个对立的统一体，不能绝对地分割开来；商品的运转离不开社会，其使用价值是社会的使用价值；商品使用价值具有两重性。

商品使用价值的上述特征，决定了商品学具有综合型交叉边缘科学的性质。在商品学的研究领域中，自然属性部分涉及物理学、力学、电学、电子学、机械学、材料学、化学、物理化学、药物学、生理生化学、医学、生物学、工艺学、环保和计算机科学等自然科学和技术科学；社会属性部分将涉及市场学、广告学、商业经济学、企业管理学、物流学、价格学、消费经济学、国际贸易学、标准化与质量管理学、资源与环境经济学、社会学、心理学、法学、政治经济学等社会科学。综上所述，商品学是一门文理兼容，综合性的应用技术科学。

二、商品学的研究内容

商品学的研究内容是由商品学的研究对象所决定的。根据商品学的研究对象，其研究内容以商品为基础，以商品—人—环境为系统，以商品使用价值在质和量上的表现形式——商品质量和商品品种为中心。以商品属性不断满足商品交换和消费需要以及其他社会需要为主线，具体包括商品质量及其影响，商品质量管理与质量监督，商品标准与标准化，商品检验，商品分类与编码，商品包装与标识，品牌与商标管理，商品的成分、结构与性质，商品储运与养护，新商品开发，信息与商品预测，商品消费心理，商品广告，商品与资源、环境等。

三、商品学研究的任务

从商品学的发展历史来看，商品学产生于商品交换的实践，反过来又为发展生产、促进商品流通和保护消费者利益服务。所以，商品学研究的总任务是反馈商品信息，促进生产企业生产消费需要的商品，维护流通领域商品的使用价值，指导消费，促进使用价值的实现，推动市场经济的发展，具体任务如下。

（一）指导商品使用价值的形成

通过商品资源和市场的调查预测、商品的需求研究等手段，为有关部门实施商品结构调整、商品科学分类，商品的进出口管理与质量监督管理，商品的环境管理，制定商品标准及政策法规、商品发展规划提供决策的科学依据；为企业提供商品的基本质量要求，指导商品质量改进和新商品开发，提高经营管理素质，保证市场商品物美价廉，适销对路。

（二）识别、评价商品使用价值的高低

商品质量是决定商品使用价值高低的基本因素，是决定商品竞争力强弱、销路、价格的基本条件。所以，它是商品学研究商品使用价值的中心内容。通过对商品使用价值的分析和综合，明确商品的质量指标、检验和识别方法，能全面准确地评价、鉴定商品的质量，杜绝伪劣产品流入市场，保证商品质量符合规定的标准或合同，维护正常的市场竞争秩序，保护买卖双方的合法权益，切实维护国家和消费者的利益，创造公平、平等的商品交换环境。

（三）维护商品使用价值的安全

分析和研究与商品质量有关的各种因素，提出适宜的商品包装、储运方式，保护商品质量，采用合理的运输、仓储条件和科学的养护方法，保护商品的使用价值。

（四）促进商品使用价值的实现

指导消费者按正常使用条件使用商品，充分实现商品的使用价值。通过大力普及商品知识和消费知识，使消费者认识和了解商品，学会科学地选购和使用商品，掌握正确的消费方式和方法，由此促进商品使用价值的实现。

（五）研究商品使用价值的再生

通过对商品废弃物与包装废弃物处置、回收和再生政策、法规、运行机制、低成本加工技术等问题的研究，推动资源节约、再生和生活废物减量，保护环境的绿色行动。

（六）促进商品经营管理水平的提高

对商品学进行研究，对于商品经营管理者来说，可以掌握商品的有关理论知识，经营管理好各种商品，实现商品质量的提高；对于消费者来说，可以更好地识别商品的真伪。因此，从这两方面来说，商品学的研究可以促进商品经营管理水平的提高。

第二章 商品质量

第一节 商品质量概述

商品质量的含义因人们对它的认识和理解的不同而不同。在商品生产尚不发达、商品销售供不应求的社会经济条件下，人们的物质需求呈主导地位，此时，商品质量观的主体内容是商品的基本性能和寿命，主要强调商品的内在质量，如衣着的保暖、耐穿，日用工业品的坚固、耐用等基本内容。随着商品生产和经济的发展，商品由供不应求转变为供大于求，人们对商品的需求有了选择的余地，此时，人们也不再满足于基本的物质需要，而有了更高层次的需求——文化精神的需要，人们除了注意商品的内在质量（如商品的实用性、寿命、安全和卫生等）之外，也开始越来越重视商品的外观质量（如商品的外观构型、质地、色彩、气味、手感、表面疵点和包装等）、商品的社会质量（如商品是否违反社会公德、是否污染社会环境、是否浪费能源或资源等）以及经济质量（如商品是否有较好的性能价格比、商品在使用或消费中的使用和维护成本等）。

综上所述，商品质量就是衡量商品使用价值的尺度，这个尺度是人们在实践中得出的科学结论。它体现了商品所具有的特征，以及满足用户全面需求的程度。

一、质量与商品质量的概念

（一）质量的概念

美国著名的质量管理专家朱兰（J. M. Juran）博士从顾客的角度出发，提出了产品质量就是产品的适用性，即产品在使用时能成功地满足用户需要的程度。用户对产品的基本要求就是适用，适用性恰如其分地表达了质量的内涵。

国际标准化组织（ISO）2005 年颁布的 ISO 9000：2005《质量管理体系基础和术语》中对质量的定义是：一组固有特性满足要求的程度。

（1）它对质量的载体不做界定，说明质量是可以存在于不同领域或任何事物中。对质量管理体系来说，质量的载体不仅针对产品，即过程的结果（如硬件、流程性材料、软件和服务），也针对过程和体系或者它们的组合，既可以是零部件、计算机软件或服务等产品的质量，也可以是某项活动的工作质量或某个过程的工作质量，还可以是指企业的信誉、体系的有效性。

（2）定义中特性是指事物所特有的性质，固有特性是事物本来就有的，它是通过产品、过程或体系设计和开发及其后面实现过程形成的属性，这些固有特性的要求大多是可测量的。赋予的特性（如某一产品的价格）并非是产品、体系或过程的固有特性。

（3）满足要求就是应满足明示的（如明确规定的）、通常隐含的（如组织的惯例、一般习惯）或必须履行的（如法律法规、行业规则）需要和期望。只有全面满足这些要求，才能评定为好的质量或优秀的质量。

（4）顾客和其他相关方对产品、体系或过程的质量要求是动态的、发展的和相对的。它将随着时间、地点、环境的变化而变化。所以，应定期对质量进行评审，按照变化的需要和期望，相应地改进产品、体系或过程的质量，确保持续地满足顾客和其他相关方的要求。

（5）"质量"一词可用形容词如差、好或优秀等来修饰。除了产品质量之外，还包括工作质量。质量管理不仅要管好产品本身的质量，还要管好质量赖以产生和形成的工作质量，并以工作质量为重点。

（二）商品质量的概念

商品质量，是指商品满足规定或潜在要求（或需要）的特征和特性的总和。这里，"规定"是指国家或国际有关法规、质量标准或买卖双方的合同要求等方面的人为界定；"潜在要求（或需要）"是指人和社会对商品的适用性、安全性、卫生性、耐久性、维修性、有效性、审美性、经济性、信息性等方面的人为期望；"特征"是指用来区分同类商品不同品种的特别显著的标志，如电风扇的落地式、壁挂式、台式、吊式的区分标志。"特性"是指不同类别商品所特有的性质，如空调的制冷、制热性能，保温瓶的保温性能，羽绒服应有保暖性能等。因此这里所说的商品质量实质是广义的商品质量，它包含了商品质量和商品品种两方面的内容。狭义的商品质量仅仅是指商品满足规定或潜在要求（或需要）的特性的总和，不包括商品品种的内容。

二、商品质量的构成要素

商品质量的构成要素，可形象地用质量球来表示。

（1）球的中心部位即核心，代表质量意识或质量观念。

（2）次外层代表质量软件，如质量控制、质量标准、法规、管理规范、质量管理、情报信息、安全标志、商标服务和品牌等。

（3）最外层代表的是商品的成分、结构、性能、包装等质量硬件。

三、商品质量特性

（一）商品质量特性与分析

1. 商品的质量特性、质量要求、质量评价

所谓商品质量特性，就是根据一定的准则，将对商品的需要转化为特性，这些特性就称为商品的质量特性。这里所谓的准则就是选择那些与需要关系密切的、主要的、能够检测的特性。日本人称质量特性为质量评价要素。质量特性是商品特性的一部分。商品的综合质量是商品质量特性之和。

商品的质量要求是对商品质量需要的表述或对商品质量特性的定量或定性的规定。

商品的质量评价是对商品质量满足需要程度所做的有系统的检查和判断。

2. 商品质量特性的分类

日本的水野良相教授把商品质量特性分为六类，如表2-1所示。

表2-1　　　　　　　　　商品质量评价要素类型

内部要素	A	性状要素	尺寸质量	尺寸、重量、容积、毛重	客观的质量要求要素	使用质量要求要素
			原料成分	有效成分、含量、辅助成分、填料、杂质、水分		
			形态构造	品种、密度、结构、装饰、加工方法、镀层厚度		
			其他性质	色泽、比重、黏度、折光指数、透明度、凝固点、产地、制法		
	B	缺陷要素	各种外观缺陷、包装缺陷			
	C	性能要素	强度、延伸率、硬度、弹性、耐久性、功率、传导率、营养率、吸湿性、透气性、色牢度、收缩率、耐水性、阻燃性、保存性、搬运性			
	D	感官要素	色泽、手感、音色、新鲜度、外观		准客观	
	E	嗜好要素	图案、图样设计、式样、色调、风味、风格、流行性		主观	
外部要素	F	市场适应性要素	包装、商标、标签、广告、产地、价格、保管、搬运费用		客观加主观	市场要素

（广义市场质量要素）

（1）性状要素：商品的静态特性和形态，是构成商品基本功能的物质基础。

（2）缺陷要素：商品的外观缺陷。

（3）性能要素：商品的动态特性，是在外力或者环境作用下表现的特性。

（4）感官要素：使用人的感觉器官评价的质量特性。

（5）嗜好要素：根据人们的爱好去评价的质量特性。

（6）市场适应性要素：适应市场销售的质量特性。

3. 质量特性的分析

为了认识商品质量特性的特点，表2-1对这些质量特性做了初步的分析，再强调以下几点。

（1）真实质量特性与代用质量特性。真实质量特性是指能够直接、真实地反映商品有用性、使用价值的质量特性，如煤炭的发热量。代用质量特性是指能够间接反映商品有用性的质量特性如纸张的裂断强度。评价商品的质量应该尽量采用真实的质量特性。但是，真实的质量特性往往需要在使用条件下测量，这就限制了它的使用。因此，在多数情况下，采用代用质量特性。

（2）质量特性的客观程度。如表2-1所示，质量特性有客观、主观、准客观三类。客观的质量特性是指其测量结果不受人的主观因素影响；主观的质量特性的测量结果取决于人们的爱好和习惯；准客观质量特性是指感官质量特性，这些质量特性本身是客观的，但是其测量方法是主观的，因此，其测量结果往往受主观因素的影响。

（3）商品本身的质量特性与商品的附加质量特性。商品本身与商品整体是一个容易混淆的概念。商品本身的质量特性是指表2-1中的A、B、C、D、E五类特性。商品的附加质量特性是指表中的F类特性。商品的附加部分是市场质量特性，它对于生活用品很重要。生产资料重视商品本体的质量特性；生活资料，在生活水平低的时候重视商品本体质量，在生活水平高时注意重点向附加质量特性转移。在目前的商品质量标准中，一般只规定商品本体的质量特性，而在贸易实践中，附加的质量特性已经构成质量条款的重要内容。

（4）使用质量特性与经济质量特性。使用质量特性是指满足特定用途要求的质量特性，包括表2-1中的A、B、C、D、E五类。经济质量特性是指商品质量与商品价格的比较。当代质量观念包括了经济因素。消费者总是希望花同样的钱能够买到质量更好的商品或者买同样质量的商品花更少的钱。对于消费品，特别是耐用消费品，评价它的经济质量还要考虑服务因素，此时，经济质量＝（使用质量＋服务）/价格。

（二）商品质量特性

商品质量特性通常需要用各种数量指标来表示，这些数量指标称为质量指标。商品质量指标是商品技术性指标和可靠性指标的综合。由于商品的复杂性和多样性，商品质量指标很多，在实践中主要有以下几方面：适用性指标（用途指标）、工艺性指标、结构合理性指标（包括商品的可修理性、零部件互换性及人体工程学等方面指标）、卫生安全性指标、可靠性指标、经济性指标、使用寿命指标、批量商品质量均一性指标、生态环境指标、美观指标等。这几方面的质量指标构成了对现代商品质量的基本要求。它们相互补充，相辅相成，不可或缺。

测量或测定质量指标所得到的数值，称为质量特性值。我们把可以连续测量而得到的质量特性值，称为计量值，如商品的尺寸、重量、容积、抗拉伸强度等特性值。质量特性值最好为计量值，但有时没有必要或实际上难以用计量值表示，例如商品的品级、合格品数、外观疵点数等特性值是离散的，只能取整数值或定性地划分为两个或两个以上的类别，这样的质量特性值称为计数值。

第二节　商品质量的基本要求

商品质量是商品所具备的能够满足人们一定消费要求（或需要）的属性。商品质量的要求是依据其用途、使用方法等提出的，不同的消费者根据不同的消费目的对商品质量有着不同的要求。由于商品种类繁多；其用途和使用方法也多种多样，因此商品质量要求也是各不相同的，但是把各种质量要求归纳起来，可以看出，所有商品的质量要求都可概括为以下七个方面的基本内容，即适用性、安全卫生性、审美性、寿命和可靠性、经济性、信息性、环保性。

一、适用性

适用性是指商品为满足一定的用途（或使用目的）所必须具备的各种性能（或功能），它是构成商品使用价值的基本条件。不同的商品，因其使用目的不同，其适用性也具有不同的内容。例如，对食品而言，因其以食用为主要目的，它就应具有一定的营养功能，以维持人体正常代谢所必需，这就要求食品应具有一定的营养功能——供给热量、保持体温、维持生命、修补组织、调节代谢；对服装而言，其适用性的内容就是其遮体、御寒的功能；对于照明灯具就是指其通电发光的功能；电视机就是其接收信号并转化为图像和伴音的功能。

二、安全卫生性

安全卫生性是指对商品在生产、流通，尤其是在使用过程中保证人身安全与健康以及环境不受污染、不造成公害的要求，这是评价商品质量的一个重要指标。

商品都应具有保障使用者人身安全与健康的质量特性。例如，食品应不含有毒物质，必须符合卫生要求；家用电器必须有良好的绝缘性和防护装置，以免造成使用者触电。

商品的安全卫生性除包括对商品使用者的安全卫生保障外，按照现代观念考虑，还应包括不给第三者的人身安全、健康，即社会和人类的生存环境造成危害，如空气污染、水源污染、噪声、辐射、废弃物污染等现代社会问题。在现代社会中，有关安全卫生的社会要求正愈来愈受到人们的重视，环境保护问题已成为当今社会的一大主题。

三、审美性

审美性是商品能够满足人们审美需要的属性。随着社会的进步和商品生产的极大发展，人们已不再仅仅满足于物质需求，而对商品有了较高的精神要求。现代社会中，人们不仅要求商品要实用，而且还要求商品能给人以美的享受，体现人们的自身价值，这就要求商品要有物质方面的实用价值与精神方面的审美价值的高度统一，要求商品既实用又美观。

商品的审美属性主要表现在商品的形态、色泽、质地、结构、气味、味道和品种多样化等方面。商品的审美性已成为提高商品竞争能力的重要手段之一。

食品的审美性要求食品应具有良好的色、香、味、形，它们对于引起人的食欲、购买欲，提高各种营养成分的消化、吸收程度有着重要的影响。例如，食品若具有柔和的颜色、诱人的香气、可口的滋味和喜人的外观，那么只要一接触（看到或闻到）它们，就会引起人们的良好反应，人体各消化器官就会分泌较多的消化液，帮助消化和吸收食品中的营养成分，提高食品的营养价值。

对于服装商品，人们的购买目的已不是单纯地为了遮体御寒，而更主要的是为了美的享受。服装的审美性，主要指织物表面所呈现的外观质量，在色泽、花纹、图案、色彩、款式、风格等方面应具有时代的艺术特色，体现现代开放式的生动、活泼、舒畅的生活风貌；适合于季节变化、人们的年龄差异、个性特点、文化素养等，服装的审美性不仅能使人们的生活丰富多彩，更能体现人们的精神风貌，充分反映出时代的气息。

日用工业品的审美性主要表现在以下两个方面：一是指商品的外观良好，不得有外观疵点；二是指商品要有精美的外观，具有艺术性、装饰性、时髦性等，如造型式样新颖，花纹色彩丰富，材料质地考究，装潢大方典雅，有较强的时代感等。

商品的审美性除了商品本身的审美质量外，还包括其包装装潢的审美性。好的、优质的商品也要有精美的包装，以满足人们对美的需求，同时也提高了商品的价值，增加了商品的竞争力。

四、寿命和可靠性

寿命包括使用寿命和储存寿命。使用寿命是指工业品商品在规定的使用条件下，保持正常使用性能的工作总时间。它是体现商品能按规定用途正常工作的时间性的质量特性。对于大多数工业品商品，其寿命是指使用寿命，例如电池的连续放电时间，电光源、电视机显像管的有效工作时间等。储存寿命是指商品在规定条件下使用性能不失效的储存总时间。例如食品的保质期、医药商品和化妆品的有效期等。

可靠性是商品在规定条件下和规定时间内，完成规定功能的能力。它是与商品在使用过程中的稳定性和无故障性联系在一起的一种质量特性，是评价机电类商品质量的主要指标之一。可靠性通常包括耐久性、易维修性和设计可靠性。

1. 耐久性

商品能在规定的使用期限内保持规定的功能而不出故障或寿命较长的质量特性，称为耐久性。它是评价高档耐用商品的一个非常重要的质量特性。

2. 易维修性

易维修性也称保安性，是指商品在发生故障后能被迅速修好恢复其功能的能力。

3. 设计可靠性

商品的易维修性与商品设计有密切关系，即设计中要安排成组合式或组件式结构，零部件要标准化、通用化、系列化，以便于拆卸更换和互换，同时应容易通过仪表或专用检具迅速诊断出故障发生的部位。为了避免使用者在操作上的过失和在规定的环境条件以外使用等用法错误导致商品出故障的可能性，一方面要提高商品的易操作度、易使用度，使人为过失的可能性尽量减少；另一方面，因为人的过失或环境改变引起了故障，也要把可能遭受的损害控制到最低限度，设计上这两方面的考虑就是设计可靠性。

要求商品坚固耐用、寿命长是消费者的普遍愿望，这也是商品质量的一个重要方面。

五、经济性

对于消费者来说，总是希望商品的质量特性最好，而其价格又要最低，同时其使用、维护成本也要最低，这是一个理想标准。在实际生活中，商品的质量和价格及使用维护费要满足一个合理的配比，既经济又实惠，这就是商品的经济性。商品质量的经济性要求应包括以下两方面的内容：一是统一在"物美价廉"基础上的最适质量；二是商品价格与使用费用的最佳匹配。即优质与低成本（价格）和低使用维护费的统一。

六、信息性

信息性是指应为消费者提供的关于商品的有用信息，主要包括：商品名称、用途、规格、型号、重量、原材料或成分；生产厂名、厂址、生产日期、保质期或有效期；商标、质量检验标志、生产许可证、卫生许可证；储存条件；安装使用、维护方法和注意事项；安全警告；售后服务内容等。这些信息的提供有利于消费者了解商品、比较选购、正确使用、合理维护和安全储存商品，并能使消费者在其权益受到侵害时，进行自我保护。

七、环保性

商品在生产、流通、消费、废弃整个生命周期对环境的污染或对生态的破坏应尽可能少。例如，减少生产、流通中的"三废"，降低消费过程中对消费者健康和环境的危害，废弃的商品可循环使用、可拆卸、可降解等。随着世界环境问题的日益恶化，商品的环保性提到了一个更高的高度。

第三节　影响商品质量的主要因素

一、人的因素

在影响商品质量的诸多因素中，人的因素是最基本、最重要的因素，其他因素都要通过人的因素才能起作用。生产和经营符合一定质量要求的商品，通常都要经过许多道工作程序，如市场调研、开发设计、原材料和零配件采购、工艺准备、生产设备运转维护及更新改造、生产过程控制、检验规范和检验设备控制、不合格品处置、储存和运输、安装和包装、售后服务等，它们无一不是在人的控制下完成的。

人的因素包括人的质量意识、责任感、事业心、文化修养、技术水平和质量管理水平等。其中，人的质量意识、技术水平和质量管理水平对商品质量的影响更重要。

1. 质量意识是决定商品质量的关键因素

质量意识既是商品质量、服务质量和工作质量等在人们头脑中的反映，又是人的思想意识和专业素质的具体体现。人的任何自觉的行动都是在一定的思想意识支配下进行的，没有思想意识的支配就不会有任何自觉的行动。只有企业的领导和员工具有强烈的"质量第一"的思想意识，才会有高度的责任感与事业心，才能充分发挥个人和集体的智力和能力，充分发挥其他质量因素的作用，有效地实施总体和各项质量控制，千方百计地排除工作上的各种障碍，持之以恒地改进和提高商品质量。改革开放以来，我国商品质量已经有了明显的提高，但从总体上看，商品质量问题依然是严重的。问题的原因是多方面的，如企业管理不善，技术和设备落后，质量监控不力，经济指标的片面性，质量法规不配套等。然而稍加分析就可发现，这些原因都是由质量意识薄弱这一根本原因派生出来的。产生质量意识薄弱的原因也是多方面的，既有历史原因，也有现实原因；既有主观原因，也有客观原因。质量意识薄弱是我国长期形成的一种社会现象，具有长期性、普遍性和复杂性，所以增强质量意识必然是一项长期、艰巨和复杂的工作。

2. 企业员工的技术水平和质量管理水平是保证和提高商品质量的必要前提

企业员工的技术水平是指专业知识和技能；质量管理水平包括质量管理知识、方法和组织能力。如果企业员工的技术水平和质量管理水平达不到要求，那么即使有了新材料、新设备、新技术，也仍然生产不出优质商品。进行反复的、经常的质量教育是提高企业员工质量水平的好办法。质量教育应该把对领导干部的重点教育、技术和管理人员的系统教育，以及工人的普及教育有机地结合起来。

二、生产过程中影响商品质量的因素

来自农业、林业、牧业、渔业等产业的天然商品，其质量主要取决于品种选择、栽培或饲养方法、生长的自然环境和收获季节及方法等因素。

对于工业品商品来说，其生产过程中的市场调研、商品开发设计、原材料质量、生产工艺和设备、质量控制、成品检验以及包装等环节都会影响其质量。

1. 市场调研

市场调研是商品开发设计的基础。在开发设计商品之前，首先要充分研究商品消费需求，因为满足消费需求是商品质量的出发点和归宿；其次还要研究影响商品消费需求的因素，以使商品的开发设计具有前瞻性；最后必须收集、分析和比较国内外、同行业不同生产者的商品质量、品种信息，总结以往成功和失败的经验，通过市场预测以确定何种质量等级、品种规格、数量、价格的商品才能适应目标市场需要。

2. 开发设计

在商品质量形成过程中，产品的设计质量具有决定性的意义。设计合理、质量高，才有可能生产出高质量的商品，如果产品在设计时存在某些本质性质量缺陷，就不可能生产出高质量的商品。如电风扇的风量、冰箱的制冷量都是由开发设计质量所决定的。商品在开发设计时应充分考虑消费者的质量要求和生产成本的协调，考虑标准化和有关法规的要求，并应进行可行性论证。

3. 原材料质量

原材料是构成商品的物质基础，其质量是决定商品质量的重要因素。不同原材料生产出的商品，在性能、质量、品种上就会不同，这主要是因为不同原材料在成分、性质、结构等方面的差异引起的。例如，含硅量高的石英砂可以制成透明度和色泽俱佳的玻璃制品，而含铁量高的硅砂只能制出透明度和色泽较差的玻璃制品。不同长度的棉纤维制成的纱线和布匹，其外观和弹力都有明显的区别。以鲜嫩叶原料制成的绿茶、红茶，有效成分含量高，色、香、味、形俱佳，而以老叶制成的红、绿茶质量差、档次低。因此，在其他生产条件相同的情况下，原材料质量的优劣直接影响制成品的质量和等级。

在不影响制成品质量的前提下，选用原材料时应考虑对资源的合理利用和综合利用。选用资源丰富的代用材料可以降低原材料成本，扩大原材料的来源。例如，我国造纸工业中木浆原料缺乏，每年需大量进口，而选用来源丰富的草浆造纸，可以缓解森林资源不足的矛盾。此外，利用边脚碎料、适当搭配回收废旧材料，以及其他综合利用方法，都有利于提高商品的社会、经济效益。

对于以元器件为基本单元的商品，应注意每个零部件的质量，尤其是可靠性，因为整机的可靠性是由元器件可靠性乘积决定的。例如，100 个可靠性是99％的元器件组成的整机，其可靠性只有 36％。这种功能串联型的商品有时往往由于一两个元件质量不过关造成整机故障频繁，无法正常使用。

4. 生产工艺和设备

生产工艺对商品质量也具有决定性作用。同样的原材料在不同工艺路线下可形成不同的商品品种和质量。例如，机器压制玻璃杯和人工吹制玻璃杯在厚度、透明度、耐温及变形等方面都不同；在棉布生产工序中增加精梳工序可以使成品外观和内在质量有明显改善；茶树鲜叶以不同工序可制成不同的红茶、绿茶、青茶、黄茶、黑茶、白茶等。

设备质量也是决定商品质量的一个因素。设备的故障常常是出现不合格品的重要原因之一。设备的自动化、省力化、高速化和复杂化又使故障发生的机会有所增加，故障影响的波及范围变广。因此，加强设备管理与设备保养工作，防止故障发生和降低故障发生率，保持设备加工精度，是保证商品质量的必要条件。

5. 质量控制

质量控制是指从原材料到制成品整个制造过程的质量控制，包括原材料质量控制、设备和工具的质量控制、工艺条件和工作的质量控制等。所有的原材料、元器件投入生产前均应保证符合相应的质量标准。为了保证成品的质量，对原材料要进行筛选、除杂、称量、调配。所有的设备和工具，包括机器、模具、计量工具等都应验证其完好程度和精密度，并定期维护和校验。工艺过程要保持各项工艺参数的稳定性，避免工作失误，同时在工艺流程的各个工序设置必要的检验环节，对工艺状态、半成品质量进行检查和验收，防止不合格品进入后续工序。质量控制的目的在于及时消除不正常因素对商品质量形成的影响，保证商品的制造质量达到设计质量的要求。

6. 成品检验与包装

成品检验是根据商品标准和其他技术文件的规定判断成品及其包装质量是否合格的工作。对大批量的商品来说，通常重要的质量特征、安全及外观项目要百分之百地检验，其他项目可采用分批抽样或连续抽样的检验方法。对不合格返修的商品仍需重新检验。检验中发现的问题应及时反馈给有关方面。

商品包装是商品的重要组成部分，包装的设计要求应与制成品的设计要求一并考虑。包装质量也是构成商品质量的重要因素。商品包装可以减少和防止外界因素对商品内在质量的影响，并装饰、美化商品，以便于商品的储运、销售和使用。科学合理的包装应该是包装保护功能、美化功能、推销功能、方便功能和包装成本的统一。

三、流通过程中影响商品质量的因素

1. 运输装卸

商品进入流通领域，运输是商品流转的必要条件。运输对商品质量的影响与运程的远近、时间的长短、运输的气候条件、运输路线、运输方式、运输工具、装卸工具等因素有关。

商品在铁路、公路、水路、航空运输过程中，会受到温度、湿度、风吹、日晒、雨淋等气候条件的影响。商品在装卸过程中还会发生碰撞、跌落、破碎、散失等现象，这不但会增加商品损耗，也会降低商品质量。

2. 仓库储存

商品储存是指商品脱离生产领域，尚未进入消费领域之前的存放。仓库储存是商业企业收储待销商品的必要环节。商品储存期间的质量变化与商品的耐储性、仓库内外环境条件、储存场所的适宜性、养护技术与措施、储存期的长短等因素有关。

商品本身的性质是商品质量发生变化的内因，仓储环境条件（日光、温度、湿度、氧气、水分、臭氧、尘土、微生物、害虫等）是商品储存期间发生质量变化的外因。通过采取一系列保养和维护仓储商品质量的技术与措施，有效地控制适宜储存商品的环境因素，可以减少或减缓外界因素对仓储商品质量的不良影响。

3. 销售服务

销售服务过程中的进货验收、入库短期存放、商品陈列、提货搬运、装配调试、包装服务、送货服务、技术咨询、维修和退还服务等各项工作质量都是最终影响消费者所购商品质量的因素。商品销售服务中的技术咨询是指导消费者对复杂、耐用性商品和新商品进行正确安装、使用和维护的有效措施。许多商品的质量问题不是商品自身固有的，而往往是由于使用者缺乏商品知识或未遵照商品使用说明书的要求，进行了错误操作或不当操作所引起的。商品良好的售前、售中、售后服务质量已逐渐被消费者视为商品质量的重要组成部分。

四、使用过程中影响商品质量的因素

1. 使用范围和条件

商品都有其一定的使用范围和使用条件，使用中只有遵从其使用范围和条件，才能发挥商品的正常功能。例如，家用电器的电源要区别交、直流和所需的电压值，否则不但不能正常运转，还会损坏商品；若使用条件要求安装地线保护则必须按要求实行，否则不仅不安全，甚至可能发生触电身亡的恶性事故。

2. 使用方法和维修保护

为了保证商品质量和延长商品使用寿命，使用中消费者应在了解该种商品结构、性能特点的基础上，掌握正确的使用方法，具备一定的日常维修保养的商品知识。例如，皮革服装穿用时要避免被锐利之物划破或重度摩擦，且不能接触油污、酸性或碱性物质以及雨雪。收藏保管时宜放于干燥处，悬挂起来，切勿用皮鞋油涂擦，以防止生霉、压瘪起皱以及泛色。

3. 废弃物处理

商品使用完以后，其残体和包装作为废弃物被排放到自然环境中，有些可回收利用；有些则不能或不值得回收利用，也不易被自然条件和微生物破坏分解，成为垃圾充斥于自然界的各个角落；还有些废弃物会对自然环境造成污染，破坏生态平衡，如加磷洗涤剂、氟氯烷烃化合物等。

商品废弃物无法回收利用和对环境的污染是商品环境质量不佳的一种表现。对于商品废弃物首先应分门别类尽量加以回收利用；其次要积极开展综合利用，变废为宝的处理工作；最后应逐步限制和严格禁止可能产生公害的商品生产，努力寻找无害的替代商品，以保护人类的生存环境。

第四节 商品质量管理

一、商品质量管理的概念

（一）商品质量管理

CTB/T6583—ISO 8402 给质量管理下的定义是：确定质量方针、目标和职责并在质量体系中通过诸如质量策划、质量控制、质量保证和质量改进使其实施的全部管理职能的所有活动。质量管理这个概念，是随着现代化工业生产的发展

而逐步形成、发展和完善起来的。现已延伸到商品流通质量管理、商品经营质量管理、商品储运质量管理等领域中，并日益得到广泛应用。为了便于研究和市场营销专业的需要，本书采用商品经营（或流通）质量管理的概念，即指商品经营组织（者）确定质量方针、目标和职责并在质量体系中通过诸如质量策划、质量控制、质量保证和质量改进使其实施的全部管理职能的所有活动。

质量管理是一个组织全部管理的重要组成部分，它的职能是制定并实施质量方针、质量目标和质量职责。质量管理是以质量体系为依托，通过质量策划、质量控制、质量保证和质量改进等发挥其职能。为了实施质量管理，需要建立质量体系。

在上述概念中，涉及质量体系、质量策划、质量控制、质量保证和质量改进等术语。要做好商品质量管理工作，必须正确地理解和使用这些术语概念。

（二）质量方针

质量方针是指由组织的最高管理者正式发布的该组织总的质量宗旨和质量方向。这里的组织包括生产企业、商业企业、服务单位、独立的检验机构、独立的设计单位或者供货单位。质量方针反映了组织在质量方面的追求和对顾客的承诺，如所提供产品的质量水平、服务方向、质量管理的要求等，而不是具体的质量目标。质量方针是组织总体经营方针的一个组成部分，它与组织的总方针及进行的其他方针应协调，如投资方向、技术改造方针、人事方针等。

（三）质量体系

质量体系是指为实施质量管理所需的组织结构、程序、过程和资源。除组织结构、程序、过程外，资源是质量体系的重要组成部分，它包括人才资源和专业技能；设计和研制设备；制造设备；检验和试验设备；仪器、仪表和计算机软件。质量体系的内容要以满足质量目标的需要为准。质量体系的建立和运行要以质量方针和质量目标为依据。组织应按 ISO9004 标准（GB/T19004 标准）的要求建立质量体系，以满足质量管理和为顾客提供信任的需要。质量体系的建立必须结合本组织的具体目标、产品和过程及其具体实践来综合考虑。

（四）质量策划

质量策划是指确定质量以及采用质量体系要素的目标和要求的活动。质量策划是一项确定质量的目标和要求的活动。产品策划的内容是对质量特性进行识别、分类和比较，以确定适宜的质量特性，并制定质量目标、质量要求和约束条件。例如，产品的规格、性能、等级，以及有关的特殊要求（如安全性、互换性）是通过质量策划来实现的。管理和作业策划是一项确定采用质量体系的目标和要求的活动，主要是为实施质量体系进行准备，为产品质量的实现配备资源和管理支持。质量策划也包括编制质量计划和作出改进质量规定的内容。

（五）质量控制

质量控制是指为达到质量要求所采取的作业技术和活动。在产品质量形成过程中有许多影响质量的因素，为满足质量要求，必须对影响质量的诸因素进行控制，消除导致不满意的原因，因此质量控制活动贯穿于产品质量形成的全过程。

（六）质量保证

质量保证是指为了提供足够的信任，表明实体能够满足质量要求，而在质量体系中实施并根据需要进行证实的全部有计划、有系统的活动。质量保证是通过提供证据表明实体满足质量要求，从而使人们对这种能力产生信任。质量保证必须服务于提供信任的目的，所以，如何确定提供证据的范围、种类，提供证据的方式、方法和相应的程序以及证实的程度等均以满足需要和能够提供信任为准则。质量保证分为内部质量保证和外部质量保证。内部质量保证是质量管理的一个组成部分，它向组织内部各层管理者提供信任，使其相信本组织提供给顾客的产品满足质量要求。外部质量保证是为了向外部顾客或其他方面（如认证机构或行业协会等）提供信任，使其相信该组织有能力持续地提供满足要求的产品。为了提供足够的信任，质量要求必须全面反映消费者或用户的要求。

（七）质量改进

质量改进是指为向本组织及顾客提供更多的利益，在整个组织内部所采取的旨在提高活动和过程的效益和效率的各种措施。质量改进是各级管理者追求的永恒目标，质量改进通过过程来实现，是一种以追求更高的过程效益和效率为目标的持续活动。

（八）质量保证模式

质量保证模式是指为了满足给定情况下质量保证的需要，标准化的或经选择的一组质量体系的综合要求。质量保证模式是出于提供信息的需要，对质量体系提出的一系列要求，这些要求是供方为提供信任所需满足的最基本要求。为了向尽可能广泛的顾客提供信任，并避免重复进行质量体系的审核次数以降低费用，常常依据标准化模式（GB/T19001—19003）或根据经选择的一组质量体系的综合要求对该体系进行审核。质量保证模式有以下三种，这三种质量保证模式标准是质量体系认证的依据。

（1）GB/T19001—1994《质量体系设计、开发、生产、安装和服务的质量模式》，用于供方保证在设计、开发、生产、安装和服务各阶段符合规定要求的场合，适用于新产品鉴定和首次定型批量生产的复杂产品。

（2）GB/19002—1994《质量体系生产、安装和服务的质量保证体系》，用于供方保证在生产、安装和服务阶段符合规定要求的场合，其使用最普遍，产品质量认证中也常常选用。

（3）GB/19003—1994《质量体系最终检验和实验的质量保证模式》，用于供方保证在最终检验和试验时符合规定要求的场合，多用于比较简单的产品。

（九）质量环

质量环又称质量螺旋，是指从识别需要到评定这些需要是否得到满意的各阶段中影响质量相互作用活动的概念模式。质量环始于市场营销和市场调研（对市场的需求进行识别，根据市场的需要进行产品的开发和设计），同样也终于市场营销和市场调研（根据市场对其产品的反馈信息，评价市场的需要是否已得到满足）。因此，质量环反映的是一个连续不断、周而复始的过程，通过不断地循环，实现持续的质量改进。典型的质量环如图 2-1 所示。

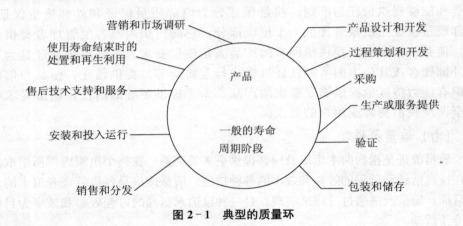

图 2-1 典型的质量环

二、商品质量管理的工具和技术

（一）PDCA 工作循环的运用

对商品实施全面质量管理的过程，就是要求各个环节、各项工作都按照 PDCA 循环，周而复始地运转。美国质量管理学家戴明（W. E. Denming）博士把质量管理过程分解为四个阶段，即计划（Plan）、执行（Do）、检查（Check）、处理（Action）。这就是管理学中的"PDCA"工作循环理论，又称为"戴明循环"。PDCA 循环包括四个阶段八个步骤。

PDCA 循环基本工作内容如下。

1. 计划阶段（P）

其任务是制定计划。根据存在的问题或用户对产品质量的要求，找出问题存在的原因和影响产品质量的主要因素，以此为依据制定措施计划，确定质量方针、质量目标，制定出具体的活动计划和措施，并明确管理项。

2. 执行阶段（D）

任务是执行计划。按照 P 阶段的计划和标准规定具体实施。

3. 检查阶段（C）

任务是检查计划的实现情况，调查执行计划的结果，将工作结果与计划对照，得出经验，找出问题。

4. 处理阶段（A）

任务是把执行的结果进行处理总结。把 C 阶段执行成功的经验，加以肯定，纳入标准或规程，形成制度，以便今后照办。对失败的教训加以总结，以后不再那样做；遗留问题转入下一个 PDCA 循环。PDCA 循环既适用于整个企业的质量工作，也适用于各有关部门、各个环节的工作。

（二）PDCA 循环的特点

1. 大环套小环，互相促进

PDCA 作为企业管理的一种科学方法，适用于企业或商品经营、流通等各方面的工作，因此整个企业是一个大的 PDCA 循环，各部门又都有各自的 PDCA 循环，依次又有更小的 PDCA 循环，直至具体落实到每个人。这样就形成了一个个大环、中环和小环，且一环扣一环，环环相扣，环环联动，推动整个企业的 PDCA 循环转动起来，使各部门、各环节和整个企业的质量管理工作有机地联系起来，彼此协调，相互促进。

2. 爬楼梯

PDCA 工作循环，依靠组织力量推动，顺序进行，循环不是原地转圈，而是每一次转动都更新内容和目标，因而也意味着前进了一步，犹如爬楼梯，逐步上升。在质量管理上，经过一次循环就意味着解决了一批问题，质量水平就有了提高。

3. 关键在"处理"阶段

"处理"就是总结经验，肯定成绩，纠正错误，以利再战，为了做到这一点，必须加以"标准化"、"制度化"，以便在下个循环中巩固成绩，避免重犯错误。

（三）商品全面质量管理的工具和技术

在运用 PDCA 工作循环实施全面质量管理时，可借助于以下几种工具和技术进行数据分析，找出质量问题及其影响因素，进行有效地质量控制。

1. 分类法

分类法又称分层法，是分析影响质量因素的一种基本方法，也是加工整理数据的一种重要方法。这种方法是通过分类把性质不同的数据以及错综复杂的影响质量的因素及其责任划分清楚，找出规律，提出解决办法。

2. 排列图法

排列图法又称巴雷特图法，是找出影响产品质量主要问题的一种方法。这种方法是以图表形式把许多问题或构成问题的许多内容、因素等按照各自所占的份额，用相应高低的长方形依次排列出来。同时，还标出各项累计百分比，以指示解决问题的主项目标。

3. 因果分析图法

因果分析图又称特性因素图，因其形状似树枝或鱼刺，故又叫树枝图或鱼刺图。它主要用于分析质量问题产生的原因。为了寻找某种质量问题产生的原因，采用由有关实践者参加的"诸葛亮会"，集思广益，将多方面查出的原因反映在一张图上，通过带箭头的线把质量问题与原因之间的关系表示出来，从中找出主要原因，提出解决质量问题的方法和具体措施。

4. 直方图法

直方图法又称质量分布图法或频数分布图法。它是把收集到的商品质量数据整理后，根据分布情况分成若干组，画出以组距为底边、以频数为高度的许多直方形，再把它们连接起来形成矩形图，通过观察图形，分析商品质量现状和变动趋势，从而提出控制市场商品质量的方法。

5. 控制图法

控制图法又称管理图法。它是画有控制（或管理）界限的一种图表，用来区分质量波动究竟是由于偶然原因引起的还是由于系统原因引起的，分析和判断工序是否处于稳定状态，从而判断商品质量是否处于控制（或管理）状态，预报影响质量的异常原因。它利用图表形式，来反映生产过程中的运动状况，并据此对生产过程进行分析、监督和控制。

6. 散布图法

散布图法又称分散图法或相关图法，用于研究质量问题变量间的相互关系。在对原因的分析中，常常遇到一些变量共处于一个统一体中，它们相互联系，相互制约，在一定条件下又相互转化。有些变量之间存在着确定性的关系，有些变量间却存在着相互关系，即这些变量之间既有关系，但又不能由一个变量的数值精确地求出另一个变量的值。将两种有关的数据列出，并用"点"填在坐标上，观察两种因素之间的关系，这种图称为散布图（或分散图、相关图）。对它们进行分析，称为相关分析。在质量管理中，就是利用散布图来观察质量特征的关系，从而改进质量。

7. 统计调查分析表法

它是利用统计调查表来进行数据整理和粗略分析的一种最常用、最简单的方法（工具）。其格式各种各样，一般因调查目的的不同，可以设计出不同的表格。在质量管理中，最常用的有以下几种：

（1）调查缺陷位置用的统计调查分析表。

（2）工序内质量特性分布统计调查表。

（3）按不合格项分类的统计调查表。

（4）其他统计调查表。

除上述七种质量管理的工具和技术外，还有对策表、系统图、水平对比、流程图等。

第三章　商品分类

第一节　商品分类概述

一、商品分类的概念

宇宙事物、现象乃至抽象的概念等都是概括一定范围的集合总体。任何集合总体都可以根据一定的标志和特征逐次归纳成若干个概括范围更小、特征更趋一致的局部集合体，直到划分成最小的单元。这种将集合总体科学地、系统地逐次划分的过程称为分类。

分类是人类社会发展的必然产物，分类是科学研究的重要方法，分类水平反映着科学技术水平。科学的分类使复杂的事物和现象系统化、条理化，从而深化人们的认识能力，更有效地认识和研究其发生、发展的规律，推动人类社会不断向前发展。

商品分类是指根据一定目的，为满足商品生产、流通、经济管理及人们生活等的需要，选择适当的分类标识或特征，将商品集合总体科学地、系统地逐级划分为大类、中类、小类、品类、品种、细目直至最小单元的过程。

商品大类一般根据商品生产和流通领域的行业来划分，既要同生产行业对口，又要与流通组织相适应。商品品目或品类是指具有若干共同性质或特征的商品的总称，它包括若干商品品种。商品品种是按商品的性能、成分等方面的特征来划分，是指具体商品的名称。商品细目是对商品品种的详尽区分，包括商品的规格、花色、质量等级等，它更能具体地反映商品的特征。商品分类的类目层次及其应用实例如表3-1所示。

表3-1　　　　　　　　　　商品分类的类目及应用实例

商品类目名称	应用实例	
商品门类	消费品	消费品
商品大类	食品	日用工业品

商品类目名称	应用实例	
商品中类	食粮	家用化学品
商品小类	乳和乳制品	洗涤用品
商品品类	奶	肥皂
商品种类	牛奶	香皂、洗衣皂
商品亚种	饮用牛奶	香皂
商品品种	全脂饮用牛奶	茉莉香型香皂

二、商品分类的作用

商品分类是商品学研究的基础，也是国民经济管理现代化的先决条件。随着科学技术的进步和商品经济的不断发展，商品种类日趋增多，商品分类的作用也越来越大。

（一）商品的科学分类为国民经济各部门和各企业实施各项管理活动以及实现经济管理现代化奠定了科学基础

商品的种类繁多，特征多样，价值不等，用途各异，只有将商品进行科学的分类，统一商品用语，商品生产、收购、调拨、运输、储存、养护、销售各环节中的计划、统计、核算等工作才能顺利进行，各类指标、统计数据和商品信息才具有可比性和实际意义。

电子计算机在国民经济管理中的广泛运用，为商品的科学分类、编码以及快速处理和存储商品信息创造了条件，同时对商品分类提出了更新、更高的要求。利用计算机实现商品购、销、调、存、结账的无纸贸易以及商品信息流和物流管理现代化，都是依靠科学的商品分类和编码系统。

在对外贸易中，采用国际统一商品分类编码体系，即《商品名称及编码协调制度》（简称 HS），对分析研究国际商情，掌握国际市场商品结构，加强国际商品贸易信息交换，利用普惠制度扩大商品出口和增收外汇具有重要意义。

（二）商品的科学分类有利于开展商品研究和教学工作

由于商品品种繁多，用途不同、性能及特征各异，且对包装、运输、储存的要求也各不相同，只有在科学分类的基础上，将众多的商品从个别商品特征归纳为每类商品特征，才能深入分析和了解商品的性质和使用性能，研究商品质量和品种及其变化规律，从而为商品质量的改进和提高，商品预测和新商品开发，商品包装、运输、保管、科学养护、检验、合理使用和质量保证提供科学的依据。

（三）商品的科学分类有利于商品标准化的实施和商品质量标准的制定

通过科学的商品分类，可使商品的名称和类别统一化、标准化，从而可以避免同一商品由于名称、计量单位、计算方法、口径范围等不统一而造成的管理困难，并可加强国内产、供、销综合平衡，有利于发展国际贸易以及提高经济管理水平和经济效益。制定各种商品标准时，必须明确商品的分类方法中商品的质量指标和对各类商品的具体要求等，所有这些都应建立在商品科学分类的基础上。

（四）商品的科学分类便于消费者和用户选购商品

在销售环节中，通过科学的商品分类和编制商品目录，能有秩序地安排市场供给以及合理地布置商场，从而便于消费者和用户的选购。

三、商品分类的原则

商品分类的原则是建立科学商品分类体系的重要依据。为了使商品分类能满足特定的目的和需要，在商品分类时必须遵循以下基本原则。

（一）科学性原则

要使商品分类具有科学性，在建立分类体系前，必须明确目标、确定范围、统一名称、选准标志。

首先，不同部门、行业、企业对商品进行分类的目的、要求不同，结果使商品分类体系多种多样，如《全国工农业产品（商品、物资）分类与代码》体系，主要是为了提高我国经济管理水平，建立统一的、科学的国民经济核算制度和实现国家经济信息的自动化管理；我国《对外贸易统一商品目录》是为了便于外贸统计、分析国际商情、贸易咨询谈判、统一贸易单证、减少填报费用等目标所建立的分类体系；商业企业的商品目录则是为了按照商品需求发展规律，合理地组织进销货和执行企业商品流转计划，既防止商品积压脱销，又利于加强经济核算，提高服务质量，更好地满足顾客的需求。因此，每个分类体系只有明确服务目的，才能保证科学实用。

其次，不同部门、行业、企业所涉及的商品种类范围并不相同，所以商品分类的对象也不会相同。这就要求分类前，管理者必须根据具体情况确定拟分类的商品集合总体的范围，否则该分类体系也不会科学适用。

再次，作为分类对象的商品的名称必须科学、准确、统一，力求简单明了、概括性强，真正反映其有别于其他商品的本质属性，还要防止其名称概念不清、一词多义或一种商品有多种名称，避免区分的困难和混乱，否则也无法保证该分类体系的科学性。例如，"的确良"的名称就反映不出"涤棉混纺布"的本质，也不科学；把"马达"与"电动机"同时混用，则易造成分类的混乱。

最后，在商品分类前，选择合理的分类标志更为重要。商品具有多种本质的和非本质的属性特征，如商品的原材料、加工方法、主要成分、用途、尺寸、重量、体积、式样、颜色等属性特征是本质的、稳定不变的，而商品所属的企业、上级主管部门若作为分类特征，则是非本质的、可能发生变化的。因此，要保证商品分类的唯一性和稳定性，必须选择商品稳定的本质属性特征作为分类标志，这样才能明显地把分类对象分开，保证分类清楚和体系稳定。

（二）系统性原则

系统性是指在建立商品分类体系时，以分类对象的稳定本质属性特征作为分类标志，将分类对象按一定的顺序排列，使每个分类对象在该序列中都占有一个位置，并反映出它们彼此之间既有联系又有区别的关系。

（三）可延性原则

为了让建立的商品分类体系能够满足不断出现的新商品的需要，可延性原则要求在建立商品分类体系时，必须留有足够的空位，例如设置收容项目"其他"，以便安置新出现的商品，而又不打乱已建立的分类体系或将原分类体系推倒重来。

（四）兼容性原则

兼容性是指相关的各个分类体系之间应具有良好的对应与转换关系。随着国际、国内各种与商品相关的分类体系的建立，分类原则及类目设置必须实现标准化，这样才有可能经过技术处理后，满足各个分类体系之间信息交换及相互兼容的要求。例如我国国家商品分类体系与我国行业分类体系应形成兼容关系。前者建立在后者之后，前者的建立脱离不了后者的影响，但又不能在后者的基础上现成地细分和延拓。因为后者规定只有生产同类性质商品（产品）的生产企业才能划入同一行业，但事实上同类商品又可以有不同行业的企业生产经营，同一行业的企业还往往生产经营各不相同的多种商品，如果按其主要商品来划分行业，则次要商品被忽略了，所以若完全按照行业细分和延拓来对商品逐级分类，则势必造成商品分类体系的混乱。我国国家商品分类体系在按商品属性特征分类的同时也兼顾了行业管理的需要。

（五）整体性原则

整体性是指商品分类要从系统工程角度出发，只有在满足管理系统总任务、总要求的前提下，才能全面、合理地满足系统内各系统的实际需要。

一个商品管理系统常常是由许多管理分系统组成的。如果商品分类能同时完全满足整个管理系统和各个管理分系统在商品分类上的管理要求，那是最理想的。但事实上，往往从某一管理分类系统角度来看，某一商品分类体系是最实用、最经济的，而从整个管理系统来看却是不合理、不经济的，因而是不可取的。反之，若某一商品分类体系对于某个分类系统不太合理、不太经济，但对于整个管理系统却是最经济、最合理的，那么这种商品分类体系是可取的。因此，在商品分类时，要考虑管理系统的整体效益和整体的最优化，要求局部利益服从整体利益。换句话说，行业或企业建立自己的商品分类体系时，要在国家商品分类体系的基础上进行，不能违背国家分类体系的原则。当然在满足整个管理系统总任务、总要求的前提下，也要尽量兼顾各个管理系统在分类上的要求。行业或企业的分类体系也要根据自己的业务特点和工作需要，对商品类组进行更详细的划分，或者对生产经营较少的商品进行分类、并组，一般来说其分类体系包括的类别要少，品种要多。

四、商品分类的方法

通常商品分类时采用的方法有线分类法和面分类法两种。在建立商品分类体系或编制商品分类目录中，常常结合采用这两种分类方法。

（一）线分类法

线分类法也称层级分类法，是将确定的商品集合总体按照一定的分类标志，逐次地分成相应的若干个层级类目，并排列成一个有层次的、逐级展开的分类体系。它的一般表现形式是大类、中类、小类、细类等，将分类对象一层一层地具体进行划分，各层级所选用的分类标志不同，各个类目之间构成并列或隶属关系，其结构如图3-1所示。

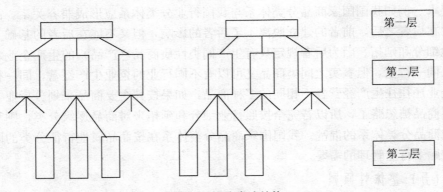

图3-1　线分类法结构

线分类法属传统的分类方法，使用范围最广泛，在国际贸易和我国商品流通领域中，许多商品分类均采用线分类法。例如，家具可以按线分类法进行分类，如表3-2所示。

表 3－2　　　　　　　　　　　　**线分类法实例**

大类	中类	小类
家具	木制家具	床
	钢木家具	椅
	钢制家具	凳
	钢塑家具	桌
	轻金属家具	箱
	竹制家具	架
	竹藤家具	橱柜

线分类法的主要优点是：信息容量大，层次性好，逻辑性强，符合传统应用的习惯，既对手工处理有好的适应性，又便于计算机处理；最大缺点是结构柔性差。所以，采用线分类法编制商品分类目录时，必须预先留有足够的后备容量。

（二）面分类法

面分类法又称平行分类法，是把分类的商品集合总体按不同的分类标志划分成相互之间没有隶属关系的各个分类集合（面），每个分类集合（面）中都包含了一组类目。将某个分类集合（面）中的一种类目与另一个分类集合（面）中的一个类目组配在一起，即形成一个新的复合类目。其结构如图 3－2 所示。

图 3－2　面分类法结构

服装的分类就是按照面分类法组配的，把服装用的面料、式样和款式分为三个互相之间没有隶属关系的"面"，每个"面"又分成若干个类目，标出了不同范畴的独立类目。使用时，将有关类目组配起来，便成为一个复合类目，如纯毛男式中山装、中长纤维女式西装等（见表 3－3）。

表 3 - 3　　　　　　　　　　面分类法实例

服装面料	式样	款式
纯棉		中山装
纯毛		西装
中长纤维	男式 女式	夹克
毛涤		连衣裙
丝绸		短裙

　　面分类法具有结构柔性好、对机器处理有良好的适应性等优点，但不能充分利用容量，组配的结构太复杂，不便于手工处理。目前，一般都把面分类法作为线分类法的辅助。

第二节　商品分类标志

一、选择分类标志的基本原则

　　分类标志是编制商品分类目录和分类体系的重要依据和基准。进行商品分类，可供选择的标志很多，分类标志的选择应遵循以下基本原则。

（一）目的性

　　分类标志的选择必须满足分类体系能满足的目的和要求，否则便没有使用价值。

（二）明确性

　　分类标志本身的含义要明确，要从本质上反映出每类商品的属性特征，这样才能保证分类清楚。

（三）包容性

　　分类标志的选择要使该分类体系能够囊括分类的全部商品，并有不断补充新商品的余地。

（四）区分性

　　分类标志的选择要保证每个商品只能出现在一个类别里，不得在分类中重复出现。在同一类别范围内只能采用一种分类标志，不能同时采用两种或多种分类标志。

（五）逻辑性

分类标志的选择必须使商品分类建立在并列从属关系的基础上，高一层级的类别与可从属的类别间存在着有机的联系，下一层级分类标志是上一层级分类标志合乎逻辑的继续和具体化。例如，汽油的分类，从"汽油"到"车用汽油"、"航空汽油"这一层级，选用的分类标志是商品的"用途"，再从"车用汽油"到"某某号汽油"下一级层目，选用的分类标志是商品的"规格"，其实质是商品（汽油）的具体使用性能，很明显它是"用途"的自然延伸和合乎逻辑的积蓄。

二、常用的商品分类标志

商品分类标志按其适用性可分为普遍适用的分类标志和局部适用的分类标志。普遍适用的分类标志是指所有商品种类共存的特征、性质、功能等，如物态、体积、产地、原材料、加工方法、用途等。这些分类标志常用作划分商品大类、中类、小类、品类等高层次类目的分类标志。局部适用的分类标志是指部分商品共有的特征，故也称为特殊分类标志，如化学组成；包装形式；动植物的部位、颜色、形状；加工特点；保藏方法；播种和收获季节以及特殊的物理化学性、功率、效率等。这些分类标志概念清楚，特征具体，容易区分，常用于某些商品种类、商品品种以及规格、花色、质量等级、型号等细目的划分。

虽然商品分类的标志很多，但很难提出一种能贯穿商品分类体系的始终，对所有商品类目直至品种和质量等级都适用的分类标志。因此，在一个分类体系中常采用几种分类标志，往往是每一个层级用一个适宜的分类标志。在商品分类实践中，常用的分类标志有以下几种。

（一）以商品的用途作为分类标志

商品的用途与消费者需要密切相关，是体现商品使用价值的重要标志，也是探讨商品质量和商品品种的重要依据。以商品用途作为分类标志，不仅适合于对商品大类的划分，也适合对商品类别、品种的进一步详细划分。例如，根据用途的不同，可将商品分为生活资料商品和生产资料商品；生活资料商品可分为食品、衣着用品、日用工业品、日用杂品等类别；日用工业品可分为器皿类、洗涤用品类、化妆品类、家用电器类、文化用品类等；化妆品类商品还可分为护肤用化妆品、美容化妆品、发用化妆品等；发用化妆品可再细分为洗发剂、染发剂、美发剂、生发剂、护发剂等；洗发剂可进一步划分成干性发用香波、油性发用香波、止痒去头屑香波、洗发护发二合一香波等。许多按商品用途划分的类目名称已成为专有名词，如食品、医药品、饲料、文化用品、交通工具等。

以商品用途作为分类标志，便于分析和比较同一用途商品的质量和性能，从而有利于生产企业改进和提高商品质量，开发商品新品种，扩大品种规格，生产适销对路的商品，也便于经营者和消费者按需对口选购。但对多用途的商品，一般不宜采用此分类标志。

（二）以原材料作为商品分类标志

商品的原材料是决定商品质量、使用性能、特征的重要因素。由于原材料的不同，可使商品具有截然不同的特性和特征，反映在商品的化学成分、性能、加工、包装、储运、使用条件等要求的不同上。

按原材料来源的不同，食品可分为植物性食品、动物性食品和矿物性食品，它们的化学成分和营养价值有明显的差别；纺织品也可根据原料的不同划分为棉织品、毛织品、丝织品、化纤织品和混纺织品五大类；食糖可分为甘蔗糖和甜菜糖两大类。

以原材料作为商品分类标志，不仅使分类清楚，而且还能从本质上反映出每类商品的性能、特征、使用、保管、包装、养护要求。这种分类标志特别适用于原料性商品和原料对成品质量影响较大的商品，但对那些由多种原料制成和成品质量及特征与原材料关系不大的商品（如电视机、照相机、小汽车、洗衣机等）则不宜采用。

（三）以商品的加工方法作为分类标志

商品的生产加工方法，是商品质量的形成过程。同一用途的商品虽然使用的原材料相同，但由于采用的加工方法或制造工艺不同，其性能及特征会有很大差异，从而形成截然不同的品种类别。这种商品分类标志对那些可以选用多种加工方法制造且质量特征受工艺影响较大的商品更为适用，能够直接说明商品质量特征及风格。例如，茶叶按制造方法的不同，分为全发酵茶（红茶）、半发酵茶（乌龙茶）、后发酵茶（黑茶）和不发酵茶（绿茶）；酒按酿造方法的不同，分成蒸馏酒、发酵酒和配制酒；纺织品按生产工艺不同，分成机织品、针织品和无纺布。

以商品的加工方法作为分类标志，能够清楚地反映商品的外观和内在质量特征特性，又利于商品生产和经营。对那些虽然加工方法不同，但成品质量特征不会产生实质性区别的商品，则不宜采用此种分类标志进行分类。

（四）以商品的化学成分作为分类标志

商品的化学成分是形成商品质量和性能、影响商品质量变化的最基本因素。按化学成分的不同，可将所有商品分为有机商品和无机商品两大类。在很多情况下，商品的主要化学成分可以决定其性能、用途、质量或储运条件，是决定商品品种、等级的重要因素。对这类商品进行分类时，应以主要化学成分作为分类标志。例如，化学肥料可按其主要化学成分的不同，分为氮肥、磷肥、钾肥。

有些商品的主要化学成分虽然相同，但是所含有的特殊成分不同，可形成质量、特征、性质和用途完全不同的商品。对这类商品进行分类时，都能够以特殊化学成分作为分类标志。例如，玻璃的主要成分是二氧化硅，根据其所含特殊成分的不同可分为钢化玻璃（含有氧化钠）、钾玻璃（含有氧化钾）、铅玻璃（含有氧化铅）、硼硅玻璃（含有硼酸）等；钢材也可按其所含的特殊成分划分为碳钢、硅钢、锰钢等。

按化学成分进行商品分类，能够更深入地分析商品特性，对研究商品的加工、包装、使用以及商品在储运过程中的质量变化有重要意义。已知化学成分且对商品性能影响较大的商品宜采用这种分类标志进行分类。但对于化学成分比较复杂或易发生变化，以及对商品性能影响不大的商品，则不适宜采用这种分类标志。

第三节 商品代码和商品编码

一、商品代码

商品代码又称商品代号、商品编号，它是赋予某种或某类商品的一个或一组有序的符号排列，是便于人或计算机识别与处理的代表符号。商品代码可以区别不同产地、不同原料、不同色泽、不同型号的商品品种；便于企业经营管理，计划、统计、物价核算等工作的开展，有助于避免差错，提高工作效率；为电子计算机进行数据处理创造了前提条件，是现代管理的基础。

商品代码的种类主要有：

（1）数字型代码：是用一个或若干个阿拉伯数字表示分类对象（商品）的代码。特点：是结构简单，使用方便，易于推广，便于计算机进行处理。

（2）字母性代码：是用一个或若干个字母表示分类对象的代码。特点：是便于记忆，比同样位数的数字型代码的容量大，可提供便于人们识别信息，但不利于计算机的识别与处理，并且适用于分类对象数目较少的情况。

（3）数字、字母混合型代码：是有数字和字母混合组成的代码，它兼有数字型代码和字母型代码的优点，特点：结构严密，具有良好的直观性和表达式，同时又适合于使用上的习惯。缺点：由于组成形式复杂，给计算机输入带来不便，录入效率低，错码率高。

（4）条码：由条形符号构成的图形表示分类对象的代码。它是数字型代码、字母型代码和数字、字母混合型代码的另一种表现形式。

二、商品编码

商品代码是通过商品编码形成的。所谓商品编码，是指将商品用一种易于被人和计算机识别的符号体系表示出来，赋予某种商品或某类商品的代表符号的过程。符号可以由字母、数字和特殊标记组成。

商品编码和商品分类密切相关。商品科学分类是建立商品分类体系和编制商品目录的基础，是合理编码的前提，而商品编码是商品分类体系和商品目录的重要组成部分，是进行商品科学分类的一种手段。因此，商品编码与商品分类密切相关，分类在先，编码在后，在实践中也称为商品分类编码。

商品编码可使繁多的商品便于记忆，简化手续，提高工作效率和可靠性，有利于计划、统计、管理等业务工作。商品实行分类编码标准化，可以提高分类体系的概括性和科学性，有利于商品分类体系的通用化、标准化，为建立统一的商品分类编码系统和产、供、销信息系统，运用计算机对商品信息流和物流进行现代化科学管理，提高企业的经济效益奠定了基础。目前，美国、德国等发达国家已建立了现代化的统一商品分类编码系统，并运用计算机实行科学的管理，从而避免了物资的重复设计、制造、采购、储存和运输所造成的浪费，有效地促进了物资流通，提高了物资供应和利用率，加速了资金周转，取得了显著的经济效益。

商品编码的直接产物就是商品代码。从某种意义上讲，商品代码就是商品分类的代号。

（一）商品编码的原则：

（1）唯一性：是指每一个编码对象只能有唯一的代码。

（2）可扩性：是指代码结构应留有足够的余地。

（3）简明性：是指代码要简明、易记，不要过长。

（4）统一性：是指代码必须规范化，格式一致。

（5）稳定性：是指代码不宜频繁变化。

（6）可操作性：是指代码应尽可能方便事务员和操作员工作。

（二）商品代码的编制方法

（1）顺序编码法：按商品类目在分类体系中先后出现的次序，依次给出顺序代码，称为顺序编码法。这种编码法简单，常用于容量不大的编码对象集合体。

（2）层次编码法：即代码的层次与分类层级相一致。

优点：逻辑性强，能明确地反映出分类编码对象的属性或特征及其相互关系，便于计算机汇总数据。

缺点：结构弹性较差，为延长其使用寿命，往往要采用延长代码长度的办法，预先留出相当数量的备用号，从而出现代码的冗余。

代码自左至右表示层级由高至低，代码左端为最高位层级代码，右端为最低位层级代码，各层级的代码常采用顺序码或系列顺序码。如图3-3所示，全国工农业产品（商品、物资）分类与代码高位码层次结构：《GB7635-87》标准就是采用四层八位数字型的层次码。

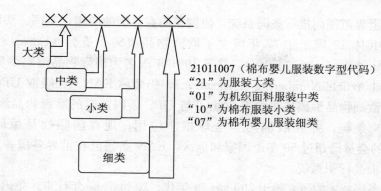

21011007（棉布婴儿服装数字型代码）
"21"为服装大类
"01"为机织面料服装中类
"10"为棉布服装小类
"07"为棉布婴儿服装细类

图3-3　全国工农业产品（商品、物资）分类与代码高位码层次结构

（3）平行编码法：平行编码法多用于面分类体系，每一个分类面，确定一定数量的码位。

优点：编码结构有较好的弹性，可以简单地增加分类面的数目，必要时还可更换个别的面，可用全部代码，也可用部分代码。

缺点：代码过长，余度过长，不便于计算机管理。

（4）混合编码法：是由层次编码法和平行编码法组合而成的一种编码方法。

第四节　商品条码

一、条码概述

1. 条码的产生和发展

条码是由一组宽窄不同、黑白（或彩色）相间的平行线条代表相应的字符，并依照一定的规则排列组合而成的图像，作为一定事物的标记。为了便于人们识别条码符号所代表的字符，通常在条码符号的底部印刷所代表的数字、字母或专用符号。条码是计算机输入数据的一种特殊代码。当光电扫描器扫读条码符号时，条码符号所代表的信息迅速地输入电子计算机，并由计算机自动进行存储、分类、排序、统计、打印或显示出来。条码技术具有简单、信息采集速度快、采集信息量大、可靠性高、设备结构简单、成本低等特点，因此在许多领域得到广泛应用。

商业是最早应用条码技术的领域之一。条码的研究始于20世纪中期。20世纪70年代初，美国系统地研究了条码技术及 POS 系统（商店自动销售管理系统）的应用问题，首先在食品杂货业进行了条码应用的尝试。1973年，美国统一代码委员会（UCC）从若干种条码方案中选定了 IBM 公司提出的条码系统，并把它作为通用产品代码（简称 UPC 条码），在美国和加拿大推广应用。

为在世界范围内推行条码系统，协调条码在各国的应用，英国、法国、联邦德国等欧共体 12 国于 1977 年成立了欧洲物品编码委员会（European Article Numbering Association，EAN），并于 1981 年改名为国际物品编码委员会（International Article Numbering Association），仍简称 EAN。在吸取 UPC 条码的基础上，欧洲物品编码委员会开发出了与 UPC 条码兼容的欧洲物品编码系统，简称 EAN 条码，并在欧洲乃至全球推广应用。现在国际物品编码委员会（EAN）的会员已超过 50 多个国家和地区，EAN 条码已在世界各国普及，成为国际通用商品标识系统。

我国条码技术的研究始于 20 世纪 70 年代。20 世纪 80 年代末，条码技术在我国的邮电、仓储、图书管理及生产过程的自动控制等领域开始得到运用，并把条码工作的重点放在商业领域，特别是对外贸商品推广应用条码技术。为普及、推广、研究条码技术，国家技术监督局于 1988 年 12 月正式成立了中国物品编码中心，并在各地设立了物品编码分中心。该中心的任务是：联系 EAN 和国际上其他编码机构；推广应用和发展 EAN 条码系统；统一组织、协调和管理我国的条码工作。1991 年 4 月，中国物品编码中心正式被国际物品编码协会接纳为会员，可以采用 EAN 条码系统，为我国大规模推广应用条码技术创造了有利的条件。

2. 应用条码的优点

目前，条码不仅用于商品流通领域，而且广泛应用于生产自动化管理、图书管理、交通运输、邮政业务等，已成为现代化管理不可缺少的信息技术手段。

商品条码是快速、准确地进行物流控制的现代化手段。没有条码的商品难以在国际市场上正常流通，也不能进入超级市场。推广应用商品条码，可以提高商品的档次和商品在国际市场的竞争力，获得经济效益。普及商品条码，不仅可以实现销售、仓储、运输、订货、结账等的自动化管理，而且通过产、供、销信息系统可以准确、及时地获得所需要的商品信息、物流信息和商流信息，从而有效地制订商品生产、销售、储运、广告计划，生产适销对路的商品，提高商品生产和经营效率。采用商品条码有许多好处，例如对于制造商，因全球性广泛采用条码和扫描系统，而有助于保持竞争优势，同时可加强资料的管理，提高存货控制、货仓管理、接单及发货的效率；对于出口商，可避免许多国际通信上常见的差错，使贸易传讯更清楚、更明确；对于批发商，可以通过电脑操作加速作业，从下订单、收货、提货到发货、发出票据，每一阶段均准确详细，盘存货量随时可知，库存控制迅速准确；对于零售商，可以改善整个零售作业，使人为错误降至最低，并提高结账柜台的效率，同时可立即提供财务报告，增加簿记工作速度，使货款结账过程快速方便，人为错误减少。

总之，条码的应用为商品产、供、销之间的信息沟通和信息交换提供了统一的标志和畅通的渠道，而采用条码管理又在产、供、销之间建立起了有机的联系。这对经营管理人员及时掌握市场动态，剔除滞销商品，确定合理库存，保证商业经营活动的顺利进行，具有重要意义。另外，销售商还可以通过信息系统及时地将各种商品的销售信息反馈给制造厂商，从而缩小产、供、销环节之间信息传递的时空差。

二、条码的分类

（一）按码制分类

1. UPC 码

1973 年，美国率先在国内的商业系统中应用 UPC 码，之后，加拿大也在商业系统中采用 UPC 码。UPC 码是一种长度固定的连续型数字式码制，其字符集为数字 0～9。它采用四种元素宽度，每个条或空是 1、2、3 或 4 倍单位元素宽度。UPC 码有两种类型，即 UPC - A 码和 UPC - E 码。

2. EAN 码

1977 年，欧洲经济共同体各国按照 UPC 码的标准制定了欧洲物品编码 EAN 码，与 UPC 码兼容，而且两者具有相同的符号体系。EAN 码的字符编号结构与 UPC 码相同，也是长度固定的、连续型的数字式码制，其字符集是数字 0～9。它采用四种元素宽度，每个条或空是 1、2、3 或 4 倍单位元素宽度。EAN 码有两种类型，即 EAN - 13 码和 EAN - 8 码。

3. 交叉 25 码

交叉 25 码是一种长度可变的连续型自校验数字式码制，其字符集为数字 0～9。采用两种元素宽度，每个条和空是宽或窄元素。编码字符个数为偶数，所有奇数位置上的数据以条编码，偶数位置上的数据以空编码。如果为奇数个数据编码，则在数据前补一位 0，以使数据为偶数个数位。

4. 39 码

39 码是第一个字母数字式码制。1974 年由 Intermec 公司推出。它是长度可比的离散型自校验字母数字式码制。其字符集为数字 0～9，26 个大写字母和「＋」，「－」，「＊」，「／」，「％」，「＄」，「.」，以及空格符（Space）等，共 44 组编码。

5. 库德巴码

库德巴码（Code Bar）出现于 1972 年，是一种长度可变的连续型自校验数字式码制。其字符集为数字 0～9 和 6 个特殊字符（－、:、/、。、＋、￥），共 16 个字符。常用于仓库、血库和航空快递包裹中。

6. 128 码

128 码出现于 1981 年，是一种长度可变的连续型自校验数字式码制。它采用四种元素宽度，每个字符有 3 个条和 3 个空，共 11 个单元元素宽度，又称（11，3）码。它有 106 个不同条码字符，每个条码字符有三种含义不同的字符集，分别为 A、B、C。它使用这 3 个交替的字符集可将 128 个 ASCII 码编码。

7. 93 码

93 码是一种长度可变的连续型字母数字式码制。其字符集为数字 0～9，26 个大写字母和 7 个特殊字符（－、。、Space、/、＋、％、￥）以及 4 个控制字符。每个字符有 3 个条和 3 个空，共 9 个元素宽度。

8. 49 码

49 码是一种多行的、连续型、长度可变的字母数字式码制，出现于 1987 年，主要用于小物品标签上的符号，采用多种元素宽度。其字符集为数字 0～9，26 个大写字母和 7 个特殊字符（－、。、Space、％、/、＋、￥）、3 个功能键（F1、F2、F3）和 3 个变换字符，共 49 个字符。

9. 其他码制

除上述码外，还有其他的码制，例如，25 码出现于 1977 年，主要用于电子元器件标签，矩阵 25 码是 11 码的变形，Nixdorf 码已被 EAN 码所取代。Plessey 码出现于 1971 年 5 月，主要用于图书馆等。

（二）按维数分类

1. 普通的一维条码

普通的一维条码自问世以来，很快得到了普及并广泛应用。但是由于一维条码的信息容量很小，如商品上的条码仅能容 13 位的阿拉伯数字，更多的描述商品的信息只能依赖数据库的支持，因而条码的应用范围受到了一定的限制。

2. 二维条码

除具有普通条码的优点外，二维条码还具有信息容量大、可靠性高、保密防伪性强、易于制作、成本低等优点。美国 Symbol 公司于 1991 年正式推出名为 PDF417 的二维条码，简称为 PDF417 条码，即"便携式数据文件"。PDF417 条码是一种高密度、高信息含量的便携式数据文件，是实现证件及卡片等大容量、高可靠性信息自动存储携带并可用机器自动识读的理想手段。

3. 多维条码

进入 20 世纪 80 年代以来，人们围绕如何提高条码符号的信息密度，进行了研究工作。多维条码和集装箱条码成为研究与应用的方向。信息密度是描述条码符号的一个重要参数数据，即单位长度中可能编写的字母个数，通常记作：字母个数/厘米。影响信息密度的主要因素是条、空结构和窄元系的宽度。128 码和 93 码就是人们为提高密度而进行的成功尝试。128 码 1981 年被推荐应用；而 93 码于 1982 年投入使用。这两种码的符号密度均比 39 码高将近 30％。随着条码技术的发展和条码的码制种类不断增加，条码的标准化显得越来越重要。为此，曾先后制定了军用标准 1189；交叉 25 码、39 码和 Coda Bar 码 ANSI 标准 MH10.8M 等。同时，一些行业也开始建立行业标准，以适应发展的需要。此后,戴维·阿利尔又研制出 49 码。这是一种非传统的条码符号,它比以往的条码符号具有更高的密度。特德·威廉姆斯(Ted Williams)GFI988 推出 16K 码,该码的结构类似于 49 码,是一种比较新型的码制,适用于激光系统。

三、国际通用商品条码

条码是由条码符号和相应的字符代码组成的。把商品数字代码转换成商品条码,是按照一定的编码规则,将代码的每个数字用相应的条、空表示出来得以实现的。条和空分别由 1～4 个同一宽度的深、浅颜色的模块组成。深色模块用"1"表示,浅色模块用"0"表示。在条码符号中,表示数字的每个条码字符均由 2 个条和 2 个空构成,共 7 个模块。

下面以国际通用商品条码为例,简要介绍条码的组成。

(一) 通用产品条码

通用产品条码简称 UPC 条码,是美国统一代码委员会(UCC)于 1973 年推出的一种商品条码,广泛应用于美国和加拿大商品流通领域。各国出口到美国、加拿大等北美国家的商品,其包装上必须印有 UPC 条码。UPC 条码有标准版(UPC－A)和缩短版(UPC－E)两种形式(见图 3－4)。

图 3－4 UPC－A 条码和 UPC－E 条码结构示意

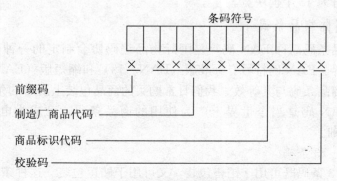

图 3－5 UPC－A 条码符号结构示意

1. UPC - A 条码

UPC - A 条码用于商品销售和商品储运两种包装，由 12 位数字的字符代码组成，称为标准版的 UPC 条码。UPC - A 条码由表示 12 位数字的条码符号组成，其结构如图 3-5 所示。"1"标识规则包装的商品；"2"标识不规则重量的商品；"3"标识医药卫生商品；"4"为零售专用；"5"标识用信用卡销售的商品；"7"为中国申报的 UCC 会员用；1，6，8，9 为备用码。编码系统符由美国统一代码委员会（UCC）分配给它的每个会员（UCC 会员）。中间 10 位数字为编码数字，前 5 位数字是制造厂商代码，用于标识商品生产厂家，由 UCC 分配给每个会员；后 5 位数字是商品标识代码或商品项目代码，用于标识商品的特征或属性，由制造厂商根据 UCC 的规则自行编制和管理。最后 1 位数字为校验码，用于校验代码符号的正确性，按照一定规则计算确定。UPC - A 左、右侧空白区最小宽度均为 9 个模块宽，其他结构与 EAN - 13 商品条码相同。

2. UPC - E 条码

它是缩短版的 UPC 条码，是 UPC - A 条码的一种特殊形式，由 8 位数字的字符代码组成。UPC - E 条码可以视为是删除 UPC - A 的 4 个或 5 个 "0" 得到的。只有当商品很小，无法印刷表示 12 位数字的 UPC - A 条码或用于商品销售包装时，才允许使用 UPC - E 条码，如香烟、胶卷、化妆品等商品。在 UPC - E 条码中，前缀号只能取 "0"，就是说，只有当 UCC 给企业分配的编码系统字符是 "0" 时，才可使用 UPC - E 条码。商品信息代码由 6 位数字构成，是根据一定规则由厂商代码和商品项目代码经删 "0" 后得出。UPC - E 的校验码计算方法与 UPC - A 相同，但是要首先将 UPC - E 还原成 UPC - A 形式。UPC - E 不同于 UPC - A 和 EAN 商品条码，它不含中间分隔符，由左侧空白区、起始符、数据符、终止符、右侧空白区及供人识别字符组成。UPC - E 的左侧空白区、起始符的模块数同 UPC - A；终止符为 6 个模块宽，右侧空白区最小宽度为 7 个模块宽，数据符为 42 个模块宽。

（二）国际物品条码

国际物品条码简称 EAN 码，是国际物品编码协会制定的一种商品用条码，通用于全世界。EAN 码符号有标准版（EAN - 13）和缩短版（EAN - 8）两种，我国的通用商品条码与其等效。我们日常购买的商品包装上所印的条码一般就是EAN 码。EAN 码是当今世界上广为使用的商品条码，已成为电子数据交换（EDI）的基础。

1. EAN - 13 条码

EAN - 13 条码既可用于销售包装，又可用于储运包装。这种条码由 13 位数字的字符代码组成，也称 EAN 标准版条码。EAN - 13 的代码结构有前缀码（3

位）、企业代码（4～5位）、商品代码（4～5位）、校验码（1位）。EAN-13商品条码由左侧空白区、起始符、左侧数据符、中间分隔符、右侧数据符、校验符、终止符、右侧空白区及供人识别字符组成，如图3-6所示。

图3-6 EAN-13条码的符号结构

（1）各部分组成数字的含义

①前缀码，用于标识商品来源的国家或地区，由国际物品编码协会总部分配和管理。

②企业代码，由该国或地区物品编码管理机构分配。我国的企业代码由中国物品编码中心分配。

③商品代码，由制造厂商自行分配。

④校验码，用于计算机自动校验整个代码录入是否正确，通过一定计算而来。

（2）其各个组成模块的分布

组成条码符号的最基本单元是模块，每个条码字符均由几个模块组成。

①左侧空白区：位于条码符号最左侧的与空的反射率相同的区域，其最小宽度为11个模块宽。

②起始符：位于条码符号左侧空白区的右侧，表示信息开始的特殊符号，由

3 个模块组成。

③左侧数据符：位于起始符号右侧，中间分隔符左侧的一组条码字符。表示 6 位数字信息，由 42 个模块组成。

④中间分隔符：位于左侧数据符的右侧，是平分条码字符的特殊符号，由 5 个模块组成。

⑤右侧数据符：位于中间分隔符右侧，校验符左侧的一组条码字符。表示 5 位数字信息的一组条码字符，由 35 个模块组成。

⑥校验符：位于右侧数据符的右侧，表示校验码的条码字符，由 7 个模块组成。

⑦终止符：位于条码符号校验符的右侧，表示信息结束的特殊符号，由 3 个模块组成。

⑧右侧空白区：位于条码符号最右侧的与空的反射率相同的区域，其最小宽度为 7 个模块宽。为保护右侧空白区的宽度，可在条码符号右下角加"＞"符号，"＞"符号的位置如图 3-7 所示。

⑨供人识别字符：位于条码符号的下方，与条码相对应的 13 位数字。供人识别字符优先选用 GB/T 12508 中规定的 OCR-B 字符集；字符顶部和条码字符底部的最小距离为 0.5 个模块宽。EAN-13 商品条码供人识别字符中的前置码印制在条码符号起始符的左侧。

图 3-7 EAN-13 条码符号空白区中"＞"的位置

（3）EAN 条码字符集

EAN 条码字符集包括 10 个数字字符：0～9。在条码符号中，每个数字字符的 7 个模块的二进制表示形式，见条码字符集中的 A、B、C 三个子集（见表 3-

4)。

A 子集中条码字符所包含的深色模块的个数为奇数，称为奇数排列；B，C 子集中条码字符所包含的深色模块数为偶数，称为偶数排列。条码字符集示意图如图 3-8 所示。A，B 子集的条码字符从左到右，以一个浅色模块开始，以一个深色模块结束；C 子集的条码字符从左到右，以一个深色模块开始，以一个浅色模块结束。

表 3-4　　　　　　　　　　　　　　　EAN 条码字符集

数字字符	A 子集	B 子集	C 子集
0	0001101	0100111	111010
1	0011001	0110011	1100110
2	0010011	0011011	1101100
3	0111101	0100001	1000010
4	0100011	0011101	1011100
5	0110001	0111001	1001110
6	0101111	0000101	1010000
7	0111011	0010001	1000100
8	0110111	0001001	1001000
9	0001011	0010111	1110100

数字字符	A子集（奇）	B子集（偶）	C子集（偶）
0			
1			
2			
3			
4			
5			
6			
7			
8			
9			

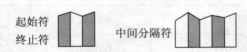

起始符
终止符　　中间分隔符

图 3-8　EAN 条码字符示意

　　EAN-13 条码的前置码不用条码表示，不包括在左侧数据符内，左侧数据符是根据前置码所决定的条码字符构成方式（奇数列和偶数列）来表示前置码之后的 6 位数字的（见表 3-5）。

表 3-5　　　　　　　　　　　左侧数据符的奇偶排列规则

条代码　位置号 前置码数	12	11	10	9	8	7
0	A	A	A	A	A	A
1	A	A	B	A	B	B
2	A	A	B	B	A	B
3	A	A	B	B	B	A

条代码前置码数 ＼ 位置号	12	11	10	9	8	7
4	A	B	A	A	B	B
5	A	B	B	A	A	B
6	A	B	B	B	A	B
7	A	B	A	B	A	B
8	A	B	A	B	B	A
9	A	B	B	A	B	A

以代码"6901234567892"为例，其条码符号中的左侧数据符的排列形式是由前置码"6"决定的。从表3-4和表3-5中查出左侧数据符的排列规律为ABBBAB，右侧数据符的排列规律为CCCCCC，由此得出EAN-13条码符号左、右侧数据符的排列形式（见表3-6）。

表3-6　　　　EAN-13条码符号左、右侧数据符的排列形式

代码字符	左侧							右侧					
	6	9	0	1	2	3	4	5	6	7	8	9	2
条码字符的排列规则		A	B	B	B	A	B	C	C	C	C	C	C
条码字符的模块排列		0001011	0100111	0110011	0011011	0111101	0011101	1001110	1010000	1000100	1001000	1110100	1101100

— 47 —

2. EAN - 8 条码

只用于商品销售包装。当商品包装上没有足够的面积印刷标准条码时，可将商品编成 8 位数字代码。这种条码也称为缩短版条码。EAN - 8 商品条码由左侧空白区、起始符、左侧数据符、中间分隔符、右侧数据符、校验符、终止符、右侧空白区及供人识别字符组成，其结构如图 3 - 9 所示。

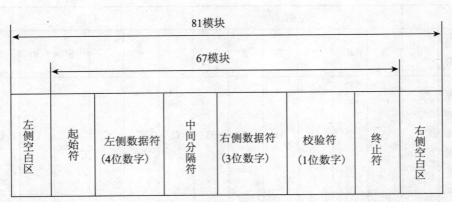

图 3 - 9　EAN - 8 条码的符号结构

EAN - 8 商品条码的起始符、中间分隔符、校验符、终止符的结构同 EAN - 13 商品条码。EAN - 8 商品条码左侧空白区与右侧空白区的最小宽度均为 7 个模块宽。左侧数据符表示 4 位信息，由 28 个模块组成。右侧数据符表示 3 位数字信息，由 21 个模块组成。为保护左右侧空白区的宽度，可在条码符号左下角加

"<"符号，在条码符号右下角加">"符号，"<"和">"符号的位置如图3-10所示。供人识别字符是与条码相对应的8位数字，位于条码符号的下方。

图3-10 EAN-8商品条码符号空白区中"<"">"的位置及尺寸

第四章 商品检验

第一节 商品检验概述

一、商品检验的概念

商品检验是指商品的供货方、购货方或者第三方在一定条件下，借助某种手段和方法，按照合同、标准或国际、国家有关法律法规、惯例，对商品的质量、规格、重量、数量以及包装等方面进行检查并作出合格与否或验收与否判定的业务活动。其中商品的质量检验是商品检验的中心内容。因此，狭义的商品检验是指商品的质量检验。商品的质量检验曾经在早期质量管理的发展阶段发挥了保证商品质量的"把关"作用，就是在全面质量管理不断发展、完善的今天，由于预防和控制并非总是有效，它仍然是商品质量保证工作的一项重要内容。

二、商品检验的分类

（一）商品检验依据其目的不同，可分为生产检验（第一方检验）、验收检验（第二方检验）和第三方检验三种

1. 生产检验

生产检验是商品生产者为维护企业信誉，达到保证质量的目的，而对原材料、半成品和成品商品进行的检验活动，检验合格的商品应有"检验合格证"标识。

2. 验收检验

验收检验是商品的买方（如商业、外贸部门和工业用户）为了维护自身及其顾客的利益，保证其所购商品满足合同或标准要求所进行的检验活动。在实践中，商业或外贸企业还常常派出"驻厂员"对商品质量形成的全过程进行监控，及时发现问题，及时要生产方解决。

3. 第三方检验

第三方检验是指处于买卖利益之外的第三方，以公正、权威的非当事人身份根据有关法律、合同或标准所进行的商品检验，其目的在于维护各方合法权益和

国家权益，协调矛盾，促使商品交换活动的正常进行。第三方检验由于具有公正性、权威性，其检验结果被国内外所公认，具有法律效力。

（二）商品检验根据其检验对象的流向，又可分为内销商品检验与进出口商品检验两种

1. 内销商品检验

内销商品检验是指国内的商品经营者、用户、商务部及其下属部门的商品质量管理机构与检验机构，或国家技术监督局及其所属的商品质量监督管理机构与其认可的商品质量监督检验机构，依据国家法律法规、有关技术标准或合同对内销商品所进行的检验活动。

目前我国商品经营企业不具备对商品质量进行检测、鉴定的技术手段，多采用简单的感官检验或委托有关检验机构检验。我国《产品质量法》第21条规定：销售者应当执行进货检查验收制度，验明产品合格证明和其他标识。《消费者权益保护法》第50条规定：经营者销售的商品应当检验、检疫，而未检验、检疫或者伪造检验、检疫结果的，《中华人民共和国产品质量法》和其他有关法律法规对处罚机关和处罚方式有规定的，依照法律法规的规定执行；法律法规未作规定的，由工商行政管理部门责令改正，可以根据情节单处或者并处警告、没收违法所得，处以违法所得1倍以上5倍以下的罚款，没有违法所得的，处以1万元以下的罚款；情节严重的，责令停业整顿，吊销营业执照。

2. 进出口商品检验

进出口商品检验是指由商检机构（即国家商检局在省、自治区、直辖市以及进出口商品的口岸、集散地设立的商检局及其分支机构）和国家商检局、商检机构指定的检验机构依照有关法律法规、合同规定、技术标准、国际贸易惯例与公约等，对进出口商品进行的法定检验、鉴定检验和监督管理检验。

（1）法定检验。法定检验是根据国家法律法规，对指定的重要进出口商品执行强制性检验，非经检验合格不准出口或进口，以维护国家的信誉和利益。其范围是：列入《商检机构实施检验的进出口商品种类表》的商品；应实施卫生检验的食品；有关国际条约规定须经商检机构检验的进出口商品；实施性能鉴定和使用鉴定的出口危险货物包装容器；进行运载检验的装运出口易腐烂变质食品、冷冻品的船舱、集装箱等运载工具；其他法律法规规定的须经商检机构检验的进出口商品。

（2）鉴定检验。鉴定检验与法定检验性质不同，不是强制性检验，而是凭对外贸易关系人（进口商、出口商、承运部门、仓储部门、保险公司等）的申请办理。其工作范围和内容十分广泛，包括运用各种技术手段和经验，检验、鉴定各种进出口商品的品质、数量、重量、包装、记载、残损、载损、海损等实际情况与使用价值，以及商品的运载工具、装卸等事实状态和其他有关业务是否符合合同、标准和国际条约的规定以及国际惯例的要求，进而作出检验、鉴定结果与结论，提供有关数据，签发检验、鉴定证书或其他有关证明。

（3）监督管理检验。监督管理检验是商检机构或国家商检局、商检机构指定或认可的检验机构对生产企业申请使用认证标志或申请获得必要的进口安全质量许可、出口质量许可或卫生注册登记的进出口商品（或食品）所实施的检验。只有检验合格，才可获准使用认证标志或者取得进口、销售、使用或出口资格。

第二节　商品的抽样检验

一、抽样检验的概念

抽样是根据合同或标准所确定的方案，从被检批商品中抽取一定数量有代表性的、用于检验的单位商品的过程，又称取样或拣样。

被检批商品应为同一来源、同质的商品，通常以一个订货合同为一批，若同批质量差异较大、订货量很大或连续交货，也可分为若干批。组成被检批的基本单位称为单位商品，其划分形式有自然划分和按抽检需要人工划分两种，如单个（台或件）商品、一对（双）商品、一组（套、袋、桶、箱、垛、车、船等）商品、一定长度（面积、体积、重量）商品等。被检批商品中所包含的单位商品的总数，叫做批量，用 N 表示。批量大小应由商品特点和生产、流通条件决定，体积小、质量稳定的，批量可大些；反之，批量可小些。根据抽样检验要求，批量不宜太小或太大，太小则检验量大、费用高，失去抽样检验的优越性；太大，一方面易混淆不同来源、不同质量，另一方面若因不合格拒收，则再进行全数检验或返工或退货的工作量大，造成供货方损失增加，批量太大还会给抽样带来困难。由被检批中抽取用于检验的单位商品（即样品）的全体，称为样本。样本中所包含的单位商品数量称为样本大小或样本量，通常用 n 表示。

二、抽样的方法

抽样检验的目的在于用尽量小的样本所反映的质量状况来统计推断整批商品的质量，因此用什么方法抽样，对准确判定整批商品的平均质量，就显得十分重要了。

常用的抽样方法有简单随机抽样和分层随机抽样两种。

（一）简单随机抽样

简单随机抽样是从批量为 N 的被检批中抽取 n 个单位商品组成样本，共有 C_N^n 种组合，对于每种组合，被抽取的概率都相同的抽样方法。一般情况下，被检批的批量较小时，将批中各单位商品编号，利用抽签或随机数表抽样，可避免检验员主观意识的影响。当被检批批量较大时，适宜采用分层随机抽样法。

（二）分层随机抽样

分层随机抽样是把批量为 N 的被检批分成各为 N_1 个，N_2 个直至 N_i 个单位商品组成的 i 层，使每层内商品质量尽可能均匀整齐，$N = N_1 + N_2 + \cdots + N_i$。然后在每层分别按简单随机抽样法取样，合在一起组成一个样本。这种方法尤其适用于批量较大但质量也可能波动较大的商品批。分层随机抽样的样本有很好的代表性，是目前使用最广、最多的一种抽样方法。

三、抽样检验的方法

为了适应各种不同情况的需要，目前已形成许多具有不同特色的抽样检验方法。

（一）计量抽样检验方法和计数抽样检验方法

如前所述，商品质量指标依其度量特性可分为计量指标和计数指标两类。按照商品质量指标的这种度量特性，商品质量检验的抽样检验方法也分成计量抽样检验和计数抽样检验两类。

1. 计量抽样检验

计量抽样检验是从批量商品中抽取一定数量的样品（样本），检验此样本中每个样品的质量，然后与规定的标准值或技术要求进行比较，由此确定该批商品是否合格的方法。这种方法具有样本较小、可充分利用质量信息等优点，但在管理上较麻烦，需进行适当的计算，因此适用于单项质量指标的抽样检验。ISO 3051 和我国的 GB 6378 都属于这类方法标准。

2. 计数抽样检验

计数抽样检验是从批量商品中抽取一定数量的样品（样本），检验其中每个样品的质量，然后统计合格品数，再与规定的"合格判定数"比较，由此决定该批商品是否合格的方法。这种方法的优点是使用简便并能用于检验商品的多项质量指标，缺点是质量信息利用较差。ISO 2859 和我国的 GB 2828、GB 2829 都是此类方法标准。

（二）调整型抽样检验方法和非调整型抽样检验方法

抽样检验方法按照抽样检验的形式可分为调整型和非调整型两类。

1. 调整型抽样检验

它是由正常、加严、放宽等不同抽样检验方案与转移规则联系在一起而组成的一个完整的抽样检验体系。根据连续若干批商品质量变化情况，按转移规则及时转换抽样检验方案，以维护买卖双方的利益。调整型适合于各批质量有联系的连续批商品的质量检验。

2. 非调整型抽样检验

其单个抽样检验方案不考虑商品批的批量历史，使用中也没有转移规则，因此它较容易为质检人员所掌握，但只对孤立批的质量检验较为适宜。

(三) 一次、二次和多次抽样检验方法

抽样检验方法按抽样检验的程序可分为一次、二次以及多次抽样检验方法。

1. 一次抽样检验方法

只需要抽样检验一个样本就可以做出该批商品是否合格的判断。该法简单，使用方便，应用广泛，但样本较大，抽样工作量较大。

2. 二次抽样检验方法

即先抽第一个样本进行检验，若据此可判断该批商品合格，则终止检验。否则，再抽第二个样本，再次检验后，用两次结果综合在一起判断该批商品合格与否。

3. 多次抽样检验

其原理与二次抽样检验方法相似，每次抽取样本大小相同，即 $n_1 = n_2 = n_3 = \cdots = n$，但抽样检验次数多，合格判定数与不合格判定数也多。

我国 GB 2828、GB 2829 都采用五次抽样检验方法，ISO 2859 采用七次抽样检验方法，但已接受我国提案准备修改。一次抽样检验方法虽使用方便、应用广泛，但样本较大，抽样检验工作量较大。二次和多次抽样检验方法的平均检验样本小于二次抽样检验方法的样本，能节省检验费用，但管理较复杂，需专门培训质检人员，因而管理费用增加，不适于价值较低的商品。

四、抽样检验方案

样本大小或样本大小系列与接收或拒收商品批的判定规则——判定数组结合在一起，称为抽样检验方案（简称抽检方案）。一次抽检方案是指由样本大小 n 和判定数组（Ac，Re）组成的抽检方案，Ac 为合格判定数，即判定批合格时，样本中所含不合格品数（d，$d \leq Ac$ 的最大值）；Re 为不合格判定数，即判定批不合格时，样本中所含不合格品数的最小值。二次抽检方案是指由第一样本大小 n_1，第二样本大小 n_2 与判定数组（Ac_1，Ac_2，Re_1，Re_2）组成的抽检方案。五次抽检方案则是由第一到第五样本大小 n_1，n_2，n_3，n_4，n_5 与判定数组（A_1，A_2，A_3，A_4，A_5，R_1，R_2，R_3，R_4，R_5）组成的抽检方案。

第三节 商品质量检验的方法

商品质量检验的方法很多，根据其检验所用的器具、原理和条件，主要可分为感官检验法和理化检验法两大类。这些检验方法在实际工作中，是按照商品的不同质量特性进行选择和相互配合使用的。

一、感官检验法

感官检验，又称感官分析、感官检查或感官评价，它是用人的感觉器官作为检验器具，对商品的色、香、味、形、手感、音色等感官质量特性，在一定条件下作出判定或评价的检验方法。它简便易行，快速灵活，成本较低，特别适用于目前还不能用仪器定量评价其感官指标的商品和不具备组织昂贵、复杂仪器检验的企业、部门及消费者。近几十年发展形成的现代感官检验技术和应用学科，已克服传统感官检验缺乏科学性、客观性和可比性的不足，从经验上升为理论，具有一整套根据心理学原理设计，并利用统计学的方法分析和处理感官数据的基础方法，将不易确定的商品感官指标客观化、定量化，从而使感官检验更具有可靠性和可比性，成为与理化检验相互补充和印证、并行不悖的现代检验技术。感官检验涉及绝大多数商品，其感官质量指标对评价商品质量意义重大。对感官检验有特殊要求的商品主要有食品、药品、纺织品及服装、化妆品、家用电器、化工商品等。

感官检验的类别如下。

（一）按照人的感觉器官的不同，感官检验分为视觉检验、嗅觉检验、味觉检验、触觉检验和听觉检验等

1. 视觉检验

视觉检验是用视觉来检查商品的外形、结构、颜色、光泽以及表面状态、疵点等质量特性。光、商品体、眼睛和大脑是构成视觉的要素。由于投射的光线被商品体改变，改变光经过眼睛的光路系统（角膜、水样液、虹膜和瞳孔、水晶体、玻璃体等），在感光系统视网膜上聚焦成像，视细胞将光刺激接收并转化为神经冲动，经视神经传入大脑的皮质视区而产生视感觉。因此，光线的强弱、照射方向、背景对比以及检验人员的生理、心理和专业能力，都会影响视觉检验效果。为了提高视觉检验的可靠性，视觉检验必须在标准照明（非直射典型日光或标准人工光源）条件下和适宜的环境中进行，并且应对检验人员进行必要的挑选和专门的训练。

2. 嗅觉检验

嗅觉检验是通过嗅觉检查商品的气味，进而评价商品质量。嗅觉虽然重要，但对人类来说可能是属于较退化的一种感觉机能。通常，由商品体发散于空气中的物质微粒作用于鼻腔上部嗅觉细胞，产生兴奋，再传入大脑皮层引起嗅感觉。嗅觉与其他感觉特别是味觉经常联系。嗅觉检验目前广泛用于食品、药品、化妆品、家用化学制品和香精、香料等商品质量检验，并且对于鉴别纺织纤维、塑料等燃烧后的气味差异也有重要意义。为了保证嗅觉检验的工作质量，必须对检验人员进行测试、严格选择和培训，在检验中还应避免检验人员的嗅觉器官长时间与强烈的挥发物质接触，并注意采取措施防止串味现象。

3. 味觉检验

味觉检验是利用人的味觉来检查有一定滋味要求的商品（如食品、药品等）。味觉是溶解于水或唾液中的化学物质作用于舌面和口腔黏膜上的味觉细胞（味蕾）产生的兴奋，再传入大脑皮层而引起的感觉。基本味觉有甜、酸、苦、咸四种，其余都是混合的味觉。味觉常同其他感觉，特别是与嗅觉、肤觉相联系，如辣味觉就是热觉、痛觉和基本味觉的混合。视觉也对味觉检验有影响。人体的某些疾病还明显地干扰味觉。此外，味刺激的温度、时间等因素也对味觉的感受性有显著影响。为了顺利地进行味觉检验，一方面要求检验人员必须具有辨别基本味觉特征的能力，并且被检样品的温度要与对照样品温度一致；另一方面要采用正确的检验方法，遵循一定的规程。如检验时不能吞咽物质，应使其在口中慢慢移动；每次检验前后必须用水漱口等。

4. 触觉检验

触觉检验是利用人的触觉感受器（在有毛皮肤中是毛发感受器，在无毛皮肤中是迈斯纳触觉小体）对于被检商品轻轻作用的反应——触觉，来评价商品质量。触觉是皮肤受到机械刺激而引起的感觉，包括触压觉和触摸觉，是皮肤感觉的一种。皮肤感觉除触觉外，还有痛觉、热觉、冷觉等，它们也参与感官检验。实验证明，人的手指和头面部的触觉感受性较高，而躯干和四肢的感受性较低。这是由于手指和头面部在人们劳动和日常生活中的重要作用，使得这些部位在大脑皮质中央后面有着较大的投射区。触觉检验主要用于检查纸张、塑料、纺织品以及食品的表面特性、强度、厚度、弹性、紧密程度、软硬等质量特性。触觉检验时，应注意环境条件的稳定和保持手指皮肤处于正常状态，并加强对检验人员的专门培训。

5. 听觉检验

听觉检验是凭借听觉来检查商品质量，如检查玻璃制品、瓷器、金属制品有无裂缝或其他内在缺陷；评价以声音作为重要指标的乐器、收录音机、音响装置等商品以及要求无噪声的机电商品；评定食品的成熟度、新鲜度、冷冻程度等。听觉检验至今尚无法用仪器测定来替代，其重要原因之一就是人的耳朵灵敏度高且接听范围宽，如 20 岁左右的正常年轻人的耳朵，其最小可听值为 0dB（分贝），最大值为 20dB。人的听觉因人、声音波长的不同而异。听觉检验与其他感官检验一样，也需要适宜的环境条件，力求安静，避免外界因素对听觉灵敏度的影响。

（二）按照感官检验目的的不同，感官检验又可分为分析型感官检验与偏爱型感官检验两大类

1. 分析型感官检验（感官分析）

分析型感官检验又称Ⅰ型或A型感官检验（感官分析），它是以经过培训的评价员的感觉器官作为"仪器"来测定商品的质量特性或鉴别商品之间的差异等。例如质量检验、商品改进、商品评优等都属于此类型。这种检验（分析）要求评价员对商品作出客观评价，尽量避免人的主观意愿对评价结果的影响。为此在进行试验时，必须保证以下三点：①评价尺度和评价基准物应统一、标准化；②试验条件应该规范化；③评价员在经过适当的选择和训练后，应维持在一定的水平。

2. 偏爱型感官检验（感官分析）

又称Ⅱ型或B型感官检验（感官分析），它是以未经训练的消费者对商品的感觉判断来了解消费者对商品的偏爱程度，所以是一种主观评价方法。例如在新商品开发过程中对试制品的评价、市场调查中使用的感官检查等，都属于此类型。这种检验（分析）不像分析型那样需要统一的评价标准和条件，全凭评价者的生理、心理的综合感觉而定，即其感觉程度和主观判断起着决定性作用，因而评价结果往往因人、因时、因地而异，并且允许有相反判断。

二、理化检验法

理化检验法是在实验室的一定环境条件下，利用各种仪器、器具和试剂作手段，运用物理、化学以及生物学的方法来测试商品质量的方法。它主要用于检验商品成分、结构、物理性质、化学性质、安全性、卫生性以及对环境的污染和破坏性等。理化检验的结果可用数据定量表示，比感官检验客观和精确，但对检验设备和检验条件要求严格，同时要求检验人员具备扎实的基础理论知识和熟练的操作技术。现代检测技术在与检验仪器联用以及与计算机联用、实施自动控制和数据处理等方面的发展，促使理化检验走向快速、少损或无损以及自动化方向。

理化检验方法根据其原理可分为物理检验法、化学检验法和生物学检验法。

（一）物理检验法

物理检验法因其检验商品的性质和要求不同，采用的测试仪器和具体方法也不相同，通常又分为一般物理检验法、光学检验法、热学检验法、力学检验法和电学检验法等。

1. 一般物理检验法

它是通过各种量具、量仪、天平、秤或专用仪器来测定商品的长度、细度、面积、体积、厚度、质量（物体中所含物质的多少）、密度、容重、粒度、表面光洁度等一般物理特性的方法。

2. 光学检验法

它是利用光学仪器（光学显微镜、折光仪、旋光仪等）来检验商品的方法。光学显微镜主要是用来观察、测量商品的细微结构，并根据这些形态结构特性，进一步鉴定商品的种类和使用性能。折光仪用于测定液体的折光率，在中间产品的质量控制和成品的质量分析中有重要的作用，例如鉴定植物油的掺假或变质。旋光仪通过对旋光性物质（分子中含有不对称碳原子的有机物，如蔗糖、葡萄糖、薄荷脑等）的比旋光度进行测定，可鉴定旋光性物质的纯度。

3. 热学检验法

它是使用热学仪器测定商品的热学特性的方法。这些特性包括熔点、凝固点、沸点、耐热性等。玻璃和搪瓷制品、金属制品、化妆品、化工商品、塑料制品、橡胶制品以及皮革制品等，它们的热学性质都与商品的质量和品种有关。

4. 力学检验法

它是通过各种力学仪器测定商品的力学（机械）性能的检验方法。这些性能包括抗拉强度、抗压强度、抗剪切或弯曲强度、抗冲击强度、抗疲劳强度、耐磨强度、硬度、弹（塑）性等。商品的力学（机械）性能与其耐用性密切相关。

5. 电学检验法

它是利用电学仪器测定商品的电学特性（电阻、电容、介电常数、电导率、静电电压半衰期等）的方法。通过商品的某些电学特性如电阻、电容等的测量，还可以间接测定商品的其他质量特性如吸湿性、材质的不匀率等。

（二）化学检验法

化学检验法是用化学试剂和仪器对商品的化学成分及其含量进行测定，进而判定商品是否合格的方法。按照具体操作方法，它可分为化学分析法和仪器分析法两类。

1. 化学分析法

化学分析法是根据已知的、能定量完成的化学反应进行分析的方法。依其所用的测定方法的不同，又分为重量分析法、容量分析法和气体分析法。

（1）重量分析法。重量分析法是一种较准确的分析方法，它选择某种试剂与被测定成分反应，生成一种难溶的沉淀物，再通过过滤、洗涤、干燥、灼烧等过程，使沉淀与其他成分分离，然后根据这种沉淀物的重量计算被测成分的含量。

（2）容量分析法。容量分析法是在被测定成分溶液中，滴加一种已知准确浓度的试剂（标准溶液），根据它们反应完全时所消耗标准溶液的体积计算出被测成分的含量。容量分析法操作简便，并能达到一定的准确度，应用非常广泛。

（3）气体分析法。气体分析法是用适当的吸收剂吸收试样（混合气体）中的被测成分，从气体体积的变化来确定被测成分的含量。

2. 仪器分析法

它是一类通过检验试样的光学性质、电化学性质等而求出待测成分含量的化学检验法。它包括光学分析法和电化学分析法。

（1）光学分析法。光学分析法是通过被测成分吸收或发射电磁辐射的特性差异来进行化学鉴定的，具体有比色法、分光光度法（原子吸收光谱、可见光谱和紫外光谱、红外光谱）、核磁共振波谱法、荧光光谱法、发射光谱法等。

（2）电化学分析法。电化学分析法是利用被测物的化学组成与电物理量（电极电位、电流、电量或电导等）之间的定量关系来确定被测物的组成和含量，它包括伏安法、极谱法、电位滴定法、电导滴定法、电解分析法等。光学分析法适用于微量成分含量的分析，操作较简便、快捷，但对某些成分灵敏度较低，不如电化学分析法准确且前处理耗费时间，仪器价格较贵，对操作人员要求较高，从而使应用有一定的局限性。

（三）生物学检验法

生物学检验法是食品类、医药类和日用工业品类商品等质量检验的常用方法之一，它包括微生物学检验法和生理学检验法。

1. 微生物学检验法

微生物学检验法利用显微镜观察法、培养法、分离法和形态观察法等，对商品中有害微生物存在与否及其存在数量进行检验，并判定其是否超过允许限度。这些有害微生物包括大肠杆菌、致病性微生物、霉腐微生物等，它们直接危害人体健康或危及商品的安全储存。

2. 生理学检验法

生理学检验法用于检验食品商品的可消化率、发热量、维生素和矿物质对机体的作用以及食品和其他商品中某些成分的毒性等。该法多用活体动物进行试验。只有经过无毒害性试验后，视情况需要并经有关部门批准后，才能在人体上进行试验。

第四节 商品的分级

一、商品分级的概述

品级是依商品质量高低所确定的等级。根据商品质量标准（包括实物质量标准）和实际质量检验结果，将同种商品区分为若干等级的工作，称为商品分级。

商品品级通常用等或级的顺序来表示，其顺序反映商品质量的高低，如一等（级）、二等（级）、三等（级）或甲等（级）、乙等（级）、丙等（级）、丁等

（级）。我国国家标准 GB/T12707—91《工业产品质量分等导则》，规定了我国境内生产和销售的工业产品质量等级的划分和评定原则。它将工业产品的实物质量原则上按照国际先进水平、国际一般水平和国内一般水平三个档次，相应地划分为优等品、一等品和合格品三个等级。这样有利于从整体上综合反映我国工业产品质量水平，有助于推动技术和管理进步，促进产品更新换代和质量的提高。

商品种类不同，分等（级）的质量指标内容也不同。例如，粗、精纺呢绒是按实物质量、物理指标、染色牢度和外观疵点四项综合定等（即以其中最低一项定等）；茶叶按其感官质量指标分级；食糖按其主要成分（蔗糖）含量和杂质含量分级；乳和乳制品则同时按感官指标、理化指标、微生物指标进行分级。对每种商品每一等级的具体要求和分级方法，通常在该商品标准中都已规定。

商品分级工作，既有利于促进生产部门加强管理，提高生产技术水平和产品质量，也有利于限制劣质商品进入流通领域，并且便于消费者选购商品。此外，商品分级还有利于物价管理和监督，促进社会主义商品市场健康发展。

二、商品分级方法

商品分级的方法很多，主要可归纳为百分记分法、限定记分法和限定缺陷法三类。

（一）百分记分法

百分记分法是按商品的各项质量指标的要求，规定为一定分数，其中重要的质量指标所占分数较高，次要的质量指标所占分数较低。各项质量指标完全符合标准规定的要求，其各项质量指标的分数总和为 100 分。如果某一项或几项质量指标达不到标准规定的要求，相应扣分，其分数总和就要降低。分数总和达不到一定等级的分数线，则相应降低等级。这种方法在食品商品评级中被广泛采用。

（二）限定记分法

限定记分法是将商品的各种质量缺陷（即质量指标不符合质量标准）规定为一定的分数，由缺陷分数的总和来确定商品的等级。商品的缺陷越多，分数的总和越高，则商品的品级越低。该方法主要用于工业品商品的分级。

（三）限定缺陷法

限定缺陷法是在标准中规定商品的每个质量等级所限定的质量缺陷的种类、数量以及不允许有哪些质量缺陷。此法多用于工业品商品的评级。

第五章 商品包装与商标

第一节 商品包装及其分类

一、商品包装的概念

商品包装是指商品流通过程中为保护商品、方便储运、促进销售，按一定技术方法而采用的容器、材料及辅助物等的总体名称；也指为达到上述目的而采用的容器、材料和辅助过程中施加一定技术方法等的操作活动。

现代商品包装概念反映了商品包装的商品性、目的性和生产活动性。首先，商品和包装共同组成了统一的商品体。商品包装是实现商品价值和使用价值的有效组成部分。商品包装所消耗的劳动，包括物化劳动和活劳动，都属于社会必要劳动的一部分。商品包装本身具有价值和使用价值，商品包装的价值包含在商品的价值中，在出售商品时得到补偿。其次，使用某种材料，按照一定技术方法形成的包装容器是为了在流通和消费领域中实现商品的价值和使用价值，它是一种工具和手段。再次，商品包装是商品生产的一个重要组成部分。绝大多数商品，只有经过包装工序以后，才算完成生产过程，包装是任何商品生产的最后一道工序。从这种意义上讲，商品包装不仅是一种物质形态，而且也是一种技术、经济活动。

二、商品包装的分类

根据选用的分类标志不同，常见的分类方法有如下几种。

（一）按照包装在流通中的作用分类

1. 个体包装

个体包装又称为小包装，指单个商品为一个销售单位的包装形式，如香烟盒、火柴盒等。

2. 内包装

内包装又称中包装，指商品的内层包装。在流通过程中与个体包装共同起到促进销售、方便使用的作用，所以个体包装和内包装也称为销售包装。内包装一般是由若干个单位商品的小包装组成小的整体包装，如十盒卷烟为一条，十盒火柴为一包等。

3. 外包装

外包装是指商品的外部包装，在流通中主要起到保护商品、方便运输的作用，又称为运输包装或大包装，如包装纸箱、包装木箱等。

（二）按照包装质量要求分类

1. 内销商品包装

内销商品包装的包装质量要求适合于国内中、短途运输，一般以内河航运、火车、汽车运输为主，市场销售商品以柜台销售为主要形式，包装的大小、内装物数量要与国内消费习惯和消费水平相适应。内销包装一般具有简单、经济、实用的特点。内销包装又可分为工业包装和商业包装两大类。工业包装是为了便于运输、装卸、储藏的大包装。商业包装是为了促进销售和消费者使用的中小包装。

2. 出口商品包装

出口商品包装的包装质量要求适合于国际长途运输，一般以远洋航运、空运、火车和汽车集装箱运输为主。市场销售以超级市场为主要形式，包装的装潢、色彩、形式等要考虑商品销售所在国的不同习惯和特点。出口商品包装的保护性、装饰性、竞争性要求更高。出口商品包装按照国际贸易经营习惯，一般分为储运包装和销售包装两大类。

3. 特殊商品包装

特殊商品包装一般是指工艺美术品、文物、精密贵重仪器及军需品等的包装。这些商品由于本身价值昂贵，比一般商品包装要求更高和更严格，因此包装成本也更高。

（三）按照包装材料分类

1. 纸制包装

纸制包装是指以纸和纸板为原料制成的包装。凡定量在 $225g/m^2$ 以下称为纸，定量在 $225g/m^2$ 以上称为纸板。此类包装材料占整个包装材料使用量的 40%。一般包装用纸以牛皮纸、纸袋纸、包装纸、玻璃纸为主。包装纸板以箱板纸、黄板纸、瓦楞纸、白板纸、白卡纸为主。纸包装容器多做成纸板箱、瓦楞纸箱、纸盒、纸袋、纸筒。纸包装有一定强度，可满足使用要求，且成本低廉、透气性好、印刷装饰性好。

2. 塑料包装

塑料包装是指以人工合成树脂为主要原料的各种高分子材料制成的包装。主要的塑料包装材料有聚乙烯、聚氯乙烯、聚丙烯、聚苯乙烯等。塑料包装容器主要有全塑箱、钙塑箱、塑料袋、塑料瓶、塑料盒、编织袋等。塑料品种繁多，且塑料包装综合性能好。

3. 木材包装

木材包装是指以天然木材和人造板材制成的包装，主要有木箱、胶合板箱、托盘。

4. 金属包装

金属包装是指以黑白铁、马口铁、铝箔、钢材制成的包装，主要有罐头、铁桶和钢瓶。

5. 玻璃包装

玻璃包装是以硅酸盐和金属氧化物烧结而成的透明包装。玻璃包装能直接看到内容物，而且耐腐蚀、稳定性好。玻璃包装以瓶罐为主。

6. 纺织品包装

纺织品包装是以天然纤维、人造纤维和合成纤维的织品制成的包装，以袋、包为主。

7. 复合材料包装

复合材料包装是以两种以上材料复合制成的包装，主要有纸与塑料、纸与铝箔和塑料。

8. 其他材料包装

其他材料包装是以竹、藤、苇等制成的包装，主要有各种筐、篓、草包等。

（四）按照商品包装的防护技术方法分类

1. 防水、防潮包装

防水、防潮包装是为防止水和潮气侵入内装物影响其质量而采取一定防护措施的包装。如用防水材料衬垫包装容器内侧，或在包装容器外部涂刷防水材料使防潮包装材料密封商品，或在包装容器内加干燥剂以吸收残存潮气等。

2. 防锈包装

防锈包装是为防止内装物锈蚀采取一定防护措施的包装。如在产品表面涂刷防锈油（脂）或用气相防锈塑料薄膜，气相防锈纸包封产品等。

3. 防震包装

防震包装是为减缓内装物受到的冲击和振动，保护其免受损坏而采取一定防护措施的包装。如用发泡聚苯乙烯、海绵、木丝、棉纸等缓冲材料包衬内装物，或将内装物用弹簧悬吊在包装容器里等。

4. 防霉包装

防霉包装是为防止内装物发霉影响质量采取一定防护措施的包装。如对内装物进行防潮包装，降低包装容器内的相对湿度，对内装物和包装材料进行防霉处理等。

5. 防尘包装

防尘包装是为防止沙尘进入包装容器的包装。如将内装物或包装易进尘处用柔性纸包扎或用塑料薄膜袋套封等。

6. 防辐射包装

防辐射包装是防止外界辐射线通过包装容器的包装。如将感光胶卷盛装在能够阻止光辐射的容器中。

7. 防盗包装

防盗包装是为防止内装物被盗而设计的一种打开后会留下明显被盗痕迹的包装。

8. 防爆包装

防爆包装是为防止易爆性内装物发生爆炸采取一定防护措施的包装。

9. 防燃包装

防燃包装是为防止易燃性内装物燃烧的包装。如在包装容器内衬以耐火材料，包装容器外涂刷防火材料等。

10. 防虫包装

防虫包装是为保护内装物免受虫类侵害采取一定防护措施的包装。如在包装材料中掺入杀虫剂，在包装容器中使用驱虫剂、杀虫剂或脱氧剂等。

11. 泡罩包装

泡罩包装是将产品封合在用透明塑料薄片形成的泡罩与底板之间的一种包装方法。

12. 贴体包装

贴体包装是将产品放在能透气的、用纸板或塑料制成的底板上，上面覆盖加热软化的塑料膜（片），通过底板抽真空，使薄片（膜）紧密地包贴产品，其四周封合在底板上的一种包装方法。

13. 收缩包装

收缩包装是用收缩薄膜裹包产品或包装件，然后加热使薄膜收缩包紧产品的一种包装方法。

14. 拉伸裹包

拉伸裹包是将拉伸薄膜在常温下拉伸，对产品或包装件进行裹包的一种操作，多用于托盘货物的裹包。

15. 真空包装

真空包装是将产品装入气密性包装容器里，抽去容器内部的空气，使密封后的容器内达到预定真空度的一种包装方法。

16. 条形包装

条形包装是将一个或一组薄片、胶囊之类的小型产品包封在两层连续的节状包装材料之间，每个或每组产品周围热封合形成一个单元的一种包装方法。每个单元可以单独撕开或剪开以便于销售或使用。条形包装多用于医药产品。

17. 充气包装

充气包装是将产品装入气密性包装容器，用氮气、二氧化碳等气体置换容器中原有空气的一种包装方法。

18. 无菌包装

无菌包装是将产品、包装容器、材料或包装辅助器材灭菌后，在无菌的环境中进行充填和封合的一种包装方法。

19. 透气包装

透气包装是随着条件的变化（例如温度的改变），空气可以出入的一种闭合式包装。

20. 现场发泡

现场发泡是在包装容器与衬有薄膜的产品之间的空隙处，注入能产生塑料泡沫体的原料，并通过化学反应形成紧包产品的泡沫体的操作。这种操作通常在包装的现场，用特别的发泡设备进行。

21. 喷雾包装

喷雾包装是将液体或膏状产品装入带有阀门和推进剂的气密性包装容器中，当开启阀门时，产品在推进剂产生的压力作用下被喷射出来的一种包装方法。喷射出来的产品有雾状、泡沫状、膏状等多种状态。多用于杀虫剂、空气清洁剂、香水等的包装。

22. 保鲜包装

保鲜包装是在规定的储存条件下，不用罐头包装方式，而采用具有特殊性能的包装材料和特殊结构的容器包装水果、蔬菜等食品，或对这类食品进行必要的化学、物理处理，使其在一定时间内保持色、香、味而采取一定防护措施的包装。

23. 隔热包装

隔热包装是为减少储运过程中包装件内与外界环境的热传递而采取一定防护措施的包装方法，如在包装容器内衬以隔热材料等。

24. 速冻包装

速冻包装是用耐冷、耐潮包装材料和速冻技术使冷冻内装物能在冷藏条件下较长时间储存的包装方法。

25. 儿童安全包装

儿童安全包装是一种保护儿童安全的包装，其设计结构使大部分儿童在合理时间内难以开启或难以取出一定数量有毒害的内包装物。

26. 木夹板包装

木夹板包装是用上下两块木板将产品夹在中间并捆扎固定的包装方法。

27. 集合包装

集合包装是为了便于装卸、储存和运输，将若干包装件或产品包装在一起，形成一个合适的搬运单元。

28. 托盘包装

托盘包装是将包装件或产品堆码在托盘上，通过捆扎、裹包或胶粘等方法加以固定，形成一个搬运单元，以便机械设备搬运。

第二节　商品包装材料和技法

商品包装材料一般主要有纸张、塑料、金属、木材、玻璃、纺织品六大类，以及包装辅助材料：胶粘材料、涂料、油墨、捆扎和钉结材料、衬垫材料、盖塞材料、填充材料等。

一、防震包装

防震包装又称缓冲包装，是为了保护商品的性能和形状，防止商品在流通过程中受到冲击和振动的破坏，采取一定防护措施的包装技术。

防震包装设计是选择适当的缓冲材料与包装结构，使商品在运输、搬运过程中传递到商品上的冲击力、振动力不至于超过商品自身的强度。为此，首先要了解环境条件的各项参数，如冲击加速度、振动幅度和频率等；其次还要了解商品本身的脆值或易损度，抗破坏性能等；最后确定包装的整体结构和缓冲材料的种类、形式和厚度。包装的防震性能可以通过垂直冲击跌落试验、滚动试验、振动试验来检验。

常用的缓冲技法如下。

（1）妥善衬垫。在包装的角端和商品之间填充缓冲防震包装材料。

（2）现场发泡。用聚氨酯塑料将商品封固在包装箱内。

（3）弹簧吊装。将商品用弹簧悬浮吊装在包装容器内，一般适用于要求防震性高的精密仪器。

（4）机械固定。将商品机械固定在包装框架或底板上，一般适用于重量较大的机械产品。

二、防锈包装

防锈包装是为了防止金属制品与周围介质发生化学腐蚀和电化学腐蚀而采用一定防护措施的包装。

防锈技法主要措施如下。

（1）对金属制品表面进行防锈处理。如电镀、化学处理形成保护膜、涂漆、刷涂防锈油剂。

（2）延缓锈蚀过程。在密封包装内采用气相防锈剂，利用防锈剂的挥发性产生能与水作用的缓蚀成分，在金属表面形成阻碍锈蚀反应的保护层。

（3）阻断有害介质与金属的接触。如塑料封存、收缩包装、充氮包装、加干燥剂等。

三、防潮包装

防潮包装是为了防止潮气侵入的包装措施。空气中的水汽量超过一定限度时，会引起商品融化、水解、霉变、腐烂、虫害、锈蚀等多种质量变化。包装的防潮性就是为了防止包装外部的高湿度向包装内的低湿度扩散。

防潮包装的主要措施如下。

（1）密封包装。利用包装材料的透湿阻隔性能防止水汽侵入。此时应注意包装前的商品水分和包装材料本身的含水率。

（2）涂布抗湿材料。在包装的内、外表面涂布油、蜡、塑料等抗湿物质。

（3）包装内装吸收水分的干燥防潮剂。如硅胶、泡沸石、铅凝胶等。

（4）此外真空、充气、泡罩等包装也可以阻挡外界潮气侵入。

四、防霉包装

防霉包装是防止商品霉变而采取一定措施的包装。

霉菌以孢子繁殖，当把孢子落在商品或包装上，遇到适宜的温湿度条件，孢子就会生长发霉，并吸收商品或包装中的有机物作为营养物，使商品结构受到破坏，产生霉味、变色等质量变化。

防霉包装的主要措施如下。

（1）控制包装内的环境，抑制霉菌生长。如防潮包装可以降低包装内的相对湿度，使霉菌孢子不宜萌发。

（2）阻止霉菌孢子的侵入。如灭菌包装、密封包装。

（3）药剂防霉是防霉包装常用的方法，可在包装内喷洒适量的防霉药剂，杀死霉菌剂。

（4）气相防霉是在密封的包装中使用挥发性防霉药剂，由于气体扩散与渗透作用，防霉效果较好。

五、真空包装与充气包装

真空包装和充气包装都是为了减少被包装物与空气中的氧气接触而发生生理、化学变化而采用的包装措施。一般都是采用防透氧的复合塑料薄膜，排除包装内部的气体或充氮气、二氧化碳等惰性气体。

真空包装可用于食品保鲜，可以避免氧化变质，抑制霉菌、细菌生长，也可以用于纺织品，减小体积和避免折痕。

充气包装可用于食品和金属制品。

六、贴体包装与收缩包装

1. 贴体包装

贴体包装是将物品放在包装底板上，再把透明可以加热塑化的塑料薄膜盖在物品上。从底板背面抽真空，使薄膜与包装物紧贴并热黏合。贴体包装可以很好地保护商品，便于展销，多用于易碎日用器皿、玩具、小五金等。

2. 收缩包装

收缩包装是用一种具有热收缩性能的塑料薄膜（经过拉伸冷却工艺）包装商品，送入加热室加热，冷却后薄膜按一定比例收缩，紧紧裹住被包装物。收缩包装广泛用于各种商品，外形美观，密封性好，能增加捆扎效果，具有通用性。

第三节　商品包装标识

商品包装标识是一种包装辅助物，为了便于运输、储存、装卸、销售、使用，在商品包装容器上用醒目的文字和图形所做的特定记号和说明。在运输包装上印制的记号和说明是运输包装标识。常见的运输包装标识有：运输包装收发货标识、包装储运图示标识和危险货物包装标识。在销售包装上印制的图形和说明是销售包装标签，标签的主要内容包括：制造单位、产品名称、牌号、商标、成分、品质特点、使用方法、包装数量、储藏和使用注意事项、警告标识、其他广告性的图案和文字等。

一、运输包装收发货标识

外包装件上的商品分类图示标识、其他标识和文字说明、排列格式的总称为收发货标识，又叫识别标识。

运输包装收发货标识包括：分类标识（俗称"唛头"）、供货号、货号、品名规格、数量、重量（毛重、净重）、生产日期、生产工厂、体积、有效期限、收货地点和单位、发货单位、运输号码、发运件数。其中分类标识一定要有，其他各项合理选用。

商品分类图形标识（FL）按照国家统计目录分类，是用几何图形和简单文字表明商品类别的特定符号（见图5-1）。

按商品类别用规定颜色单色印刷（见表5-1）。

表 5－1 　　　　　　　　　　　　商品类别的规定颜色

商品类别	颜色	商品类别	颜色
百货类	红	医药类	红
文化用品类	红	食品类	绿
五金类	黑	农副产品类	绿
交电类	黑	农药类	黑
化工类	黑	化肥类	黑
针纺类	绿	机械类	黑

图 5－1 　商品分类图形标识

（1）供货号（GH）是供应该批货物的供货清单号码（出口商品用合同号码）。

（2）货号（HH）是商品顺序编号，以便出入库、收发货登记和核定商品价格。

（3）品名规格（PG）是商品名称或代号，标明单一商品的规格、型号、尺寸、花色等。

（4）数量（SL）是包装容器内含商品的数量。

（5）重量（ZL）是包装件的重量（千克），包括毛重和净重。

（6）生产日期（CQ）是产品生产的年、月、日。

（7）生产工厂（CC）是生产该产品的工厂名称。

（8）体积（T）是包装件的外径尺寸，长×宽×高＝体积。

（9）有效期限（XQ）是商品有效期至某年某月。

（10）收货地点和单位（SH）是货物到达站、港和某单位（人）。

（11）发货单位（FH）是发货单位或人。

（12）运输号码（YH）是运输单号码。

（13）发货件数（JS）是发运的货物件数。

（14）外贸出口商品要用中、外文对照印刷相应的标志并标明原产国别。

（15）收发货标志的具体要求在国家标准《运输包装收发货标志》（GB 6388—86）均有明确规定。

二、包装储运图示标识

包装储运图示标识是为了在储运过程中，对于怕湿、怕震、怕热、怕寒等有特殊要求的商品，用文字和图形所做的特殊标记，又叫指示标识。此类标志分为17种（见表5-2），标志颜色应为黑色。如果包装的颜色使得黑色标志显得不清晰，则应在印刷面上用适当的对比色，最好以白色作为图示标志的底色。应避免采用易于同危险品标志相混淆的颜色。除非另有规定，一般应避免采用红色、橙色或黄色。

表 5-2　　　　　　　　　　包装储运图示标识

序号	标志名称	标志图形	含义	备注/示例
1	易碎物品		运输包装件内装易碎品，因此搬运时应小心轻放	

序号	标志名称	标志图形	含义	备注/示例
2	禁用手钩		搬运运输包装件时禁用手钩	
3	向上		表明运输包装件的正确位置是竖起向上	(a)　　(b) (c)
4	怕晒		表明运输包装件不能直接照晒	
5	怕辐射		包装物品一旦受辐射便会完全变质或损坏	
6	怕雨		包装件怕雨淋	
7	重心		表明一个单元货物的重心	本标志应标在实际的重心位置上

序号	标志名称	标志图形	含义	备注/示例
8	禁止翻滚		不能翻滚运输包装	
9	此面禁用手推车		搬运货物时此面禁用手推车	
10	禁用叉车		不能用升降叉车搬运的包装件	
11	由此夹起		表明装运货物时夹钳放置的位置	
12	此处不能卡夹		表明装卸货物时此处不能用夹钳夹持	
13	堆码重量极限	kg	表明该运输包装件所能承受的最大重量极限	
14	堆码层数极限	n	相同包装的最大堆码层数，n 表示层数极限	
15	禁止堆码		该包装件不能堆码并且其上也不能放置其他负载	

序号	标志名称	标志图形	含义	备注/示例
16	由此吊起		起吊货物时挂链条的位置	本标志应标在实际的起吊位置上
17	温度极限		表明运输包装件应该保持的温度极限	(a) (b)

对于未曝光和已曝光但未冲洗的摄影及射线照相胶卷、底片以及感光纸的运输包装，为了便于储运人员识别内装物对热源和放射源是敏感的，应将其存放在远离热源和放射源处。对辐射能敏感的感光材料运输包装采用防辐射图示标识（见图 5 - 2）。

图 5 - 2　防辐射图示标识

三、危险货物包装标识

危险货物包装标识是对易燃、易爆、有毒、腐蚀、放射性商品,在外包装上用文字和图形所做的明显标记。危险品包装标识的图形、适用范围、颜色、尺寸、使用方法,危险货物包装标识共分为21种,如表5-3所示。

表5-3   危险货物包装标识

标识号	标识名称	标识图形	对应的危险货物类项号
标识1	爆炸品	1.1 爆炸品 1 (符号:黑色,底色:橙红色)	1.1 1.2 1.3
标识2	爆炸品	1.4 爆炸品 1 (符号:黑色,底色:橙红色)	1.4
标识3	爆炸品	1.5 爆炸品 1 (符号:黑色,底色:橙红色)	1.5

续 表

标识号	标识名称	标识图形	对应的危险货物类项号
标识4	易燃气体	易燃气体 2 （符号：黑色或白色，底色：正红色）	2.1
标识5	不燃气体	不燃气体 2 （符号：黑色或白色，底色：绿色）	2.2
标识6	有毒气体	有毒气体 2 （符号：黑色，底色：白色）	2.3
标识7	易燃液体	易燃液体 3 （符号：黑色或白色，底色：正红色）	3

续　表

标识号	标识名称	标识图形	对应的危险货物类项号
标识 8	易燃固体	 （符号：黑色，底色：白色红条）	4.1
标识 9	自燃物品	 （符号：黑色，底色：上白下红）	4.2
标识 10	遇湿易燃物品	 （符号：黑色或白色，底色：蓝色）	4.3
标识 11	氧化剂	 （符号：黑色，底色：柠檬黄色）	5.1

标识号	标识名称	标识图形	对应的危险货物类项号
标识 12	有机过氧化物	有机过氧化物 5.2 （符号：黑色，底色：柠檬黄色）	5.2
标识 13	剧毒品	剧毒品 6 （符号：黑色，底色：白色）	6.1
标识 14	有毒品	有毒品 6 （符号：黑色，底色：白色）	6.1
标识 15	有害品（远离食品）	有害品（远离食品）6 （符号：黑色，底色：白色）	6.1

续　表

标识号	标识名称	标识图形	对应的危险 货物类项号
标识 16	感染性物品	感染性物品 6 （符号：黑色，底色：白色）	6.2
标识 17	一级放射 性物品	一级放射性物品 Ⅰ 7 （符号：黑色，底色：白色，附一条红竖条）	7
标识 18	二级放射 性物品	二级放射性物品 Ⅱ 7 （符号：黑色，底色：上黄下白，附两条红竖条）	7
标识 19	三级放射 性物品	三级放射性物品 Ⅲ 7 （符号：黑色，底色：上黄下白，附三条红竖条）	7

续 表

标识号	标识名称	标识图形	对应的危险货物类项号
标识20	腐蚀品	腐蚀品 8 （符号：上黑下白，底色：上白下黑）	8
标识21	杂类	杂类 9 （符号：黑色，底色：白色）	9

四、国际海运标识

联合国政府海事协商组织对国际海运货物规定了国际海运指示标识和国际海运危险品标识（见图5-3和图5-4）。我国出口商品可同时使用两套标识。

图5-3 国际海运指示标识

图5－4　国际海运危险品标识

第四节　商标

一、商标概述

商标是商品生产者或商品经营者为了使自己生产或销售的商品，在市场上与其他商品相区别而使用的一种标记，这种标记通常用文字、图形或文字、图形的组合图案构成。

通俗地讲，商标就是商品的"牌子"或"商品的脸面"，一般具有如下特征。

（一）商标具有从属商品经济的属性

商标是商品经济发展的产物，是随着商品生产、交换的出现而有的商业性标记。商标的使用者是商品生产者或经营者，而不是消费者。标志物是商品，而不是物品。标志的目的是为了出售商品。

（二）商标具有显著性

商标必须具有能够与其他商品相区别的显著特征，使不同厂商的商品能够区别、比较和鉴定。商标是商品生产者或经营者的独特标记，是企业名声、商品信誉和评价的象征。

（三）商标享有专有性

商标不与他人注册的商标混同，经过注册的商标使用在"一定范围"和"一定质量"的商品上，第三者不得冒用和侵权。"专用"、"排他"是注册商标最本质的含义。

（四）商标具有竞争性

商标在消费者心目中形成的形象，反映了商品生产者或商品经营者的信誉，标志着商品一定的质量。商标在市场销售竞争中，可以起到广告和推销员的作用，使消费者认商标选购。占领市场的注册商标，其合法权益受到法律保护。

二、商标的作用

商标是商品的记号，在商品交易过程中起到便利购销的作用。商标可以代表消费者心目中的商品质量，是商品交换中商品生产者信誉的一种特定象征。在社会主义商品经济的发展中，商标可以起到以下作用。

1. 识别商品的不同生产者或经营者

区别不同的商品生产者、经营者是商标最重要、最本质的功能。市场上，生产或经营同一种商品是常有的事，消费者购买谁家的商品，可以通过商标识别厂家。使用商标可以增加顾客对商品的信任感，如果商品质量发生问题，可以找厂方维修、调换、挽回损失，商标可以使消费者利益得到保护。

2. 提供平等的市场竞争机会

商标经过国家商标管理机构注册后，获得专有权，假冒、仿造都是侵权行为。这样做有利于保护市场营销中的商品竞争。商品质量是商标信誉的基础，生产经营者为了在市场竞争中打开销路，必然不断提高产品质量，扩大品种花色，改善售后服务，这种正当的竞争手段，可以通过商标得到保护。

3. 促进商品经济发展

商标是厂家信誉的一种标志，往往成为消费者选择商品的重要依据。商标可以有助于保证商品质量，也便于市场管理。商标的确定可以使质量监督部门、物价管理部门和消费者对商品质量、价格进行监督和管理，有利于建立正常的商品经济秩序。

商标信誉的好坏决定了商品的竞争力。优胜劣败的市场竞争规则保证了名优产品的市场占有率。国家通过"著名商标"的评定，使市场更加健康繁荣发展。厂家通过商标进行广告宣传，促进消费者对商品的认识，商标的实施使国家、集体、个人三者利益得到合理的维护，有利于社会主义商品经济蓬勃发展。

三、商标的分类

商标有很多种类，可以按照商标的结构、用途、使用者、管理分成四大类。

（一）按照商标的结构分类

按照商标结构可以分为文字商标、记号商标、图形商标、组合商标和立体商标。

1. 文字商标

文字商标，是指用文字和字母构成的商标，如"白玉"牙膏，"SONY"电器。我国的文字商标多用汉字，也可以加注汉语拼音。文字商标不得使用商品通用名称，如"灯泡牌"灯泡。文字商标中，除主要商标名称外，有时带有小字书写的厂名、地名、注册商标等。

2. 记号商标

记号商标，是指用记号构成的商标。常见的记号商标有各种简单的几何图形，如"三角牌"电器是一个圆内接等边三角形图案。

3. 图形商标

图形商标，是指用图案构成的商标，如"飞马牌"电筒的商标是一只奔马的形象。

4. 组合商标

组合商标，是指用文字、字母、记号和图形任意组合的商标。常用的是文字、图形组合，如"上海牌"录音机的商标是由一个正反向脉冲图形叠加在一个磁带回线的图形上，两边书写"上海"二字。组合商标要求文字、图形、记号组合协调、图文一致，如"金色牌"不能画成其他动物。

5. 立体商标

立体商标，是指用商品外形或商品包装作为商标，如美国的"可口可乐"商标，以饮料瓶的形状作为商标注册。

（二）按照商标用途分类

按照商标用途可以分为营业商标、商品商标、等级商标、保证商标、服务商标。

1. 营业商标

营业商标，是指以生产或经营企业的名称、标记作为商标，即用商号或厂标作为商标，如"盛锡福"帽子、"同仁堂"中药、美国"福特"汽车等。

2. 商品商标

商品商标又叫"个别商标"，是指为了将一定规格、品种的商品与其他规格、品种的商品区别开来，在个别商品上使用的商标。如不同规格的轮胎，分别使用"骆驼""金鹿""工农"牌等商标。

3. 等级商标

等级商标，是为了区别同一品种商品的不同质量等级或性能档次而逐级使用的系列商标。如我国"凤凰"自行车使用的一套等级商标，瑞士一、二、三级手表使用的不同等级商标。

4. 保证商标

保证商标或称证明商标，是指某一权威机构认证质量而使用的商标。如国际羊毛局的纯羊毛标志就是保证商标。

5. 服务商标

服务商标，是指金融、运输、广播、建筑、旅馆等服务行业为把自己的"服务"同别的服务业务相区别而使用的商标。国际上许多国家已经采用，我国目前尚无统一规定。

（三）按照商标使用者分类

按照商标使用者可以分为制造商标、销售商标。

1. 制造商标

制造商标，是指表示商品制造者的商标，又称"生产商标"。这种商标往往同厂标一致。如日本"日立"电器公司的"日立牌"商标，使用这种商标是为了区别制造者与销售商。

2. 销售商标

销售商标，是指经营者销售商品而使用的商标，又称"商业商标"。这种商标常在生产者实力较弱，销售者享有盛誉的时候使用。如我国外贸公司从社队企业组织货源出口，使用外贸公司的统一"商业商标"。

（四）按照商标管理分类

按照商标的特殊管理需要可以分为防御商标、备用商标。

1. 防御商标

防御商标，是指为了防止他人侵权而申请使用的一些相近似的商标，又叫"联合商标"。此种商标不一定全部使用，其目的是防止别人冒牌影射，保护自己的名牌商品。如美国食品"乐口福"商标，同时注册"口乐福"、"乐福口"备而不用的商标。这种商标在国内商品上还未出现。

2. 备用商标

备用商标，是指已经注册，但实际上并未使用，只是为了适应某些变化而储备的商标。在药品、电器、化妆品行业多有这种商标。

四、商标的设计原则

商标的设计既要根据《中华人民共和国商标法》的要求，又要注意充分发挥商标的作用。

（一）注册商标应有标记

我国现行的"商标法"采用的是自愿注册的原则，对于与国计民生、人民健康关系密切的少数商品，规定必须申请注册。经过注册的商标取得法律对商标专有权的保护。为了区别非注册商标，注册商标应有标记，以便消费者加以识别。

（二）商标的设计应符合商标禁用条款

在我国"商标法"中的禁用条款适用于注册商标，同时也适用于非注册商标。目的是保护社会和公众利益不受损害。禁用条款规定了7种情况不得用于商标。

（1）本商品的通用名称和图形。

（2）直接表示商品的质量、主要原料、功能、用途、重量、数量及其他特点的文字和图形。

（3）某些禁忌标记，如国家、组织名称、旗帜、徽章等。

（4）国际上禁用标记，如某些国际组织的标记。

（5）带有民族歧视性的标记。

（6）欺骗性宣传文字或标记。

（7）有害社会道德风尚的标记。

（三）商标要具备显著性特征

商标可以采用各种题材的文字、图形。设计时应注意立意新颖、独具一格，切忌与他人的商标相同和近似。在同一种商品或类似商品中，与他人商标雷同的申请将不被批准注册。

（四）商标要具有审美性

　　商标名称选择和图案设计要符合消费者审美心理的要求，达到形象性、艺术性、新颖性、时代性、民族性、象征性的高度统一。商标的造型艺术要使消费者一眼难忘，留下深刻印象。商标的构图和寓意要充分运用形式美的法则来增强艺术感染力。

第六章　商品的储存与养护

第一节　商品储存期间的质量变化

商品的质量是指商品在一定条件下，满足人们需要的各种属性。由于商品本身的性能特点不同，以及受各种外界因素的影响，商品在储存期间，有可能发生各种各样的质量上的变化。为保养维护好商品质量，我们必须了解和掌握商品质量变化规律及其影响因素，以确保储存商品的安全。由于商品受各种内因和外因的影响，所以质量变化种类繁多，但主要有物理机械变化、化学变化、生物学变化等。

一、商品的物理机械变化

商品的物理性质是物质本身的一种属性，它是指物质不需要发生化学变化就表现出来的性质，例如，颜色、重量、光泽、气味、状态、密度、熔点、沸点、溶解性、延展性、导电性、透水性、透气性、耐热性等。物理变化只改变物质的外表形态，不改变其本质，没有新物质的生成，不涉及物质分子化学组成的改变。

商品的机械变化是指商品在外力的作用下，发生其形态上的变化。物理机械变化后，结果不是数量损失，就是质量降低，甚至失去使用价值。

商品常发生的物理机械变化主要如下。

（一）挥发

挥发是指液体成分在没有达到沸点的情况下成为气体分子逸出液面。大多数溶液存在挥发现象，但是由于溶质的不同而表现出不同的挥发性。挥发的速度受气温的高低、空气流动速度的快慢、液体表面接触空气面积的大小、液面上其他气体的密度等因素的影响。

液态商品的挥发，不仅会使商品数量减少，有的还严重影响商品的质量，特别是有的挥发气体，不仅影响人体健康，甚至还会引起燃烧爆炸。例如各种香精受热易散发香气，质量下降；乙醚、丙酮等挥发出来的蒸气具有毒性和麻醉性，对人体健康有影响；还有些液体商品挥发出来的气体与空气混合成一定比例时，会成为易燃易爆的气体，若接触火星就会引起燃烧或造成爆炸事故等。常见易挥发的商品如白酒、酒精、花露水、香水、医药中的一些试剂、部分化肥农药、杀虫剂、油漆等。

防止商品挥发的主要措施是加强包装密封性。此外，要控制仓库温度，高温季节要采取降温措施，使易挥发商品在较低温度条件下储存，以防挥发。

（二）熔化

熔化是指商品受热后变软以至变成液体的现象。商品的熔化除受环境温度的影响外，还与商品本身的熔点、商品中杂质种类和杂质含量高低密切相关。熔点越低，越易熔化；反之越难熔化。

常见易熔化的商品如医药商品中的油膏类、胶囊等；百货商品中的香脂、发蜡、蜡烛等；化工商品中的松香、石蜡、硝酸锌等；文化用品中的复写纸、打字纸等。这类商品熔化的结果有的会造成商品流失，有的会使商品与包装粘连在一起，有的商品因产生熔解而体积膨胀，使包装胀破，有的还可能玷污其他商品等。

防止商品熔化的主要措施，通常是采用密封和隔热措施，加强库房的温度管理，防止日光照射，尽量减少高温的影响。

（三）溶化

溶化是指固体商品在潮湿空气中能吸收水分，当吸收水分达到一定程度时，就溶化成液体的现象。

具有吸湿性的商品在一定条件下会不断地从空气中吸收水分。如果该商品同时又具有水溶性，则该商品与水分接触时，水分扩散到商品体中，破坏商品分子中原有的紧密联系，均匀地分散到水溶液里，于是商品逐渐被潮解，以致完全溶化为液体。但是有些商品，如硅胶、纸张、棉花等，虽然它们也有较强的吸湿性但不具有水溶性，吸收水分再多，它们也不会被溶化。还有些商品如硫酸钾、过氯酸钾等虽然具有水溶性，但是由于它们的吸湿性很低，所以也不易溶化。由此可见，易溶性商品是必须具有吸湿性和水溶性两种性能的商品，在一定条件下才会被溶化。

商品溶化主要受商品的组成成分、结构、性质以及大气的相对湿度、气温等因素的影响。比如，空气相对湿度的大小对商品溶化的影响就很大，易溶性商品虽具有吸湿性和水溶性，但在空气相对湿度很低时，仍然不能从空气中吸收水分而溶化，相反含有结晶水的商品，还可能丧失水分而"风化"。再如，各种商品在不同的温度下，吸湿能力也不同，一般来说，随着环境温度的升高，商品的吸湿点就会不断下降，商品就易于吸湿溶化。

防止商品溶化的主要措施是控制好库房的温度和湿度，同时还应按商品性能、分区分类存放，在堆码时要注意底层商品的防潮和隔潮。

（四）渗漏

渗漏主要是指液体商品，特别是易挥发的液体商品，由于包装容器密封不良，包装质量不符合内装商品的性质要求，搬运装卸时碰撞震动，而使商品发生跑、冒、滴、漏的现象。

商品渗漏与包装材料性能、包装容器结构、包装技术优劣，以及仓储温度变化有关。例如，某些液体商品包装质量较差，有的容器有砂眼、气泡或焊接不严等；有些包装材料耐腐蚀性差，受潮锈蚀；有的液体商品因气温升高，体积膨胀或汽化，使包装内部压力加大而胀破包装容器；有的液体商品在低温或严寒季节，也会发生体积膨胀造成包装容器破裂；还有些商品如玻璃、陶瓷制品、搪瓷制品、铝制品、皮革制品等，在搬运过程中，受到碰撞、挤压和抛掷等外力作用下，会发生破碎、变形、结块、脱落散开等形态上的变化，致使商品的质量降低或完全丧失了它们的使用价值。

防止商品渗漏的主要措施是选用合适的包装材料和先进的包装技术，同时对商品加强入库验收和在库商品检查及温度湿度控制和管理。

（五）串味

串味是指吸附性较强的物品吸附其他气体、异味，从而改变本来气味的变化现象。商品具有吸附性、易串味的原因，主要是由于它的成分中含有胶体物质，以及疏松、多孔性的组织结构。常见易被串味的物品有大米、面粉、木耳、食糖、饼干、茶叶、卷烟等。常见的引起其他物品串味的物品有汽油、煤油、桐油、腊肉、樟脑丸、肥皂、化妆品以及农药等。

物品串味与其表面状况，异味物质接触面积的大小、接触时间的长短，以及环境中异味的浓度有关。

预防物品的串味的主要措施：对易被串味的物品应尽量采取密封包装，在储存和运输过程中不与有强烈气味的物品同车、船混载或同库储藏，同时还要注意运输工具和仓储环境的清洁卫生。

（六）沉淀

沉淀是指含有胶质和易挥发成分的物品，在低温或高温等因素影响下部分物质的凝固，进而发生沉淀或膏体分离的现象。常见的物品有墨汁、墨水、牙膏、化妆品等。某些饮料、酒在仓储中，也会析出纤细絮状的物质而出现浑浊沉淀的现象。

商品沉淀主要受商品的组成成分、性质以及外界温度等的影响。因此，预防商品的沉淀，应根据不同物品的特点，防止阳光照射，同时做好冬季保温和夏季降温工作。

（七）玷污

玷污是指商品外表沾有其他脏物或染有其他污秽，而影响商品质量的现象。

商品玷污的主要原因是生产、储运中卫生条件差及包装不严等造成的。对一些外观质量要求较高的商品，如针织品、服装、精密仪表等要特别注意。

（八）破碎与变形

破碎与变形是常见的机械变化，是指商品在外力作用下所发生的形态上的改变。

商品的破碎主要是指脆性较大的商品（所谓脆性是指材料在外力作用下，如拉伸、冲击等仅产生很小的变形即断裂破坏的性质），如陶瓷、搪瓷制品、玻璃等，因包装原因或在运输过程中受到碰、撞、挤、压、抛掷而破碎、掉瓷、变形等。商品的变形通常是塑性较大的商品，所谓塑性是指材料承受外力作用时发生形变，除去外力后，不能自动恢复原来形状的性质。如钢材、橡胶、塑料等，由于受到强烈的外力撞击或长期重压，商品丧失回弹性能，从而发生形态改变。

商品的破碎与变形主要受商品的组成成分、性质以及外力作用等的影响。因此对于容易发生破碎和变形的商品，要注意妥善包装，轻拿轻放，在库堆码高度不能超过一定的压力限度。

二、商品的化学变化

商品的化学性质，是商品流通和使用过程中在光线、空气、水、热、酸、碱等各种因素作用下，其成分发生化合、分解、置换、复分解、聚合等化学反应的性质。而在变化中生成其他新的物质的变化，我们叫做化学变化，如铁的生锈、铜在潮湿的空气中变成绿色等。

商品的化学变化与物理变化有本质的区别。化学变化，是指不仅改变了商品的外表形态，也改变了商品的本质，并且有新物质生成，且不能恢复原状的变化现象。商品化学变化过程即商品质变过程，严重时会使商品失去使用价值。

商品常发生的化学变化主要如下。

（一）氧化

氧化广义上是指在化学反应中物质得电子的反应，而狭义上是指商品在空气中氧的作用下发生的反应。如棉、麻、丝等纤维织品若长期与日光接触，使商品变色变质；桐油制品中桐油被氧化而放热，使温度升高，引起自燃等。商品的氧化绝大多数情况下会降低商品的质量，有的会使商品丧失使用价值，更有甚者会发生爆炸事故。

（二）分解

分解是化学反应的常见类型之一，是化合反应的逆反应。它是指一种化合物在特定条件下分解成两种或两种以上物质的现象。

（三）锈蚀

锈蚀是指金属商品与周围介质发生化学作用或电化学作用而引起的破坏现

象。金属制品的锈蚀，不仅使制品重量下降，更为严重的是会影响制品的质量和使用价值。

（四）风化

风化是指在室温和干燥空气里，结晶水合物失去结晶水的现象。风化是一个化学变化过程。例如，日常生活中碱块（$Na_2CO_3 \cdot 10H_2O$）放置在空气中会失去结晶水，变成粉末状物质碱面（Na_2CO_3），就是风化现象，这不仅减少了商品的数量，也影响商品的质量。

（五）燃烧与爆炸

燃烧是物体快速氧化，产生光和热的化学变化过程。必须三种要素并存才能发生燃烧，分别是可燃物如燃料，助燃物如氧气，及温度要达到燃点。

爆炸是指物质由一种状态迅速地转变成另一种状态，并瞬间放出大量能量的现象。爆炸通常可分为三类：由物理原因引起的爆炸称为物理爆炸，如压力容器爆炸；由化学反应释放能量引起的爆炸称为化学爆炸，如炸药爆炸；由于物质的核能的释放引起的爆炸称为核爆炸，如原子弹爆炸。

由于燃烧与爆炸不仅对于商品，而且对于居民、环境等都危害较大，所以，对于仓库商品中磷类、汽油、油漆、赛璐珞等易燃品，黑火药、爆竹等易爆品应加强仓储管理。

（六）老化

老化是指高分子材料（如橡胶、塑料、合成纤维等）在储存过程中，在光、热、氧等的作用下出现发黏、脆硬、龟裂、退色等现象。商品老化是一种不可逆的变化，是构成商品高分子材料的大链发生降解和交联两类反应的结果。

三、商品的生物学变化

商品的生物学变化是指有生命活动的有机体商品，在生长发育过程中，为了维持它们的生命，本身所进行的一系列生理变化。例如，蔬菜、水果、鲜鱼、鲜肉、鲜蛋等有机体商品往往由于本身的特性，在储存过程中受到外界环境的影响会发生各种变化。这些变化有的能够促进产品质量的提高和完善，如番茄、香蕉、柿子等的后熟作用，但有些会降低产品的使用价值，甚至会使商品失去使用价值，如鱼的软化变质。

商品常发生的生物学变化主要有如下几种。

1. 呼吸作用

呼吸作用是指有机体商品在生命活动中，不断地进行呼吸，分解体内有机物质，产生热能，维持其本身生命活动的现象。如果这种作用停止了，就意味着有机体商品生命力的丧失。呼吸作用可分为有氧呼吸和无氧呼吸两种。

有氧呼吸是指细胞在氧的参与下，通过酶的催化作用，把糖类等有机物彻底氧化分解，产生二氧化碳和水，并释放出热量。有氧呼吸是高等动物和植物进行呼吸作用的主要形式。可以用下列反应式表示：

$$C_6H_{12}O_6 \xrightarrow{\text{酶}} 6CO_2\uparrow + 6H_2O + 674 \text{ 千卡（热量）}$$

无氧呼吸是指细胞在无氧的条件下，通过酶的催化作用，把葡萄糖等有机物质分解成为不彻底的氧化产物，同时释放出少量能量的过程。这个过程对于高等植物、高等动物和人来说，称为无氧呼吸。如果用于微生物如乳酸菌、酵母菌等，则习惯上称为发酵。可以用下列反应式表示：

$$C_6H_{12}O_6 \xrightarrow{\text{酶（无氧）}} 2C_2H_5OH + 2CO_2\uparrow + 117.04 \text{ 千卡（热量）}$$

不管是有氧呼吸还是无氧呼吸，都消耗有机体商品内的营养物质，从而降低商品的质量。如菜果，随着有氧呼吸的进行，会使储藏的菜果滋味变淡，所释放的热量若不能及时散发出去，会使菜果腐烂变质。同时，由于呼吸作用，有机体分解出来的水分，有利于有害微生物的生长繁殖，从而加速商品的霉变。但是，对于菜果来说，比起有氧呼吸，无氧呼吸对其质量的危害性更大。因为无氧呼吸所释放的能量较少，为了满足其生理活动对能量的要求，就要消耗更多的养分，这样会使菜果的风味降低，而且无氧呼吸可以导致酒精积累，引起有机体细胞中毒，造成生理病害，缩短储存时间。

所以，为了达到保存鲜活商品质量和减少损耗，以及延长储存期限的目的，要创造适宜的外界环境以保持有机体正常的呼吸作用，抑制旺盛呼吸，防止缺氧呼吸。

2. 后熟作用

后熟作用是指有生命的有机体商品如香蕉、柿子等，从收获成熟到生理成熟和工艺成熟，品质不断改善的变化过程，它是鲜活商品脱离母株后成熟过程的继续。这主要是由于有机体内含有各种酶会引起一系列复杂的生理变化。如淀粉水解为单糖而产生甜味；有机酸数量相对减少，同时产生挥发油和芳香油而增加其芳香；叶绿素分解消失，类胡萝卜素和花青素显露而显红色、黄色、紫色等。总之，瓜果类后熟作用能改进色、香、味及适口的硬脆度等食用性能。

影响有机体商品后熟作用的因素主要是高温、氧气和某些有刺激性的气体如乙烯、酒精等。但当后熟作用完成后，则容易腐烂变质，难以继续储藏甚至失去使用价值。因此，对于这类商品，应在其成熟之前采收，如要延缓后熟和延长储藏时间，应在储藏中采用适宜的低温和适量的通风；如要加快后熟作用，则可以采用适当的高温、密封以及利用某些催化剂以加强酶的活性等措施，以加快后熟过程，满足市场销售的需要。

3. 蒸腾作用

蒸腾作用是指水分从植物体表面以水蒸气状态散失到大气中的过程。我们通常所说的蒸腾作用主要是指含水量较多的新鲜菜果在储藏期间失去水分的性质。蒸腾作用会使菜果的重量减轻，丧失菜果的鲜嫩品质，降低菜果的耐储性和抗病性。凡细胞间隙大，外皮薄而且缺乏蜡层、细胞原生质保水力弱以及蒸腾面积大的菜果，水分蒸腾就快而且易于萎蔫；相反，凡肉质坚实致密、表皮厚或已木化的菜果，其水分蒸腾就慢，也耐于储藏。因此，为了便于储藏，增强菜果的抗病性，保持商品的特有风味、品质，应采取相应措施来降低或避免蒸腾作用对菜果的不良影响。

4. 僵直

僵直又叫僵硬或尸僵，是指畜禽、鱼失去生命后，肌肉在一段时间内发生的生化和形态上的变化，如肌肉失去原有的弹性，变得僵硬，肉片呈不透明状态等。僵直形成的原因主要是由于动物死后，血液循环停止，组织内中断了氧气供给，肉中的糖原在缺氧的情况下酵解产生乳酸，使动物肉的 pH 值下降，肉中的蛋白质发生酸性凝固，造成肌肉组织的硬度增加，因而出现僵直状态。

在尸僵阶段的肌肉组织紧密、挺硬，弹性差，无鲜肉的自然气味，烹调时不易煮烂，消化率低，肉的食用品质差。但是僵直期的动物肉的 pH 值较低，组织结构也较紧密，不利于微生物的繁殖，所以，适于冷冻储藏。而一般鱼类在死后的僵直期新鲜度最高，食用价值也最大。

5. 软化

软化是指畜禽鱼在僵直达到最高点后进一步发生的变化，如逐渐由硬变软，恢复弹性，蛋白质和三磷酸腺苷分解，使肌肉变得柔软而有弹性。同时，肌肉蛋白质在肌肉中组织酶的作用下产生部分分解，形成与风味有关的化合物如多肽、二肽、氨基酸、亚黄嘌呤等，使肉具有鲜美滋味，达到肉的最佳食用期。但鱼类软化后往往会降低价值，甚至腐败变质。高温时软化速度较快，当温度低于 0℃ 时则软化停止，故冷冻储藏可防止畜禽鱼等软化。

6. 发芽

发芽是指有机体商品在适宜条件下，冲破"休眠"状态，发生的发芽、萌发现象。发芽的结果会使有机体商品的营养物质转化为可溶性物质，供给有机体本身的需要，降低有机体商品的质量。而且，有时发芽、萌发的过程中，会产生毒素。比如，土豆发芽会产生龙葵素，从而丧失有机体商品的使用价值。因此，对于能够发芽、萌发的商品必须控制其水分，并加强温湿度管理，防止发芽、萌发现象的发生。

四、其他生物引起的变化

其他生物引起的变化主要是指商品在外界有害生物作用下受到破坏的现象，如虫蛀、霉腐等。

1. 虫蛀

虫蛀主要是在商品储存期间，常常会遭到仓库害虫的蛀食。仓库害虫的种类繁多，目前世界上已定名的仓虫有 600 多种，我国有记载的有 200 多种，其中对商品危害严重的有 70 多种。仓库害虫大多数属于昆虫纲下鞘翅目、等翅目、鳞翅目、蜚蠊目、蜱螨目。它们主要危害毛织品、蚕丝织品、人造纤维织品、天然革制品、木制品、毛皮、粮食、羽毛制品、纸张、中草药、烟草等。它们不仅破坏商品的组织结构，使商品发生破碎和洞孔，而且排泄各种代谢废物污染商品，影响商品质量和外观，降低商品使用价值。

2. 霉腐

霉腐是商品在微生物作用下所发生的霉变和腐败现象。

在气温高、湿度大的季节，如果仓库的温度湿度控制不好，储存的针棉织品、皮革制品、鞋帽、纸张、香烟等许多商品就会霉变；肉、蛋、鱼就会腐败发臭；水果、蔬菜就会腐烂；果酒变酸等，无论哪种商品，只要发生霉变，质量就会有不同程度的降低，严重霉腐可使商品完全失去使用价值。有些食品还会因腐败变质而产生能引起人畜中毒的有毒物质。

第二节　影响商品的质量变化的因素及其控制

一、影响商品的质量变化的因素

在日常生活中，商品的质量变化是可以经常看到的，诸如金属器具的锈蚀，食品的酸败、腐烂、霉变，木制家具的腐朽或虫蛀，塑料、纤维、羊毛制品的老化等。这些变化都会影响到商品的质量。而引起商品质量变化的原因很多，总的来说，可以分为内因和外因两方面。内因是变化的前提，外因是变化的条件。影响商品质量变化的内因主要是商品成分、结构和性质。这些内因在商品特性中有较详细阐述，这里只是对影响商品质量的外界因素进行讨论。影响商品质量变化的外界因素主要有日光、空气中的氧气和臭氧、温度、湿度、卫生条件、有害气体等。

（一）日光

日光中包含着各种频率的色光，以及红外线和紫外线。它对商品起着正反两方面的作用：一方面，日光中的红外线有增热作用，可以增加商品的温度，降低商品的含水量。紫外线对微生物有杀伤作用。所以，在一定条件下，有利于商品的保护。但是有些商品在日光照射下发生剧烈或缓慢的破坏作用，如酒类在日光下与空气中的氧作用会变浑浊；油脂会加速酸败；橡胶、塑料制品会加速老化；

商品的成分中如含有不饱和的化学键，在日光的作用下，易发生聚合反应，桐油、甲醛等结块沉淀就属于这种情况。有些商品如油布、油纸在日光照射下氧化放热，若不及时散热，不仅会加速这些商品的氧化，而且还可能达到自燃点引起火灾。照相胶卷和感光纸未使用时见光，会发生光化学反应而丧失使用价值。因此，要根据各种不同商品的特性，注意合理地利用日光。

（二）空气中的氧气和臭氧

氧气是无色、无臭、无味的气体，熔点－218.4℃，沸点－182.962℃，气体密度1.429g/cm³，液态氧气是淡蓝色的。在空气中约含有21%的氧气，氧是化学性质活泼的元素，商品发生化学和生化变化绝大多数都与空气中的氧气有关，氧气能与许多商品直接化合，使商品氧化，不仅降低商品质量，有时还会在氧化过程中产生热量，发生自燃，甚至还会发生爆炸事故。例如氧可以加速金属商品锈蚀；氧气是好气性微生物活动的必备条件，使有机体商品发生霉变；氧气是害虫赖以生存的基础，是仓库害虫发育的必要条件；氧气是助燃剂，不利于危险品的安全储存；在油脂的酸败，鲜活商品的分解、变质中，氧气都是积极的参与者。由此可见，氧气对商品质量变化有着极大的影响，因此，在储存中我们要针对商品的具体性能，研究相应的包装技术和方法，控制包装内的含氧量。

臭氧是氧气的同素异形体，在常温下，它是一种有特殊臭味的蓝色气体，液态呈深蓝色，固态呈蓝黑色。大气层中的氧气发生光化学作用时，便产生了臭氧，因此，在离地面垂直高度15～25km处形成臭氧层，而在接近地面大气层中的浓度很低，但对商品的破坏性很大，臭氧的稳定性低，它能分解出原子态氧，因而其化学活性比氧更强，对商品的破坏性也大。

（三）空气温度

空气温度是指空气的冷热程度，简称气温。

气温是影响商品质量变化的一个主要因素。一般商品在常温或常温以下，都比较稳定，高温能够促进商品的挥发、渗漏、溶化等物理变化及各种化学变化，而低温又容易引起某些商品的冻结、沉淀等变化，从而影响到商品质量。此外，温度也是微生物和害虫生长繁殖的前提条件，适宜的温度会加速商品的腐败和虫蛀。

（四）空气湿度

空气湿度是指空气的干湿程度。

空气湿度的改变，能引起商品的含水量、化学成分、外形或体态结构发生变化。湿度下降，可使商品含水量降低，如蔬菜、水果、肥皂等会发生萎蔫、干缩变形；纸张、皮革制品等失水过多，会发生干裂或脆损。湿度增加，可使商品含水量相应增加，如食糖、盐、化肥等易溶性商品结块、膨胀或进一步溶化；金属制品加速锈蚀；纺织品、卷烟等发生霉变或虫蛀等。从而使商品发生质量的改变。湿度适宜，可保持商品具有的正常含水、外形或体态结构和重量。所以，在商品养护中，必须根据不同商品的特性，尽量创造适宜的空气湿度。

（五）卫生条件

卫生条件是保证商品特别是食品免于变质腐败的重要条件之一。卫生条件不好，不仅使垃圾、灰尘、油污等污染商品，影响商品质量，而且还为微生物、害虫等提供滋生场所，促使商品腐败变质。因此商品在储存过程中，一定要注意卫生条件，以保持商品质量的稳定。

（六）有害气体

有害气体是指存在于大气中的危害性较大的气体状污染物质，主要包括酸性有害气体和氧化性有害气体，例如二氧化硫、硫化氢、氯化氢等。这些有害气体主要来自煤、石油、天然气、煤气等燃料放出的烟尘和工业生产过程中的粉尘、废气。商品储存在有害气体浓度大的空气中，其质量变化明显。例如二氧化硫，就具有强烈的腐蚀作用，能够腐蚀各种金属制品，此外，二氧化硫溶于水生成亚硫酸，还能强烈地腐蚀商品中的有机物。

二、对商品质量变化的控制

（一）密封

密封就是将商品严密封闭，减少外界因素对商品的不良影响，切断感染途径，达到安全储存的目的。

密封是温湿度管理的基础，它是利用一些不透气、能隔热、隔潮的材料，把商品严密地封闭起来，以隔绝空气，降低或减少空气温湿度变化对商品的影响。它要求封前要检查商品的含水量、温度、湿度，选择绝热防潮材料（沥青纸、塑料薄膜、芦席等），确定密封时间，封后加强管理。密封的形式很多，主要有整库密封、整垛密封、整柜密封、整件密封。密封是进行通风、吸湿等方法的有效保证。

为了确保密封的效果，选择合适的密封材料是关键，通常密封材料的选择标准为：导热系数小；气密性好；吸湿性小；具有一定结构和良好的抗压强度，足以支撑自身重量；体积小；无毒无味，不产生污染；不易燃烧或燃烧后不产生有害气体；价格低廉。

（二）通风

通风就是利用库内外空气对流，达到调节库内温湿度的目的。通风既能起到降温、降潮和升温的作用，又可排除库内的污浊空气，使库内空气适宜于储存商品的要求。

通风有自然通风和机械通风。自然通风就是打开库房门窗和通风口，让库内外空气自然交换，既可以降温驱潮，又可以升温、增潮，而且还可以排除库内污浊空气。夏天气温较高，天晴时可在凌晨和夜晚通风；库内湿度较高时，可用通风散潮，一般在上午通风，但要注意此时库外湿度要低于库内。机械通风是用鼓风机、电扇等送风或排风，以加速空气交换，达到降温散潮的目的。另外，为提高工作效率，也可将自然通风和机械通风配合使用。

（三）吸潮

吸潮就是利用吸湿剂减少库房的水分，以降低库内湿度的一种方法。尤其在梅雨季或阴雨天，库内湿度过大，不宜通风散潮，但为保持库内干燥，可以放置吸湿剂吸湿。常用的吸湿剂有生石灰、氯化钙、氯化锂、硅胶、木灰、炉灰等。生石灰、氧化钙，吸湿性较强，价格便宜，使用时用木箱盛装，放于库房墙根四周，对一些怕潮商品还要将生石灰放在堆垛边。木炭和炉灰也有一些吸湿性，使用时木炭同生石灰一样，炉灰铺在墙根或堆垛下，上面可盖一层薄席，与商品隔离开来。氯化钙和硅胶，吸湿能力强，但价格较高，一般只用于较贵重商品的吸湿。

此外，还可以采用去湿机排潮，空气去湿机是目前常用的去湿机械，它适用于仓库湿度相对过高而采用的紧急措施。其去湿原理是通过去湿机使库内湿空气降到露点以下，空气中过饱和水汽凝结成水，集中排出库外，达到去湿目的。

第三节　商品储存管理

为了保证商品的质量，防止商品损耗，在储存管理中应做好以下工作。

一、入库验收

商品入库验收，主要包括数量验收、包装验收和商品质量验收三个方面。必须严格认真、一丝不苟，以保证入库商品数量准确，质量完好，包装符合要求。入库验收程序，一是先查大数，后看包装。二是应核对单、货（商品的品名、编号、货号、规格、数量等方面）是否一致，逐项细心核对，保证单货相符。三是认真检查商品的包装有无玷污、受潮、残破，内装商品质量是否完好，有无霉变、腐蚀、虫蛀、鼠咬和其他物理、化学变化发生，以便及时采取相应措施，确保在库商品质量安全。

二、适当安排储存场所

各种商品性质不同，对储存场所的要求不同。应根据储存商品的特性来选择合适的商品储存场所，以确保在库商品安全。商品储存场所主要包括：货场、货棚和库房。如怕热和易挥发的商品应选择比较阴凉和通风良好的仓库；怕冻的商品应选择保温性较好的仓库，并备有保温设施；怕潮易霉或易生锈的商品应存放在地势较高，比较干燥通风的库房；鲜活易腐商品，应存放在低温库内；各种危险品应专库存放，符合防毒、防爆、防燃、防腐蚀的要求。同时要做到分区分类，科学存放，即品种分开，干湿分开，新陈分开，好次分开，尤其是对性质相抵和消防方法不同的商品，不可同库混放，以免互相影响，发生事故。

三、妥善进行商品堆码

商品堆码是指商品的堆放形式和方法。商品的合理堆码也是储存中一项重要的技术工作。堆码应符合安全、方便、多储的原则。堆码形式要根据商品的种类性能、数量和包装情况以及库房高度、储存季节等条件决定，不同的商品，堆码的方法也应有所不同。商品堆垛存放，要进行分区分类、货位编号、空底堆码、分层标量、零整分存，便于盘点和出入库。

四、商品的在库检查

商品在储存期间，质量会不断发生变化，特别是在不利的环境因素的作用下，劣变的速度会加快，如不能及时发现和处理，会造成严重损失，因此，对于库存商品要做定期和不定期、定点和不定点、重点和一般相结合的质量检查制度，并根据检查结果随时调节储存条件，减慢商品的劣变速度。检查方法以感观检查为主，充分利用检测设备，必要时要进行理化检验。对检查中发现的问题应立即分析原因，采取相应的补救措施以保证商品的安全。如果发现商品质量有严重变化，需及时报请主管部门，按有关规定妥善处理。同时，还要实施安全检查，对库房的消防设备状态，仪表设备运行情况以及卫生状况是否符合要求，进行认真的检查，并做好防虫、防火、防霉等工作。

五、商品出库

商品出库是仓储业务的最后阶段，要求做到以下几点。

（1）必须有业务部门开具齐备的提货单，并认真验证核查，手续齐备，商品才能出库。

（2）对交付的商品，要认真对单核对品种、规格、数量要准确，质量要完好，复核要仔细，不错、不漏、单货同行。

（3）商品的包装完整、标志准确、清晰，符合运输要求。

（4）对预约提货的商品，应及早备货。

（5）为了维护企业经济利益，商品出库该符合先进先出、接近失效期先出、易坏先出的"三先出"原则，及时发货，但对变质失效的商品不准出库。

第四节　商品养护措施

一、商品养护的概念

商品养护是一项综合性应用科学性技术的工作。产品由生产部门进入流通领域后，需要分别对不同性质的商品在不同储存条件下采取不同的技术措施，以防止其质量劣化。由于构成产品的原材料不同，性质各异，受到各种自然因素影响而发生质量变化的规律与物理、化学、微生物、气象、机械、电子、金属学等多门学科都有密切的联系。因此，从事储存工作的人员只有掌握和运用这些学科的理论，才能创造各种养护技术，并使之得到广泛的应用和提高。

二、商品养护的目的

通过科学实验研究和实践，认识货物在储存期间发生质量劣化的内外因素和变化规律，研究采取对外因的控制技术，以保持其使用价值不变，避免受到损失，保障企业经济效益的实现。同时，还要研究制定货物的安全储存期限和合理的损耗率，以提高企业管理水平。

三、商品养护的任务

"以防为主，防治结合"是商品养护的基本方针。商品养护的基本任务就是面向库存商品，根据库存数量多少、发生质量变化速度、危害程度、季节变化，按轻重缓急分别研究制定相应的技术措施，使货物质量不变，以求最大限度地避免和减少商品损失，降低保管损耗。

四、商品养护的组织

商品养护是一门应用多种学科理论的技术，因此储运部门必须有各级专业技术人员和一定的实验研究设备，才能适应工作需要。应根据仓库规模大小和储存的货物特性，建立相应的货物养护研究机构，针对储存中的技术问题，开展科学研究活动。专业人员还需要不断地学习新知识，掌握先进的技术，维护商品的质量和使用价值，避免损失，减少损耗，保障企业经济效益的实现，并不断提高企业管理水平。

五、商品养护的基本措施

1. 严格验收入库商品

要防止"病从口入"。首先在商品入库时要严格把好验收关。弄清商品及其包装的质量情况，做到心中有数，以便有的放矢地进行妥善养护或及时采取防治措施。如某些规定有安全水分范围的商品，验收时如发现含水率过高，入库后就应立即采取通风、晾晒等措施，降低含水率并在保管期内加强防护与勤加检查。验收时发现有生霉、发热、腐败、溶化、沉淀、结块、挥发、渗漏、虫蛀、鼠咬、变色、玷污及包装潮湿等异常情况的商品，要查清原因，及时救治；对质量不符要求、数量短少等情况，要及时向责任方追赔，以免造成或扩大商品损失。

2. 安排保管场所要适当

保管场所安排适当，能为商品的安全储存打下良好的基础。由于各种商品的性能不同，对保管条件的要求也不同。因此，对各种商品的存放地点适当安排，尽量适应商品的性能要求。如对怕潮、易霉和溶化、发黏、挥发、变质或易发生燃烧、爆炸的商品，应放在温度较低的阴凉场所；对一些既怕热、又怕冻、又需较大湿度的商品，应存放在冬暖夏凉的楼下库房或地下室里。又如质量水分正常的商品和质量水分不正常的商品，性能互相抵触或易串味的商品，也不应存放在一起，以免相互产生不良影响。尤其对于化学危险物品，更要严格按照国家有关法规，分类安排储存地点，以避免互相影响，发生事故。

3. 妥善进行苫垫、堆码

商品苫垫、堆码应符合"安全、方便、节约"的原则，不影响商品包装质量，便于堆码、检查和消防补救。在确保安全的前提下，充分发挥仓容效能，达到竖成线、横成行，整洁美观之目的。商品苫垫时，地面潮气对商品质量的影响很大，特别是在梅雨季节，地潮上升，如货架下垫物不适合，潮气侵入商品，就易引起商品霉变、溶化等。因此，要切实注意做好下垫隔潮工作。根据商品性能，结合地面潮湿程度，可以在货位地面上铺垫一些隔潮物料、设备，如水泥条、块、预制板、枕木、垫货凳、塑料薄膜或油毡等，严格隔离地面潮气。堆放在货物上的商品，货区四周应有排水渠道，以防积水流入垛下，影响商品安全。还应使用苫布、芦席或活动苫棚等，将货垛商品周密苫盖，防止日晒雨淋。商品堆码的垛型与高度、间距、要按照商业部颁发的《商品保藏养护技术规范》的规定进行。对含水率较高的易霉商品，在热天应码通风垛，堆垛不宜过高，以便通风、散热、散潮，防止霉坏；容易渗漏的商品应码间隔式的行列垛，以便于检查是否发生渗漏。因此，对各种商品应根据它的性能、包装条件，结合季节气候情况妥善堆码。

4. 严格遵守各项操作规程

严格遵守各项操作规程，是保证商品和人身安全的重要措施。在商品的出入库、验收、搬运、码垛过程中，要严格注意操作安全。如对精密仪器、玻璃制品、搪瓷制品、易碎商品，尤其是化学危险物品等，要轻拿轻放，以防受震、撞击，造成商品破碎、漏洒等损失，甚至引起爆炸、燃烧事故。

5. 要认真做好商品在库检查

做好商品在库检查，对维护商品及安全储存具有很重要的作用。商品在储存期间，如受了不适宜的外界因素影响，质量会发生变化，在某些情况下，这种变化的速度还可能是相当快的。如果商品质量发生变化，出现问题，我们不能及时发现并采取措施加以救治，就会造成或扩大损失。所以，对库存商品的质量情况，应定期、深入、认真地进行检查。检查的时间和方法应根据商品的性能及其变化规律，结合季节气候、储存环境和储存时间长短等因素掌握。怕热的商品在夏季应加强检查，怕冻的商品在冬季应加检查。对易腐的商品，在检查时，不仅要观察商品是否已有霉腐现象，而且要细微地鉴别商品的色味、触感及库内温湿度变化情况，判断是否已有霉腐的先期迹象。一旦发现异状，就应分析并弄清发生问题的原因，及时采取相应的防治措施消除隐患。

6. 加强库内空气的温湿度管理

影响商品发生质量变化的各种外界因素中，空气的温湿度对商品的影响最为广泛。各种商品根据它本身的理化特性和生物特性，对空气的温湿度一般都有一定的适应范围，超过这个范围，商品质量就会不同程度地发生各种变化，造成损失。因此，应根据库存商品的性能要求，采用密封、通风、吸潮和其他各种控制与调节空气温度、湿度的办法，防止外界不适宜的空气温湿度影响商品，努力把库内空气的温湿度保持在适应商品储存的范围内，这对维护商品质量安全是一项重要的日常管理工作。

7. 要搞好清洁卫生和虫害的防治工作

储存环境不清洁，往往引起微生物、虫类滋生繁殖，危害商品。所以，对库内外环境应经常清扫，保持清洁。特别是在潮热季节，应彻底铲除仓库周围的杂草、垃圾等物，必要时使用药剂杀灭微生物和害虫。对容易遭受虫蛀、鼠咬的商品，要根据性能和虫、鼠的生活习性及危害途径，及时采取有效的防治措施，防止商品遭受损失。

8. 要大力更新设施，改善库容库貌

仓库设施是有效进行商品养护和管理的物质手段。因此，对现有仓库设施要有发展远景，为后人着想，进行总体规划，每年要相适应地安排资金投入，有计划地分期分批进行改造、更新。对现有危房要及时拆除；可以继续使用的陈旧库房要按照"方便、安全、节约"的原则给予改造；对库房及其他设施要定期防护与维修；必须添置的机械设备和养护的仪器要适当购置，以做到库房上不漏、下不潮、门窗完好，道路畅通，库容库貌改善，进一步为商品养护提供条件，逐步提高堆垛、搬运机械化及商品养护规范化、科学化水平，确保商品安全。除了要积极改善储存条件，认真做好日常养护管理工作外，还要向生产、科研、教育、购销等有关部门学习，并和他们共同研究在生产过程中加强商品养护的方法。对某些易被虫蛀和易霉腐的商品，在生产过程中要用适当的药剂进行处理，防止或减少商品在储存期间发生虫蛀、霉腐，或通过改革商品包装材料和包装方法，提高防护商品的能力，都是从根本上维护商品质量安全的重要途径。

第七章　食品商品

第一节　食品商品概述

一、食品商品的概念

人类为了维持生命，必须从外界获得营养。能够供人体正常生理功能所必需的成分和能量的物质称为营养素，含有营养素的物料称为食品或食料。食物是人体生长发育、更新细胞、修补组织、调节机能必不可少的营养物质，又是产生热量、保持体温、进行体力活动的能源。为了适应人们的饮食习惯和爱好，工厂利用各种动物、植物为原料，经过不同的加工处理，制成形态、风味、营养价值不同的加工品，经过加工制作的食物统称为食品商品。食品既包括各种供人食用和饮用的成品和原料，又包括按传统既是食品又是药品的物品，但不包括以治疗为目的的物品，如保健品是食品的一个种类，具有一般食品的共性，能调节人体的机能，适用于特定人群食用，但不以治疗疾病为目的。

二、食品的分类

（一）根据其来源不同划分

（1）植物性食品：如米、面、菜、果等。

（2）动物性食品：如肉、禽、蛋、水产品、乳品等。

（3）矿物性食品：如食盐、食用碱、矿泉水等。

（二）根据加工程度的不同划分

（1）初加工食品：如米面、油脂、肉类、食糖等。

（2）再加工食品：如糖果、面包、糕点、酒类、酿造的调味品等。

（3）深加工食品：如各种功能性食品，婴幼儿食品、老年食品、保健食品等及部分方便食品等。

（三）根据我国饮食的习惯划分

（1）主食类：由米面加工的产品，如米饭、馒头、面条等，它们是人体热量的主要来源。

（2）副食类：包括的食品种类很多很广，它们是人体获得蛋白质、油脂、维生素、矿物质等的主要来源。

（3）嗜好品类：有烟叶制品、酒类、茶叶、咖啡、可可等，它们都含有某种特殊的成分，能引起生理产生兴奋刺激作用，以满足有特殊爱好的消费者需要。

（四）根据食品含水量的差异划分

（1）高水分食品：它们多属生鲜食品，含水量都在 40% 以上，如菜果、鱼肉水产品、鲜蛋等。

（2）中湿食品：水分含量在 10%～40%，如面包、糕点、加工的鱼肉制品、菜果制品和烟叶制品等，储存中湿食品必须控制适宜的温湿度。

（3）干燥食品：水分含量在 10% 以下，如饼干、食糖、乳粉、豆腐粉和粉状调味品等，适宜在干燥条件下储藏。

（五）按出现时间的先后顺序划分

（1）传统食品：多数为我国的名特优食品，受到国内外的青睐。

（2）新兴食品：是采用新技术和新工艺生产的食品，如方便食品和功能食品等，它们具有广泛的需求前景，需要加强研制和开发。

（六）根据膳食结构划分

（1）谷物及薯类：提供碳水化合物、蛋白质、膳食纤维和 B 族维生素。

（2）动物性食物：提供蛋白质、脂肪、矿物质、维生素 A 和 B 族维生素。

（3）豆类及其制品：提供蛋白质、脂肪、膳食纤维、矿物质和 B 族维生素。

（4）蔬菜水果类：提供膳食纤维、矿物质、维生素 C 和胡萝卜素。

（5）纯热能食品：提供能量（植物油提供维生素 E 和必需脂肪酸）。

三、食品的营养价值

食物内所含的能供给人体营养的有效成分称为营养素。食品中含有的营养素有蛋白质、脂肪、碳水化合物、维生素、矿物质、水六大类。其中供给人体能量的碳水化合物、脂肪、蛋白质、维生素称为四大营养素。有一些人体不能合成或合成速度较慢，不能满足肌体需要，必须由外界供给的小分子物质称为必需营养素，如氨基酸、脂肪酸、维生素、矿物质和水等。所以，它们是维持人体的物质组成、基础代谢和生理机能不可缺少的要素，也是生命活动的物质基础。

（一）蛋白质

蛋白质是生命的物质基础，由必需氨基酸和非必需氨基酸组成，是一种重要的供能物质，每克蛋白质提供 4 卡路里的热量。但蛋白质更主要的作用是促进生长发育和新陈代谢。过量的摄入蛋白质会增加肾脏的负担。因此蛋白质的摄入要根据营养状况、生长发育要求达到供求平衡。通常摄入的蛋白质所产生的热量约占总热量的 20‰为宜。

蛋白质的种类如下。

（1）动物蛋白是蛋白质的主要来源。

（2）植物蛋白是蛋白质的另一来源。

（3）血红蛋白又称血色素，是红细胞的主要成分。

蛋白质是一种对健康至关重要的营养物质，是生命的物质基础，我们的皮肤、肌肉、内脏、毛发、韧带、血液等都是以蛋白质为主要成分的形式存在。食物中蛋白质的功用主要有几个方面：是酶、激素的合成原料，维持酸碱平衡、钾钠平衡等；调节身体机能，调血压、形成胶原蛋白；维持人体组织的生长、更新和修复，以实现其各种生理功能；供给能量。

食物的最好来源是动物性食物，最佳最经济来源是大豆，其他主要来源有米面杂粮、蔬菜、干果等。

蛋白质缺乏在成人和儿童中都有发生，但处于生长阶段的儿童更为敏感。蛋白质的缺乏常见症状是代谢率下降，对疾病抵抗力减退，易患病，远期后果是器官的损害，常见的是儿童生长发育迟缓、身体质量下降、淡漠、易激怒、贫血以及干瘦病或水肿，并因为易感染而继发疾病。蛋白质的缺乏，往往又与能量的缺乏共同存在，即蛋白质—热能营养不良，分为两种：一种指热能摄入基本满足而蛋白质严重不足的营养性疾病，称为加西卡病；另一种即为"消瘦"，指蛋白质和热能摄入均严重不足的营养性疾病。

而过多动物蛋白质的摄入，就必然摄入较多的动物脂肪和胆固醇。蛋白质过多也会产生有害影响。正常情况下，人体不储存蛋白质，所以必须将过多的蛋白质脱氨分解，氮则由尿排出体外，这加重了代谢负担，而且，这一过程需要大量水分，从而加重了肾脏的负荷，若肾功能本来不好，则危害就更大。过多的动物蛋白摄入，也造成含硫氨基酸摄入过多，这样会加速骨骼中钙质的丢失，易产生骨质疏松。

（二）脂肪

脂肪的主要组成部分是脂肪酸（饱和、不饱和），必需脂肪酸包括亚油酸和δ亚麻酸。脂肪是人体的重要组成部分，又是含热量最高的营养物质，是由碳、氢、氧元素所组成的一种很重要的化合物。有的脂肪中还含有磷和氮元素，是机体细胞生成、转化和生长必不可少的物质。脂肪是储备人体能量的形式，脂类更多的营养价值在于它是机体代谢所需能量储存运输的主要方式，与糖类所提供营养的区别主要体现在被利用的快慢上。但是过多食用高脂肪食品，往往会引起各种疾病。

一般来说，多食用植物油（如花生油）比多食用动物油对人体更有好处。脂肪主要的生理功能包括：供给能量；构成一些重要生理物质；维持体温和保护内脏；提供必需脂肪酸；提供脂溶性维生素；增加饱腹感。

脂肪过量的主要表现有脂肪肝，且脂肪摄入过量将产生肥胖，导致一些慢性病的发生；膳食脂肪总量增加，还会增大某些癌症的发生概率。

而缺乏必需脂肪酸，可导致生长迟缓、生殖障碍、皮肤受损等；还可引起肝脏、肾脏、神经和视觉等多种疾病。

（三）碳水化合物

按照碳水化合物分子结构的复杂程度不同，碳水化合物分为单糖、双糖和多糖三类。

1. 单糖类

单糖是不能被水解的最简单的碳水化合物，它能被人体直接利用。单糖主要有葡萄糖、果糖和半乳糖三种。葡萄糖广泛存在于果品、蔬菜、粮食等植物性食品商品中。果糖广泛存在于瓜果中，尤其在蜂蜜中含量较多。半乳糖可由动物乳品中的乳糖经水解以后产生。果糖和半乳糖进入人体后可转化为葡萄糖而被吸收。

三种单糖易溶于水，并能形成结晶，而果糖形成结晶较困难。果糖最甜，葡萄糖次之，半乳糖又次之。它们在加热时，当温度超过熔点后，会变成深褐色的焦糖。单糖若与蛋白质或氨基酸一起加热，能发生迈拉德反应，形成褐色物质和诱人的香气，如烘烤食品表面出现的焦黄色和香气就是迈拉德反应的结果。

2. 双糖类

双糖是能被水解为两个单糖分子的碳水化合物。食品商品中主要的双糖有：蔗糖、麦芽糖和乳糖。蔗糖主要存在于甘蔗、甜菜等糖料中，是食糖的主要成分。蔗糖易溶于水，在酸或酶的作用下可水解生成等量的葡萄糖和果糖的混合物，称为转化糖。麦芽糖是谷物的芽（尤其是大麦芽）中存在的淀粉酶水解淀粉后生成的中间产物，它进一步水解即可生成葡萄糖。麦芽糖易溶于水，具有温和的甜味，其甜度低于葡萄糖、半乳糖。乳糖主要存在于哺乳动物的乳汁中，人乳中含量为 $5\% \sim 7\%$，牛乳中约含 5%。乳糖经人体肠道中存在的乳糖酶水解为半乳糖和葡萄糖。有些人的肠道中乳糖酶的活性不强，食用乳品后消化不良易发生过敏反应。

双糖都不能直接被人体吸收，也不能直接发酵或作为发酵的基质，只有被消化或水解成单糖，才能被人体吸收。

3. 多糖类

多糖是能被水解为很多单糖的比较复杂的碳水化合物。食品商品中的多糖有：淀粉、糖原、纤维素和半纤维素等。

（1）淀粉，主要存在于谷类、豆类和薯类中。淀粉有吸湿性，不溶于水，没有甜味，也不能直接被人体吸收，是饮食摄取中热量最主要的来源。淀粉在有水的情况下加热，可以使原来排列紧密的淀粉链变成分散松弛的糊精，这就是淀粉的糊化（又称 α—化）。α—化的淀粉容易被淀粉酶水解成葡萄糖，是淀粉消化吸收必须经过的阶段。淀粉的老化是淀粉另一个重要的性质。老化后的淀粉不易再形成 α—化淀粉，并大大减弱了被酸、酶进行水解或糖化的程度，从而造成人体对淀粉的消化率和工业上淀粉利用率的降低。

（2）糖原又称动物淀粉，大多存在于动物肝脏、肌肉和贝类中，软体动物体中含量较高。人体吸收的葡萄糖，除用作正常的热量消耗外，多余的可转化为糖原，储存于肝脏中，需要时再经酶作用分解为葡萄糖，以解决人体热量供应的不足。糖原虽然聚合度很大，但多为短链的支淀粉，通体呈红色，可溶于凉水，形成白浊的胶态液。

（3）纤维素和半纤维素统称为粗纤维，是植物细胞壁的主要成分。人体因缺乏分解粗纤维的酶而不能消化吸收粗纤维。粗纤维的存在会妨碍人体对其他营养成分的消化和吸收。尽管粗纤维在营养上没有利用价值，但适量的粗纤维可刺激肠壁分泌消化液和蠕动，有助于食物的消化吸收，也有利于废物的排泄。因此，适当地食用粗纤维含量高的蔬菜和水果，不仅能帮助消化，而且可防止便秘和废物中有毒物质积累诱发的直肠癌，对降低血糖过高引起的糖尿病的发病率也有一定的效果。

碳水化合物的生理功能包括供给能量、构成一些重要生理物质、节约蛋白质、抗酮作用、保肝解毒作用。碳水化合物的主要食物来源是淀粉类食品（谷类、薯类、豆类），食糖（占 100%），水果（含量较少）。

当膳食中碳水化合物过多时，就会转化成脂肪储存于体内，使人过于肥胖而导致各类疾病，如高血脂、糖尿病等。儿童碳水化合物摄入过量会导致营养不良、肥胖和龋齿，还可能引发"甜食综合征"。

膳食中缺乏碳水化合物将导致全身无力，疲乏、血糖含量降低，产生头晕、心悸、脑功能障碍等，严重者会导致低血糖昏迷。

（四）维生素

维生素，也叫作维他命，是另一种重要的营养物质。与糖类和脂肪不同的是它不是直接供应能量的营养物质，与蛋白质不同的是它不是生命的基本单位，而且最关键的一点在于它无法通过人体自身合成。从化学角度看维生素是一种有机化合物，在天然的食物中含量很少，但这些极微小的量对人体来说却是必需的。

维生素对于生命的重要作用主要是参与体内的各种代谢过程和生化反应，参与和促进蛋白质、脂肪、糖的合成利用，对人类生命的重要性不容置疑。维生素主要分为脂溶性（A、D、E、K）和水溶性（B_1、B_2、B_6、B_{12}、C、P、H）两大类。

表 7－1　　　　　　　　主要维生素的其他名称、生理功能及主要来源

类别	代表字母		其他名称	生理功能	主要来源
脂溶性维生素	A		视黄醇 胡萝卜素	防止夜盲、干眼、角膜软化、表皮细胞角化等病症	动物肝脏、蛋黄、乳品、胡萝卜、番茄、菠菜、杏、橘子等
	D		抗佝偻病维生素	调节钙、磷代谢，预防佝偻病和软骨病	鱼肝油、蛋黄、鱼、动物肝脏等
	E		生育维生素	预防不育症，减缓老化、防止肌肉萎缩、肾脏损害	谷类胚芽及其中的油、棉籽油、花生油、大豆油、芝麻油等
	K		止血维生素	促进血液凝固	菠菜、甘蓝、菜花、大豆以及鱼肉等
水溶性维生素	维生素C族	C	抗坏血酸	预防和治疗坏血病，促进伤口愈合，预防感冒和消化道癌症	水果，蔬菜，尤其柑橘、枣、山核、番茄、豆芽、猕猴桃
		P	透性维生素	保持毛细血管完整，降低毛细血管壁的透性和脆性	柑橘、芹菜等
	维生素B族	B_1	硫胺素	防治神经炎和脚气病，增进食欲，促进发育、生长	谷类（尤其胚芽、外皮）、酵母、豆类、猪肉、蛋类等
		B_2	核黄素	促进机体内氧化还原作用，预防脱发、口角溃疡、皮炎、舌炎、角膜炎等	花生、酵母、豆类、牛奶、蛋类、动物肝脏等
		B_3	泛酸	辅酶 A 的成分，参与糖类和脂肪的代谢	酵母、花生、马铃薯、动物肝脏、蛋类、肉类、牛奶、蜂王浆等
		B_5 PP	烟酸、尼克酸	辅酶 I、II 的成分，调节神经系统、肠胃道相表皮的活动，预防癞皮病	酵母、瘦肉、动物肝脏、肾脏、花生、豆类等
		B_6	吡哆素	与氨基酸代谢有关	酵母、米糠、蛋黄、大豆、动物肝脏、蜂王浆等
		B_{11}	叶酸	预防恶性贫血	动物肝脏等
		B_{12}	氰钴素	预防恶性贫血	动物肝脏、肾脏、肉类蛋类、牛奶、紫菜等
		H	生物素	预防皮肤病，促进脂类的代谢	酵母、牛奶、蛋黄、动物肝脏、蔬菜等

（五）矿物质

构成人体的元素除去组成有机营养成分的碳、氢、氧、氮四种外，还有钙、镁、钠、钾、磷、硫、氯等无机元素和铁、铜、锰、锌、钴、铂、碘、锗、硒等微量无机元素。它们大部分来自食品，少部分来自饮用水。一般将上述各种无机元素称为矿物质。矿物质占人体重量的 $4\%\sim5\%$，它们是人体不可缺少的成分。动物性食品中矿物质含量较低，但易被人体吸收。植物性食品中矿物质含量相对较为丰富。

（六）水

水分虽没有营养价值，但它直接参与人体各种生理活动，如营养成分的消化吸收和运送、人体组织的完善和更新、废物的排泄以及体温的调节平衡等都不能缺少水的参与。正常情况下，成人每天需水 2 升左右，其中 60% 来自饮用水，40% 来自食品中水分和营养成分消化时产生的代谢水。

第二节　酒

一、酒的分类

酒的品种繁多，分类的标准和方法也不一致。常用的分类方法有以下几种。

（一）按制造方法分类

按制造方法可分为酿造酒、蒸馏酒、配制酒三大类。

1. 酿造酒

酿造酒也称发酵酒，是用含糖原料，经过糖化、发酵、过滤、杀菌后制得的酒，属低度酒。如黄酒、啤酒、葡萄酒和果酒等。

2. 蒸馏酒

蒸馏酒系指以含糖或淀粉质原料，经糖化、发酵蒸馏制得的酒，大多为高度酒。如白酒（烧酒）、威士忌、白兰地、伏特加、朗姆酒等。

3. 配制酒

配制酒又名再制酒。用酿造酒或蒸馏酒（或食用酒精）为酒基，配加植物药材、动物性药材，经过调味配制而制成的酒，称为药酒，如竹叶青、五加皮等。用花果类等芳香原料配制的酒一般称为露酒，如青梅酒、橘子酒、玫瑰酒等。配制酒大多为中、低度酒。

（二）按酒中酒精含量分类

按酒精含量（一般以容量百分比表示）可分为高度酒、中度酒、低度酒三类。

1. 高度酒

酒精含量在 40% 以上的酒类，如白酒、白兰地等。

2. 中度酒

酒精含量在 20%～40% 的酒类，如多数的露酒和药酒。

3. 低度酒

酒精含量在 20% 以下的酒类，如啤酒、葡萄酒、黄酒、果酒等。

（三）按糖分含量分类

按酒中含糖浓度，可分为甜型酒、半甜型酒、半干型酒、干型酒四类。这种分类方法通常是对黄酒、葡萄酒而言。

1. 甜型酒

黄酒含糖 10g/100mL 以上，葡萄酒含糖 5g/100mL。

2. 半甜型酒

黄酒含糖 3g/100mL～10g/100mL，葡萄酒含糖 1.2g/100mL～5g/100mL。

3. 半干型酒

黄酒含糖 0.5g/100mL～3g/100mL，葡萄酒含糖 0.4g/100mL～1.2g/100mL。

4. 干型酒

黄酒含糖在 0.5g/100mL 以下，葡萄酒含糖在 0.4g/100mL 以下。

（四）国际性评审会分类法

按南斯拉夫卢布尔雅那国际酒精性饮料分类原则，饮料酒可分为啤酒、葡萄酒、天然蒸馏酒、高度蒸馏酒、利口酒及其他酒精性饮料六大类。这里仅介绍以下四类酒的分类原则。

1. 天然蒸馏酒类

天然蒸馏酒是以蒸煮过的水果皮渣或破碎后的水果为原料，经过发酵、蒸馏而制得的酒，如葡萄白兰地、水果白兰地等各种水果蒸馏酒、特种加香天然蒸馏酒。酒度 30～50 度。

2. 高度蒸馏酒类

高度蒸馏酒是以糖蜜、甘蔗汁或其他含淀粉质为原料，经糖化、发酵、蒸馏精制而成的蒸馏酒，如威士忌、朗姆酒、伏特加、玉米烧酒等。酒度 38°～55°。

3. 利口酒

利口酒是国外对配制酒的总称。"利口"即英文"Liqueur"的译音，有"溶解再制"之意。

4. 其他酒精性饮料

其他酒精性饮料包括充气利口酒类、待散酒类、药酒类和鸡尾酒类。

（五）我国传统分类

我国习惯上把酒分为六大类，即白酒类、黄酒类、啤酒类、果酒类、配制酒类及国外蒸馏酒类。

1. 白酒类

白酒如大曲酒、麸曲酒、米酒、小曲酒、窖酒、二锅头等。

2. 黄酒类

黄酒如绍兴酒、红曲酒、即墨老酒、封缸酒等。

3. 啤酒类

啤酒如淡色啤酒（黄色啤酒）、浓色啤酒（黑啤酒）等。

4. 果酒类

果酒如葡萄酒、山楂酒、苹果酒、广柑酒、梨酒、菠萝酒等。

5. 配制酒类

配制酒如十全大补酒、三鞭酒、人参酒、蛇酒、莲花白酒、青梅酒、橘子酒、玫瑰酒等。

6. 国外蒸馏酒类

国外蒸馏酒如白兰地、威士忌、伏特加、朗姆酒等。

二、白酒

白酒是我国传统的蒸馏酒，品种繁多，由于所用原料、糖化剂以及发酵工艺的不同，酒的质量和风味差别很大，产品名称更是琳琅满目。在饮料酒中白酒的香味成分丰富，是我国酒类中消费量最多的一种，尤其在我国广大农村、林区、工矿区更是以白酒为主。根据传统工艺白酒有大曲酒和小曲酒之分。根据发酵物料状态的不同，可区分为固态发酵法、半固态发酵法和液态发酵法。液态发酵法生产的白酒也叫新工艺白酒。

（一）白酒的原料

1. 含糖原料

凡是含有淀粉或糖分的粮谷或农副产品，以及无毒无异味的野生原料均可酿酒。主要谷物有：高粱、大米、玉米、大麦等；薯类：如白薯、木薯、马铃薯等；农副产品：如米糠、高粱糠、废糖蜜等；野生植物：如橡子、茨茯苓等。上述原料中含糖越多，产生的酒精也越多。

2. 酒曲

酒曲又称曲子，是淀粉原料的糖化剂。酒曲中存在的糖化菌能把淀粉水解为可发酵糖，并有一定的发酵作用。不同的酒曲不仅关系到淀粉原料的出酒率，而且对白酒的质量和风味均起着重要作用。酿造白酒的种类主要有大曲、小曲和麸曲等。

（1）大曲。大曲又名砖曲。它是用小麦、大麦和豌豆等为原料经自然发酵制成的。其中存在的糖化菌以曲霉菌为主，另外还有根霉、毛霉和酵母以及少量的醋酸菌、乳酸菌等。大曲酿造的白酒，香味浓厚，质量较高，但用曲量大、耗粮多，生产周期较长。因此，只有酿造名酒和优质酒才使用大曲。

（2）小曲。小曲又名药曲，因曲胚形小而得名。它是用米粉、米糠和中草药，接入隔年陈曲经自然发酵制成。小曲中主要的菌种是根霉和少量的毛霉、酵母等。小曲兼有糖化和发酵双重作用，小曲酿造的白酒，一般香味较淡薄，属于米香型白酒。小曲酿酒的用曲量少，出酒率高，淀粉利用率可达80％以上。

（3）麸曲。麸曲又名块曲，是以麸皮为主要原料，接入纯种的糖化霉菌，如黄曲霉、黑曲霉、根霉等，经人工控制温度、湿度培养而成的散状曲。用麸曲酿酒具有节约粮食、出酒率高、便于机械化生产、生产周期短，适用于多种原料酿酒。

3. 辅料

辅料又称填充料。采用固体法发酵时，在配料中必须加入一定量的辅料，调整淀粉浓度有利于糖化发酵，辅料能吸收一部分浆水和酒精，使蒸料和酒醅疏松，为发酵和蒸酒创造适宜的条件。辅料的种类较多，主要有稻壳、谷壳、花生壳和玉米芯等。

4. 酒母

纯种酵母经扩大培养后，含有大量酵母菌的培养液称为酒母。酒母是酿酒中的发酵剂，其主要作用是使可发酵糖变成酒精和二氧化碳。近年来又加入产酯能力较强的生香酵母，既能增加酒的香气，又可以改善酒的风味。

5. 水

水与白酒的质量和风味均有密切的关系。我国长期的酿酒实践证明："名酒产地，必有佳泉。"水质不洁，将影响糖化和发酵，因此，酿造白酒所用的水应该是无色透明、无异味、无杂质，水的硬度适宜并应符合饮用水的正常要求。

（二）白酒的成分和质量

1. 白酒中的主要成分

白酒中的最主要成分是酒精和水，此外还有少量的其他成分，如醛、酸、高级醇及酯等。白酒的质量与这些成分的含量和比例有着密切的关系。白酒的不同风格也主要取决于上述含量少的成分。

（1）酒精。白酒中的酒精是衡量酒度高低的标志，白酒的酒度是以20℃时酒精容量百分比表示的。100mL白酒中含酒精60mL，则其酒度为60度。白酒中酒精的含量增加，提高了酒的烈性，还会有烧灼的感觉，并且对人体健康也不利。从对人体健康的影响来看，白酒的酒精含量不宜过高。国外蒸馏酒的酒度均不超过45度，所以，我国白酒的酒度也应适当地降低。

（2）总酸。白酒中的有机酸主要是醋酸、丁酸、己酸和少量的乳酸。发酵时产生的有机酸，在蒸馏时因沸点高于酒精和水，所以在酒尾中有机酸的含量较多，而酒头中较少。白酒中含有少量的酸对酒的风味有好的作用，即可以提高酒的风味，含酸过少的白酒，酒味淡薄，但含酸过多又会使白酒风味变劣，产生酸涩味。白酒在储存过程中，酸与醇能酯化形成芳香的酯类，可提高白酒的香气。一般白酒适宜的总酸含量为 0.06g/100mL～0.15g/100mL。

（3）总醛。如前所述，醛类不仅有强烈的刺激性和辛辣味，而且有害于人体健康，白酒中所含的醛主要是乙醛，发酵不正常，尤其是酵母繁殖时营养不良，会产生较多的乙醛。由于乙醛沸点低，蒸馏酒酒头的含量较多。白酒经储存后，乙醛会挥发而减少。另外，乙醛与酒精发生缩合反应能生成芳香的乙缩醛。一般白酒总醛含量不宜超过 0.02g/100mL（乙醛计）。

（4）总酯。白酒中酯是醇类和羧酸酯化反应的产物，在发酵后期酯的形成较多，因此发酵时间长的白酒，比较芳香。由于白酒中存在的羧酸和醇类种类不同，形成的酯也不同。不同的酯则具有各自的香气特点，因此，白酒香型的划分主要取决于芳香成分的区别，而酯是白酒中最主要的芳香成分。优质的白酒总酯含量要求在 0.02g/100mL 以上（以醋酸乙酯计）。

（5）甲醇。甲醇对人的视觉神经影响很大。白酒中的甲醇主要来自原料中的原果胶。用薯类及代用原料酿酒，由于它们的原果胶含量较多，生产出的白酒品质不佳。根据国家食品卫生标准规定：粮食白酒甲醇含量不能超过 0.04g/100mL，薯类和代用原料的白酒，不能超过 0.12g/100mL。

（6）杂醇油。如前所述，杂醇油会使白酒具有苦涩味，并能使饮酒者头晕不舒服，是恶醉之本。按国家食品卫生标准规定：白酒中杂醇油总量不能超过 0.20g/100mL（以异丁醇与异戊醇计）。杂醇油在储酒中与有机酸发生酯化反应，能产生水果芳香的酯类，能提高白酒的品质。

（7）氰化物。氰化物是烈性毒物，以木薯或代用品为原料酿造的白酒，往往会使白酒中存有氰化物。根据国家食品卫生标准规定，木薯白酒中的氰化物含量不得超过 5ppm（以 HCN 计），代用原料的白酒中氰化物含量不得超过 2ppm（每千克 2 毫克）。

（8）铅。白酒中存在的铅主要是由于不纯的（含铅）锡制冷凝器的盛酒容器污染的结果。白酒中的有机酸与铅结合成铅盐而溶于白酒中。铅是有毒的重金属，根据国家食品卫生标准规定，白酒中的含铅量不得超过 1ppm（每千克 1 毫克）。

2. 白酒的香型

我国白酒品种繁多，由于酿酒原料、生产工艺、技术条件的不同，形成了不同的香型和风味特点，尤其是一些名酒和优质酒的香型不同，各具风味，大体上可以分为以下几种香型。

（1）酱香型。酱香型以贵州茅台酒为代表，又称茅香型。这种酒风味特点是：酱香突出、幽雅细致、酒体醇厚、曲味悠长。挥发性的酚化合物是其香气的主体成分，用气相色谱分析法从茅台酒中检出12种挥发性的酚化合物，包括有苯酚、邻甲酚、间甲酚、对甲酚、愈疮木酚、4-甲基愈疮木酚、4-乙基愈疮木酚；4-乙基苯酚、3-乙基苯酚、2-乙基苯酚、2，4-二甲酚和异丙苯酚等。酱香型的白酒中还含有多元醇和乙酸酯，酱香型的白酒略有焦香，但不能过头。我国酱香型的白酒种类不多，四川的古蔺郎酒和湖南常德武陵酒、黑龙江齐齐哈尔的北大仓酒也属酱香型的白酒。

（2）浓香型。浓香型以四川泸州特曲酒为代表。其风味特点是窖香浓郁、绵甘适口、香味协调。浓香型白酒的香气主体成分是乙酸乙酯和适量的丁酸乙酯。浓香型白酒在我国白酒中占的比重最多，如五粮液、洋河大曲、古井贡酒、双沟大曲、淮北口子酒等都属浓香型白酒。

（3）清香型。清香型以山西杏花村汾酒为代表。其风味特点是：清香纯正、口味协调、微甜绵长、余味爽净。清香纯正是指其主体香气成分乙酸乙酯和乳酸乙酯相互搭配协调。除汾酒外河南宝丰酒、山西祁县六曲香也属于清香型。

（4）米香型。米香型风味特点是：米香清雅纯正、入口柔绵、落口甘冽，回味怡畅。其主体香气成分是乳酸乙酯为主，乙酸乙酯稍低，除了酯类外，异戊醇和异丁醇的含量要高于其他香型的白酒。小曲酒多属于米香型。桂林三花酒属米香型酒。

（三）白酒的感官鉴定

对白酒质量状况的评价是以感官鉴定为主，理化鉴定只作为参考因素。对白酒进行感官鉴定，要求鉴定人员有丰富的经验和必要的知识。鉴定的结果通常采用记分法，按感官质量指标包括色泽、香气和滋味。

1. 色泽

将白酒倒入高脚玻璃酒杯中，观察酒液，白酒应无色、透明，无沉淀杂质，发酵期较长和储藏期较长的白酒，如带有极微的浅黄色这是允许的，如茅台酒。散装白酒往往由于调度加浆，或水质较硬，或白酒含杂醇油、酯类较多时，会出现轻微的浑浊或沉淀，需要根据实际情况，改进加浆的水质和降低白酒中高沸点成分的含量。

2. 香气

白酒的香气是通过人们的嗅觉（鼻）来检验的。优质白酒有一股扑鼻的芳香感觉，这是芳香物质分子对嗅觉器官的刺激而反映出来的。

白酒的香气可分为溢香、喷香和留香三类，当鼻腔靠近酒杯口，白酒中的芳香物质就溢散于杯口附近，很容易使人闻到其香气，这叫溢香或闻香。当酒液进入口腔后，香气即充满口腔，这叫喷香。当酒液咽下后，口中还余留香气，这叫留香。经嗅觉检验，一般白酒都应有一定的溢香；名酒和优质酒，不仅应有明显的溢香，还应有较好的喷香和留香。鉴定香气时还应区别其香型是否典型。

白酒不应有各种异味，如焦糊味、糠味、泥味、腐臭味等。

3. 滋味

滋味是通过味觉器官（舌头）来鉴定的。白酒的滋味要求纯正，无强烈的刺激性（烧灼喉舌）。白酒滋味与香气有密切的联系，香气较好的白酒，其滋味也较好，在优美的香气前提下，具有调和的"味道"。名酒和优质酒还要求滋味醇厚、味长、甘洌、回甜、入口有愉快舒适的感觉。

三、啤酒

啤酒是国际性的低酒精度饮料酒，并含有充足的二氧化碳，能给人以清爽之感，所以它是人们夏季喜欢的一种清凉饮料。啤酒还有"液体面包"之称，这是由于啤酒中含有丰富的营养成分。人体所必需的 8 种氨基酸，在啤酒中都含有。啤酒的发热量较高，1L 12 度的啤酒的发热量相当于 65g 奶油或 250g 面包；啤酒中的营养成分易于被人体消化吸收。适量常饮啤酒，可以帮助消化，健脾开胃，增进食欲。因此，在 1972 年召开的世界第九次营养食品会议上，啤酒被列为营养食品。

（一）啤酒的种类

1. 根据酿造中是否杀菌分类

（1）鲜啤酒。鲜啤酒没有经过杀菌，一般鲜啤酒发酵时间短，稳定性较差，容易出现酵母浑浊，所以鲜啤酒的保存期短。鲜啤酒的味比较鲜爽，是夏季畅销的清凉饮料。

（2）熟啤酒。啤酒装瓶或装罐后，再经过杀菌工序（在 62℃ 热水中保持 30 分钟）即为熟啤酒。熟啤酒的酒龄较长，稳定性较好，保存期一定在 60 天以上，高档产品可以保存半年以上。

2. 根据色泽深浅分类

（1）黄啤酒（或称浅色啤酒）。这是啤酒中最主要的品种，呈浅黄色。它用短麦芽做原料，口味较清爽，酒花香气较突出。

（2）黑啤酒（或称深色啤酒）。呈咖啡色，富有光泽，是用焦香麦芽做原料，麦汁浓度较高，发酵度较低，固形物含量较高，口味比较醇厚，有明显的麦芽香。

3. 根据麦汁浓度不同分类

（1）低浓度啤酒。发酵前麦汁的浓度通常只有 6～8 度（巴林糖度计），酒精含量约为 2‰（重量计）。这种低浓度啤酒适合于夏天作为清凉饮料，它的稳定性差。

（2）中浓度啤酒。这是啤酒中产量最多的品种，其麦芽浓度在 10～12 度，其中尤以 12 度最普遍。酒精含量在 3.5％（重量计）左右。

（3）高浓度啤酒。麦汁浓度为 14～20 度，酒精含量为 4.9％～5％，这种啤酒的稳定性较好，适宜储存和远销。

（二）啤酒的质量指标及质量要求

啤酒的质量可以从感官鉴定和理化鉴定两个方面进行，同时这两者之间有着密切的关系，其评定结果取决于啤酒中所含的主要成分的组成和比例。啤酒的质量指标及质量要求如下。

1. 透明度

如前所述，啤酒的色泽有深浅之分，但都要求酒液透明，且不能有悬浮的颗粒，更不能有沉淀。啤酒出现这些不正常的现象说明啤酒的稳定性差。造成稳定性差的原因或是由于酿酒工艺操作不完善，或啤酒存放已超过保存期限。啤酒出现失光（即不透明）现象，说明质量不合要求，不允许供应市场。

2. 色泽

由于使用麦芽的种类不同，啤酒的色泽有深浅之区别，用短的和浅色麦芽制成的啤酒，其色较浅，为黄啤酒。由于要求黄啤酒有凉爽的感觉，所以国内外对黄啤酒的色泽都趋向于色浅者为佳。用长的焦麦芽制成的啤酒，其色泽较深，为黑色啤酒。黑啤酒的色泽应呈深咖啡色。

3. 泡沫

啤酒的泡沫对啤酒的质量和风味具有特殊的意义，有清凉爽口和解暑散热的作用，所以要求啤酒有充沛的泡沫，泡沫细腻洁白，并有较好的持泡性。啤酒泡沫的这些特征与啤酒中含有的二氧化碳多少有关，也与啤酒中存在的表面活性物质（如蛋白质、酒花树脂、酒精等）有关，前者决定泡沫是否充沛，而后者决定泡沫细腻洁白程度和较好的持泡性。我国啤酒要求含二氧化碳不得低于 0.3g/100g。

4. 啤酒的香气和滋味

啤酒应具有酒花的清香和麦芽香，黄啤酒要求酒花清香突出，而黑啤酒则要求有明显的麦芽香。

啤酒的滋味应具有爽口愉快的感觉，黑啤酒还要求口味醇厚。啤酒的滋味不能有其他的异杂味。

5. 酒精含量、实际浓度、麦汁浓度和发酵度

它们是一组鉴定啤酒质量的理化指标，其中麦汁浓度是酿造啤酒的基础，发酵度也很关键，它们的变化直接影响酒精含量和实际浓度（浸出物含量），并与啤酒滋味、泡沫性能和稳定性密切相关。啤酒的酒精含量和实际浓度都以重量百

分比为单位。例如，12 度麦汁浓度的黄啤酒 100g，部标准规定酒精含量不得低于 3.5g，实际浓度不得低于 4.5g，发酵度应在 60% 以上。

6. 酸度

啤酒在发酵过程中会产生少量的酸，尤其乳酸含量较多。适量的含酸量有利于改进啤酒的风味。但酸的含量较多时则会使啤酒的风味变劣。啤酒的酸度应在 1.8°~3°（中和 100mL 啤酒需要 0.1mol/L 氢氧化钠，1mL 为 1°）。

四、葡萄酒

（一）葡萄酒和果酒的原料

葡萄酒的原料是葡萄，而果酒则以果实为原料。

1. 葡萄

目前，全世界共栽培葡萄约 1.5 亿亩，其中酿酒葡萄约占 80%，鲜食葡萄约占 14%，葡萄干葡萄约占 6%。用于酿酒的葡萄应选择优良的酿酒专用品种。葡萄品种对葡萄酒的产量、质量和风格都有密切的关系。适于鲜食的葡萄，不一定适于酿酒；适于酿酒的品种，鲜食也不一定很好。优良酿酒葡萄品种，要求植株生长健壮、抗病、成熟度一致、高产。酿酒用葡萄应含糖量较高（在 18% 以上），含酸适中（0.7% 左右），出汁率较高（不低于 70%）。酿造白葡萄酒的葡萄，以近似无色或琥珀色较好，红葡萄酒则以宝石红和深宝石红为佳。从香气方面要求，不但有葡萄特有的果香，而且在酿造后能产生令人愉快的酒香；在口味方面要求酿成的酒：口味醇厚、酒质细腻、爽口、回味绵长。

葡萄的果实由果梗、果皮、果肉、种子四部分组成。果梗中含单宁较多，涩味重，酿酒时应除去：果皮中含有单宁、酸类、色素、芳香成分和蜡质。酿造红葡萄酒为了取得鲜艳的颜色，需要以葡萄皮和果肉混合发酵，酒色深红或鲜红。

果肉是酿酒主要的部分，含有较多的糖分、水分和适量的酸、含氮物、矿物质等。种子含脂肪、单宁、树脂较多，酿酒时也要除去。

2. 果实

酿造果酒的果实很多，由于果实品种、成分和质量的不同，酿造出来的果酒质量也有区别，因此，对果实必须加以选择。

酿造果酒的果实，要求果汁多，糖分高，酸度适中，新鲜成熟。尤其应选择成熟度较好的果实，不仅含糖分多，香气丰满，酿成的果酒出品率高，风味好。适合酿造果酒的果实有苹果、梨、柑橘、沙果、菠萝、草莓、杨梅等。

3. 酵母

酿造葡萄酒和果酒所用的酵母，则因酒的品种而异。酿造红葡萄酒和果酒，大多数是利用果皮上存在的天然酵母进行发酵，既方便，效果又好。而酿造白葡萄酒，只用果汁发酵时，由于用二氧化硫消毒果汁，才需要用培养的酵母。有时为了酿造特殊风味的葡萄酒或果酒，也需要添加培养的纯种酵母。

（二）葡萄酒和果酒的种类

1. 葡萄酒的分类

（1）按酒的颜色分

红葡萄酒：用红色或紫红色葡萄为原料，采用皮肉混合发酵方法制成，使酒中溶有葡萄的色素，经氧化而呈红色或深红色。口味甘美，酸度适中，香气芬芳。

白葡萄酒：用黄绿色葡萄或用红皮白肉的葡萄汁为原料，一般采用皮肉分离发酵而成。发酵后，酒的色泽多为麦秆黄色、淡黄或金黄，酒液澄清透明，口味纯正，酸甜爽口。

（2）按酒的含糖量分

在国际上按此法分为4类。

①干葡萄酒：含糖量极低，每升酒含糖量在4g以下，在口中无甜味，只有酸味和清怡爽口的感觉。它在欧洲的消费量最大。我国消费习惯是不愿意喝干酒。

②半干葡萄酒：每升酒含糖在4～12g，在口中微有甜感或略感厚实的味道。

③半甜葡萄酒：每升酒的含糖量为12～50g，口味略甜，醇厚爽顺。它在日本、美国等国消费量较大。

④甜葡萄酒：每升酒的含糖量在50g以上，使酒有明显的甜味。这种酒在我国的消费量最大。我国按其糖分含量的不同又分为普通甜葡萄酒，含糖为4％～14％；特浓甜葡萄酒，含糖分在14％以上，甜味浓，适合妇女儿童饮用。

（3）按加工方法分

①原汁葡萄酒：全部由葡萄发酵的产品。

②半汁葡萄酒：一半为原汁葡萄酒，其他是添加食用酒精、糖分和配料混合而成。

③加料葡萄酒：在原汁葡萄酒中加入药料、香料、糖分等。如丁香葡萄酒、味美思、桂花陈酒、葡萄补酒、清香罗姆酒、人参葡萄酒等。加香料的为香型葡萄酒，加药料的为补型葡萄酒。

④起泡葡萄酒：一般属于白葡萄酒，酒内含有二氧化碳，开瓶后有大量泡沫产生，如香槟酒、葡萄汽酒等。

⑤蒸馏葡萄酒：用葡萄酒或果渣发酵后蒸馏成原白兰地，经过陈酿调配为白兰地，其酒度较高，为40度左右。如金奖白兰地质量最优。

2. 果酒

果酒酿造方法与葡萄酒基本相似。果酒都以果实名称命名。我国的果酒都属于甜酒型，主要有山楂酒、橘子酒、苹果酒、海棠酒、草莓酒、树莓酒（马林酒)、梨酒、杨梅酒、黑豆蜜酒、桑葚酒等。

（三）葡萄酒和果酒的质量指标及质量要求

葡萄酒和果酒的质量可以从感官和理化两个方面进行鉴定。在我国以感官鉴定为主，感官质量指标起着主要的作用。感官指标及其质量要求主要有以下几项。

1. 外观

包括色泽、透明度，起泡酒的泡沫情况。

（1）色泽。要求具有与葡萄、果实相近的天然颜色并富有光泽。白葡萄酒和苹果酒应呈麦秆黄色、晶亮，不能有浅棕褐色；红葡萄酒和山楂酒应呈近似红宝石色，不应呈深棕褐色；不应晶亮；橘子酒应呈橙红色，明亮，不能呈暗棕色。白兰地的色泽应呈金黄色。

（2）透明度。任何品种的葡萄酒和果酒都应澄清、透明、无浑浊和沉淀，也不能有悬浮物。出现不正常的情况，说明工艺不合要求或发生了变质现象。

（3）起泡情况。起泡的葡萄酒和果酒都应含有充沛的二氧化碳，倒入酒杯泡沫很快升起，要求泡沫细致、持久。大香槟酒在开瓶时，要求瓶塞被气压冲出有一定的高度，发出清脆之响声。

2. 香气

葡萄酒和果酒应具有果实的清香和酒香，并要求两者配合和谐、清快、舒畅，不应具有其他异味。

3. 滋味

不同种类的葡萄酒和果酒其滋味有所区别。干型酒的滋味应该清快、爽口、舒适洁净、滋味丰满和谐。甜型酒醇厚爽口，酸、涩、甘、馥各味和谐，爽而不薄，醇而不烈，甜而不腻，馥而不艳（不飘）。

4. 典型性

葡萄酒和果酒，尤其是其中的各种名酒都应有各自的典型性及独特的风格。例如，干白葡萄酒应具有清新、爽、利、愉、雅感；干红葡萄酒应具有清、爽、愉、醇、幽感；甜白葡萄酒的风格中把"利"改为"甘"；甜红葡萄酒的风格应具有爽、馥、酸、甜感，各味应和谐统一。

葡萄酒和果酒的典型性很大程度取决于葡萄品种和果实的特点，所以名酒都要求有固定的葡萄品种原料，以保持它们应有的典型性。

第三节　茶叶

一、茶叶的主要化学组成

（一）茶叶的主要成分

茶叶属于嗜好食品，与茶叶质量有关的化学成分，主要是影响茶叶色、香、味的成分，即多酚类、生物碱、芳香油和色素物质，其次还有氨基酸、糖类等。

1. 茶多酚

茶多酚是一类多酚化合物的总称，也称茶单宁或茶鞣质，包括儿茶素、黄酮、花青素、酚酸四类化合物，其中儿茶素在茶多酚中的比例最大，为 $60\%\sim80\%$。儿茶素具有杀菌、降压、强心等功效，另外对尼古丁和吗啡等有毒生物碱还有解毒作用。花青素可使茶叶色泽晦暗、滋味苦涩。因此茶多酚与茶叶质量关系十分密切，它既与饮茶的功效有关，也是决定茶叶色、香、味的主要成分。

茶多酚极易氧化，红茶在制作时即是利用了这一特性而使茶叶叶红、汤红，而绿茶制作中则应尽量减少其氧化以保证绿茶的绿叶、绿汤。

茶多酚的含量一般是嫩叶多于老叶，春叶多于夏秋叶，绿茶多于红茶，通常含量在 $20\%\sim35\%$（干茶）。

2. 生物碱

茶叶中的生物碱主要是咖啡碱、茶碱和可可碱等，它们均属于嘌呤的衍生物，其中以咖啡碱含量最多，也最重要。咖啡碱能兴奋中枢神经，解除大脑疲劳，强心利尿，减轻酒精、烟碱等有害物质对人体的伤害。

纯的咖啡碱是针状结晶，微溶于冷水，其溶解度随水温升高而增大。咖啡碱在茶叶中与部分茶多酚结合生成络合物。这种络合物能溶于热水，在冷水中溶解度减小，因此当茶水冷凉后，会出现浑浊现象，俗称"冷后浑"，这是茶汤浓、内容物丰富的表现，这种现象以红碎茶最为常见。

咖啡碱在茶叶中的含量，一般为 $2\%\sim4\%$，其含量以弱光中生长的茶树（如高山云雾中）产的茶叶较多，并且新梢鲜叶越幼嫩，生物碱含量越高。

3. 芳香油

芳香油也叫茶香精，是酯、醇、酮、酸、醛类等有机物的混合物，易挥发，是赋予茶叶香气最主要的成分。茶叶中芳香油的含量极少，为 $0.003\%\sim0.02\%$（干茶）；一般情况下嫩叶高于老叶，高山茶多于平地茶，红茶多于绿茶，由于芳香油属易挥发成分，故陈茶的茶香较差。

4. 蛋白质和氨基酸

茶叶中含有较多的蛋白质，为 17％～20％（干茶），除蛋白质外还含有一定量的游离氨基酸(1％～3％)，氨基酸的存在有利于提高茶汤的滋味，使茶汤具有鲜爽味。

5. 糖类

茶叶中含糖类为 20％～30％，有单糖、双糖及淀粉、纤维素、果胶质等多糖。单糖和双糖能使茶汤具有甜醇味，还有助于提高茶香，可溶性果胶质可以使茶汤具有醇厚感。

6. 色素

色素是构成干茶、茶汤、叶底颜色的主要物质。绿茶的色素物质主要是叶绿素，故茶绿、汤绿、底绿；红茶的色素主要是儿茶素的氧化产物茶黄素和茶红素等，因此茶红、汤红、底红。

（二）茶叶的特性

1. 陈化性

茶叶经长时间储存后，会出现香气下降，色泽变暗等不良变化，即陈化现象。因茶叶的香气成分芳香油易挥发，经长时间储存后，香气散失。茶多酚的氧化造成绿茶的碧绿、翠绿、黄绿逐渐变暗变深，红茶的油润色泽会逐渐失去而成为灰褐色，这也导致茶叶冲泡后，绿茶茶汤失去绿而明亮的光泽，红茶失去明亮的色泽，另外也使茶汤的滋味变得淡薄，失去鲜爽味。

2. 吸湿性

茶叶由于经过干制形成了疏松多孔的组织结构，并且茶叶的很多成分如茶多酚、咖啡碱、糖类、蛋白质等都具有亲水性，因此茶叶具有很强的吸湿性。吸湿后的茶叶，其陈化过程会显著加快，并容易发生霉变。

3. 吸附异味性

茶叶的多孔结构和疏松状态使茶叶具有较强的吸附异味性。这一特性可用来制造花茶，使茶叶除有茶香外，还具有怡人的花香味。但茶叶在储运销售与存放过程中则应避免与有异味的物质接触，以免影响茶叶质量，甚至丧失饮用价值。

二、茶叶的分类

茶叶的品质特点是在加工过程中形成的。茶叶根据加工程度不同可分为初制茶、精制茶和再加工茶。鲜叶初制后的产品称为毛茶（初制茶），毛茶经过精制后的产品称为成品茶（精制茶），部分精制茶再加工成特种产品，如窨制的花茶，压制的紧压茶和萃制的速溶茶等为再加工茶。其中，对茶的品质特征的形成起主要作用的是初制，精制与再加工主要是整饰形态，而茶叶品质变化不大。

在商业经营上，按照茶叶的制造方法不同，并结合茶叶的品质，将茶叶分为绿茶（包括黄茶、白茶）、红茶、花茶、紧压茶和乌龙茶。

（一）红茶类

红茶的特征是在初制中茶多酚发生了较深刻的氧化（即经过"发酵"过程）。所以其产品质量特征是干茶色泽乌润，汤色红亮，并且有红茶特有的香气和滋味。

红茶类的商品茶如下。

1. 工夫红茶

因做工精细而得名，其条索紧细，香气馥郁纯正，滋味醇厚，汤色红亮，叶底呈古铜色。工夫茶是我国红茶类中的主要品种，多以产地取名，有祁红（安徽祁门，包括江西浮梁产的在内）、滇红（云南凤庆）、宁红（江西修水）、宜红（湖北五峰）、川红（四川宜宾）、闽红（福建福安）、越红（浙江绍兴）、粤红（广东高饶）、湖红（湖南安化）等。其中以祁红、滇红、川红和宜红的质量最佳。

（1）祁红。由祁门楮叶种茶树鲜叶制成，产区的天然条件优越，加工技术精湛，故祁红质量优异。祁红外形紧细，色泽乌黑油润，汤色红艳明亮，滋味鲜醇爽口，香气清香持久，并有蜜糖香，称为"祁门香"，为国际市场所称颂。

（2）滇红。产区地势高峻，土质肥沃，雨量充沛，气候适宜。滇红为大叶种茶树鲜叶制成，芽肥叶壮，外形紧结，芽毫丰硕，色泽乌润，身骨重实，香气浓郁，毫香突出，汤色浓艳，滋味鲜醇甘美，叶底鲜红均匀，颇受国外欢迎。

2. 碎红茶

碎红茶的初制过程与工夫红茶基本相同，但具体操作技术则有较大的差异。在揉捻中先把鲜叶切碎然后经过发酵、干燥而成。产品根据叶形不同可分为叶茶、碎茶、片茶、末茶四种，以碎茶为主，故称碎红茶。碎红茶对外形要求不高而重内质，要求汤色红艳明亮，香高，味"强、浓、鲜"，富有收敛性，适应国外饮茶特点，经一次冲泡能将大部分有效成分浸出，碎红茶在国际市场最受欢迎。我国工夫红茶产区有一部分已改为生产碎红茶，其中以云南、广西、广东等地所产的大叶种碎红茶质量最好。

3. 小种红茶

小种红茶是福建的特产，初制基本与工夫红茶相同，只在烘干时采用松木烟熏，所以小种红茶带有松木烟的香味。其外形稍松散粗大，味烈爽口，是我国生产较早的红茶。

（二）绿茶类

绿茶的特征是在初制时采取高温杀青，制止酶对茶多酚的氧化，所以绿茶具有色绿汤清的特点。

绿茶按杀青方法不同有蒸杀青和炒杀青两种。蒸杀青是我国传统杀青的方法，其优点是干茶、叶底和汤色较翠绿，但香气欠鲜锐，滋味较涩。炒杀青绿茶香气锐、味鲜爽。目前我国绿茶大部分都是炒杀青。

绿茶按干燥方法不同分为炒青、烘青和晒青三类。

1. 炒青绿茶

属于炒青绿茶的主要品种如下。

（1）珍眉。由长型眉茶中筛选的外形紧结匀整，稍有弯曲，形状如眉的长型茶精制而成。其质量特点是：干看色泽银灰，汤色黄绿清澈，香气鲜锐，滋味浓醇，叶底嫩绿。珍眉都冠以原料眉茶产地的名称，主要有屯绿（安庆休宁）、舒绿（安庆舒城）、遂绿（浙江淳安）、温绿（浙江平阳）、饶绿（江西上饶）、杭绿（浙江余杭）、湘绿（湖南临湘）等，以屯绿的质量最佳。

（2）贡熙。精制眉茶时筛选其中的拳型茶制成。外形似拳，肥壮结实，干看色泽灰绿，汤色清澈稍黄，香气和滋味次于珍眉，叶底较卷曲，产地同眉茶。

（3）珠茶。是圆形炒青精制而成，主要产于浙江嵊县。珠茶外形浑圆，紧结似珠，其珠形越细，质量越佳。干看色泽灰绿，有乌亮的光泽，汤色清澈稍黄，香气纯正，滋味醇厚，叶底卷曲，叶片较大。质量介于珍眉和贡熙之间。

（4）龙井茶。因产于浙江杭州龙井而得名，是我国著名的绿茶之一。外形扁平挺直，匀齐光滑，芽毫隐藏稀见；色泽嫩绿或翠绿，色调均匀而油润；汤色清澈明亮，香气清鲜而持久，滋味甘美醇厚，有鲜橄榄的回味；叶底匀嫩成朵。所以龙井茶一向以色绿、香郁、味甘、形美而闻名中外。因产区的自然条件和炒制技术上的差异，以狮峰龙井的香气和滋味最有特色，梅家坞龙井的外形和色泽最令人喜爱，而西湖龙井与以上两者比较稍有逊色。

（5）碧螺春。为卷曲形炒青绿茶，产于江苏吴县太湖中的洞庭东、西两山。因原产东山碧螺峰上的碧螺庵附近，故称碧螺春。此茶采摘极嫩新芽制成，炒烘结合，精工细作，以保证芽叶完整和色泽翠绿。碧螺春的条形纤细，卷曲似螺，白毫显露，冲泡时"雪花"飞舞，香气袭人，滋味爽口，叶底嫩匀，完整成朵。

2. 烘青绿茶

属于烘青绿茶的主要如下。

（1）普通烘青。这是大宗产品，主要供窨制花茶的茶坯。多以产地命名，主要有浙烘青、闽烘青、皖烘责、湘烘青等。

（2）黄山毛峰。是条形绿茶，为我国名茶之一，驰名中外。黄山枯谷庵一带所产的质量最为特级毛峰。慈光寺、桃花峰、丰产台也产特级毛峰。黄山外围所产的多为一般毛峰。毛峰产区的自然条件优越，加上精心采制，形成了毛峰香气馥郁，滋味醇甜的优异质量。特级毛峰的芽叶肥壮匀齐，白毫多而显露，形如"雀舌"。色泽黄绿油润，用茉莉花窨制的花毛峰更为佳品。

（3）太平猴魁。是尖茶之首，原产安徽太平县，产区自然条件较好，又用

"柿大茶"鲜叶制成，芽叶肥壮，茸毛特多，持嫩性强。猴魁的色、香、味和外形独具一格，外形肥壮，挺直有峰，二叶包一芽，如含苞的兰花，全身毛衣，略有花香，味醇鲜浓，叶底嫩绿成朵。烘焙后装入铁筒储藏，用抽气充氮储藏更好。

3. 晒青绿茶

属于晒青绿茶的主要如下。

（1）普通晒青。多用产地命名，主要的有滇青、陕青、川青、桂青、粤青、黔青、鄂青等。其中以大叶种的滇青质量最好，是蒸压花茶、方普洱、紧茶、饼茶的原料。用粗老鲜叶制成的老青茶，虽然也是用日光晒干的晒青，但在再加工时又经过"渥堆"变为黑茶，是蒸压青砖茶的原料。

（2）特种晒青。特种晒青经过日光干燥或晾干而成，但加工中不炒，不揉，经过不同程度的萎凋后，再经过干燥而成。成品茶披满白毫，呈白色，故属于白茶类，是福建的特产，主要销海外侨胞。代表品种有白毫银针、白牡丹、贡眉、寿眉等。以白毫银针质量最佳，是用嫩芽制成，白牡丹用一芽二叶制成。采嫩梢制成的是贡眉，采摘"银针"嫩芽后的嫩梢制成的是寿眉。

（三）乌龙茶类

乌龙茶类属于"半发酵"茶，这是我国的特产，主要产于福建、广东和台湾。以福建的产量和品种最多。乌龙茶除在国内销售外，颇为东南亚侨胞所喜爱。

采摘乌龙茶的鲜叶一般要在嫩梢全部展开，即将成熟，形成驻芽时才采下一芽三四叶，称为"开面采"，这种鲜叶最适宜制乌龙茶。乌龙茶的制法兼有红绿茶制法的优点。成品茶条较为粗壮，稍松散，香气滋味兼有绿茶的鲜浓和红茶的甘醇，茶汤棕红明净，叶底具有绿叶红镶边的特点。

福建所产的乌龙茶分闽北乌龙茶和闽南乌龙茶。闽北乌龙茶以武夷岩茶为代表，闽南以铁观音为代表；广东以水仙为代表；台湾以乌龙为代表。

1. 武夷岩茶

产于福建崇安西南武夷山，山上岩峰峥嵘，茶树生长在山坑岩堑之间，故称武夷岩茶。岩茶在青茶中采制技术最为精细，质量也最好。岩茶外形要求粗壮、紧实；色泽油润，红点明显，不带梗；香味高浓而持久，具有花香；汤色深橙黄而明净，叶底红色比例多于铁观音和水仙。岩茶的品种很多，多以茶树品种命名。属于名岩名丛的品种有：大红袍、肉桂、白鸡冠等；属于普通名丛的品种有：千里香、金锁匙、铁罗汉等。闽北的建阳还生产奇种和水仙。

2. 安溪铁观音

闽南的乌龙茶多以茶树品种命名，以安溪铁观音茶树鲜叶制成的青茶质量最佳，其次是毛蟹、桃仁、梅占等茶树品种鲜叶制成的青茶。乌龙茶树鲜叶制成的乌龙茶质量较次。铁观音的质量特点是条索粗壮弯曲，色泽黑绿乌润有光，香高而秀，汤色金黄、明净，滋味浓厚，入口微苦而后转甜。叶底"青蒂"、"绿腹红点"、"红镶边"。

3. 凤凰水仙

产于广东潮安；饶平、陆丰等县，广东的乌龙茶，也因茶树品种而异，其中以潮安的凤凰单丛水仙最为著名。由于从茶园中选择优株，进行单株培育，单株采制而成，故名凤凰单枞。以春茶的产量高，质量佳。其质量特点是：有天然的花香，条索卷曲紧结而肥壮，色泽青褐，汤色黄艳而带绿，滋味鲜爽甘醇，叶底"绿叶红镶边"，耐冲泡。

4. 台湾乌龙

台湾乌龙白毫较多，呈铜褐色，汤色橙红，滋味醇和，尤以馥郁的清香著名。台湾一年四季都可采茶，春茶因雨水过多，质量较次，夏茶晴天多，质量最好，秋茶次于夏茶，冬茶的质量与春茶接近。

（四）花茶类

花茶是我国特产。它是在成品茶的基础上，经过窨花而制成。茶叶经窨花后，不仅香气增加，并且茶叶吸收鲜花的香桂油，有助消化和兴奋作用。因此，花茶的消费不断扩大和增加。

花茶的质量主要取决于茶坯质量、鲜花的种类和数量以及窨花技术。高级花茶均要求香气鲜灵，浓郁清高，滋味浓厚鲜爽，汤色清澈、淡黄、明亮，叶底细嫩、匀净、明亮。几种常见鲜花的香气特点如下。

1. 茉莉花

香气馥郁芬芳，清鲜甘美。最受广大消费者的欢迎，因此茉莉花茶产量最多。

2. 玉兰花

香气浓烈，余香甘厚。茉莉花茶窨花时需用少量玉兰花打底，以增加香气的浓烈程度。

3. 珠兰花

香气馥郁清雅，鲜纯爽口。因珠兰性喜温暖、娇弱，栽培较为困难，故产量不及前两种花茶。

（五）紧压茶类

紧压茶是用黑茶（用较粗老的鲜叶经杀青、揉捻、渥堆、干燥等过程制成，色泽黑褐油润，汤色橙黄或橙红，香味纯正不苦涩，叶底黄褐粗大的产品）、晒青和红茶的副茶为原料，经蒸茶、装模或装篓压制成型的再制茶。这种再制茶更便于储运，主要销于边区少数民族地区，属于边茶。紧压茶产于湖南、湖北、四川、云南等省。主要的紧压茶如下。

（1）以黑茶为原料制作的紧压茶，如花卷、黑砖、茯砖和青砖等。

（2）以红茶的副茶、红片碎茶和级外红茶为原料制作的紧压茶，如米砖。

（3）以滇青为原料制作的紧压茶，如方普洱、沱茶等。

除以上介绍的五大茶类，当前国际市场上还出现了速溶茶，它是随着人们生活节奏的加快，饮茶方式向着简便方面发展而出现的新品类。速溶茶是从茶叶浸提出的茶汁经浓缩、干燥而成的一种小颗粒状晶体，冲水后即刻溶解饮用，具有溶解快，不留茶渣，携带方便，还可加糖、加奶饮用等优点，日益受到欢迎。目前全世界速溶茶约占茶叶总产量的 7％。我国自 1972 年开始试制，1974 年在秋季广交会上展销，受到外商好评。

速溶茶又名萃取茶、可溶茶、结晶茶等，其品种颇多，总的可分纯速溶茶和调味速溶茶两大类。根据冲茶时所需水的温度，又可分为热溶和冷溶两种类型。调味速溶茶大多为冷溶型，如柠檬速溶茶、山楂速溶茶等。

三、茶叶的质量评定

饮料食品茶叶的质量要求主要偏重于感官的色、香、味、形等方面的鉴定，只有对水分、灰分、茶末含量才采用理化鉴定。茶树生长中常使用农药防治病虫害，所以对茶叶还要鉴定其农药残留量。茶叶的鉴定习惯上称为审评。对茶叶质量采用感官审评，是目前国内外普遍采用的方法。

茶叶质量的感官审评分为外形审评和内质审评两方面。外形审评包括外形、嫩度、色泽和净度四项指标，主要反映了原料鲜叶的老嫩程度和制茶工艺是否恰当。内质审评包括香气、汤色、滋味和叶底四项指标。茶叶的外形与内质有着密切的关系，把两者结合起来进行审评，能更全面地说明茶叶的质量。

（一）茶叶的外形审评

将茶叶倒入审茶盘中，双手转动审茶盘，使茶叶均匀地平伏在审茶盘中，由于茶叶的轻重程度不同，能把大小、长短、碎末等有次序地分布在不同层次。一般粗大的茶叶多浮于上层，重实较细小的茶叶或碎末多分布在下层，而中层多为较均整的茶叶。用此法可以检查下脚茶、粗老茶占的比例，并通过观察茶叶的外形（包括嫩度、净度）判定是否合乎标准规格的要求。

1. 各类茶外形特征的审评

（1）工夫红茶要求外形成条索，以紧结者为优，鲜叶细嫩，制茶精细者条索紧结；条索卷曲者说明揉捻过重或火工过高。工夫红茶是按不同规格的产品混合匀堆而成，所以条索的粗细、长短不能要求完全一致，但碎片和茶末的存在会影响质量。

（2）绿茶和花茶的种类多。它们的外形差别较大。珍眉要求条索成眉状，紧结光滑者为优；珠茶外形要圆结，越圆越细越重实者质量越好，内销绿茶中的龙井、旗枪、大方属于扁平茶，外形扁平挺直者为优；片茶要像瓜子形，成条者次；烘青、毛峰等绿茶要求条索紧结，白毫多为佳；条索粗松、质轻、毫少者为次。

（3）乌龙茶中的岩茶，其条索虽较粗松弯曲，但其长短要适中，以紧细、质重实者为优；水仙的条索较粗大疏松；其他乌龙茶的条索要细小紧实。

（4）紧压茶则要求外形符合规格要求，块形完整，表面、边角整齐光滑，不龟裂，不掉面，不残缺，厚薄均匀，无茶梗露出，压印端正清晰。

（4）茶叶的净度是指茶叶中杂质含量的多少，茶叶中的杂质有茶类杂质（梗、杆、片、末等）和非茶类杂质（杂草、泥沙、竹片、树叶等）两类。正品茶叶中一般不允许含有任何杂质，副品茶中不能含有非茶类杂质。

2. 干茶色泽的审评

首先看干茶叶色泽是否纯正，是否符合该茶类应有的色泽；其次看其颜色的深浅、枯润、明暗、有无光泽；是否调和，有无杂色。

工夫红茶的色泽以乌黑油润，芽尖呈金黄色者为优，暗黑者"发酵"过度，青灰者"发酵"不足，鲜叶粗老者色泽枯红。

绿茶和花茶的干茶色泽，除与鲜叶的老嫩有关外，与鲜叶的摊放和杀青工艺的关系十分密切。珍眉要求绿而带银灰光泽者优；珠茶以深绿而带乌黑光泽者优；内销炒青绿茶以碧绿青翠者优；烘青和花茶以青绿带嫩黄者优；瓜片则要求翠绿。

乌龙茶中岩茶的干茶色泽以鲜明青褐色带灰光，条索表面有小白点者优，其他乌龙茶以青翠带铁灰有光泽者优。

紧压茶的干茶色泽应符合原料茶的色泽，以黑茶为原料的紧压茶，色泽以黝黑者优；以老青茶为原料的青砖，青褐有光泽者优；以滇晒青为原料的方普洱、沱茶、饼茶等，绿色多毫者优。

（二）茶叶的内质审评

审评茶叶的内质时，先从审茶盘中在不同部位称取一定数量的茶样，样品的重量根据茶类和沏水量的不同有所区别。一般红、绿、花茶称取 2.5～3g，每克沏水 50～60mL；毛茶取样较多，一般为 5g，沏水 250mL；乌龙茶称取茶样 5g，沏水 80mL；紧压茶采取煮蒸法，取样 3～5g，用水量 150～400mL。沏茶需有容量一致的审茶杯。沏茶水要求煮沸，并在杯中冲泡 5 分钟，然后将茶水倾于审茶碗中，叶底先留在杯中，并按以下顺序审评茶叶的香气、汤色、滋味和叶底。

1. 茶叶香气的审评

茶叶的香气虽用干闻也能辨别，但不及湿闻更为明显。湿闻茶叶的香气是闻留在杯中的茶叶，闻香时不要把杯盖完全掀开，只需稍稍掀开杯盖，把它接近鼻子，闻后仍旧盖好，放在原位。茶叶香气在热、温、冷时的差别很大，一般情况下热时香气高，区别比较明显，但温冷时闻香，可以闻其特殊的香气和香气的持久性。每次闻香不能过久，否则容易使嗅觉迟钝。香气的审评主要区别香味高低，持续时间的长短，是否纯正，有无异味等。高山茶的香气高而持久，春茶的香气高于夏茶、秋茶。

红茶的香气与制茶工艺有较密切的关系，萎凋和"发酵"中产生的氨基酸与茶多酚结合形成红茶特有的醇香气。高级红茶具有甜香气，所谓"祁门香"就是有糖蜜的香气。"发酵"和"火功"是否适当，都会影响红茶的香气。绿茶的香气与鲜叶的老嫩关系密切，细嫩鲜叶制成的绿茶具有"栗子香"；杀青和干燥也能影响绿茶的香气。乌龙茶为半发酵茶，要求具有绿茶的清香和红茶的醇香，并要求具有火功较高的香气。花茶的香气虽然由于窨花采用的鲜花种类不同而有所区别，但要求香气醇正、持久、鲜灵。紧压茶的香气，一般均稍带火功较高的烟焦香，以黑茶为原料的应有后"发酵"的熟香；以晒青为原料的有绿茶的清香；米砖应有红茶的醇香。所有的茶类都不能有不正常的异味和霉味。

2. 茶叶汤色的审评

茶叶的汤色主要取决于茶多酚和叶绿素的变化，经过"发酵"的茶叶，茶多酚受到不同程度的氧化聚合而产生数量不等的茶红素、茶黄素和茶褐素。红茶的变化最深刻，所以红茶的汤色以红艳明亮者优，茶褐素的增加会使汤色深暗。绿茶的汤色主要是由茶多酚中的黄酮类产生的黄绿色，有少部分是叶绿素分解的绿色。在热的作用下儿茶素也会由于自动氧化而产生黄色。

绿茶的汤色以碧绿清澈者优；乌龙茶以橙黄或金黄明亮者优；花茶以浅黄明亮者优；紧压茶的汤色因原料茶不同有所区别，以明亮浓者优；苻茶、方普洱茶则以黄亮者优。审评汤色应及时进行，茶汤冷却后，不仅色泽转深，而且还会出现"冷浑浊"。

3. 茶叶的滋味审定

茶叶的滋味是由多种成分形成的，其中最主要的是茶多酚和咖啡碱，氨基酸和糖分也起着积极的作用。另外茶叶的香气也与滋味密切相关。品尝茶汤的滋味，不要直接咽下，用舌头在口腔内打转两三次后，再吐出，质量好的茶叶，其滋味入口后稍有微苦涩之感，但很快就有回甜清爽的感觉。红茶以醇厚甘甜为优；绿茶先感稍涩，而后转甘，如含橄榄一般；乌龙茶无红茶的苦味，也无绿茶的涩味，兼有红绿茶的甜甘醇厚的感觉；花茶的滋味与绿茶类似，但因鲜花香气明显，使滋味鲜爽；紧压茶因原料各有不同，应以醇厚者为优。

4. 茶叶的叶底审评

从茶叶的叶底色泽和软硬，可以反映鲜叶原料的老嫩，叶底的色泽还与汤色有密切的关系，叶底色泽鲜亮与浑暗，往往和汤色的明亮和浑浊是一致的。茶叶叶底柔软者，说明鲜叶比较细嫩，粗老的鲜叶，其叶底比较粗硬。

红茶叶底以鲜红明亮者优。绿茶以淡黄绿色为正常的色泽，细嫩的鲜叶，在叶底背面有白色茸毛，绿茶杀青不及时或不彻底，会出现红叶或红梗。乌龙茶的叶底应绿叶红镶边，其叶脉和叶缘部分为红色，其余部分为绿色。因乌龙茶的鲜叶嫩度稍差，所以叶底色泽不够鲜明。花茶的叶底与绿茶类似，以黄绿均匀为优。紧压茶的叶底虽因原料不同，色泽有所区别，但都以柔软鲜明者优。

四、茶叶的储存和保管

　　根据茶叶的特性，茶叶应储存在干燥、密闭、隔热、避光的条件下。一般温度为 15℃左右，不宜超过 30℃，湿度在 70％左右，不宜超过 80％，并应控制异味污染，具体可采用瓦坛、铁罐、塑料袋等方法进行储藏。

第四节　乳及乳制品

一、乳的化学组成

　　乳汁是哺乳动物乳腺的正常分泌物。不同类别的哺乳动物的乳，其主要化学成分是基本相同的，但各成分的含量可有一定差异。不同品种的乳牛所产的乳中，各成分的含量也略有不同。牛乳的成分主要有：水分、蛋白质、脂肪、乳糖、无机盐、磷脂、维生素、酶、免疫体、色素、气体以及其他微量成分等。

1. 乳中的水分

　　牛乳中的水分是由乳腺细胞所分泌的，它溶有牛乳中的各种物质。牛乳中的水分可在 80％～90％变化，通常为 87％左右。牛乳中的水分也分为游离水与结合水。结合水与蛋白质、乳糖、盐类结合存在，用一般的方法不易除去，所以乳粉生产中经常保留 3％左右的水分。

2. 乳脂肪

　　牛乳中的脂肪含量随乳牛的品种及其他条件而异，一般在 3％～5％，与乳及乳制品的特有风味有极大关系。乳脂肪中溶有磷脂、固醇、色素及脂溶性维生素等。

　　乳脂肪在 15℃时的比重为 0.92～0.93，熔点为 27℃～34℃，凝固点为 17℃～21℃，不溶于水，稍溶于酒精，但能溶于热酒精中。

3. 蛋白质

　　牛乳中蛋白质含量为 3％～4％，其中最主要的有 3 种：酪蛋白约占总量的83％，乳白蛋白约占 13％，乳球蛋白和少量的脂肪球膜蛋白约占 4％。乳蛋白质的性质对于牛乳的处理、乳制品的生产有重要的意义。

4. 乳糖

乳糖是乳汁中特有的成分，在普通的牛乳中含量为 4％～6％。乳糖属双糖，分子式和蔗糖相同，但结构式不同，在水解时生成葡萄糖和半乳糖。乳糖不易溶于水，甜味也不如蔗糖。

5. 无机盐

乳汁中含有人体所需要的各种无机盐类，其含量虽少，但在营养上却有重要的作用。在乳汁的主要无机成分中，碱性成分超过酸性成分，因此牛乳属于碱性食品。

6. 维生素

牛乳中含有脂溶性维生素 A、D、E、K。水溶性维生素 B_1、B_2、B_6、B_{12}、C、烟酸、泛酸、维生素 H、叶酸等。维生素 A 在普通煮沸条件下，一般不会被破坏。B 族维生素和维生素 D 对热也较稳定，乳中的维生素 C 对温度、空气（氧）、金属的作用很不稳定，如有微量铜存在时，一经加热即行破坏。

7. 酶

乳中存在各种酶，如过氧化物酶、还原酶、解脂酶、乳糖酶等。乳中酶的来源有两种，一种由乳腺所分泌，另一种是落入乳中的微生物繁殖时所产生的。

8. 乳中的其他物质

乳中除上述成分外，还有一些其他物质，虽然数量不多，但对乳的质量、理化性质、食用品质等均有一定影响，主要包括：磷脂、胆固醇、色素、气体、免疫体等。

二、乳制品的分类

乳制品是指以生鲜牛（羊）乳及其制品为主要原料，经加工而制成的各种产品。通常分为七大类。

（1）液体乳类。主要包括杀菌乳、灭菌乳、酸牛乳、配方乳等。

（2）乳粉类。主要包括全脂乳粉、脱脂乳粉、全脂加糖乳粉和调味乳粉、婴幼儿乳粉、其他配方乳粉。

（3）炼乳类。主要包括全脂无糖炼乳（淡炼乳）、全脂加糖炼乳、调味炼乳、配方炼乳等。

（4）乳脂肪类。主要包括稀奶油、奶油、无水奶油等。

（5）干酪类。主要包括原干酪、再制干酪等。

（6）乳冰激凌类。主要包括乳冰激凌、乳冰等。

（7）其他乳制品类。主要包括干酪素等。

三、灭菌牛乳

灭菌牛乳又称消毒牛乳。消毒牛乳是以新鲜牛乳为原料，经净化、杀菌、均质，装入容器后，直接供消费者饮用的商品乳。

（一）消毒乳的种类

消毒乳概括起来可分成三类。

1. 全脂消毒乳

即一般生产的消毒乳。以合格鲜乳为原料，不加任何添加剂，经净化、杀菌，装入容器后供应市场。

2. 强化消毒乳

即添加了一部分维生素、矿物质以增加其营养价值的消毒乳，其风味和外观与全脂消毒乳没有区别。

3. 花式消毒乳

即添加了咖啡、可可或各种果汁的消毒乳，其风味及外观均与全脂消毒乳不同。

（二）消毒鲜牛乳的质量鉴别

1. 外观检查

鲜牛乳的外观是呈乳白色或稍带微黄色的均匀胶状流体，具有适当的黏度，无凝块，不含其他异物。

2. 滋味和气味

正常鲜牛乳具有新鲜牛乳固有的香味，带微甜味，无饲料臭味、酸味、苦味及其他异味。

3. 酒精试验

用72%的中性酒精（温度10℃～15℃）与等量牛乳相混合，5秒钟内无变化。

4. 比重

鲜牛乳的比重在20℃时为1.032。

5. 脂肪含量

鲜牛乳的脂肪含量为2.8%～3.0%，脂肪含量不得低于2.8%。

6. 煮沸试验

鲜牛乳煮沸不发生蛋白质凝聚现象，若有凝聚现象则说明牛乳已开始变质。

四、乳粉（奶粉）

乳粉是将鲜乳经杀菌、浓缩和喷雾干燥而制成的粉末状产品。主要有全脂乳粉、脱脂乳粉、调制乳粉。

调制乳粉是在鲜乳中加入部分维生素、无机盐及其他一些营养素加工制成的。

乳粉的感官指标如下。

（1）气味和滋味：正常的乳粉应具有消毒牛乳的纯香味，无其他异味。

凡具有加热过度的气味和滋味、饲料味、脂肪氧化味、焦臭味、不新鲜的滋味、油哈喇味等，均为劣质品。

（2）色泽：正常的乳粉应呈淡乳黄色。

（3）组织状态：正常的乳粉应呈干燥的粉末状态，无凝块或结团现象。

（4）冲调性：要求润湿不结块，冲调后完全无团块，无沉淀。

五、其他乳制品

（一）炼乳

炼乳是牛乳的浓缩制品。它的特点是能够保持乳品的营养成分，缩小鲜乳的体积，便于携带和运输，以及长期保藏。

1. 炼乳的种类

（1）全脂炼乳：是采用全脂乳，经灭菌、浓缩制成的，分加糖和不加糖两种。

（2）脱脂炼乳：是采用分离出乳脂后的脱脂乳为原料制成的，分加糖和不加糖两种。

（3）炼乳脂：以乳脂为原料经浓缩而成，有加糖和不加糖之分。它含有大量的乳脂肪。

其他品种：在原料之外加入某种辅助材料，如咖啡炼乳、可可炼乳等。

2. 感官指标

（1）气味和滋味：具有良好消毒牛乳的纯香味，味甜而纯正（甜炼乳），无其他杂味。

（2）组织状态：组织细腻，质地均匀一致，无脂肪分离和乳糖结晶现象，具有均匀流动性。

（3）色泽：色泽呈乳白（黄）色，颜色均匀一致，有光泽。

3. 炼乳的检验

炼乳的等级按感官、细菌总数和乳糖结晶大小分为特级品、一级品和二级品。

（二）奶油

奶油是从鲜乳分离出的稀奶油经杀菌、成熟、搅拌、压炼而制成的脂肪制品。奶油营养丰富，含脂肪高，发热量大，既可直接食用又可作为工业原料。

1. 奶油的种类

奶油按加工工艺分三类。

（1）鲜制奶油：是用经巴氏杀菌的稀奶油制成的淡或咸奶油。

（2）酸制奶油：是用已杀菌的稀奶油经过乳酸菌或酵母发酵制成淡或咸

奶油。

(3) 重制奶油：用稀奶油或奶油经过加热熔融，除去蛋白质和水分制成。

2. 感官指标

(1) 风味：优质奶油气味芳香。味道一般、无香味者质量稍劣，如果发现有微弱的饲料味或异味，为劣质品。

(2) 组织状态：奶油的切断面致密光洁、均匀者为优质，柔软呈膏状或脆而疏松者均为次品。

(3) 色泽：色泽均匀一致呈微黄为上品，过浓过淡均不佳。色泽不一致，具有斑纹条痕的为次品。

(4) 稠度：具有一定的稠度和适当的展性者为佳品。用舌头和上颚展压时不感到粗硬和黏软。如果脆软、没有弹性和展性，或黏软者皆为次品。

(5) 水分：切断面有显著的大水珠者不佳。水点呈白浊状，是酪乳洗除不充分，易变质，不耐储存。

(6) 食盐：正常均匀一致者为上品，盐味太重不均匀，有食盐结晶者为次品。

（三）酸乳

酸乳是以鲜乳为原料，经杀菌处理，冷却后加入纯乳酸菌发酵剂，保温发酵而成的产品。酸乳能增强食欲，促进消化，富于营养，是人们喜爱的乳制品。

1. 酸乳的种类

根据酸乳的生产方法和凝结的物理结构分成两大类。

(1) 凝固型酸乳（又称传统型）：是指发酵后分散装在容器中进行凝结的产品，其凝结是均一的、连续的、半圆体状态。

(2) 搅拌型酸乳：发酵是在发酵缸中进行，并在包装之前经冷却并将凝块打碎，呈低黏度（粥状）的均匀状态。

2. 感官指标

(1) 滋味和气味：具有纯乳酸发酵剂制成酸乳特有的滋味和气味，无酒精发酵味、霉味和其他外来不良气味。

(2) 组织状态：凝结均匀细腻，无气泡，允许有少量乳清析出。

(3) 色泽：色泽均匀一致，呈乳白色或稍带微黄色。

第五节　蛋

一、蛋的分类

禽蛋及其制品富含人体所需要的动物性蛋白质、脂肪以及维生素和矿物质，且各组成成分质量高，吸收率也高；特别是人脑和神经系统所不可缺少的磷脂的含量比较丰富，因此蛋品是一种美味的营养食品。蛋品一般分为鲜蛋、再制蛋和蛋制品三大类。

（1）鲜蛋是指没有经过加工再制，蛋体未经破坏的蛋，主要有鸡蛋、鸭蛋和鹅蛋。近年来鹌鹑蛋和鸽蛋的生产也有所发展，并有少量出口。市销及出口鲜蛋均以鸡蛋为主，鸭蛋次之。按照商业经营习惯和不同的储存方法，鸡蛋又可分为鲜鸡蛋、冷藏鸡蛋和化学储藏蛋（例如用石灰水储藏的蛋）等。

（2）再制蛋是在不改变蛋形的情况下，经过盐、碱、糟等一系列加工而成的蛋品，主要有松花蛋、咸蛋、糟蛋三类，其原料蛋均为鸭蛋。由于这些再制蛋不仅富有营养价值，而且还具有浓厚的特殊风味，所以畅销国内外，深受消费者喜爱。

（3）蛋制品是鲜蛋经过去壳、冷冻或干燥、添加化学防腐剂等加工后，改变了蛋体形状的蛋品。鲜蛋加工成蛋制品，既保持了鲜蛋原有的营养价值和滋味，又能延长储存时间，便于保管、运输，减少破损及变质的损失，节约仓储和运输费用，有利于调剂产销的淡、旺季。由于加工方法不同，蛋制品分为干蛋、湿蛋和冰蛋三类。鲜蛋和蛋制品还是糖果、糕点等食品工业的重要原料。

二、蛋的质量指标

鲜蛋的质量指标包括以下方面的内容：

1. 蛋壳

鲜蛋要求蛋壳表面清洁、干净、无禽粪和其他污物。蛋壳完整无损，无裂纹、窝和流清，表面无油光发亮等现象。

2. 重量

不同品种的禽蛋其重量也不一样，一般鹅蛋较大，鸭蛋次之，鸡蛋又次之。蛋的重量还随储存时间的延长而减轻，通常蛋储存越久，重量越轻，大小相等而重量轻的则是陈蛋。

3. 蛋白

质量好的蛋，浓厚蛋白较多，无色，透明，有时略带淡黄色，将鲜蛋破开，平放于一个平面上，凸起的浓厚蛋白很明显，稀薄蛋白摊开的面积不大，陈蛋则相反。

4. 蛋黄

灯光透视时鲜蛋黄居中，不显露，不移动，看不到暗影，优质鲜蛋打开后，蛋黄呈半球形，蛋黄指数（蛋黄高度与直径之比）通常在 $0.401\sim0.422$。

5. 系带

鲜蛋的系带在蛋黄两侧很清楚，粗白，有弹性，劣质陈蛋系带则不明显。

6. 胚胎

受精蛋的胚胎，受热后，会发育而产生血环和树枝状血管，非受精蛋受热后不发育，只是略有膨大现象，鲜蛋应无发育现象。

7. 气室

气室的大小可反映出蛋的新鲜程度，鲜蛋的气室很小，随存放时间延长，蛋内水分蒸发，气室高度（或深度）增大，质量降低。

8. 微生物

正常鲜蛋内部是无菌的，既无细菌，也无霉菌。

三、蛋的检验

1. 鲜蛋质量的感官鉴别

鲜蛋的质量好坏，一般可通过感官进行鉴别。

（1）看：用肉眼观察，蛋壳完好无损，蛋的表皮呈粉色，色泽鲜明（红皮蛋发红润，白皮蛋洁白），皮色新鲜，有一层白霜，这是正常新鲜蛋的特征；陈蛋的皮色比较光滑，受雨淋或受潮发霉的蛋，皮色有灰黑斑点，臭蛋的壳是乌灰色的。

（2）摸：新鲜的好蛋拿在手里发沉，有压手腕的感觉；白蛋（经过孵化挑出来的，无精卵）发滑、发飘，空头大的蛋较轻。

（3）听：用手拿两三个蛋，在手中轻轻滚动相碰，听声鉴别，新鲜蛋发出的声实，如石子相撞的清脆咔咔声；如果响声空洞，摇晃感到内容物有些动荡的音响，则为陈蛋。

（4）嗅：用鼻子嗅闻蛋的气味是否正常，有无异味，如果有异味，则说明是劣质蛋。

2. 灯光照蛋鉴别法

灯光照蛋可鉴别出蛋的品质好坏的程度，电灯光透视迅速、准确，而且不会损坏蛋的品质。灯光照蛋有机械照蛋和手工照蛋两种，机械照蛋用自动输送带的方式连续进行照蛋，照蛋速度快。手工照蛋和机械照蛋均是利用照蛋器进行的，照蛋器有单孔、对面孔和双对面孔三种形式，照蛋孔的高度对准灯光最强的部位，照蛋间的光线要略暗，以使蛋的内容物清晰。

根据灯光照蛋时内容物的情况不同，将蛋分为以下几类。

（1）鲜蛋。全蛋透光呈半透明状，由于蛋白浓厚，不见或略见蛋黄暗影，气室很小，蛋壳无损伤，内容物无斑点或斑块。

（2）靠黄蛋。鲜蛋存放过久，致使浓厚蛋白开始变稀（包括系带变稀），蛋黄比重较蛋清小，所以向上方漂浮靠近蛋壳，称之为靠黄蛋。靠黄蛋气室比鲜蛋大，浓厚蛋白变稀，溶菌酶含量和活性开始降低，将蛋旋转时，可见到明显的蛋黄暗影在浮动，蛋黄膜弹性也开始减弱，不适宜储存。

（3）红贴皮（搭壳蛋）。靠黄蛋继续存放，蛋黄会贴在蛋壳上，在灯光透视下，蛋黄贴壳处呈红色，称之为红贴皮。根据蛋黄贴壳面积大小不同，可分为小红贴和大红贴。小红贴当蛋壳旋转时，可以和蛋壳脱离；大红贴的蛋黄贴于蛋壳上的面积过大，蛋壳旋转时不能与蛋壳脱离，打开时会散黄，气室比靠黄蛋稍大。这类蛋已很不新鲜，不能存放，应将其剔除。

（4）黑贴皮。黑贴皮是红贴皮的进一步发展，在蛋壳上的贴层随水分的蒸发而加厚。在灯光透视下，因其透光性差而显黑色，蛋打开后均散黄，气室较大。

（5）霉蛋。由于蛋已很不新鲜，抗菌物质活性减弱，再加上包装物或环境的不清洁和潮湿等因素，霉菌孢子会通过蛋壳气孔进入蛋内，形成斑点或斑块状菌落，因这种蛋寄生有霉菌，统称霉蛋。霉蛋在灯光透视下，蛋内显示黑色斑点或斑块。蛋打开后，如无异味，剔除斑点后还可食用，但不能再存。如有酸臭等异味，则不能食用。黑贴皮也极易发展为霉蛋。

（6）散黄蛋。散黄蛋的蛋黄膜已破裂，蛋清、蛋黄已完全混合，溶菌酶已完全失去作用，在灯光透视下，轻度散黄呈云雾状，严重散黄是混浊的水状，气室大并随蛋的转动而转动。原因是蛋白层水分渗透，蛋黄膜失去弹性而破裂，在运输、储藏及销售中震动，微生物侵入蛋内，散黄蛋用手摇动能听出水声。

（7）老黑蛋（臭蛋）。由细菌和霉菌侵入造成的散黄蛋进一步发展为老黑蛋。老黑蛋中的内容物已受到严重的分解，蛋液混浊呈黑绿色，除气室透光外，其他部分均不透光，蛋内有氨（NH）和硫化氢（H_2S）气体产生，臭气四溢，严重时蛋壳表面也会渗出臭水，再严重时蛋会自行爆裂。这类蛋已完全不能食用。

第六节 肉

从广义上说，肉是各种动物宰杀后所得到的可食部分的统称，包括胴体、脑、血、头、蹄和内脏部分。商品肉通常是指屠宰后去掉头、尾、蹄爪和内脏的畜禽胴体。

肉类在人们生活中占有很重要的地位。它能为人体提供足够的动物性蛋白、脂肪、糖类、维生素等，对人体的生长发育具有重要的生理意义，另外肉类食品的吸收消化率较高，饱腹作用强，味道鲜美。因此，肉类在人们的饮食中占有很重要的地位。

一、肉的结构

肉是构成动物机体各组织的综合物，按形态结构可分为：肌肉组织、脂肪组织、结缔组织、骨骼组织。这四种组织在肉中的数量和比例，因畜禽种类、品种、性别、年龄、肥度及用途不同而有差异，分别占胴体重的 $50\% \sim 60\%$、$20\% \sim 40\%$、$15\% \sim 20\%$、$9\% \sim 14\%$。

（一）肌肉组织

肌肉组织是肉的主要组成部分，是决定肉的质量的最主要的因素。肌肉组织主要由肌纤维构成，可分为横纹肌、平滑肌、心肌三种类型。横纹肌又叫骨骼肌或随意肌，能进行随意的运动。动物体的所有瘦肉都是横纹肌。平滑肌分布于消化道等内脏器官，能进行缓慢而不随意的收缩。心肌是构成心脏的肌肉，能进行有节律而不随意的收缩。

（二）脂肪组织

脂肪组织主要蓄积在皮下、脏器周围和腹腔内，是决定肉的质量的第二因素，其构造是由退化了的疏松结缔组织和大量的脂肪细胞积聚而成的。脂肪细胞的外层为细胞膜，膜内有一层原生质（细胞核位于原生质中），中部则为脂肪滴。每个脂肪细胞间有结缔组织相连，腹部脂肪中结缔组织少，肠系膜脂肪结缔组织多。

（三）结缔组织

结缔组织连接动物机体各部分，分布极广，腰、肌鞘、韧带及肌膜、血管、淋巴管、神经、毛皮等都属于结缔组织。它是机体的保护组织，并使机体有一定的韧性和伸缩能力。结缔组织主要由胶原纤维、弹性纤维和无定形的基质所构成。含结缔组织较多的肉，食用价值和营养价值较低。

（四）骨

骨是动物机体的支架，包括硬骨、软骨和骨髓。骨骼的构造一般包括骨密质的表面层，海绵状骨松质的内层和充满骨松质及骨腔的髓。红骨髓是造血组织，黄骨髓是造脂肪组织。骨骼中一般含有 50% 水分，$5\% \sim 27\%$ 的脂肪和 $10\% \sim 32\%$ 的骨胶原，所以可用于提取骨油和骨胶。钙盐沉着在骨板的胶原纤维上，只在硬骨中存在，软骨中没有。骨骼基本上可视为无食用价值。骨含量多时，肉的质量和价格也随之降低。

二、肉的性质

肉的性质主要包括容重、比热、导热系数、颜色、气味、嫩度等。这些性质都与肉的形态结构、动物肉的种类、年龄、性别、肥度、经济用途、不同部位、宰前状态、冻结的程度等方面因素有关。此处主要叙述颜色、保水性、嫩度、气味和味道等。

1. 颜色

肉的固有红色是由肌红蛋白的色泽决定的。色泽越暗的肉肌红蛋白含量越多。畜禽屠宰后即使放血充分，在微细血管中也仍会残留少量血液，所以血液中含有的血红蛋白对肉的颜色也有直接关系。

肌红蛋白在肌肉中的数量随动物生前组织活动的状况、动物的种类、年龄等不同而异。频繁活动部位的肌肉，如心肌、鸟类的翅膀及腿部肌肉中含肌红蛋白的数量多，肉色暗红。不同种类动物肉的颜色不同，如牛羊肉一般比猪肉颜色深些，主要是由于含肌红蛋白的数量不同所致。在同种动物中，老年的比幼年的肌肉中含肌红蛋白多。

肉类放置在空气中，经过一定时间，颜色会发生由暗红色到鲜红色再到褐色的变化。冷却或冻结并经过长期保藏的肉类，也会发生上述颜色变化。

此外，有时肉有变绿、变黄、发荧光等现象，则是由于细菌、霉菌的繁殖，使蛋白质分解所造成的。

2. 保水性

肉的保水性也称肉的持水性，是指肉在加工过程中，肉的水分以及添加到肉中的水分的保持能力。肉的保水性受动物宰前的活动状况，宰后肉的变化（僵直、成熟等），动物的品种、年龄、不同部位等因素的影响。家兔肉的保水性最好，牛肉、猪肉、鸡肉、马肉依次降低。肌肉中脂肪越多，保水性越好。这可能是由于肌肉间脂肪多，使肌肉组织的细微结构松散，因而提高了保水能力。

冻结会使肉的保水性降低，但必须在解冻之后才能表现出来。这是由于冻结时产生的冰晶因体积膨胀而使肌肉组织受到机械损伤，蛋白质的胶体结构受到破坏，产生了不同程度的变性，所以肉的保水性降低。

3. 嫩度

肉的嫩度是肉的重要质量指标。它是指肉的坚韧性或肉的硬度。肉的嫩度除与宰前动物的品种有关外，还决定于肌肉纤维的结构和粗细、肉中结缔组织的含量和成分、热加工、水化作用等。

肉的嫩度与动物的种类有直接关系，如猪肉比牛肉的柔嫩度高。同一畜禽由于生前的活动状况不同，各部位肌肉的嫩度相差很大。结缔组织含量越多的肉，其嫩度越差。经过充分僵直、成熟的肉，其嫩度会有很大改善。

肉的嫩度还受 pH 值和水化程度的影响。肉中大部分蛋白质的等电点都在 5.0～5.5。当肉的 pH 值越接近 5.0～5.5 时，蛋白质的水化作用越小，肉的保水力也越低，因而硬度也就越大；反之，当肉的 pH 值偏离上述 pH 值越多时，蛋白质的水化作用越大，肉的保水力也就越高，因而硬度就越小。无论是刚屠宰之后的热鲜肉还是冷却肉、成熟肉，水化作用最低时的 pH 值均为 5.0～5.5，这时肉的嫩度最低。若 pH 值达到 6.6 时，保水性可增加 2 倍以上，嫩度也相应增加。在烹饪和肉品加工中应特别注意这一点。

4. 肉的气味与味道

肉的气味是由多种微量的有机化合物综合形成的。这些成分的阈值很低，即使在极低浓度下也能被察觉，也很不稳定，极易受热分解和氧化。各种生肉的气味都主要是由肉中的挥发性脂肪酸——乳酸造成的。另外，未经阉割的公畜的性臭、饲料中鱼粉的腥气等，也可使肉产生异常气味。屠宰后经过僵直、成熟的肉有特殊的芳香气味，则来自肉中原有物质在僵直、成熟过程中的酶分解产物，如醚类、醛类等。

肉的滋味和香气的强弱，受动物的种类、年龄、加热条件等因素的影响。如牛肉的滋味和香气随着年龄的增长而增强，例如从 8～11 个月至 30～32 个月的牛的肉的滋味和香气显著增强。肉的浸出物指的是能用沸水从磨碎的肌肉中提取出的物质，可分为含氮浸出物和无氮浸出物两大类，分别占肌肉重量的 1.5％和 0.5％。含氮浸出物包括：游离氨基酸、肌酸类化合物、核苷酸类化合物、嘌呤物质等；无氮浸出物包括：糖原、葡萄糖、琥珀酸、乳酸等。其中浸出物特别是含氮浸出物的类型和数量的多少决定着肉的气味、滋味和鲜美的味道。肉在成熟过程中，含氮浸出物的数量大大增加。

三、肉的质量检验

肉的品质的好坏，直接影响着肉的营养价值和消费者的身体健康。肉的质量一般可通过感官指标评定，即根据肉的外观、硬度、弹性、气味、脂肪、骨髓、关节和腱、肉汤等来判断和评价肉的新鲜程度。肉的新鲜度一般可分为三类：新鲜肉、次鲜肉（可疑肉）、变质肉（不新鲜肉）。

（1）外观：新鲜肉的表面有一层微干的外膜，色泽光润，肉的切面为红色，带有各种畜肉特有的色调，稍湿润，但不黏，肉汁透明；次鲜肉表面有一层暗色干皮或黏的黏液，脂肪部分缺乏光泽，混浊，切面色泽发暗；变质肉表面干燥，呈黑色或很潮湿发黏，带绿色，常发霉，切面呈暗灰色，肉间汁液很浑浊。

（2）硬度和弹性：新鲜肉的切面致密，有弹性，用手指按压凹陷后，能迅速复原；次鲜肉比新鲜肉断面较软，弹性较小，手指按压后，不能立即复原，并且往往不能全部恢复原状；变质肉质软，无弹性，用手按压后不能复原。

（3）气味：新鲜肉有清淡的自然芳香，具有各家畜肉特有的气味；次鲜肉表面有酸气或霉臭气、氨臭气，深层则无这种异味；变质肉表层及深层均有这种异味。

（4）脂肪状况：新鲜肉脂肪分布均匀，无油腻味，无酸败气味和苦味，新鲜猪肉的脂肪呈白色，柔软而富有弹性；新鲜牛肉脂肪呈白色、黄色或淡黄色，质硬，用手挤压可分裂为碎块；新鲜羊肉脂肪呈白色，组织紧密，质硬。次鲜肉的脂肪颜色发灰无光泽，用手挤压易黏手，有时有酸败味。变质肉脂肪灰色有明显的污秽，有黏液和发霉现象，有强烈的油脂酸败味，当肉的分解强化时，脂肪很软，呈淡绿色。

（5）骨髓：新鲜肉的管状骨中骨腔内充满骨髓，质硬发黄，断面有光；次鲜肉骨髓不完全，常脱离骨腔壁，质较软，色暗，灰白色或灰色无光；变质肉骨髓同骨腔有较大空隙，骨髓质柔软，色暗淡。

（6）肉汤：新鲜肉经煮沸后，肉汤透明芳香，滋味鲜美，汤面聚集大片的油滴；次鲜肉汤汁浑浊（冻肉有时肉汤也发浑），无芳香味，往往有不良的气味，液面油滴少而小，脂肪往往有酸败味；变质肉的肉汤极浑浊，肉汤中悬浮有絮状烂肉屑，有恶臭味，汤面几乎无油滴。

第七节　饮料

饮料一般可分为酒精饮料（即酒类）和非酒精饮料（即软饮料）两大类，其最大的区别是乙醇含量。不含乙醇或乙醇含量不超过 0.5% 的饮料制品均属软饮料范畴。

软饮料种类繁多，我们常见的有以下几种。

一、碳酸饮料

碳酸饮料是含碳酸气（二氧化碳）饮料的总称。但一般由于发酵自身产生二氧化碳的不归入此类，即碳酸饮料的二氧化碳是人工冲入或压入的。

此类饮料在软饮料中发展最快，目前其产量占软饮料产量的第一位，我国约占 50%，美、日等发达国家的产量占软饮料总产量的 1/3 以上。

1. 碳酸饮料的分类

（1）果汁型。果汁型是原果汁含量不低于 2.5% 的碳酸饮料，如橘汁汽水、菠萝汁汽水、芒果汁汽水等。

（2）果味型。果味型一是以食用香精为主要赋香剂，原果汁含量低于 2.5% 的碳酸饮料，如橘子汽水、柠檬汽水、芒果汽水、桃子汽水等；二是含有干果果实浸提液的碳酸饮料，如山楂汽水、酸梅汽水。

（3）可乐型。可乐型含有可乐果、白柠檬、月桂、焦糖或其他类似辛香和果香混合香气的碳酸饮料，如可口可乐、百事可乐、天府可乐、白柠檬汽水等。

（4）其他型。其他型为上述三种类型以外的碳酸饮料，如苏打水、盐汽水以及含有非果实的植物提取物或非果香的食用香精的碳酸饮料，如沙士汽水等。近年还有充气的乳饮料（如冰激凌汽水）和充气的植物蛋白饮料（如豆奶可乐、豆奶果蔬碳酸饮料）。

2. 碳酸饮料中二氧化碳的作用

碳酸饮料的风味主要取决于其所含的二氧化碳，二氧化碳在碳酸饮料中主要起到以下作用。

（1）清凉作用。当人们饮用了碳酸饮料之后，由于腹中温度升高，压力降低，碳酸即分解为二氧化碳，多余二氧化碳从体内排出时，会带走热量，给人以清凉爽快之感。

（2）抑制微生物生长，延长产品的货架期。二氧化碳可致死嗜氧微生物，pH 较低，除耐酸菌外均难以生长，由于充二氧化碳造成正压，也抑制微生物生长，国际上认为 3.5～4 倍体积的含气量是汽水的安全区。一般汽水灌装后无杀菌操作，但保质期可达数月，产品含气量充足是其条件之一。

（3）提高碳酸饮料的杀口感。二氧化碳含量高则杀口感强，含量低则口感柔和。不同品种的汽水要求不同，如橙汁、菠萝汁、葡萄、苹果、草莓等汽水要求含气体积为 1.5～2.5 倍，白柠檬、樱桃、姜汁汽水要求 2.5～3.5 倍，可乐汽水要求 2.5～4 倍，沙士汽水及麦精汽水要求 3.5～4 倍，苏打水及含气矿泉水为 4～5 倍。

（4）二氧化碳还具有突出各种汽水特殊香气的作用。碳酸饮料中含有的各种呈味物质，可使糖、酸及二氧化碳的调和缓解。但主要决定于二氧化碳含量。二氧化碳含量过低，则淡而无味，不杀口，清凉感也不明显；若二氧化碳含量过大，也会冲淡饮料应有的可口风味，使酸甜比失调，导致饮料甜的不甜，酸的不酸，仅有二氧化碳的强烈刺激味感。

二、果蔬汁饮料

果汁和蔬菜汁是采用成熟的新鲜水果和蔬菜（少数采用干果为原料），经挑选、洗净、采用榨汁或浸提等方法制得的汁液。

果汁和蔬菜汁实质上是整个果蔬或局部细胞中液胞的汁液，是果蔬中最具营养价值的成分，风味天然、佳美，易被人体吸收，有的还具有医疗效果，果蔬汁可以直接饮用，也可调制成各种饮料，是良好的婴儿、老年和保健饮品。

果蔬汁的主要成分是水，可溶性固形物 10％～15％（蔬菜汁低一些），主要为糖类和酸类物质。天然果蔬汁一般均含有丰富的维生素 C 和各种无机盐，具有原水果的天然香气，经调配后甜酸适度，色泽鲜艳，澄清汁透明，混浊汁具均匀的混浊度，蔬菜汁一般风味略差，但也不乏优良者。果蔬汁饮料包括含原果蔬汁在 5.0％以上的各种果蔬汁及其饮料。按照其制作原料不同可以分为如下几种。

1. 原果汁

原果汁也称全果汁饮料，系原料鲜水果经机械加工所得的汁液，经调整糖酸，加工装罐或装瓶、杀菌冷却而得的纯果汁；或由浓缩果汁加入浓缩时失去的等量的水；或由干果等浸提物加水到原果汁浓度的产品。有时也加少量香精、防腐剂等，其又分为澄清果汁（透明果汁）和混浊果汁两种。

2. 浓缩果汁

浓缩果汁大部分用作饮料工业等的原料，也有将其装罐，在饮用前加水稀释饮用的产品。

3. 高糖果汁饮料

高糖果汁饮料系原果汁或部分浓缩果汁加入适量砂糖、柠檬酸（或苹果酸、酒石酸）、香精、色素、维生素、防腐剂等，有的还加入食用浑浊剂。稀释后饮用，其含糖量除以稀释倍数不应小于 8.0％（以转化糖计），其含原果汁的量除以稀释倍数不应少于 5.0％（以重量计）。

4. 原果浆和浓缩果浆

原果浆和浓缩果浆又称果肉饮料，其果肉经打浆、磨细加入适量水、酸、糖，经脱气和杀菌而制成。浓缩果浆是采用物理分离方法从原果浆除去一定量水制得，似酱状，饮用时应稀释。

5. 水果汁

用原果汁（或浓缩果汁）经糖液、酸味剂等调制，其原果汁含量不应低于40％。有清汁和浑汁两种。

6. 果汁饮料

用原果汁（浓缩果汁）经糖、酸调配而成的制品，其原果汁含量不得低于10％，有浑汁和清汁两类。

7. 果汁水

同水果汁和果汁饮料，但原果汁含量较少，其原果汁含量不得低于 5％，也有浑汁及清汁之分。

8. 果肉果汁饮料

用原果浆（或浓缩果浆）与糖、酸等调制而成，多加有食品胶，使其不分层，其原果浆含量不得低于 35％，可溶性固形物不少于 13％（折光计），我国目前市场上的各种果茶即属此类产品。

9. 果汁果粒饮料

原果汁（或浓缩果汁）中加入柑橘砂囊或切成细粒的果肉，与糖液、酸、稳定剂等调配而制成的饮料，其原果汁含量不少于 10%，果粒含量不得低于 5%。

10. 蔬菜汁

系新鲜蔬菜汁（或冷藏蔬菜汁）经调配（食盐、糖、酸等）而成的制品。

11. 混合果蔬汁

由多种果汁或蔬菜汁经调配而得的制品，又称什锦果汁、什锦蔬菜汁或果蔬混合汁。

三、发酵饮料

目前乳酸牛奶饮料、乳酸植物蛋白饮料、乳酸谷物发酵饮料、乳酸果蔬汁发酵饮料、乳酸鱼露发酵饮料及各种发酵乙酸饮料已成为世界公认的保健、长寿饮料食品，因此近年来发展很快。

发酵饮料常用的微生物有乳酸杆菌、乙酸菌（乙酸杆菌）等。

1. 乳酸发酵饮料

乳酸饮料是利用乳酸杆菌对牛乳、豆乳、豆渣、脱脂花生、饼粕、各类果蔬、谷类（大麦、小麦、玉米、粟类）、蛋类及水产品进行发酵而制取的。

通过乳酸发酵可改善和提高原料的有效营养成分，增进色香味，提高原料利用率。有报道称利用保加利亚乳杆菌和嗜热链球菌对玉米、小麦和大豆浆粉进行发酵，赖氨酸含量分别增加 72%、85% 和 16%，蛋氨酸含量分别增加 40%、46% 和 62%，游离氨基酸含量分别增加 60%、40% 和 30%。经发酵豆乳的豆腥味及苦涩味消失，色泽变白。乳酸发酵饮料中的双歧乳杆菌饮料，特别是双歧活性乳酸菌饮料，对清理肠道毒物，抑制有害菌生长，抵御疾病有良好作用。

（1）酸奶。酸乳制品及其饮料在世界许多发达国家很受欢迎，近年来在我国发展也很快。酸奶种类较多，就加工工艺来说有传统的瓶发酵酸奶和罐发酵后灌瓶并杀菌的酸奶两种。其种类可由原料、成品的组织形态、产品风味来区分。其原料奶（或奶粉）有全脂、脱脂、半脱脂或浓缩奶。其产品形态有凝固型、半凝固型及液态三种。按是否加入果汁或调味料而区分如下。

①清淡型：有淡酸奶，不加入香料、砂糖，具强烈酸味，有特殊风味；甜酸奶即加入砂糖，酸味较柔和。

②风味型：大多除加入砂糖外，还加入橘子、柠檬、可可、咖啡等香料的产品。

③果汁型：在酸奶中加入柑橘、草莓、菠萝等果肉或果汁。

若经发酵后，不再杀菌，则在成品中含有乳酸菌活体（90 个/毫升～10077 个/毫升），称为活性乳，活菌体具有抑制肠道内腐败细菌的生长繁育，降低肠道 pH，杀灭某些病原菌，促进消化吸收等保健作用。

酸奶一般采用瓷罐或厚质玻璃瓶盛装，包装规格有 227g 和 250g。现已有采用聚苯乙烯杯、聚乙烯箔加层纸盖的一次性包装，适于高速灌装机上使用。

酸奶应无酒精发酵味，霉味和其他外来不良气味。凝块均匀细腻，无气泡，但可有少量乳清析出，应呈乳白或稍带黄色。脂肪≥3.00%，全乳固体≥11.6%，酸度70°T～110°T，砂糖含量应大于5%，汞（以 Hg 计）低于0.01mg/kg，大肠菌群不得超过90个/100毫升，致病菌不得检出。酸乳出售前应储藏在2℃～8℃条件下，储存时间不应超过72小时。

（2）花生酸奶。花生酸奶细腻滑嫩，风味独特，营养丰富，浆体乳白均匀，色泽近似牛乳，为我国科技工作者所开发。

2. 果汁乳酸发酵饮料

工艺上的难点是果汁含酸较高，抑制乳酸菌的繁殖生长，因此应选含酸低的（如香蕉、成熟的柿子、枣、梨、荔枝等）品种，若含酸高则需采用硅藻土或酰胺树脂吸附降酸，然后接种发酵。

3. 蔬菜汁发酵饮料

蔬菜汁发酵既可保存原有营养，又可改善口味，是人们喜爱的高级营养保健饮料，既可采用单一蔬菜汁发酵，也可采用混合蔬菜汁、水果蔬菜混合汁、蔬菜牛奶混合汁。一般采用多菌株混合发酵，风味更好。

4. 谷类乳酸发酵饮料

利用大米、玉米、小麦、大麦等富含淀粉的谷物先经糖化发酵，再经乳酸发酵即制得谷类乳酸发酵饮料。

5. 乙酸发酵饮料

乙酸具有醒脑提神，消除疲劳，生津止渴，增进食欲等营养保健作用。

用大米、玉米等淀粉含量丰富的原料经粉碎，调浆（1：5～1：6），加热糊化，冷至60℃加入糖化酶转化至还原糖达10%，加入酒精酵母，经35～45小时常温发酵，乙醇达4%以上，加入乙酸菌进行乙酸发酵，至乙酸含量达2.5%～3%，然后进行调配、过滤、杀菌、装瓶。一般根据调配所用原料不同，有以下品种的产品。

（1）药物型乙酸饮料。在乙酸发酵液中加入具有保健防病的中草药（如淮山药、茯苓、甘草、红枣、百合、砂仁、枸杞、人参等）浸泡3～5天，捞出，加蜂蜜、糖、香料等。

（2）果汁型乙酸饮料。在乙酸发酵液中加入天然果汁或水果切片浸泡提取，经调味成为成品。

（3）青梅乙酸饮料。适量干青梅于乙酸发酵液中浸泡20～30天，也可同时加入紫苏、薄荷，风味更好。青梅乙酸饮料有清理肠胃、增进食欲、利尿健脑、安神美容之功效。

6. 格瓦斯

格瓦斯原是俄罗斯的一种传统发酵饮料，有面包格瓦斯和果汁格瓦斯。这种饮料营养丰富,多汽多沫,酸甜爽口,具有麦乳、酒花发酵香味,含微量乙醇(0.4%~0.6%)、二氧化碳(0.3%~0.4%),干物质为7.3%,既可做清凉饮料又可以代酒助兴。

它的生产方法为采用玉米、大米等,酶解后在密闭发酵罐内进行一次发酵(酵母菌+乳酸菌),经12~18小时,可得澄清透明的格瓦斯。

四、蛋白饮料

蛋白饮料有动物蛋白饮料和植物蛋白饮料两大类。

(一) 乳饮料

乳饮料是指以鲜乳或乳制品为原料未经发酵或经发酵,加入水或其他辅料加工制得的液状或糊状制品。

1. 咖啡乳饮料

咖啡乳饮料的原料以乳成分(全乳、脱脂乳或全脂及脱脂乳粉)、糖类、咖啡为主,加入香料、焦糖和稳定剂(CMC,海藻酸钠)等,经调配、过滤、均质、杀菌、包装为成品,具有奶香和咖啡特有风味。

2. 水果乳饮料

水果乳饮料采用乳(主要用脱脂乳及脱脂乳粉)、糖、果汁(加入量在5%以上)、酸味剂、稳定剂、香精、色素等调配而成。

果汁多使用柑橘、苹果、菠萝浓缩汁,也有使用桃、杏、葡萄柚果汁和果浆的。

3. 草莓乳饮料

草莓乳饮料应归入水果乳酸料内,但因制品具有好似在草莓汁中搅入炼乳的奶油状特征(其固形物含量比一般水果乳饮料高),故另列之。

(二) 豆乳及豆乳饮料

将大豆经纯化、研磨、去残渣,加入(或不加入)风味剂(糖类、咖啡、可可、果蔬汁、着色剂和食用香精等)、杀菌、脱臭、均质等制得的乳浊液及其加工品。

1. 豆乳的种类

(1)纯豆乳:大豆经研磨、萃取性状良好的呈乳白色至淡黄色的乳状液体,其大豆固形物含量不低于8%(以折光计)。

(2)调制豆乳:于纯豆乳中加入糖类、精制植物油、食盐、乳化剂等配料所制得的制品,其大豆固形物含量不得低于6%(以折光计)。

(3)豆乳饮料:于纯豆奶中加入糖、蔬菜汁、乳或乳制品、咖啡、可可等配料的制品,大豆固形物含量不低于4%(以折光计)。

(4)果汁豆乳饮料:纯豆奶中加入原果汁(果浆)等配料制得的制品,其果汁含量不少于 5%，大豆固形物含量不低于 2%（以折光计）。

（5）酸豆乳：纯豆乳用乳酸菌发酵（或加入酸味剂）再加入糖、乳化剂、着色剂等制得的制品，大豆固形物含量不低于 4%（以折光计）。

2. 豆乳的营养价值

豆乳中各种氨基酸含量齐全，比例也比较适当，不含胆固醇，且不饱和脂肪酸及主要维生素、无机盐含量都很丰富。对防血管硬化，预防老年疾病，缓冲谷类和肉类酸性食物也有重要作用。豆乳中蛋白质含量达 3.19%，可与牛奶相媲美，并且消化吸收率高达 95%。

据试验豆乳对婴儿尤为适合。

3. 包装

对集体单位或零售点可采用散装形式，用 50 千克、100 千克保温桶盛装，只可存放 10～12 小时。小包装形式大致有三种：①纸盒；②双层复合塑料袋；③玻璃瓶。

（三）矿泉水饮料类

饮用天然矿泉水是来自地下深处的天然露头或经人工揭露的深层地下水，以含有一定量的矿物盐或微量元素或二氧化碳气体为特征，在通常情况下，其化学成分、流量、温度等动态相对稳定。

天然矿泉水按水温有冷泉（20℃以下）、低温泉（35℃左右）、温泉（35℃～40℃）、热矿泉（45℃～50℃）、高温泉（50℃以上）。按化学成分常分为碳酸氢盐型（HCO_3^- mmol/L＞25%）、氯化物型（Cl^- mmol/L＞25%）、硫酸盐型（SO_4^{2-} mmol/L＞25%）、生物活性离子型以及混合盐类型，而含二氧化碳和 H_2S 的称为含气矿泉。按其用途有医疗矿泉水、农用矿泉水和饮用矿泉水。本节所述的是饮用矿泉水。若按 pH 值可分为强酸性（2 以下），酸性（2～4）、弱酸性（4～6）、中性（6～7.5）、弱碱性（7.5～8.5）、碱性（8.5～10）和强碱性（10 以上）矿泉水，饮用矿泉水一般为中性或弱酸性矿泉水。

1. 天然矿泉水产品种类

（1）含气矿泉水。原来含有或不含二氧化碳的天然矿泉水充入原泉水中的二氧化碳或人工二氧化碳后，具有起泡性质的天然矿泉水制品，法国规定含气量 7g/L，我国未有规定，一般 2.6g/L～6g/L 为宜。

（2）不含气天然矿泉水。未添加二氧化碳气体，较天然。

（3）天然矿泉水调配饮料。指用天然矿泉水为水基，配制成各种类型的饮料。

2. 人工矿泉水

目前有不少饮料厂生产人工矿化水，作为矿泉水在市场销售，采用优质泉水、地下水或井水进行人工矿化，可以得到与天然矿泉水相近的人工矿泉水，它的优点是不受地区、品种的限制，其生产方法多采用直接溶化法和二氧化碳侵蚀法。

（四）固体饮料

固体饮料是指以某种原料为主，配以其他辅料（或不加辅料），加工制成的水分小于 5％的固体状的，经冲溶后饮用的饮料制品。固体饮料可分以下两类。

1. 果香型固体饮料

以糖、果汁（或不加果汁）、食用香精、着色剂等为主要原料制成的制品。用水冲溶后具有该品种应有的色、香、味等感官性状。

对其质量要求可按照原轻工部标准 ZBX51003—89 来执行。其要求含水在2％（颗粒状）或 5％（粉末状）以下，无结块，溶解时间 60 秒，酸度 1.0％～2.5％，细菌总数不大于 1000 个菌落/克，大肠菌群不大于 30 个/100 克，致病菌不得检出。

2. 蛋白型固体饮料

以糖、乳制品、香精等为主要原料制成的制品，麦乳精是其代表。含可可的麦乳精应呈棕色（不含可可应为浅黄色）有光泽疏松均匀的小颗粒，具有可可与牛奶所固有的香味和滋味，无焦糊味、酸败味和其他异味，溶于热开水，冲调后为均匀一致的混悬液，甜度适中，允许有少量可可粉粒沉淀。含水分不大于2.5％，蛋白质不小于 8％，脂肪≥9％，总糖要达到 65％～70％。灰分不大于2.5％。细菌总数在 30000 个/克以下，大肠菌群≤90 个/100 克。

五、其他饮品

（一）运动饮料

根据运动生理学的原理而设计制造的饮料叫运动饮料。运动员在训练和比赛中，由于肌体代谢增强，体能和水分大量消耗，因此，需要及时补充各种能量和水分。20 世纪 60 年代，以单糖、电解质和维生素为主要成分配制而成的"等渗饮料"，成为运动饮料的主导产品。这种饮料具有与人体体液渗透压相等的特点，饮用后能被人体迅速吸收，达到快速补充能量和水分的目的。

（二）花粉饮料

以植物花粉为原料，经脱腥、提炼，配以蜂蜜、糖及其他调味剂制成的饮料叫花粉饮料。花粉饮料的色、香、味均具有花粉的特征，富含蛋白质、多种氨基酸、维生素及有益于人体健康的微量元素，是一种良好的天然保健饮料，主要产品有花粉汽水、花粉汽酒、花粉口服液及花粉晶等。

（三）植物蛋白饮料

以大豆、花生、核桃、杏仁等高蛋白质的植物饮料，添加一定比例的水，经研磨、去渣、杀菌等工序制成的饮料，称为植物蛋白饮料。植物蛋白饮料风味清雅，口感滑润，营养丰富，容易被人体吸收。主要品种有纯豆奶、花生乳、核桃乳、杏仁奶及调制豆奶等。

（四）饮用水

随着生活水平的提高，人们对饮用水的重视程度日益提高。从井水、自来水、矿泉水、磁化水到纯净水、蒸馏水、活性水、富氧水、离子水等，目前市场上各种名称、品牌的饮用水种类繁多，对质量的要求越来越高。

1. 纯净水

去除天然水中的悬浮物质、细菌等杂质的工艺称作"水质净化"。去除净化水中无机盐的工艺称作"水质纯化"。去除净化水中有机物的工艺称作"水质深度净化"。在去除悬浮物和细菌的基础上，再去除有机物和无机盐，并且不含添加物的水称为"纯净水"，也有人称为"饮用纯水"或"太空水"，以迎合人们好奇的心理。

现代科学研究证明，纯净水有解油腻、延缓乙醇吸收和降低血脂、胆固醇的作用。但因饮水是提供人体必需的矿物质、微量元素的重要途径之一，纯净水在制作过程中，虽然去除了危害人体的病菌、有机物，但同时也去除了人体必需的许多矿物质，缺少这些元素就会造成营养失衡。而纯净水又具有极强的溶解各种微量元素、化合物和营养物质的能力，大量饮用后，体内一些人体必需的营养物质会被迅速溶解而排出体外，使体内营养物质失去平衡，从而致病，所以盲目饮用纯净水的不良后果值得警惕。

2. 离子水

离子水是将普通自来水中的铁锈、有机悬浮物等去除后再进入由离子膜、电极板组成的电解槽中进行电解，从阴极室中流出的显弱碱性的水，又称为电解活性离子水。这种水的 pH 在 8.5～10.0 的范围内，其水分子团一般由 5～6 个水分子组成，呈六环状，与人体细胞内的水结构相似。这种水与细胞的亲和力大，通过细胞膜较快，并可使细胞内外水的交换增加，有利于人体代谢产物的排出。组织细胞内外水的结构和水的代谢直接影响细胞的正常分裂、代谢和寿命。

正常人体液的 pH 为 7.45 左右，血液 pH 为 7.35 左右。处于弱碱性体质的人，新陈代谢活跃，内脏负担轻而不易生病。这样的人，精力充足，不易疲劳，但由于饮食习惯及食物的影响，特别是近年，人们摄入的鱼、肉、蛋等酸性食物大为增加，一般人的体液多偏酸性，这种酸性体质的人细胞新陈代谢作用差，体内废物排出缓慢，肝、肾负担较重，肌体很容易老化，所以常感到疲倦，焦虑，心神不定甚至为失眠所困扰。饮用电解活性离子水，有利于降低体内自由基含量，改善酸碱平衡。

3. 活性水

普通水中含有一定的气体，含量多少随水温的变化而不同。在开口容器中把水加热到 90℃～95℃，水中气体就会溢出；如果加盖封住容器口，不让它"吸气"，让水冷却到室温，这时水中气体含量会减少为普通水的一半，这种水叫脱气水。它极易穿过细胞膜进入细胞，其渗入量是普通水的几倍，具有超常的生物活性，所以又称为活性水。活性水对生物具有奇异的功能，可以促进植物的呼吸和光合作用。用活性水浸种或浇灌可使作物大幅度增产。用活性水喂养家禽、家畜，可使之增重快，饲料利用率高。

第八章　服装商品

第一节　纺织纤维

一、纺织纤维概述

直径细到几微米或几十微米，长度比直径大千百倍的细长柔软物体，一般都称作纤维，如棉花、肌肉、毛发等。

上面的定义对于纺织纤维来说是不够充分的，不是所有的纤维都可作为纺织纤维。纺织纤维应具有的条件如下。

（1）具有一定的强度、延伸度及适当的弹性和可塑性。

①强度：通常指拉断一根纤维所需要的力，以克表示。

②延伸度：即加力使纤维被拉断时，伸长的长度与原来长度的百分比。大多数纤维的延伸度在10％以上。

③弹性：是指纤维变形后的回复性，我们知道高弹性纤维制成的服装不易起褶皱。

④可塑性：在湿、热及压力下，使纤维被塑造成一固定形状的性能。

（2）具有一定的化学稳定性，在水或其他普通溶剂中不溶解或很难溶解，对酸、碱等较为稳定。

（3）对热稳定，是热的不良导体，使其具有保暖性。

（4）具有良好的吸湿性，按人体要求，吸湿率为6％。

（5）长度、细度应符合加工要求，一般不能短于10mm。纤维短，浮游纤维多，不利于成纱质量。

二、常见的纺织纤维

纺织纤维种类很多，习惯上按它的来源分为天然纤维和化学纤维两大类。

（一）天然纤维

1. 棉纤维

棉纤维的色泽通常为白色或乳白色、淡黄色，但光泽较差，为增加棉织物的光泽和白度，经常通过漂白或荧光增白处理，丝光和压光等后整理也有助于增加光泽度。棉纤维染色性能良好，可以染成各种颜色。由于纤维细而短，手感柔软，弹性差，穿着时和洗后容易起皱。在水中几乎能吸收其本身重量 1/4 的水分，因此使横截面变粗，长度变短，所以应在裁剪前进行预缩，以避免服装尺寸的变小。为改善棉纤维的皱缩、尺寸不稳定的性能，常对棉织物进行免烫整理。

评价纤维服用性能优劣的重要方面是舒适性。由于棉纤维的主要成分是含有大量亲水基团的纤维素，而且在纤维表层中又有很多孔隙，因此具有优良的吸湿性和芯吸效应，能在热天大量吸收人体上的汗水，并散发到织物表面，使穿着者感到舒适，不易产生静电。由于棉纤维强度一般，不是很耐磨，弹性较差，所以不是很耐穿。棉纤维吸湿后强力增加，因此棉织物耐水洗，可用热水浸泡和高温烘干。棉纤维抗无机酸的能力较弱，在浓硫酸或盐酸中，即使在常温下也能引起纤维素的迅速破坏，在稀酸溶液中随时间的延长，也能引起纤维素的水解，使强力降低。汗液中的酸性物质也会损坏棉制品，所以应及时洗涤。

棉纤维比较耐碱，在常温或低温下浸入浓度 18％～25％ 的氢氧化钠溶液中，可使纤维直径膨胀，长度缩短，此时，若施加外力，限制其收缩，则可产生强烈光泽，强度增加，提高吸色能力，易于染色印花，这种加工过程称为丝光。若棉织物在烧碱溶液中，不施加张力，任其收缩，能使织物紧密、丰厚，富有弹性，保形性好，此过程称碱缩，主要用于针织物。

棉纤维比较耐热，但不宜在 100℃ 以上长时间处理，熨烫温度可达 190℃ 左右，垫干布可提高 20℃～30℃，垫湿布可提高 40℃～60℃，喷湿易于熨平。在一定的温湿度条件下，棉纤维易受霉菌等微生物的损害，纤维素大分子水解，纤维表面产生黑斑，所以保养时应加以注意。

2. 麻纤维

麻纤维吸湿性好，放湿也快，不易产生静电。热传导率大，能迅速摄取皮肤热量，向外部散发，所以穿着凉爽，出汗后不贴身，适于做夏季服装用料。

麻纤维强力约为羊毛的 4 倍，棉纤维的 2 倍，含湿后纤维强力大于干态强力，所以较耐水洗。由于延伸性差，较脆硬，使折叠处容易断裂，因此保存时不宜重压，褶裥处也不宜反复熨烫。

耐热性好，熨烫温度可达 200℃，一般需加湿熨烫。不受漂白剂的损伤，不耐酸但较耐碱。织物易生霉，宜保存在通风干燥处。

亚麻和苎麻的性能较为接近，但是苎麻比亚麻粗、长，强度大，两者的断面也有所差异。苎麻断侧面似圆筒形，有较大中腔，且粗细不匀，没有或少有捻转，纤维侧面有明显条痕和结节。纤维末端呈锤头形，有时有分枝。横断面多呈不规则椭圆形，纤维壁厚，较均匀，由若干同心层所组成。而亚麻单纤维断侧面的纤维壁厚且具有明显的中腔，纤维较平直，无捻转，末端纤维尖细，其断面大多是多边形。苎麻断裂强度大于亚麻。苎麻吸湿性也比亚麻好，但苎麻的折叠处比亚麻更易折断，因此应减少褶裥。苎麻色白光泽好，染色性能优于亚麻，更易获得较多的色彩。

3. 丝纤维

（1）蚕丝的形成和形态结构

①蚕丝的形成

蚕丝是由蚕体内绢丝腺分泌出的丝液凝固而成。绢丝腺是透明的管状器官，成细而弯曲状，绢丝腺由吐丝口、输丝管、贮丝部和泌丝部组成。泌丝部分泌丝素，输送到贮丝部，贮丝部分泌出丝胶，包敷在丝素周围，起保护作用。贮丝部又分泌出色素，使丝胶染色，丝素、丝胶一起进入输丝管，左右两条绢丝腺在头部合并，由于吐丝口将丝液吐出体外，丝液由于输丝管分泌出的酸性物质的作用而凝固成丝。

②茧层的构成

蚕到老熟后停止食叶，开始吐丝结茧。茧的表面包围着不规则蚕丝，丝细而脆弱，称为茧衣。茧衣里面是茧层，茧层结构较紧密，蚕丝排列规则，粗细均匀，形成 10 多层重叠密接的薄丝层，占全部重量的 70%～80%。薄丝层由丝胶胶着，其间存在许多微小的空隙，使茧层具有一定的透气性与透水性。最里层茧丝的纤度最细，结构松散，叫蛹衬。茧层可以缫丝，茧衣、蛹衬不能缫丝，只能做绢纺的原料。

茧层的主要成分是丝朊（丝素）和丝胶，一般丝朊占 72%～81%，丝胶占 19%～28%。

③茧层的形态结构

构成茧层的茧丝是由两条平行的单丝组成。单丝内部为丝朊，丝胶则包围在丝朊的四周。茧丝的横截面呈半椭圆形或略成三角形。

丝朊与羊毛角朊一样，也属于天然蛋白质的硬朊类。组成丝朊的氨基酸以乙氨酸和丙氨酸的含量最多，两者重量之和占丝朊总重量的 70%左右。其次为丝氨酸和酪氨酸等，但不同品种的蚕丝中氨基酸组成的含量略有差异。丝朊的分子结构与一般蛋白质相似，也为一系列氨基酸缩合而成。

丝胶在生丝中占 20%～30%，也是由氨基酸组成，它们不稳定、易溶解。

（2）丝的性能

丝的性能如下。

①力学性质

蚕丝的应力——应变曲线中存在着明显的屈服点，就屈服应力和断裂强度来说，桑蚕丝比羊毛高得多。蚕丝是吸湿性很强的纤维，随着相对湿度的变化，其拉伸性能也同时发生一定的改变。一般而言，当相对湿度变大时，蚕丝的初始杨氏模量、屈服点、断裂强度都发生下降，而断裂延伸度增加。除相对湿度外，温度对蚕丝的拉伸性能也有一定影响。

②光学性质

丝的色泽包括颜色与光泽。丝的颜色因原料茧种类不同而不同，以白色、黄色茧为最常见。我国饲养的杂交种均为白色，有时少量带深浅不同的淡红色。丝的颜色反映了本身的内在质量。如丝色洁白，则丝身柔软，表面清洁，含胶量少，强度与耐磨性稍低，春茧丝多属于这种类型。如丝色稍黄，则光泽柔和，含胶量较多，丝的强度与耐磨性较好，秋茧丝多属于这种类型。

丝的光泽是丝反射的光所引起的感官感觉。生丝的光泽与生丝的表面形态、生丝中的含茧丝数等有关。一般地说，生丝截面越近圆形，光泽柔和均匀，表面越光滑，反射光越强。精炼后的生丝，光泽更为优美。

蚕丝的耐光性较差，在日光照射下，蚕丝容易泛黄。在阳光曝晒之下，因日光中 290～315nm（纳米）近紫外线，易使蚕丝中酪氨酸、色氨酸的残基氧化裂解，致使蚕丝强度显著下降。日照 200h，蚕丝纤维强度损失 50％左右。柞蚕丝耐光性比蚕丝好，在同样的日照条件下，柞蚕丝强度损失较小。

③热性能

蚕丝对热的抵抗力较强，在 110℃下干燥，只能排去其中的水分，对生丝或蚕丝并无损害；到 140℃时才逐渐变黄；到 170℃时开始逐渐失重，颜色由白变成淡黄、棕色；至 250℃时开始变成黑色。

④光氧化、光泛黄和光脆损

蚕丝对光的作用很敏感，是天然纤维中耐光性最差的一种纤维。

泛黄是指织物在使用和储藏过程中白度下降、黄色增加的现象。泛黄严重影响外观质量，甚至损及强度。通常认为，泛黄是一种氧化过程，引起泛黄的光是波长为 230～350nm 的紫外线。

蚕丝制品在光的作用下会产生泛黄现象，并进一步引起脆损，强力降低，逐渐失去光泽。

⑤微生物的作用

有时丝素会发生霉烂变质，这是微生物的分泌物——酶作用的结果。丝素是一种蛋白质纤维，它们能为微生物的生长和繁殖提供养料，因此，丝素纤维和微生物的稳定性都较差。

⑥酸的作用

蚕丝对酸比对碱要稳定些，因而可在酸性条件下染色。但随着酸的浓度、作用温度、作用时间以及电解质总浓度的增加，肽键会发生不同程度的水解。

⑦碱的作用

丝素对碱的抵抗力比对酸的抵抗力弱，这是因为碱可催化肽键水解。影响这种水解作用的因素主要是碱的种类、浓度、作用温度和时间以及电解质的总浓度等。

⑧氧化剂和还原剂的作用

蚕丝对氧化剂比较敏感，其中，柞蚕丝对氧化剂的抵抗力比桑蚕丝的稍强。还原剂对蚕丝的作用比氧化剂要弱得多，研究的也比较少。在蚕丝织物加工中常用的一些还原剂，如俗称的保险粉、亚硫酸盐及酸性亚硫酸盐等，在正常工艺条件下，不会使纤维受到明显损伤。

⑨柞蚕丝的水渍、起毛

柞蚕丝具有许多优良的特性，如强度高，弹性好，吸湿、透气性均优于家蚕丝等。但长期以来，柞蚕丝织物存在着水渍、起毛、泛黄等缺点，加之柞蚕丝织物的染、印制品色泽较萎暗等，引起了染料界的关注。

所谓水渍，是指织物局部着水再干燥后，着水部位显现出与未着水部位因光泽截然不同而形成的斑渍。

起毛，是指织物使用过程中表面呈现茸毛的现象。有人认为这是柞蚕丝纤维横截面过于扁平，而且丝胶含量少，致使丝纤维的抱合力差而成。

4. 毛纤维

羊毛的天然色泽从奶油色到棕色，偶尔也有黑色。羊毛具有优良的吸湿性能，细羊毛最大吸湿能力可达 40％以上，因此毛料服装被淋湿后，不像其他织物很快有湿冷感。羊毛分子在染色时能与染料分子结合，染色牢固，色泽鲜艳；不易产生静电，所以穿着较长时间后也不易沾污，抗污力较好。其表面光泽随表面鳞片的多少而异，细羊毛鳞片呈环状覆盖，而粗羊毛的毛干上鳞片多呈瓦状或龟裂状覆盖。粗羊毛鳞片较稀，表面平滑，反光强；而细羊毛反光弱，光泽柔和，但在加热、加湿和揉搓等机械外力及化学用剂作用下，细羊毛更易产生毡缩，致使长度缩短，厚度增加，纤维之间更加紧密。所以毛织物不宜机洗，应该干洗，或用手在较低温度下轻柔地水洗。在市场上标有"机可洗"的羊毛内衣或外衣，都经过破坏鳞片，或填平鳞片的特殊加工处理，以使羊毛不再具有缩绒性能，所以可用洗衣机水洗。羊毛具有优良的弹性回复性能，服装的保形性好，经过热定型处理易形成所需要的服装造型。其导热系数小，纤维又因卷曲而存有静止空气，所以保暖性好，尤其经过缩绒和起毛整理的粗纺毛织物是冬季的理想面料。羊毛也是理想的内衣材料，舒适而又保暖。又因其不易传导热量，采用高支纱和高捻度所织造的被称为"凉爽羊毛"的轻薄精纺毛织物也是夏季的高档服装用料。

毛纤维虽然强力低于棉纤维，但因其受力伸长率大，弹性好，使其耐用性优于其他天然纤维，只有在潮湿状态下，其强度和耐磨性才明显下降。羊毛耐酸而不耐碱，对氧化剂也很敏感，所以应选择中性洗涤剂。羊毛的耐热性不如棉纤维，因此熨烫温度一般在 160℃～180℃。又因怕虫蛀和霉菌，保存时应注意通风和防蛀。

（二）化学纤维

1. 化学纤维的品种

（1）人造纤维

①粘胶纤维

粘胶纤维以木材、棉短绒、芦苇等含天然纤维素的材料经化学加工而成，从性能分，有普通粘胶纤维、高湿模量粘胶纤维等不同品种；从形态分有短纤维和长丝两种形式。

粘胶短纤维常称人造棉；长丝又称人造丝，分有光、无光和半无光三种光泽。可根据产品要求或与其他纤维混纺，制成不同外观风格的织物。粘胶纤维具有天然纤维素纤维的基本性能。染色性能好，色谱全，色泽鲜艳，牢度好。织物柔软，比重大，悬垂性好，但织物弹性差，容易起皱和不易回复，因此服装的保形性差。粘胶纤维吸湿性好，回潮率可达 13％～15％，穿着凉爽舒适，不易产生静电、起毛和起球。下水后，因吸收大量水分，直径变粗，长度收缩，而且变重变硬，强力也几乎下降一半，因此不耐水洗和不宜在湿态下加工。

②醋酯纤维

醋酯纤维由含纤维素的天然材料经化学加工而成，其主要成分是纤维素醋酸酯，在性质上与纤维素纤维相差较大，有二醋酯纤维和三醋酯纤维之分。醋酯纤维一般是指二醋酯纤维。

醋酯纤维大多具有丝绸风格，多制成光滑柔软的绸缎或挺爽的塔夫绸，但耐高温性差，难以通过热定型形成永久保持的褶皱，其强度低于粘胶纤维，湿态强力也较低，耐用性较差。为避免缩水变形，宜采用手洗。因其比重小于纤维素纤维，穿着轻便舒适。

三醋酯纤维常用于经编针织物中，酷似尼龙，具有良好的弹性和弹性回复性能，并且改善了强度和弹性，经过轧花形成褶裥，具有新的外观。其色彩如不是原液染色，则色牢度较差。纤维耐热性差，高温容易熔化，尤其是二醋酯纤维，熨烫温度应控制在 110℃～130℃。

醋酯纤维主要用于裙装、女衬衫、内衣、领带和里料等。

（2）合成纤维

①涤纶

涤纶属于聚酯纤维，是当前合成纤维中发展最快、产量最大的化学纤维。涤纶纤维有长丝和短纤维之分，普通涤纶纤维的纵向平滑光洁，均匀无条痕；横截面一般为圆形，也可根据服装要求加工成其他形状，如三角形、扁圆形和中空形等。其粗细除与天然纤维相接近外，还有直径小于 $1\mu m$ 的超细纤维。

涤纶的回潮率很小，吸湿性能很差，穿着不舒服，易产生静电和吸尘。由于染色性差需采用特殊染料或设备工艺条件，在高温高压下染色。它的最大特点是具有优良的弹性和回复性，面料挺括，不起皱，保形性好。洗涤后快干免烫，洗可穿性能良好（即 washandwear，easy-care）。热定型工艺可使涤纶服装形成永久性褶裥和造型，提高服装的形态稳定性和减少热收缩变形。

涤纶的强度是粘胶纤维的 20 倍，弹性又好，所以经久耐穿，但短纤维织物容易起球而不易脱落。涤纶对一般化学试剂性能较稳定，耐酸，但不耐浓碱的高温处理。利用这一性能对涤纶进行加工，纤维表面被腐蚀，重量减轻，细度变细，可产生真丝风格，即仿真丝的方法之一，称为碱减量处理。

涤纶具有优良的耐光性能，由于玻璃可以吸收对涤纶有害的紫外线，所以玻璃后面的涤纶耐日光性接近腈纶，其熨烫温度为 140℃～150℃，效果持久。

涤纶的用途很广，可以制作衬衫、裤子、运动装、套装、工作服，絮填料和缝纫线等，但不宜做内衣。

②锦纶

锦纶为聚酰胺纤维，自从 1938 年美国杜邦（Du Pont）公司把聚酰胺纤维以"尼龙"（Nylon）命名以来，又出现了许多商品名称，如 Caprolan、Anid、Nailon 等。锦纶是我国对这类纤维的命名，有普通长丝、变形纱和短纤维之分，根据化学成分和聚合情况不同，常用的有锦纶 6、锦纶 66，我国以前者为主，其染色性能优于后者。

锦纶纤维纵向平直光滑，横截面可以是圆形或其他形状，具有不同的光泽和手感等性能。其染色性在合成纤维中是较好的。锦纶的弹性回复性不如涤纶，所以保形性不如涤纶，外观不挺括。其长丝织物容易钩丝，短纤维混纺织物易起毛起球而有损于外观。由于回潮率小，吸湿性差，还易起静电和有闷热感，所以在潮湿高温下不舒适。通过改性处理和与其他纤维混纺已有了较大的改善。锦纶比重小于涤纶等纤维，所以穿着轻便，又有良好的防水防风性能，适于做登山服、宇航服、降落伞和风雨衣等。最突出的是锦纶的耐磨性优于其他纤维，强度、弹性都很好，因此有优良的耐用性，而且耐碱不耐酸，可溶于浓硫酸和盐酸中。其耐日光性较差，在阳光下易泛黄和强力下降。

锦纶用途广泛，主要用于做袜子、手套、套装、裙装、运动衣、滑雪服、风雨衣、装饰布和工业用布等。

③腈纶

腈纶为聚丙烯腈纤维，因酷似羊毛，被称为"人造羊毛"。其商品名称很多，如 Orlon、Exlon、Acrilan 等。腈纶以短纤维为主，用来纯纺或与羊毛等其他纤维混纺，由于其特有的热延伸性，所以腈纶适用于制作膨体纱、毛线、针织物和人造毛皮等制品。腈纶纤维的纵向呈平滑柱状，有少许沟槽，横截面呈哑铃形、圆形和其他形状。腈纶手感柔软丰满，易于染色，色泽鲜艳、稳定。弹性不如羊毛、涤纶等纤维，反复拉伸后弹性更为降低，尤其在领口、袖口和下摆处，被称为"三口松弛"现象。改性腈纶具有普通腈纶的柔软、蓬松和保暖性能，同时具有防火阻燃性，采用不同长度、线密度和卷曲度的改性腈纶加工制作人造毛皮，与真毛皮极为相似，并且可以轧出各种花纹，形态稳定，弹性也有所改善。

腈纶的吸湿性低于锦纶，易产生静电、起毛起球。由于导热系数低，质地轻，所以保暖性好，穿着轻便，但强度和耐磨性不如其他合成纤维。其最突出的优于其他纤维的特性是耐日光性和耐气候性。可以机洗，易洗快干，防虫蛀和霉菌。耐弱酸碱，但使用强碱和含氯漂白粉时需小心。熨烫温度为130℃～140℃。

腈纶广泛用于针织服装、仿裘皮制品、起绒织物、女装、童装和毛毯等。

④丙纶

丙纶是合成纤维中发展较晚的一种纤维，成本比较低廉，生产工艺简单，发展较快，常见的商品名称有 Herculan、Hostalen、Alpha 等。纤维纵向光滑平直，横截面为圆形和其他形状。有长丝和短纤维两种，长丝常用来制作仿丝绸织物和针织物；短纤维多为棉型，用于地毯或非织造织物。

丙纶外观似毛或丝或棉，有蜡状手感和光泽，染色困难，一般为原液染色。产品有中等弹性和回复性，不易起皱，服装尺寸较稳定。

丙纶的最大特点是轻，它的比重最小，仅为 0.91，比水还轻，是棉纤维的3/5。其吸湿性极差，经过改性，可提高吸湿性和染色性，在使用过程中容易起静电和起球。丙纶具有较强的芯吸作用，水汽可以通过纤维中的毛细管来排除。制成服装后，服装的舒适性较好，尤其是丙纶的超细纤维，由于表面积增大，能更快地传递汗水，使皮肤保持舒适感。

丙纶的强度、弹性和耐磨性都比较好，因此经久耐用，而且还有优良的抗化学品、虫蛀和霉菌的能力。但耐热性差，100℃以上开始收缩，熨烫温度为90℃～100℃，最好垫一层湿布或蒸汽熨烫。在水洗、干洗和熨烫时温度都不能过高，否则会引起收缩、变形，甚至熔融。其耐光性和耐气候性也很差。丙纶主要用于毛衫、运动衫、袜子、比赛服、内衣，填絮料，装饰和室内外地毯等。

⑤氨纶

氨纶因具有优良的弹性又称为弹力纤维，最著名的商品名称是美国杜邦公司生产的"莱卡"（Lycra），此外，还有 Estane、Spanzelle、Opelon 等。以单丝、复丝或包芯纱、包缠纱形式与其他纤维混合，尽管在织物中含量很小，但能大大改善织物弹性，使服装具有良好的尺寸稳定性，改善合体度，紧贴人体又能伸缩自如，便于活动。

氨纶的弹性高于其他纤维，弹性伸长率可达 600%，但仍可恢复原状。氨纶可染成各种色彩，手感平滑，吸湿性小；强度低于一般纤维，但有良好的耐气候和耐化学品的性能；可以机洗，织物应经常清洗，以防止人体油脂和汗液使纤维变黄；耐热性差，水洗和熨烫温度不宜过高，一般为 90℃～110℃快速熨烫。

当前弹力织物非常流行，因此氨纶应用极为广泛，如在泳装、滑雪服、文胸、腹带、T恤衫、裙装、牛仔装和各种礼服、便装等均有使用。

⑥维纶

目前生产维纶的国家较少，在服装上应用也较少。织物的外观和手感似棉布，弹性不如涤纶和锦纶等其他合成纤维，织物容易起皱；染色性能较差，色彩不够鲜艳和均匀。但其含湿性能优于其他合成纤维，比重和导热系数较小，穿着轻便保暖；强度和耐磨性能较好，结实耐穿；有优良的耐化学品、耐日光和耐海水等性能。其湿热缩率大，熨烫时宜干熨（不喷水），熨烫温度为 120℃～140℃。

维纶主要用于工作服、军用服装和装饰布等，在日常服装中应用较少，在工业上应用较多。

三、新型纤维

目前的新型纺织纤维主要有以下几种：

（一）Modal 纤维（木代尔、莫代尔）

Modal 是奥地利兰精（Lenzing）公司开发的高湿模量的纤维素再生纤维，原料采用欧洲的榉木，先将其制成木浆，再纺丝加工成纤维，因该产品全部为天然材料，是 100％的天然纤维，对人体无害，并能够自然分解，对环境无害。

Modal 纤维的特点是将天然纤维豪华质感与合成纤维的实用性合二为一。具有棉的柔软、丝的光泽，麻的滑爽，而且其吸水、透气性能都优于棉，具有较高的上染率，织物颜色明亮而饱满。Modal 纤维可与多种纤维混纺、交织，如棉、麻、丝等，以提升这些布料的品质，使面料能保持柔软、滑爽，发挥各自纤维的特点，达到更佳的服用效果。

Modal 纤维的性能如下。

（1）Modal 纤维面料手感柔软，悬垂性好，穿着舒适。

（2）Modal 纤维面料的吸湿性能、透气性能优于纯棉织物，是理想的贴身织物和保健服饰产品，有利于人体生理循环和健康。

（3）Modal 纤维面料布面平整、细腻、光滑，具有天然真丝的效果。

（4）Modal 纤维面料色泽艳丽、光亮，是一种天然的丝光面料。

（5）Modal 纤维面料服用性能稳定，经测试比较，与棉织物一起经过 25 次洗涤后，手感将越来越硬，而 Modal 纤维面料恰恰相反，莫代尔织物经过多次水洗后，依然保持原有的光滑及柔顺手感、柔软与明亮，而且越洗越柔软，越洗越亮丽。

（6）Modal 纤维面料成衣效果好，形态稳定性强，具有天然的抗皱性和免烫性，使穿着更加方便、自然。

Modal 纤维的主要用途：Modal 是柔软、舒适针织和机织物的理想纤维原料。由于其杰出的透气性和易打理的特性，在女士外套、内衣、运动服饰和家用纺织品中的应用越来越广泛。

由于 Modal 纤维的优良特性和环保性，已被纺织业一致公认为是 21 世纪最具有潜质的纤维。莫代尔面料可用于生产运动装、休闲装、衬衣、高级成衣面料等。

（二）天竹纤维

天竹纤维是一种天然纤维，它是采用天府之国盛产的竹子为原料，利用发明的专利技术，经特殊的高科技工艺处理，把竹子中的纤维素提取出来，再经制胶、纺丝等工序制造的再生纤维素纤维。

竹子自身有抗菌、抑菌、防紫外线特性，在纤维素提纯纺丝过程中采用高科技工艺处理，提取的再生纤维素纤维，保护了天然的抗菌、防紫外线物质，使它们始终结合在纤维素大分子上，其织物经多次反复洗涤、日晒也不失抗菌、抑菌、防紫外线作用，它与其他纤维在后整理中加入抗菌剂、抗紫外剂有本质的区别。

1. 天竹纤维的性能

主要技术指标略高于棉浆纤维，织物除具有棉浆纤维的特性外，还具有更好的吸湿性、透气性、织物悬垂性好、丝绒感强，滑爽、易染色、色泽鲜艳、可纺性好等特殊风格及独特抗菌、防紫外线功能，现有多种规格的产品。

2. 天竹纤维的用途

天竹纤维可纯纺，可与棉、天丝、Modal、氨纶等混纺；可机织、针织、制造各种服装面料：衬衫、西服；床上用品：毛巾被、床单、被单；针织内衣；线衣裤、短衣裤、T 恤衫、浴衣、睡衣；卫生材料：护士服、口罩、手术布、纱布、卫生巾等。

（三）Lyocell 纤维

Lyocell 纤维（意即溶解性纤维）是一种新型的、环保型的纤维，废弃物可自然降解，生产过程中的氧化胺溶剂可 99.5％回收再用，毒性极低，且不污染环境，被国际纺织业界誉为"21 世纪的绿色纤维"。其优良的天然纤维和合成纤维特性，使产品集棉的吸湿透气性、丝的手感光泽、化纤的强力、毛的挺爽于一身，其与天然纤维的极具亲和力特性，能开发出多种高附加值的机织和针织产品，市场前景极其广阔。根据国际人造丝及合成纤维标准局（BISFA）的规定，用再生纤维素做原料，以 NMMO（N-甲基码啉-N-氧化物）作溶剂，纺丝制成的纤维，命名为 Lyocell。Lyocell 纤维于 20 世纪 90 年代中期进入中国市场，中文商品名称有"天丝"、"木浆纤维"等。

Lyocell 的前缀 Lyo－为希腊文，表示溶解的意思，后缀－cell 表示纤维素的意思，整个 Lyocell 表示该纤维能进行生物降解，是绿色纤维。

由于 Lyocell 纤维的干湿强力都优良，干强接近于涤纶纤维，湿强下降小，约为干强的 85％，这使得 Lyocell 纤维耐机械和化学处理的能力很强；Lyocell 纤维的断裂伸长率在湿态下的变化也很小，湿态的伸长约为 17％，使得其产品具有良好的尺寸稳定性。这些优点弥补了常规粘胶纤维的缺陷。同时 Lyocell 纤维生产过程的低能耗、无污染的优点是常规粘胶纤维无法比拟的，是真正的绿色环保纤维。

Lyocell 纤维以其优异的服用性能用于服装，可纯纺或与棉、麻、丝、毛及合成纤维和粘胶纤维混纺，改善其他纤维的性能。由其纱线织造的织物富有光泽，柔软光滑，自然手感，优良的悬垂性，良好的透气性和穿着舒适性。纯 Lyocell 织物具有珍珠般的光泽，固有的流动感使其织物看上去轻薄而具有良好的悬垂性。通过不同的纺织和针织工艺可织造不同风格的纯 Lyocell 织物和混纺织物，用于高档牛仔服、女士内衣、时装以及男式高级衬衣、休闲服和便装等，新近开发成功的细旦和超细旦 Lyocell 纤维使之在高档产品开发中发挥更好的作用。在工业用途上，Lyocell 纤维在非织造布、工业滤布、工业丝和特种纸等方面得到了广泛的应用。

（四）Coolplus 纤维

Coolplus 纤维，中文名称为"酷帛丝"，是我国台湾开发的一种具有良好吸湿排汗功能的新型纤维。利用纤维表面的细微沟槽，将肌肤表层排出的湿气与汗水经过芯吸、扩散、传输运动休闲装用纤维集锦，瞬间排出体外，使肌肤保持干爽与清凉。

Coolplus 纤维应用广泛，能纯纺，也能与棉、毛、丝、麻及各类化纤混纺或交织；既可梭织，也可针织，应用于运动服装、衬衣、内衣、袜子、手套等产品中。穿上 Coolplus 纤维制品，可告别酷热、闷湿的感觉，尽享凉爽与舒畅。

由于 Coolplus 具有优良的吸湿排汗性能，现已较广泛地被美国、欧洲和日本的名牌运动服饰所采用，如耐克、飘马，日本的 Uniqlo，Daiwabo 等，受到消费者的喜爱。世界各大权威纺织机构研究表明，吸湿排汗及相关功能性纺织品为未来消费市场的一大趋势，因此 Coolplus 纤维具有良好的市场发展前景。

（五）中空保温纤维

中空保温纤维采用八字形的独特断面，每根纤维都有 30％的高度中空部位，实现保暖、高度吸湿和柔软触感。二元纺丝在外表形成沟槽，以吸收湿气而抓住水分，就像植物根茎的毛细管一样吸收水分。水分通过这些沟槽的部位使湿气大幅扩散及快速蒸发，实现加倍速干的机能。如日本可乐丽公司展示的具有超轻量级多孔中空纤维 Airmint，其使用带水溶性的聚合物使这种纤维比正规的聚酯纤维要轻 40%。台湾豪杰股份有限公司展示的 Twinair 中空保暖纤维，其形成的面料轻量、柔软、保暖、吸湿，特别适合运用于运动服饰、内衣、睡袋里布、各式外衣等。

（六）牛奶丝

牛奶丝是根据天然丝质本身所含蛋白质较高的原理，将液态牛奶去水、脱脂、加上揉合剂制成牛奶浆，再经湿纺新工艺及高科技手段处理而成。牛奶丝最早由日本成规模地研制开发。

它是继第一代纤维棉、丝、毛、麻和第二代合成纤维尼龙、丙纶之后的第三代纤维，并集二代纤维的优点于一身：它比棉、丝强度高，比羊毛防霉、防蛀性能好，还有天然的抑菌功能。牛奶丝针织品属于天然织物，又含有丰富蛋白质，因此它的吸水性、透气性较一般针织品优越，与人体接触不会发生不良反应，更不会像一些化学纤维织物使穿着者有发痒等过敏现象。

牛奶丝面料质地轻盈、柔软、滑爽、悬垂、飘逸、穿着透气、导湿、爽身、外观光泽优雅、华贵、色彩绚丽且具润肌养肤、柔软皮肤、杀菌消炎、洁肤除臭的保健功效，是华贵时装的最佳拍档。牛奶丝面料有着广泛的开发应用远景。

牛奶丝的主要特性如下。

（1）柔软性、亲肤性等同或优于羊绒；

（2）透气、导湿性好、爽身；

（3）保暖性接近羊绒，保暖性好；

（4）牛奶绒的耐磨性、抗起球性、着色性、强力均优于羊绒；

（5）由于牛奶蛋白中含有氨基酸，皮肤不会排斥这种面料，相当于人的一层皮肤，而且对皮肤有养护作用。

（七）大豆蛋白纤维

大豆蛋白纤维是一种再生植物蛋白纤维，是从豆渣中提取球蛋白、辅之以特殊添加剂制成，主要成分与羊绒和真丝类似，是世界人造纤维史上第一种由中国自主开发并投入工业化应用的纤维。

大豆蛋白质纤维单丝细度细、比重小、强伸度较高、耐酸耐碱性好，用它纺织成的面料，具有羊绒般的手感、蚕丝般的柔和光泽，兼有羊毛的保暖性、棉纤维的吸湿和导湿性，穿着十分舒适，而且能使成本下降 30%～40%。大豆蛋白纤维既具有天然蚕丝的优良特性，又具有合成纤维的机械性能，它的出现满足了人们对穿着舒适性、美观性的追求，符合服装免烫、洗可穿的潮流。

用大豆蛋白质纤维织成的织物主要具有以下 5 个特点。

（1）外观华贵。面料具有真丝般的光泽，非常怡人；其悬垂性也极佳，给人以飘逸脱俗的感觉；用高支纱织成的织物，表面纹路细洁、清晰，是高档的衬衣面料。

（2）舒适性好。以大豆蛋白纤维为原料的针织面料手感柔软、滑爽，质地轻薄，具有真丝与山羊绒混纺的感觉，其吸湿性与棉相当，而导湿透气性远优于棉。

（3）染色性好。大豆蛋白纤维本色为淡黄色，很像柞蚕丝色。它可用酸性染料、活性染料染色，尤其是采用活性染料染色，产品颜色鲜艳而有光泽，同时其日晒、汗渍牢度也非常好。

（4）物理机械性能好。单纤断裂强度在 3.0cN/dtex（厘牛/分特）以上，比羊毛、棉、蚕丝的强度都高，仅次于涤纶等高强度纤维，纤度可达到 0.9dtex（分特）。初始模量偏高，而沸水收缩率低，故面料尺寸稳定性好。在常规洗涤下不必担心织物的收缩，抗皱性也非常出色，且易洗、快干。

（5）保健功能性。大豆蛋白纤维与人体皮肤亲和性好，且含有多种人体所必需的氨基酸，具有良好的保健作用。在大豆蛋白纤维纺丝工艺中加入定量的有杀菌消炎作用的中草药与蛋白质侧链以化学键相结合，药效显著且持久，避免了棉制品用后整理的方法开发功能性产品药效难以持续的缺点。

（八）Bestcot 纤维

日本 Toho 公司开发了天然棉纤维构成的 Bestcot 纤维，它拥有独特的性能，使其保持稳定的手感。过敏性皮肤患者使用它，还可消除刺激皮肤的有害物质。

棉纤维分子结晶度和取向度低，所以易起皱，缩水。然而 Bestcot 通过在纺纱过程之前改进分子结构条件，消除了这些不良影响，具有很好的柔软性，多次洗涤后手感柔软，在不损害吸湿性能的前提下，具有洗快干、不起球的特点。Bestcot 的应用范围为毛巾、床上用品。

（九）甲壳素纤维

甲壳素纤维是利用虾蟹壳为原料生产的一种新原料，具有很好的抗菌功能。和其他纤维混纺，加入 5% 甲壳素纤维即有很好的抗菌效果，是理想的制作内衣的原料。

甲壳素纤维产品的主要特性如下。

（1）增强免疫力作用。作为人体异物，当病毒、病原菌侵入人体时，特性细胞或体液内的抗体为排除这些异物而起的作用叫免疫功能。甲壳素纤维能够起到增强免疫力的作用。

（2）保湿性。甲壳素的氨基和羟基是具有高亲水性的天然物质，并且其电荷、极性基密度大，从而具有超强的保湿能力，给人一种舒适的湿润感和柔和的感触。

（3）有抑菌除臭功能。这种材料制成内衣裤可阻止细菌繁衍，消除异味，甲壳素是自然界中唯一带正电荷的物质，由于细菌和病毒一般都是带负电的，当它们遇到甲壳素时，正负电荷就会中和，细菌内部结构发生紊乱而不能繁衍死亡。

（4）甲壳素纤维材料没有静电，它的抗静电性使皮肤在干燥季节免受静电刺激而瘙痒。

（5）甲壳素纤维材料具有可降解性，在自然界被生物分解，降解后对土壤有一定益处。

（6）甲壳素纤维与人体有很好的相溶性，长期穿着可有效地保护人体免受自然界的辐射、重金属离子对皮肤的侵害。

（7）甲壳素纤维保湿性能优良，穿着舒适，保温优于其他纤维织物。甲壳素纤维针织品具有手感柔软亲切、无刺激、高保湿、保温、抑菌除臭和养护皮肤的作用，以及对过敏性皮炎的辅助医疗功能，并符合绿色纺织品标准等优点，因此是 21 世纪新一代的保健针织品。

甲壳素纤维由于其独特的纤维分子结构，具有很强的保湿因子，因而有高保湿、保温功能，由于它的高保湿性对皮肤有很好的滋润和养护作用，因而对部分阴部瘙痒和多汗症有较好的抑制作用。一般情况下人体皮肤由于干燥失水，特别老年人的干燥皮肤容易引起不舒服、瘙痒等，而穿甲壳素纤维内衣，就像缺水的花木浇水后便可恢复常青一样，使人感到舒适、舒心。

第二节 服装的功能与分类

一、服装的功能

（一）服装的基本功能

服装是人类生存的必需品，在衣、食、住、行四大生活支柱中，与人的日常生活最为密切。在凉爽或寒冷的季节里，服装遮盖了人体表面的绝大部分，能阻止人体体温向外散发，为人体保暖防寒；当周围的温度高于皮肤温度时，服装又能有效地遮隔四周高温对人体的侵害。用透气性和吸湿性良好的材料制作的衣服，能使人体和衣服之间的温度及湿度得到理想的调节，使人感到舒适。而用那些不透水的服装材料制作外衣，则具有良好的防风、防雨作用，可以保护人体不受风沙、雨水的侵袭。同时服装还可以保护人体肌肤不被灰尘泥土玷污，不被虫类叮咬，不被外力挫伤等。

（二）服装的社会性

服装除保护人体作用的同时，也具有强烈的社会性，具体表现如下。

1. 服装的社交性

在社会生活中，服饰在表现个人的趣味、喜好的同时，很大程度上是为了社交的需要。根据不同的社交礼仪场合，穿着合适的衣服，可以表达和传递穿着者的思想感情和意识。如：明朗而大方的访问服，传达了来访者对来访的喜悦和尊重之情；沉重的黑色丧礼服，则表达了对死者的哀悼。服饰是无言的社交。

2. 服饰的社会规则性

所谓社会规则，是指相对应的社会秩序和社会规范，也包括了社会的法律法规。人们在一定的社会范畴中通常要按一定的社会规范去生活。在服饰上往往受当时当地的社会风俗、社会惯例的制约，来选择自己的穿衣生活方式，否则将会带来社会的压力或被社会所不容纳。

3. 服饰的社会文化性

服饰的变化要受到社会的政治、经济、道德、宗教、法律、科学及战争与和平等众多因素的影响，从而形成了各个国家、民族、地域的不同的服饰文化特征。

二、服装的分类

科学技术的发展，社会生活的多样化，使服装的品种、用途越来越多样。因而，服装的分类标识也有多种。

（一）按服装的功能分类

1. 礼服

指用于出访、迎宾或婚丧喜庆，参加宴会、晚会，出席庆典等各种正式礼仪活动所穿的服装。礼服按性别分有男子礼服、女子礼服。

（1）男子礼服：男子礼服因穿着时间、功能、场合的不同分第一礼服、正式礼服、日常礼服三个等级。第一礼服属最高级别，分为夜间穿的燕尾服、白天穿的大礼服。燕尾服的结构形式，材料要求和配饰标准均很严格，风格优雅，充满艺术和人文气息。随时代变迁，礼服由繁变简，过去穿第一礼服的场合现在多允许穿正式礼服，正式礼服亦称塔多士礼服，是一种无燕尾的礼服，式样为：枪驳领或青果领，有缎面覆盖，门襟一粒纽扣，圆下摆，口袋为缎面双开线无袋盖形式，后摆不开衩。裤子与上衣同料，衬衫为白色双翼领礼服衬衫，配黑领结。春、秋、冬季常用黑色或深冷色调，夏季上衣用白色。日常礼服是形式变化较多的一类礼服，黑色是它常见的颜色，通常采用双排四扣枪驳领式样。在礼仪性较明显的场合，如对服装没做特别要求时，穿日常礼服较为合适。男子礼服规范受时间、场合、目的制约，要求较明确。服装的式样、颜色、配饰较少受流行影响，比较程式化。男子礼服的规范至今仍被国际社会接受，成为社交着装的国际惯例。

（2）女子礼服：女子礼服因穿着时间不同分为晚礼服、晨礼服。晚礼服是女子夜间社交场合穿着的礼服，具有豪华、袒露、标新立异的特点，带有很强的炫耀性，整体风格雍容华贵。女性用于白天正式场合穿着的礼服称为晨礼服，一般是高贵的裙装，也可以是高档套装，非暴露式样，裙长不过脚踝骨，需佩戴比较讲究的首饰，同时注意与服装配套的鞋、帽、手套、提包等的协调。晨礼服的整体风格是典雅、庄重。

2. 生活服装

指日常生活中穿用的服装，分家居服、外出服。

（1）家居服指在家庭环境中穿着的服装。包括家常服、围裙衣、晨衣、浴衣、睡衣等。家居服特点是穿脱方便、宽松舒适、款式简单实用、色彩柔和温馨。

（2）外出服装指非工作的闲暇时间穿用的服装。如街市服、旅行服、参观服、海滨服、度假服，以及娱乐时穿用的休闲服等。这类服装在穿着上可以自由表达，自由搭配，是一类最能体现穿着者个人修养和品位的服装。

3. 工作服装

工作服装是一个泛称，包括防护服、标识服和办公服三大类。

（1）防护服：是指保证专业人员在一般或特殊工作环境下能正常工作，确保生命安全的服装。如钢铁工人的石棉服，带电作业工人的电位服、防化服、防光服、潜水服、飞行服、宇航服等。防护服要求具有防护机能、运动机能、耐用性能。款式简洁，无不必要的饰件，色彩实用。

（2）标识服：指有明显标识作用的工作服装，分职业服和团体服。职业服指公职人员按照制度规定穿用的一定形式的服装的总称，亦称制服。此类服装特点是造型严肃大方，款式统一醒目，服装整体风格适合职业特点，配有专用标识以说明穿用者的职业权限和身份，如军服、警服、海关服等。团体服是指集团内部具有鲜明特征或标志的统一着装，广泛应用于商业、宾馆业、证券业等。学校、公司、集团等的统一着装也属团体服。团体服是企业形象设计的重要内容，统一的着装不仅具标识作用，而且具有整体美、秩序美，能够强化团体凝聚力，并能使着装者行为规范化，提高工作效率。

（3）办公服：指白领职员上班穿的服装。办公服集端庄与简约、时髦与实用于一体，强调服装与工作环境相协调，与工作性质相适应，与穿着者的气质和外在形象相统一，表现着装者的工作能力，敬业精神。

4. 运动服装

运动服装分为竞技服装和运动便装两种。

（1）竞技服装指运动员、裁判员在运动训练和比赛时穿着的服装。按实际用途有入场服、裁判服和比赛服三类。在这三类中又有各专项运动服，如体操服、滑冰服、击剑服、游泳衣等。竞技服特点是简练舒适、防护、美观，不同项目有不同的要求。

（2）运动便装指具有运动感觉的服装，穿着者多为大众。运动便装强调运动功能性，造型简洁，衣身宽松合体，便于活动，色彩图案强调节奏和对比，易洗免烫，吸湿性好等。

（二）按品种分类

1. 衣类

按着装层次可分为内衣、衬衫、外衣和大衣等。

（1）内衣按功能不同又可分贴身内衣（汗衫、背心、内裤等）、补正内衣（乳罩、腹带、束腰、臀垫等），装饰内衣（指贴身内衣与外衣之间的衬装，如衬裙等）。

（2）衬衫因穿用场合及功能不同，分礼服衬衫、日常衬衫、时装衬衫。

（3）外衣分中山服、西服、夹克、衬衫、猎装等。

（4）大衣从季节上有冬季大衣、春秋大衣等。

2. 裤类

按适体程度分，有适体型、紧身型、宽松型；按长度分，有短裤、长裤、三角裤、七分裤等；按外部轮廓造型分，有锥子裤、萝卜裤、筒裤、喇叭裤等；按功能分有马裤、健美裤、运动裤、功夫裤等；裤子穿着广泛的是西裤和牛仔裤。

3. 裙类

裙子按整体结构分，有连衣裙和半截裙。

（1）连衣裙按腰节缝合线高低分高腰裙、低腰裙、中腰裙；按外形轮廓分紧身线型、H线型、A线型和公主线型等。常见品种有礼服裙、旗袍、衬衫裙、太阳裙等。

（2）半截裙按长短分为迷你裙、膝裙、长裙、超长裙；按形态分为筒裙、喇叭裙、花瓣裙、郁金香裙；裙按分割、装饰等变化可分为二节裙、三节裙、六片裙、八片裙等。

（三）按穿着的年龄性别分类

1. 成人服

有男服、女服、中老年人服之分。古今中外，男服与女服在造型、色彩、面料、纹样、装饰方面都有所区别。在现代服装中男服、女服在领、叠门、衣袋、纽眼、工艺等方面也有不同。20世纪70年代末出现的超大风貌女装造型，出现男装女穿，使男女装在某些方面区别不再严格，但男装女穿在一些场合常以饰品点缀来体现女性妩媚。一般男装注重做工，女装注重色彩、款式变化。

2. 儿童服

分婴儿服、幼童服、中童服、大童服、青少年服等。

（四）按穿着季节分类

即将人们日常生活中常穿的各种服装，按季节分为春装、秋装、冬装、夏装；现代服装品种很多，有的季节性很强，如冬季的呢绒大衣、棉衣等，夏季的连衫裙、短袖衫等；有的季节适应性很强，甚至一年四季都可穿用，如衬衫等。

（五）按服装材料分类

1. 纤维类衣服

如棉服装、呢绒服装、丝绸服装、化纤服装等。

2. 皮革服装

如猪皮、羊皮服装和裘皮服装等。

第三节　服装的质量要求及检验

一、服装的质量要求

服装质量是指服装满足明确或隐含需要的各种特性的综合。明确需要指合同、标准及有关技术文件已经作出规定的需要；隐含需要指社会总体主要是消费市场对服装的期望。满足需要是服装生产的出发点和归宿，明确或隐含需求的内容通过服装的各种质量特性表现出来。重要的质量特性包括适应性、审美性、舒适性、卫生安全性、耐久性和经济性六个方面，服装符合这些特性要求，就必然具有较强的市场竞争力。

（一）适应性

适应性是指服装产品适应外界环境变化的能力。外界环境包括生产环境、流通环境、消费环境、自然生态环境和社会文化环境几个方面。

1. 适应生产环境

服装适应生产环境表现为服装设计可操作性强，裁剪方法科学省料，缝纫适应机械化流水线生产，减少手工操作，工艺流程便于计算机管理。

2. 适应流通环境

服装适应流通环境表现为服装的包装方法适合现代运输储存和陈列展销需要，如吊挂服装集装箱就较好地解决了远程运输纸箱数额大，货物零散，到达销地后需要打开包装重新熨烫再进入市场展销的烦琐手续及较高的费用，产地服装只需用塑料薄膜袋套装，挂入集装箱内，即可直达销地，不经再熨烫便可快捷地进入市场。

现代销售环境对服装提出了多项要求，如服装应具有可视性、可挂性、可触摸性、可试穿性、易携带性；服装及配件成系列，容易搭配；形态稳定性好，耐顾客反复摆弄；服装上标有商标、面料成分、洗涤熨烫方法、成品规格等标识。

3. 适应消费环境

（1）规格合体性。服装目前已进入成衣时代，成衣是按规格系列标准批量生产的成品服装，只有规格尺寸数量多，号型全，分布合理，才能适应消费群体的不同体型变化，满足用户需求。我国服装规格是按照国家号型系列标准设定的。

（2）适合目的性。服装应适合主销国家、主销地区、目标顾客的特定需求，服装对于消费者的穿着目的、穿着场合应针对性强，礼服、休闲服、工作服分类清楚。对于特殊的穿着目的和环境，服装应提供特殊的功能。

（3）方便保养性。服装还应具有洗涤、熨烫、保养的方便性，适合现代人的生活节奏。服装应易洗、快干、免烫或稍加熨烫便平整如新，保管方便，耐虫蚀霉腐。在这方面，天然纤维织物由于成分、结构的原因，目前表现尚不理想，需要逐渐加以改进。

4. 适应生态环境

服装对生态环境的适应性首先表现在对气候的适应性上，服装在严寒酷暑、风霜雨雪等恶劣气候中应对人体有保护作用。另外，服装的发展也同环境保护问题有关。服装固然可以给人带来舒适和美，但不是不计后果的，如果服装对人体的美化与它对环境带来的灾难相比得不偿失，我们应以保护人类赖以生存的环境为第一前提。如动物保护组织倡导保护珍稀动物，服装界对此应有所作为。目前，仿裘皮服装在西方有流行的趋势，说明人们环保意识的增强。

5. 适应社会环境

服装对社会环境的适应是指服装对于社会公德、人的道德规范、行为准则应具有积极的贡献。服装不应有碍公德，有伤风化。

（二）审美性

审美性是指服装的美学质量满足消费者审美要求的程度。服装不同于一般的商品，它是精神与物质的综汇，是技术与艺术的结合。随着时代的发展，服装的审美特性成为吸引大多数消费者购买的首选特性，要求日趋复杂。

服装的审美性是一种整体美，主要包括内在美、外在美和流行美。

1. 内在美

服装的内在美是指服装蕴涵的文化内涵。一览无余的形态总使人感到平淡，服装应通过其形式美的构成要素，在视觉舒适的基础上，创造出一种意境，一种独特的审美情趣，给人带来精神美感。

2. 外在美

服装的外在美是指服装的客观化美感，它主要通过造型、色彩、肌理、装饰和工艺等手段来表现。

服装造型第一不能脱离人体原型，第二要遵循形式美法则，如比例、均衡、旋律、视错、统一、协调、呼应、强调等，把美感建立在合乎情理的新颖与秩序的结合上。

服装材料是服装美的基础，所有美的构思都是材料搬运来的。随着服装材料资源的不断被挖掘和开发，材料品种层出不穷。材料质地具有多方面的表现力，比如飘逸美、挺括美、浮雕美等。材料的选择应考虑服装用途，应与服装造型相适应，如高档毛织物不适合繁复花哨的造型，透明面料应减少分割线等。另外，在材料质地表现力平淡时，应充分利用肌理创造，丰富表面效果。

服装的装饰分结构装饰和附加装饰。结构装饰指服装本身的装饰细节，如花边装饰、珠片装饰、流苏装饰等。服装的领型、袖型、门襟式样的变化，也具有装饰效果。附加装饰指可离开服装本体单独存在的饰品，如首饰、帽饰、腰饰、手套、鞋等。附加装饰是服装不可缺少的重要组成，在服装整体中起配套和锦上添花的作用。

服装从面料到成品要经过烦琐的工艺制造，工艺质量的好坏对服装整体质量影响甚大，不仅影响产品的审美感觉，而且影响服装的耐穿耐用性能。工艺质量是服装技术美的关键，精湛的工艺技术能明显提高服装的整体美感，也能提高服装的档次。

3. 流行美

流行美也是服装审美性的重要方面。流行是一种客观存在的社会现象，是指在一定时间、一定空间，为一定人群所接受认同，并互相追随模仿的新兴事物。人们追逐流行服饰存在两种动机，即内在动机和外在动机。内在动机是人类渴望新鲜的美、变化的刺激；外在动机是人们要求自己的个体行为要与不断发展的社会同步，以求得到社会认同。追逐流行服饰的行为是人们在内在动机和外在动机合力的驱动下发生的，由此促进了世风流行。

早期的服装流行是在人群中自发产生的，现代的服装流行很大程度上是一种人为的发动，旨在促进销售服装。权威性的服装流行趋势发布一定的科学性和导向性，但最终流行的发生需要大众的选择和参与。

流行具有生命周期，即初始期、成长期、高峰期和衰落期。服装的生命力就在于保持款式的特色，永远以初始期的位置进入市场，不是追逐流行，而是引导流行。这是服装销售成功的法宝，也是服装流行美的魅力所在。

（三）舒适性

服装舒适性是指人体着装后，服装具有满足人体要求并排除任何不舒适因素的性能。服装的舒适性表现在触觉舒适性、温湿度舒适性和运动舒适性几个方面。

1. 触觉舒适性

服装的触觉舒适性主要反映在服装与皮肤接触时的粗糙感、瘙痒感、温暖感或阴凉感等触觉感受上。

不同服装与皮肤接触时的温暖感与阴凉感，主要决定于服装面料的表面结构。光滑织物具有阴凉感，起毛拉绒织物具有温暖感。这主要是由于织物与皮肤真正接触的表面上，皮肤温度一般总是高于织物表面温度，纤维的导热系数比空气导热系数大，织物与皮肤真正接触的面积越大，则热量散失越多。光滑织物与人体真正接触的表面积大，故而有阴凉感，反之则有温暖感。

2. 温湿度舒适性

从温湿度舒适性来看，人类为了能在不断变化的气候环境下舒适地生活，必须要保持人体的热平衡。

由于人体自身调节热平衡的能力有限，故需要通过穿着适当的服装来进行调节，使衣服内层空间形成舒适的小气候。通常，人体躯干部分的皮肤与内衣间的温度保持在32℃左右，相对湿度在50％左右，气流为25cm/s左右是最舒适的，这称为标准气候。服装能够调节标准气候的能力叫服装的气候调节性。普通服装的气候调节性是有一定限度的，在过高或过低的温湿度条件下，需要特制的专用服装以达到温湿度舒适性的目的。

服装的温度舒适性是由服装面料的保温性、导热性、通气性、含气性、热辐射性以及材料厚薄等因素决定的。服装的湿度舒适性是由服装面料的吸湿性、吸水性、透气性等因素决定的。服装的温湿度舒适性除与面料因素有关外，还同服装结构设计和穿衣方式有关。冬季，服装开口的多少、开口的方向、开口部位的密封性，特别是向上开口部位的密封效果，直接影响服装的保暖性。服装的多层穿着，由于层与层之间存在静止空气层，能够增加服装的保暖性。夏季，款式设计应有利于散热，如增大裸露面积，增大服装的宽松度，以形成烟囱效应，则使人感到舒适。

3. 运动舒适性

从服装的运动舒适性看，由于人体运动的多方向、多角度和大弯曲性，要求服装有一定的延伸性，能自由地依顺人体活动。只有活动自如，才能减轻疲劳程度，提高效率。

不同种类的服装延伸度要求不同。穿西服身体活动范围小，服装的延伸率要求为15％～25％；内衣、运动服装等延伸率要求较高，应达到30％～50％。从纤维原料看，天然纤维中羊毛延伸率为25％～30％，高于棉、麻、丝；合成纤维的平均延伸率高于天然纤维，氨纶的延伸率可达700％，是有特色的纺织纤维。从纤维结构看，变形纱比普通纱纱线弯曲度大，织物延伸性好。从织物结构看，针织物由于线圈可变形，延伸性大于机织物。

对于一般服装来说，为了保证运动舒适性，主要考虑结构设计要留有足够的余量。对于运动舒适性要求高的服装，除了对其结构设计有一定要求外，还要对面料的成分、织物的结构有所选择。

从服装的负荷重量、对人体的压力来看，服装重量主要担在两肩和腰部，荷重以不影响血液循环和呼吸运动为基础上限。一般来说，在满足服装对人体温湿度调节功能的前提下，越轻越好。实验表明，女子服装舒适压力冬季为 $18g/cm^2$；春秋季为 $13g/cm^2$；夏季服装为 $4g/cm^2$。男子服装舒适压力要比女子高 20% 左右。

（四）卫生安全性

服装的卫生安全性是指服装保证人体健康和人身安全所应具备的性质。

1. 卫生无害性

应该说，服装面料本身，无论是天然纤维，还是化学纤维，都没有发现对人体皮肤有明显的刺激作用。但服装材料在加工和染色过程中要使用多种化学物质，如染料、膨润剂、防缩剂、防皱剂、柔软剂、荧光增白剂等。这些物质如残留在衣料表面，就可能对皮肤产生刺激，特别是对某些过敏性人群，化学刺激可能会导致皮肤障碍，所以服装面料的卫生无害性评价很重要。

2. 阻燃性

纺织材料在一定条件下都能燃烧，但它们的阻燃程度有很大的差别。从天然纤维来说，棉、麻比较容易燃烧，羊毛的阻燃性相对较高。从化学纤维来说，丙纶、腈纶较易燃烧，涤纶的阻燃性稍高。

3. 带电性

服装衣料是不导电的，但当人体活动时，由于皮肤与衣服之间，以及衣服与衣服之间互相摩擦产生静电。静电使衣服缠身贴体，影响美观；静电能吸附尘土，污染衣服，静电在穿脱衣服时产生放电现象，使人有电击感。更严重的是，在可燃性蒸汽浓度较大的化工厂，服装产生的放电火花可能引起燃烧和爆炸事故。

服装的带电性与衣料纤维种类有关。一般来说，疏水性合成纤维衣料静电积聚较大，亲水性天然纤维衣料静电积聚较小。在冬季干燥的条件下，一般服装的带电电压为 400～1600V，最高可达 3800V。减少服装的带电性可采用防静电处理，如对纤维表面进行亲水性单体接枝聚合，或用耐久性亲水树脂进行处理。

4. 吸污性和防污性

服装应能在一定程度上保护人体少受污染。污染分外部污染和内部污染，内部污染来源于皮肤表面出汗、分泌皮脂和脱落表皮细胞，因此，内衣应具有吸附这部分脏污的能力，并易于清洗。外部污染来源于自然界飞扬的灰尘及接触性脏物污染，外衣应具有一定的拒污性。衣服的拒污性与纤维的表面状态、吸湿性、带电性有关。纤维表面不规则且凸凹多的容易被污染，表面光滑的不容易被污染。亲水性纤维容易被水溶性脏物污染，疏水性纤维容易被油性脏物污染，合成纤维静电吸尘比较严重。提高外衣的拒污性，除了正确选择面料种类外，可采用化学物质进行防污处理，使纤维表面具有拒油性、拒水性，也可进行防静电处理，防止静电吸尘。

（五）耐久性

耐久性是指服装在一定使用条件下保持功能持续稳定的能力。影响服装耐久性的因素有各种机械力（张力、压力、冲击力、折皱力和摩擦力等）、环境气体（臭氧、氧、亚硫酸气体等）、水、热、紫外线、汗、皮脂、灰尘、昆虫、微生物及洗涤剂等。耐久性分为结构耐久性和材质耐久性两方面。

1. 结构耐久性

结构耐久性包括尺寸稳定性和形态稳定性。尺寸稳定性指服装的长度、围度、厚度方面的尺寸稳定，还包括面料与里料、衬料及其他辅料尺寸的长期匹配。尺寸收缩是由于面料经向的预伸长引起的回缩，天然纤维遇水后直径的膨胀，羊毛纤维的缩绒性以及面、里、衬料的收缩率差异等所导致的。尺寸伸长经常发生在针织服装中，主要是由于针圈密度设计不当造成的。应在制作之前对服装材料进行预先整理，并对材料搭配、织物结构进行精心设计，不能把"合格尺寸"的假象转移给消费者。

服装形态的稳定性同服装的热定型性、抗皱性、褶皱回复性、洗可穿性有关。

服装的形态稳定性还同缝纫工艺有密切关系。缝纫中的线迹缝型设计，缝纫线的强度要求，服装受力部位的局部补强处理，衬里料的选择，特别是线迹密度、打结、滴针、粘衬等许多工艺环节，都直接影响服装的形态稳定性。

2. 材质耐久性

服装面料的结实耐久性关系着服装的穿用寿命。在外界因素的长期作用下，服装面料会发生物理和化学性质的变化，导致面料质地变脆、褪色、起毛起球、破损、断裂等，使服装的形态、功能受到直接的影响。服装面料的耐久性取决于原料选择，纺纱、织造及后整理等工艺是否合理。服装面料的结实耐久性指标有耐磨性、耐疲劳性、撕裂强度、顶破强度、色牢度、耐洗涤性、耐光气候性等。不同用途的服装，耐久性要求不同。

值得指出的是，服装是介于耐用消费品和日常廉价消费品之间的商品，它的结实耐用性不应过分强调，而应有一个使用寿命的概念，原因是社会的发展为我们提供了一定的物质生活条件，而且人们对服装较之其他消费品具有更强的喜新厌旧心理。

（六）经济性

服装的经济性是指合理的产品寿命周期费用。产品寿命周期费用包括开发研制过程、生产制造过程、流通使用过程，以及用后处置所需费用的总和。产品寿命周期费用是设计者、生产者、销售者、消费者费用的总和。经济性并非单对哪一方而言，而是各方面的利益所在。从各方都受益的角度看，费用绝不能过高。不计成本的高质量，脱离消费者购买能力的高质量，只能是空中楼阁，抑制消费也阻碍生产。

经济性对消费者而言是指购买服装所需费用的合理程度，它是每一个购物者都非常重视的质量特性。消费者从来都反对不考虑经济得失的质量至善论。在可能实现的购买力的基础上评价服装质量才更有意义，或者说正常的消费心理从来都是欢迎物美价廉的产品，追求物有所值。另外，对消费者来说，经济性还表现在服装穿用寿命中个人所承担的总费用，如干洗熨烫费用、织补修整费用、保管费用等，购买费用只是其中一部分，如果其他费用花费过大，对消费者来说无疑是不经济的。除企业和用户的利益外，经济性还包括社会利益，如服装淘汰后的处置费用等。

二、服装的检验

服装的检验可以从以下几方面进行。

1. 外观

产品整洁、平伏、折叠端正、左右对称，各部位熨烫平整，无漏烫，无死褶，产品无线头、无纱毛，各部位符合标准要求。线与面料相适应，包括色泽、质地、牢度、缩水率等方面，两者应大致相同，以能保证服装的内在质量与外观质量为准。纽扣的色泽应与面料色泽相称。

2. 规格尺寸

服装号型设置，必须按"服装号型系列"标准的有关规定进行。规格尺寸以标准所允许的公差范围为限。

3. 色差

色差规定是对原料的要求，即对衣服面料的要求。根据有关国家标准对色差的规定，服装的上衣领、口袋面料、裤侧缝是主要部位，色差高于四级，其他表面部位四级即可。服装产品的色差检验，其工具是借用"染色牢度褪色样卡"。该样卡是原纺织工业部制定的国家标准之一。样卡用五对灰色标样组成，分为五个等级。五级代表褪色牢度最好，色差等于零，四级至一级代表褪色相对递增的程度，一级表示最严重。

4. 疵点

标准规定，每个独立部位只允许有疵点一处。独立部位是对衣片所划分的区域，按衣片的主次部位，分1、2、3、4四个区域。每个部位就是衣片上的一个区域。如上衣有两个前片，每片胸部都属1部位，每个部位就是一个独立部位，两个1部位就是两个独立部位。在胸部这个独立部位中，既有衣片又有贴袋和袋盖。标准规定每个独立部位，只允许有疵点一处，就是说衣片上有疵点，在这个独立部位内的贴袋和袋盖上就不许再有疵点。疵点的种类因不同的面料而不同，判定时要按标准规定进行。

5. 缝制

在针距密度中规定明线（包括不见明线的暗线）的针距，每3厘米14～18针。面料的品种很多，为保证产品的外观和牢固，不同的面料应选不同的针距。如硬质面料的针距一般可以稀一点，质地松软的面料一般针距可以密一点。

线路顺直是指各缝制部位的线路不准随便弯曲，要符合服装形的需要；线路要整齐，不重叠，无跳针、抛钱，针迹清晰好看，缝起止回针要牢固，搭头线的长度要适宜，无漏针、脱线现象，缝线松紧要与面料厚薄、质地相适应。缝制质量中的对称部位要求基本一致。

对成衣缝制质量的检查除看针迹外，还应看拼接和夹里。拼接主要看裤腰、下档拼角处拼接是否合理，再看内部如挂面、领里等拼接是否符合要求。对有夹里的衣服应检查夹里的长短和肥瘦，由表及里检查面是否平伏。

6. 里料

丝、驼绒棉袄、皮夹克、呢大衣、高档毛料服装及中高档夹服等都有里料。里料具有保暖、保护面料作用，而且使衣服便于穿脱。因此，里料质量直接影响到服装质量和档次。

服装里料分棉布、丝绸和化纤等三大类。品种有羽绒、花纱锻、人造棉、尼龙绸、涤纶绸等。检查时，一看里料的经纬密度是否较小，二看里料的组织结构是否疏松。从做工上检查，先将衣服里子翻出，用双手轻拉一下袖窿、摆缝、袖子等部位缝接处，看看缝制线路的针距是否过稀，针眼是否较大，有无毛头露出。再用手仔细摸一下里料各部位的缝接处，看看缝边宽窄是否均匀一致，是否过窄等。

服装的外形质量鉴别可分上衣和裤子两种。上衣可分别从前、后和侧面检查。从前面检查领头、驳头是否平伏，翘与平是否适当，胸部是否饱满圆顺，扣线是否顺直，口袋的位置、大小是否规整，口袋与盖是否平伏。从后面看，检查领圈是否挺括、平顺，后身是否整齐，肩处是否宽舒。从侧面看，检查肩缝是否直顺，两肩是否对称、服帖，下摆开衩处是否自然。裤子可分别从平面和腰头检查。先看平面，将裤子挺缝对齐、摊平，不应有吊翘现象；检查侧面口袋是否平伏，有无袋垫外露现象；检查裤子下档缝与后缝的交叉处是否平直，两裤脚大小是否一致、平帖。后看腰头是否平直，看后袋是否帖服，看门、里襟的配合是否合适、平顺，检查裤带的位置是否准确，缝制是否认真。

第四节　服装的选购与保养

一、服装的选购

人们穿衣的目的有两个，其一是遮盖身体，御寒防暑，保护人体健康和掩饰某些体型缺陷；其二是实现人体造型、样式和色彩的美化装饰，所以衣料的选择首先要反映这两方面的要求。同时，服装的选购也反映了一个国家的政治、经济、科学和文化教育的水平及生活水平。

（一）按照视觉风格的需要来选用

人们在选购服装时，通常是"远看颜色、近看花"，说明花色和色泽颇为重要，好的色彩可以使服装获得美感，不仅可以显示出人的体态美，也可以显示人的精神状态。因此选购服装时，颜色选择很重要。

1. 儿童服装颜色的选择

选择儿童服装，要注意儿童心理，符合儿童天真活泼的个性。色彩艳丽，可产生热烈欢快的感觉效果。

儿童服装颜色的选择，还应随季节的变化有所不同。秋冬季可选鲜艳一些的暖色调，夏天颜色宜浅，以能形成明朗凉爽的情感响应为宜。

2. 妇女服装颜色的选择

妇女四季服装的款式多，花色也千变万化，一般应结合年龄、性格、爱好、肤色、体形、职业等方面综合考虑。

妇女服装的颜色随市场流行而变化，各个时期都有不同，有时流行浅色，有时流行中间色调，有时流行明亮的色泽，有时流行闷色（暗沉色调）。妇女通常喜欢根据当时的流行色来选择服装。

青年妇女的服装不妨挑选色泽鲜艳、明快和强烈的色调，以显示青春活力；性格娴静的妇女，适宜挑选色调柔和宁静的中间色或淡雅颜色；中年妇女在选择服装色泽时，宜选宁静含蓄的色调或是素雅的浅色，以素色或中间色为宜，以显示大方、沉静和深远。但随时代变迁，经济发展，社会开放，中年妇女的服装色调，也在打破年龄界线，不过还是要注意与体形协调。老年妇女一般适宜选择宁静、安详、庄重的色调，以显示老年人的安逸、慈祥、端庄。

3. 男士服装颜色的选择

男式服装的色泽，一般以素雅大方的色调为主。老年人习惯穿青、蓝、灰白等素净的颜色，以显示老年人的淳厚、朴实、深沉、庄重，但也有挑选中深色和中间色调的服装，以显示老年人的活力；中年人喜爱朴素、明快、爽朗、稳重的色调，以显示壮年人精力充沛和饱满的精神状态。青年人服装的色泽要较中、老年宽广得多，但根据中国的民族特点，服装颜色仍局限于中间色、中浅色和深色调，如浅棕、米黄、银灰、栗灰、米灰、浅棕灰，深色调的有藏青、海蓝、铁灰、咖啡、草绿等，近年来青年服装款式创新变化多，服装颜色也相应增多。

肤色和服装的颜色有关系，肤色白净的人，挑选颜色的面比较广，不论是热烈、艳丽还是素雅，各色均宜；而肤色深黑的人，如果挑选明亮、浅淡色调的服装，因与肤色形成强烈对比，会显得肤色更黑；肤色苍黄的人，不宜穿与肤色接近的棕黄、驼、姜黄、米黄等颜色，否则会衬托出肤色的苍黄，给人以缺乏活力、精神不振的感觉。

服装颜色的选择和体形也有关系，例如体形瘦小的人，不宜穿黑、深棕、驼、紫色等深色的服装。这些颜色会显得体形更加消瘦，缺乏活力。体形肥胖的人，不宜穿艳亮和有强烈色调、光泽较强的面料，否则会更加显得臃肿。此外大花型、横条纹，同样也会使体形显得比较肥胖。

（二）按照对实用价值的认识来选用

1. 西装料

西装选料要求织物平挺洁净，手感丰满，弹性好，尺寸稳定性优良。

女式西装一般是春秋季穿着为多，以选用女式毛呢为多。夏季穿着的男式西装，以选择薄毛料为宜，如凡立丁、薄花呢等，颜色以浅色淡雅为宜。春秋穿着的男式西服，选料面比较广，有各色花呢、哗叽、华达呢等，颜色以中色或深色为宜。冬季穿着的，要求厚实、丰满、保暖，应选择中厚花呢、华达呢、法兰绒、粗花呢，以深色或中深色为宜。

2. 中山装

中山装是我国有代表性的服装。近年来，正宗的中山装少了，但变型的中山装很多。这种服装实用性强、四季皆宜，选择服装面很广，但必须结合季节、穿着用途和款式的特点选择面料。可选用各色卡其、花呢、中长（化纤）华达呢。

3. 职业服

职业装主要为职业人穿着，颜色均为中等色调的蓝、灰、咖啡、军绿、深米黄等，四季皆可穿，根据季节分成薄型与厚型，从府绸、麻纱、卡其、中长花呢、毛型的化纤织物，直到高档的毛料与混纺毛料均可选用，颜色以藏青、烟灰最为流行。

4. 夹克装

夹克装是流行的中青年服装，现在老人穿的也很多，属日常便服，也有做工作服用的。由于式样大方，适合男女穿着，服装可选用府绸类布、细支纱卡、灯芯绒、中长花呢，以及混纺织物、毛织物，服装颜色以中浅为宜，如米黄、浅

棕、银灰、栗色、蜜黄等。

5. 大衣

大衣的种类很多，款式变化多样，有春秋大衣、冬大衣和风雪大衣等。按长度，又分长大衣、中长大衣、短大衣。

春秋大衣的选料要求厚实、柔软、挺括、保暖，以毛料较为合适。女装春秋大衣的色泽一般都比较鲜艳，可选用火姆斯本，法兰绒、粗纺女式呢等。男装春秋大衣的色泽为深米黄、灰色、驼色、咖啡色为主，现在混杂色用得多，料子一般多采用华达呢、马裤呢、巧克丁、粗纺花呢、火姆斯本等。

冬大衣，一般要求丰厚柔软、富有弹性、膘光足、色泽好，穿着轻暖贴身，平挺丰满。男女装冬大衣面料主要是平厚大衣呢、立绒大衣呢、长顺毛大衣呢、拷花大衣呢、银枪大衣呢等。

6. 羽绒服

羽绒服的出现和 20 世纪化学纤维的发展有很大关系。以锦纶、涤纶为代表的合成纤维长丝纱技术，使我们可以得到既轻薄又有很高强度的面料和里料，并具备了对这种织物进行功能改良（防水、防风）的手段；与此同时人们又发现羽绒可提供较传统絮料更为良好的保暖性能，而且质轻。当把这几个因素加在一起的时候，一个轻暖防寒服的概念就出来了，于是出现了最初的羽绒服。

现在通过面料、絮料的改进，又增加了许多以短纤维织物作面料并以腈纶和涤纶絮片为填充料的新型"羽绒服"，但因为它已不含羽绒，所以也有改称它为防寒风衣的。

这类服装的面料有长丝织物和短纤维织物两类，一般均接受过附加功能处理，如防水、阻燃、抗油，也有通过涂层、复合改变面料造型特点（如仿皮衣造型），以及采取高紧密度配置，以取得防羽绒外钻的效果。

7. 风衣

风衣是流行的御风外衣，是带有装饰性的可防风寒且美观实用的夹大衣类服装。它的色泽多以米黄、浅棕、浅橄榄绿为主。女装也有银灰、浅雪青、锈红、黑绿、鸽灰、象牙白等色。服装要求手感厚实柔软，有弹性，身骨紧密结实，保暖防风性能好，保形性好，抗褶皱性好，富有毛型感，具有挺括、新颖、美观等风格特点。

风衣面料一般选用中长化纤类织物、化纤仿毛织物、全毛精纺光面哔叽、华达呢、巧克丁、贡呢等。

8. 旗袍

旗袍是我国富有民族特色的女装，既可作为礼服，也可作为日常便服。四季相宜，尤其是夏季，旗袍更为轻便凉爽，且用料比其他服装节省。旗袍整体修长，但款式也有变化，有中袖、短袖，又可镶嵌、滚边等，一般要求紧身合体，突出女性体态美。旗袍颜色以平素为主，也有印花、织花，但忌格型。如果作为礼服穿着，面料选用十分讲究，一般以丝绒和各类真丝绸为宜。

9. 女式套装

套装是近年妇女穿着最广泛的服装，包括西装套装、时装套装，款式千变万化，可归纳为上短下长（上衣短小，裙子长大）、上长下短（上衣肥大宽松、裙子狭短）及上下适中三种类型。面料的选用范围非常广泛，从高档次的全毛织物，如凡立丁、精纺花呢、板司呢、女式呢、法兰绒等，到低档次的含毛混纺料，薄型的还可以用丝绸，特别是仿真丝绸。

10. 裙子

裙子款式丰富，式样多变，花色繁多。常见的有喇叭裙、抽裥裙、面裥裙、旗袍裙、直筒裙、西装裙、凹裥裙、凸裥裙、开襟裙、斜裙、竹节裙、连衣裙等。裙子四季均可穿着，面料选用也很广泛。裙子款式自然活泼的，裙料要选得轻盈飘逸点；裙子款式端庄雅致的，裙料要选用悬垂性、赋形性好的。夏季裙料要求舒适飘逸，冬季裙料要求保暖。所以，裙料可覆盖的织物品种十分丰富。

（三）按照对时尚的追求来选用

时尚是人们选择面料的重要依据。衣着与面料具有相互依存的辩证统一关系，但这个关系又是以时间为转移的。就时间概念而言，时尚就是要有时代感和现实感，而时代感和现实感又可转化为流行性，但时尚和流行在内涵上还是有差别的。

时代不同，衣着变化很大，其中包括面料的变化。这一点是时尚追求中要特别关注的。

（四）按照各自对文化内涵的理解来选用

服装的文化内涵是一个很复杂的概念，每个人都可以从自己的角度对这个概念加以理解。不同国家、地区、民族和性别的人，会因为对美感的内涵有不同的理解而形成各自特有的款式要求和对服装的要求。像中国的旗袍、日本的和服、欧美的西装、东南亚的纱笼、阿拉伯的长袍等，都有为什么这样选择的理由。

（五）按照对性能价格比的要求来选用

面料的性能价格比，主要是指价格与织物功能（审美性和实用性）的合理性，即所谓"按质论价"。购买者就要根据自己的经济条件、穿着场合的要求及耐用性等方面，做综合考虑后再决定选购。

二、服装的保养

服装在穿着时，由于人的活动而受到多种力的作用，甚至由于经受反复张弛而产生疲劳。因此，一件服装不宜长期穿用，而应该轮换使用，以便服装材料的疲劳得以恢复。这样，就可保持服装的良好状态，延长服装寿命。此外，对服装的保管应注意下列事项。

1．防止服装变质

（1）服装发脆。服装发脆大体有下列几方面的原因：①整理剂和染料因日光及水分的作用，发生水解和氧化等现象；②残留物对纤维的影响；③虫害和发霉；④在保管环境下光或热能也会使纤维发脆。

（2）服装变色。服装变色原因大体上有下列几方面：①由于空气的氧化作用而使织物发黄；②由于整理剂的变质而使织物发黄；③由于染料的升华而导致染色织物褪色；④在保管环境下由于光或热的作用而使织物发黄；⑤由于油剂的氧化和残留溶剂的蒸发而导致织物变色。

2．防湿和防霉

服装在保管期间由于吸湿易使天然纤维织物或再生纤维织物发霉。霉菌会使纤维素降解或水解成葡萄糖，使纤维变脆。此外，霉味令人不快，霉菌的集中地即霉斑会使织物着色，从而使服装的使用价值大大降低。

服装保管在干燥的地方或装入聚乙烯袋中就可避免因湿度高而使织物发霉。对织物进行防霉整理也是防霉途径之一。

3．各类服装保管注意事项

（1）棉、麻服装。这种服装存放入衣柜或聚乙烯袋之前应晒干，深浅颜色分开存放。衣柜和聚乙烯袋应干燥，里面可放樟脑丸（用纸包上，不要与衣料直接接触），以防止衣服受蛀。

（2）呢绒服装。这种服装应放在干燥处。毛绒或毛绒衣裤混杂存放时，应该用干净的布或纸包好，以免绒毛沾污其他服装。最好每月透风1～2次，以防虫蛀。各种呢绒服装以悬挂存放在衣柜内为好。放入箱里时要把衣服的反面朝外，以防褪色风化，出现风印。

（3）化纤服装。人造纤维的服装（人造棉、人造丝等）以平放为好，不宜长期吊挂在柜内，以免因悬垂而伸长。若是与天然纤维混纺的织物，则可放入少量樟脑丸（不要与衣服直接接触）。对涤纶、锦纶等合成纤维的服装，则不需放樟脑丸，更不能放卫生球，以免其中的二萘酚对服装及织物造成损害。

第九章　日用商品

第一节　洗涤用品

一、洗涤用品概述

洗涤剂，是指以去污为目的而设计形成的制品，由必需的活性成分（活性组分）和辅助成分（辅助组分）构成。活性组分为表面活性剂，辅助组分的由助剂、抗沉淀剂、酶、填充剂组成。

洗涤剂包括肥皂和合成洗涤剂两大类。

肥皂是指至少含有 8 个碳原子的脂肪酸或混合脂肪酸的碱性盐类（无机的或有机的）的总称。根据肥皂阳离子不同，可进行如下分类（见图 9-1）。

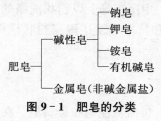

图 9-1　肥皂的分类

另外，根据肥皂的用途可分为家用和工业用两类，家用皂又分为洗衣皂、香皂、特种皂等；工业用皂则主要指纤维用皂。

此外，也可按照肥皂的制皂方法、油脂原料、脂肪酸原料、产品形状等分类。

合成洗涤剂则是近代文明的产物，起源于表面活性剂的开发，是指以（合成）表面活性剂为活性组分的洗涤剂。

合成洗涤剂通常按用途分类，分为家庭日用和工业用两大类（见图 9-2）。

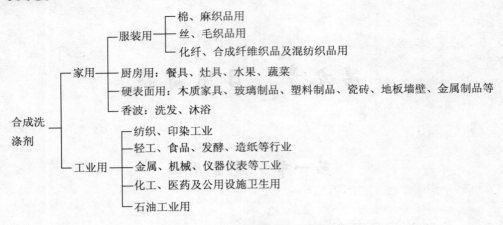

图 9 - 2　合成洗涤剂的分类

按合成洗涤剂产品配方组成及洗涤对象不同，又可分为重垢型洗涤剂和轻垢型洗涤剂两种。重垢型洗涤剂是指产品配方中活性物含量高或含有大量多种助剂，用以除去较难洗涤的污垢的洗涤剂，如棉质或纤维质地污染较重的衣料。轻垢型洗涤剂含较少助剂或不加助剂，用以去除易洗涤的污垢的洗涤剂。

按产品状态，合成洗涤剂又分为粉状洗涤剂、液体洗涤剂、块状洗涤剂、粒状洗涤剂、膏状洗涤剂等。中国市场上以粉状洗涤剂和液体洗涤剂为主，前者占75％，后者占25％。欧美和日本等发达国家粉状洗涤剂约占60％，液体洗涤剂约占40％。

二、肥皂

肥皂是个广义的概念，包括碱性皂和金属皂，在用途上包括家用和工业用两类。家用指香皂、洗衣皂和特种皂，工业皂主要是指纤维用皂。

（一）肥皂的原料

肥皂的原料有油脂、合成脂肪酸、碱及各种辅助原料、填料等。

1. 油脂

油脂是油和脂的总称，由一分子的甘油和三分子的脂肪酸脂化而成，称为三脂肪酸甘油脂，简称"三甘酯"。

油脂来源于动植物体，一般来说常温常压下呈固态或半固态的称为脂；呈液态的称为油。根据油脂的性能及作用的不同，可以分为以下几类。

（1）固体油脂。固体油脂的作用主要是保证肥皂有足够的去垢力，硬度及耐用性，主要有硬化油、牛羊油、骨油等。

（2）软性油。软性油的作用是调节肥皂的硬度和增加可塑性。软性油主要有棉籽油、花生油、菜油等。猪油也划为此类油。

（3）月桂酸含量高的油脂。月桂酸含量高的油脂有椰子油、棕榈油等，主要是为了增加脂皂的泡沫和溶解度。

（4）油脂的代用品。人工合成的或其他可以取代的油脂的物质。

2. 合成脂肪酸

合成脂肪酸是以石蜡为原料经氧化制得的高级脂肪酸，目的是节约天然油脂，开辟肥皂原料的来源。合成脂肪酸皂的质量不如天然的油脂皂。

3. 碱类

制皂用碱主要是氢氧化钠，其次是碳酸钠、碳酸钾、氢氧化钾。其作用是与油脂进行皂化反应而生成肥皂。

4. 辅助原料与填料

辅助原料与填料不能截然分开，它们绝大部分都是既有辅助作用，又有填充作用。总的来说是为了增加肥皂的洗涤综合性能，降低成本。

（1）松香。松香是松树的分泌物去除松节油之后的产品。松香在空气中易吸收氧，能使肥皂的颜色逐渐变暗，因此肥皂中不宜多用，一般用量为 2％～4％。松皂在肥皂中可防止酸败、增加泡沫、减少白霜和降低成本。

（2）硅酸钠。硅酸钠可增加肥皂的硬度和耐磨性，并有软化硬水、稳定泡沫、防止酸败、缓冲溶液的碱性等作用。洗衣皂中含量在 2％以上，香皂中含量在 1％左右。

（3）荧光增白剂。荧光增白剂是具有荧光性的无色或微黄色染料，吸收紫外线后，反射成蓝、青色可见光，这不仅抵消了织物上的微黄色，而且还增加了织物的明亮度，常用于增白洗衣皂。在肥皂中含量为 0.03％～0.2％。

（4）杀菌剂。杀菌剂多用于浴皂和药皂，常用的杀菌剂有硼酸、硫磺、甲酚、三溴水杨酰苯胺等。杀菌剂用量为 0.5％～1％。

（5）多脂剂。多脂剂常用于香皂，它能中和香皂的碱性，从而减少对皮肤的刺激，也能防止香皂的脱脂作用，用这种香皂有滑润舒适的感觉。这类物质可以是单一的脂肪酸，如硬脂酸和椰子油酸等，也可以由蜡、羊毛脂、脂肪醇配制成多脂混合物。多脂剂的用量为 1％～5％。

（6）羧甲基纤维素。羧甲基纤维素简称 CMC，它无洗涤能力，但易附于织物和污垢的表面，能防止皂液中的污垢重新沉积在被洗物上。

（7）着色剂。着色剂的作用是装饰肥皂的色泽，洗衣皂中一般加一些皂黄；香皂中所用的色调较多，有檀木、湖绿、淡黄、妃色、洁白等。肥皂中着色剂要求耐碱、耐光、不刺激皮肤、不沾染衣物等。

（8）香料。香料是香皂中必须加入的主要助剂。对于洗衣皂有时也加入香料以消除不良气味。

（二）肥皂的制造

肥皂的制造分两个阶段，第一阶段是制造皂基，第二阶段是调料并加工成型。

1. 皂基制造

制皂方法有沸煮法、中和法、甲酯法、冷制法等。其中最普遍应用的是间歇煮皂法和连续制皂法。

（1）间歇煮皂法。也称盐析法，该法利用油脂和碱进行皂化反应，然后经过盐析、碱析、整理等过程，最后制得纯净的皂基。

（2）连续制皂法。间歇煮皂法属于传统方法，第二次世界大战中，欧洲的许多肥皂厂受到了毁坏，重建时，出现了连续制皂工艺，也称现代制皂法。该法建立在油脂连续皂化基础上，例如阿法-拉伐尔方法，这种方法特点是采用管式反应，即两管道分别输送碱液和脂肪酸，在汇合处进行瞬时中和反应，后离心分离，真空出条。

2. 加工成型

生产肥皂的方法有冷桶法、冷板车法和真空干燥法。真空干燥法是目前世界上最先进的生产肥皂法。

真空干燥法包括以下工序：配料→真空冷却→切块→晾干→打印→装箱。

真空出条工艺是肥皂工业比较先进的工艺路线，和传统的冷板工艺相比，它改变了笨重的体力劳动生产方式，基本上实现了机械化、自动化、连续化的流水作业，肥皂的内在质量和外观质量也大大提高，是今后肥皂工业发展的方向。

3. 香皂的生产

目前世界上最先进的香皂生产工艺与设备是由意大利麦佐尼、荷兰联合利华、日本佐藤等公司提供的。研压法生产香皂工艺如下：

皂基→干燥→拌料（加入添加剂）→均化→真空压条→切块→打印→包装→成品。

三、洗涤剂

（一）洗衣粉

1. 普通洗衣粉

洗衣粉，即是指粉状（粒状）的合成洗涤剂。

洗衣粉品种繁多，牌号成百上千，但它们的主要成分则所差无几。各种洗衣粉性能上的差异，主要是配方中表面活性剂的搭配及助剂选择不同而产生的。

在洗衣粉中起主导作用的成分是表面活性剂，如烷基苯磺酸钠、烷基磺酸盐、烯基磺酸盐、脂肪醇聚氧乙烯醚、脂肪醇聚氧乙烯醚硫酸盐、烷基硫酸盐等。这类物质大都是以石油化学产品或油脂化学产品为原料合成的，它们在水中能迅速溶解，并能显示出良好的起泡、增溶、乳化、润湿、分散、去污等性能。这些物质在洗衣粉中加入量的多少以及它们本身质量的优劣，对于洗衣粉的整体质量影响最大。在1984年轻工业部修改的洗衣粉标准（QB－510－84）颁布之前，我国的洗衣粉按配方中表面活性剂的含量分为3种型号，即30型、25型和20型，活性物含量分别为30％、25％和20％。洗衣粉标准虽各国都有差异，但都对其所用表面活性剂的含量做了规定，说明了洗衣粉中表面活性剂达不到一定的浓度，则无法很好地用于洗涤操作。

同时，为了降低洗衣粉的成本，进一步改善洗衣粉的综合洗涤去污效果，在洗衣粉中还要加入一些助洗剂及填充剂。洗衣粉中常用的助洗剂有三聚磷酸钠、硅酸钠（水玻璃）、碳酸钠、硫酸钠（芒硝），并常配入1％～2％的CMC作抗再沉积剂和0.1％的荧光增白剂。为改善料浆的流动性，增加成品粉的含水量，加入1％～3％的甲苯磺酸钠等助剂。也有的洗衣粉中加了色料及香精以改善产品的色泽及气味。

最早市场上出现的洗衣粉种类比较单调，pH值为9.5～10.5，碱性较强。后来，由于在洗衣粉中又加进了其他有专门用途的助洗剂，洗衣粉也逐渐由通用型朝专用型方向发展，出现了各种专用洗衣粉。

高泡洗衣粉是目前市场上最多的洗衣粉品种。它的特点是泡沫丰富、持久、有很好的去污能力，可划分为高、中、低档洗衣粉。这种洗衣粉容易溶解，可以手洗，也可用于洗衣机洗涤。但由于泡沫较多，漂洗时耗水量较大。高档高泡洗衣粉也可用来洗涤丝、毛及化纤织物。中低档产品由于碱性较强，主要用来洗涤棉、麻衣物、工作服等。

近年来国内出现了用多种表面活性剂复配制造的复配洗衣粉，尤其在普通洗衣粉配方中加入非离子表面活性剂或少量肥皂，制成了低泡洗衣粉。该类产品去污力强、泡沫少、易漂洗，特别适宜于洗衣机洗涤。

很多洗涤用品都是发泡的，因此，很长时间以来人们都习惯于使用泡沫丰富的洗涤剂来洗涤。甚至很多人误认为洗涤剂的泡沫越多，去污效果就越好。实际上并非如此，通过对洗涤去污机理的研究，洗涤剂的去污效果是由于表面活性剂具有润湿、加溶、分散、乳化、泡沫等特性，这些作用在洗涤过程中综合体现，才是影响去污力的直接因素。发泡只是洗涤过程的一种现象，虽然泡沫也有一定的携污能力，但泡沫与去污效果关系是不大的。

而且，在洗涤过程中泡沫过多，衣服在漂洗时还要费力、费水、并且带有大量洗涤剂的废水，会造成环境问题。尤其在家庭洗衣机普及以后，洗涤时产生的大量泡沫有时会溢出机外，影响正常洗涤。

低泡洗衣粉中，表面活性剂的协同作用，一方面使原来容易发泡的肥皂、烷基苯磺酸钠等的发泡力受到抑制，使这类洗衣粉使用时不会产生那么多的泡沫；

另一方面复配品的润湿、分散、乳化、加溶、去污等性能比单个表面活性剂有所增加，去污效果比高泡洗衣粉有增无减，因此，低泡洗衣粉是值得推荐使用的洗衣粉品种。

选择洗衣粉时要从衣物的污染程度、纤维特点、洗衣粉价格、洗衣粉质量、洗涤方法等角度去选择。

洗衣粉的质量直接影响着洗衣粉去污力及去污效果。而洗衣粉去污能力大小标准，从洗衣粉的表面是看不出来的。洗衣粉去污力大小主要取决于洗衣粉的内在质量，一般说含表面活性剂及三聚磷酸钠的总量越多，同等质量的洗衣粉的去污力也就越大，反之则小。一般说含量在60％以上时属于高档洗衣粉；45％属于中档产品；30％则属于低档洗衣粉。

国内生产的普通洗衣粉，大部分在1％浓度时pH为9.5～10.5，是碱性的。用它洗衣服时，会不同程度地影响织物纤维的牢固性。但洗衣粉的碱含量（或称为碱性）也有高低之分，而衣服的纤维耐碱力也有一定的差异。

2. 浓缩洗衣粉

浓缩洗衣粉，是指密度较大，以非离子表面活性剂为主要活性物的洗衣粉，即洗衣粉国标（GB13171—97）中的B类洗衣粉。

浓缩洗衣粉无论从配方设计、原材料选用，还是制造方法上，都与一般洗衣粉截然不同。所以它的许多性质与普通洗衣粉不同。

浓缩洗衣粉属于低泡型洗衣粉，其泡沫低，易漂洗，特别适于洗衣机洗涤。

从制造工艺看，普通洗衣粉是以高塔喷粉而得，一般是空心的颗粒，所以相对密度较小。而浓缩洗衣粉是用附聚成型等工艺制造的，为实心颗粒，因此视密度大，体积小。

因此，浓缩洗衣粉有效物更高一些，即去污力强，用量少，省时、省力、省水，效率高，其使用量为一般洗衣粉的1/4～3/4。

由于浓缩洗衣粉的视密度大，体积小，对制造商来说可以节省储存及运输费用；对商店来说，产品浓缩意味着为其他货品提供了更多的货架空间。浓缩洗衣粉对消费者的吸引力在于使用的方便和省时、省力、省水、省电带来的相对价格优惠。

浓缩洗衣粉是节能型产品，其生产过程比高塔喷粉要节省燃料、蒸汽、电及劳动力，而且在使用时，也具有省水、省电的节能优点。

同时，需注意，有些浓缩洗衣粉以吸收中和法生产，是以纯碱吸收烷基苯磺酸制得。该法制得的洗衣粉，纯碱含量较高，注意不要用于洗涤丝毛等精细织物，以免其碱性引起丝毛织物的缩水，强度破坏。吸收中和法工艺制得的产品成本低，去污力强，多为中小生产厂采用。

与普通洗衣粉配方相比，浓缩型洗衣粉的配方一是活性物多是经过多元复配，并且非离子表面活性剂含量较高，使其去污性能大大提高。常用的阴离子表面活性剂有直链烷基苯磺酸钠、脂肪醇硫酸盐、脂肪醇聚氧乙烯醚硫酸盐、α-烯基磺酸盐、肥皂、脂肪酸甲酯磺酸盐等。常用的非离子表面活性剂有脂肪醇聚氧乙烯醚、烷基酚聚氧乙烯醚、烷基糖苷等，非离子表面活性剂的含量一般在8％以上。日本将活性物含量超过40％的称为超浓缩粉。二是对助剂的要求有些不同，如要求固体助剂有一定的颗粒度、一定的表观密度、无机械杂质。因为基料粉的均匀性与表观密度直接影响着产品的颗粒与表观密度。如所用的纯碱应是表面较大的轻质粉，对五钠则要求具有适当的密度。并含有较多的 I 型成分，使用沸石代替五钠时，沸石的颗粒要求平均粒径小于 $4\mu m$。作为填充剂的硫酸钠，应减至最小量。

3. 加酶洗衣粉

酶是由活细胞生成的一种具有"活性"的高分子量的蛋白质。它们是一种生物催化剂，能在温和的条件下加快化学反应。例如，肽水解酶能将蛋白质全部或部分地转化为氨基酸，使不易溶解于水的蛋白质，转化成易溶解的氨基酸，从而提高了洗涤效果。

酶的作用对象是很专一的，即只对某种或某类底物起作用。另外一个特点是，它们以重复作用的方式起作用，即当酶分解掉一个底物后还能够从底物上分离下来去作用另一个底物，因此只需要很少的酶就能达到明显的效果。

目前在洗涤剂中使用的酶共有 4 种：蛋白酶、脂肪酶、淀粉酶、纤维素酶。它们有着对污垢的特殊去污能力，并且具有在洗衣粉配方中所占成本较少而洗涤效果提高很多的特性。

（二）洗涤剂

1. 重垢型洗涤剂

重垢型洗涤剂也称强力洗涤剂，是指产品配方中除表面活性剂外还含有多种大量的助剂，以除去难以脱落的污垢，用于洗涤污垢严重的棉质服装、被褥、床单等。棉质纤维表面的羟基具有亲水性，容易吸附蛋白质、血渍、汗渍、皮脂等人体分泌物，脂肪（各种油污），淀粉和无机污垢，而且空心的棉花纤维更增加了洗涤难度。使用重垢型洗涤剂，可以渗透进去除掉顽渍。

重垢洗涤剂要具备的条件如下。

（1）在低温下能充分发挥去污能力。

（2）在二价离子如钙、镁等离子存在时不会降低去污力。

（3）在洗涤时，不损伤衣物，不刺激皮肤。

（4）对环境无害，使用量少却能发挥很高效力。

重垢洗涤剂有两种，一种洗涤剂中不加助剂，活性物质占 30％～50％，另一种表面活性剂占 10％～15％，外加 20％～30％ 的助洗剂。重垢型洗涤剂以阴离子表面活性剂为主体，目前发展趋势是逐渐降低表面活性剂的含量，增加助洗剂的含量，提高洗涤效果。

重垢洗涤剂中配入的助洗剂主要有硅酸钠、羧甲基纤维素、荧光增白剂、酶制剂、香料、着色剂、芒硝等。重垢洗涤剂一般呈碱性，其 pH 值为 9～13。重垢洗涤剂除了粒状洗衣粉和液体洗涤剂外，还有块状、膜状、丸状和乳片状洗涤剂。液体型洗涤剂使用简便，逐渐受到消费者的喜爱。块状洗涤剂外形很像肥皂，它耐硬水、耐磨、不烂糊，手洗衣服方便，还可以洗脸、洗手，外出携带也很方便。丸状洗涤剂为空心球状，在高温高湿度条件下有适当机械强度，在储存中不凝聚，易保存，而在水中易溶解。膜片洗涤剂是一种柔韧的膜片，使用方便，溶于水后即成高效洗涤溶液，也容易保存。乳状洗涤剂是由若干助剂和表面活性剂构成的悬浮粒子，为了防止分层，加了一些稳定剂，形成乳状液，使用方法与重垢液体洗涤剂一样。

2. 轻垢型洗涤剂

洗衣用的轻垢型液体洗涤剂用于洗涤羊毛、羊绒、丝绸等柔软、轻薄织物和其他高档面料服装。这类洗涤剂并不要求有很高的去污力，因为轻垢型洗涤剂是以污垢较易去除的洗涤物为对象的。

又因轻垢液体洗涤剂主要洗涤对象为轻薄、贵重的丝、毛、麻等，其配方结构比较考究，这种液体洗涤剂应呈中性或弱碱性，脱脂力要弱一些，不应损伤织物，洗后的织物应保持柔软的手感，不发生收缩、起毛、泛黄等现象。

不同牌号和不同用途的轻垢型液体洗涤剂，通用性好，配方结构相似。各国的这类液体洗涤剂中的活性物含量不同，但平均在 12% 左右，一般不超过 20%。

轻垢液体洗涤剂所用的主要是阴离子表面活性剂和非离子表面活性剂，如线性烷基苯磺酸的钠盐、钾盐、三乙醇胺盐、脂肪醇聚氧乙烯醚硫酸盐、脂肪醇聚氧乙烯醚、烷基醇酰胺等。

液体洗涤剂通常为透明溶液，洗涤剂的浊点是影响其商品外观的一个重要因素。好的配方产品，要求其浊点不要太高或太低，以保证在正常储运及使用时，溶解良好，而且呈透明的外观。

为使洗涤剂产生另一种外观，即不透明性，可以在配方中加入遮光剂。遮光剂一般是碱不溶性的水分散液，如苯乙烯聚合物，苯乙烯-乙二胺共聚物，聚氯乙烯或偏聚二氯乙烯等。以上这些物料加入到产品中，都能产生不透明性，这些产品则是不透明型的液体洗涤剂，不同于透明型液体洗涤剂的浑浊变质现象。

液体洗涤剂在储存时会变色或分层，这是因为光的作用而产生的，如果不严重，则不太影响其去污效果。为避免这种现象，在液体洗涤剂制造中可通过添加紫外线吸收剂或将液体洗涤剂用不透光的瓶子包装。另外，尽量避光保存。

轻垢型液体洗涤剂的洗涤对象为轻薄、贵重的丝、毛、绒、绸、麻等纤维织物。配方结构比较考究，低碱性或中性，脱脂力要弱，不损伤织物。去污力不要求太高，比较温和，活性物一般不超过 20%。

3. 加酶洗涤剂

为了保护水资源，防止水的富营养化，洗涤剂中限制使用加磷的助剂，这使得洗涤剂的去污能力下降。到 20 世纪 60～80 年代，加酶洗涤剂受到重视。酶通过生物氧化反应降解各种污垢的性能在重垢型洗涤剂发展中起了重要作用。

酶是由活细胞制成的具有活性的高分子蛋白质，它们是一种生物催化剂，可以在温和的条件下加快化学反应，只用很少的酶就能起到明显的分解污垢的作用。如蛋白酶可将衣服上的血迹、汗渍、草汁、肉汁中的蛋白质分解为可溶性氨基酸，淀粉酶能将淀粉分解成糖，脂肪酶能将污垢中某些酯质分解成脂肪酸，纤维素酶可以分解菜汁中的纤维，使它们溶于水，纤维素酶还可以分解衣物起的小毛球和丝状物，使衣服柔软平整。

在洗涤剂产品中，特别是重垢型洗涤剂中，把酶作为洗涤助剂的称加酶洗涤剂。由于添加了脂肪酶、蛋白酶、淀粉酶、纤维素酶等多种复合酶，对去油垢、污斑特别有效，大大提高了洗涤效果，而且省时省力，还节能，因此加酶洗涤剂发展得很快。

因为淀粉污垢比较容易除去，洗涤剂本身主要功能是去除油污，而蛋白类污垢像血迹、汗迹等印迹却较难去除，所以目前加酶洗涤剂中的酶主要是用于分解蛋白质。

4. 柔软洗涤剂

洗涤衣物时，洗涤后的衣物会失去洗涤前的柔软性，从而给人坚硬的感觉。特别是洗衣机洗羊毛织物时，这种倾向更显著。洗后的棉、麻纤维织物也会有明显的粗糙感。这种现象特别是当洗后的内衣、床单、毛巾等在穿用时使人们的皮肤感到不舒服。舒适的手感对其他织物如亚麻台布也有很大的价值。

另外，由于化学纤维衣服的大量上市，人们的衣着也更加丰富多彩了。化学纤维具有耐穿、易洗、抗潮、防蛀等多种优点。然而化学纤维由于表面干燥，常带有较多的静电，所以穿化学纤维的衣服容易纠缠、抱合；裙子易帖服在身上；内衣和衬里产生静电；穿着化纤织物走过地毯或靠在沙发上滑动以及穿脱衣服时，人们有时会感到像电击一样。此外，穿化纤衣服也容易着尘等。

（三）厨房用洗涤剂

厨房洗涤剂主要用于洗涤各种餐具、厨具、灶具、水果、蔬菜等。

通过各种实验，证明用洗涤剂洗涤餐具、蔬菜、水果后，不仅洗去了上面的污垢，而且能洗去附着其上的细菌和农药，远比单纯用水洗涤的效果要好。厨房用洗涤剂在家庭用洗涤剂中占很重要的地位。厨房用洗涤剂大多数为轻垢型洗涤剂，而像灶具、抽油烟机等长期积累的油垢则需要用重垢型洗涤剂，碱性较强。

由于厨房用洗涤剂与食品、人体有着密切的关系，因此需要具备下述性质。

（1）能有效去除油脂类及油烟类污垢。

（2）洗涤餐具、蔬菜类应具有一定杀菌、消毒、去除残留农药、微生物、虫卵等作用。

（3）必须保证对人体的安全，对皮肤刺激性小。即使残留在餐具和蔬菜水果上，也不会影响人体健康。

（4）洗涤蔬菜、水果、餐具时应该容易被洗掉。残留于蔬菜、水果上的洗涤剂既不能影响其原味，同时也不能损伤其外观。

（5）去污性能好，洗涤过程中不损害用具，不影响陶瓷、玻璃、金属制品的表面。

厨房洗涤用品种类较少，按照洗涤对象可以分成餐具洗涤剂、厨房设备洗涤剂和瓜果蔬菜洗涤剂。

四、其他洗涤用品

（一）地毯清洗剂

地毯体积大而厚，纤维粗且缝隙大，因此比其他织物更容易污染，地毯和软垫的清洗操作与洗涤其他物品不同，即被洗物很难漂洗。沉积在地毯上的尘土类污垢通常用吸尘器真空抽吸、刷洗，但是油性污垢还需要使用地毯清洗剂。地毯清洗剂有液体地毯清洗剂、干型地毯洗涤剂、液体干洗地毯清洗剂和杀螨地毯清洗剂。液体清洗剂一般含有过氧化氢、丙醇和氢氧化铵，它们适用于合成纤维地毯的清洗。干型地毯清洗剂除了含阴离子表面活性剂、有机溶剂和水外，还有纤维素粉、无定形硅胶或沸石、香精等，这些物质撒在地毯上可以吸附油污，而后用吸尘器吸掉。

1. 液体干洗地毯清洗剂

液体干洗地毯清洗剂中除了有阴离子表面活性剂、非离子表面活性剂等去污剂，助洗剂碳酸钠、硅酸钠、荧光增白剂、香精外，还添加了三次甲基化脲，该物质具有高吸附性和耐磨性的特点，并且有引入洗涤剂和带走污渍的双重作用，可以使地毯的洗涤和漂洗一次完成。使用时把液体干洗剂撒在地毯污垢上，擦洗后用吸尘器吸掉，不用水洗。

2. 杀螨地毯清洗剂

螨虫属节肢性动物，蜘蛛纲，成虫躯体是卵圆形。灰螨（表皮螨）和户尘螨以人和动物的皮屑为食，在床上、褥子、被子、沙发、地毯上均有生长，螨虫易生活在潮湿温暖的地方，地毯是螨虫最喜欢生活的地点之一。它的分泌物和排泄物是引起过敏性疾病的变应原，它可以引起咳嗽、气喘、憋闷、过敏性哮喘、常年过敏性鼻炎，还可以引起红鼻病。特别是铺床扫地时，螨虫的分泌物和排泄物极易飞扬，患者一旦吸入，即出现过敏症状。活螨虫每日排泄高达 20 次，大大污染了室内环境。因此清洗地毯时兼具有杀灭螨虫功能的地毯清洗剂受到人们的欢迎。杀螨地毯清洗剂中除了洗涤去污成分外，杀螨虫的有效成分为苄醇、2-苯酸乙醇、苯氧乙醇、氯丁醇、正十二醇、正辛醇等。1，2-乙二醇与苄醇配合对杀螨虫有协同作用，少量的萜烯可促使芳醇杀伤灰螨。

3. 通用地毯香波

将铝硅酸镁、汉生胶、月桂醇硫酸钠、月桂酰肌氨酸钠、苯乙烯-马来酐共聚物等原料溶于水中，以氨水调 pH 值 7～9，再加入香精和色料，产品为透明液体。本品对纤维无损害，润湿力及渗透性好，易于蒸发、干燥。对纯毛及各种合成纤维地毯均可适用。使用时，每升水中加入本品 15g，溶解后喷洒在地毯上，再用刷子刷洗，然后用干布沾干，或用吸尘器把污垢和水分吸去，3～4h 后，地毯就可使用。

4. 小地毯清洁剂

小地毯清洁剂的主要成分为肥皂、表面活性剂、溶剂等，一般制成液体洗涤剂，用于清洗小地毯和室内装饰用品。清洗时产生丰富泡沫可使洗涤容易进行，既不会损伤纤维，又可使地毯颜色鲜艳、光亮。使用时用海绵或软布作擦拭器，吸取清洗剂溶液后，压出吸取的清洗液，令其表面产生泡沫。而后用来擦拭地毯表面，使其表面洁净。再用干净的布蘸取温水，除去被洁表面的皂液。最后用洁净的干布擦干净。

（二）地板、家具清洗剂

地板上的污垢一般污染轻，较易除去，在通常情况下，可使用万能型洗涤剂，在使用时，可根据污染程度，适当加以稀释。

但由于地板种类不同，如有地板砖、地板革、木制地板等，其污染程度及清洗后的要求有所不同，所以也有各种各样的地板专用清洗剂产品。如通用型地板清洗剂、地板清洗上光剂、地板蜡、地板脱蜡清洗剂等。从剂型上看，有液状、膏状及气溶胶状等多种产品。

1. 地板清洗剂

脂肪酸二乙醇胺、聚乙烯醇、烷基苯磺酸、二甲苯磺酸钠、亚硝酸钠、磷酸钠、焦磷酸钾加水混合后主要用于木制地板、家具、门窗的清洗。

烷基苯磺酸、烷基酚聚氧乙烯醚、甲基苯甲酸酯等制成的清洗剂可以清洗地板，并可以增亮。妥尔油制成的肥皂和十二烷基磺酸钾、壬基酚聚氧乙烯醚、丁基萘磺酸钠构成的洗涤剂有去污防滑作用。

（1）通用型地板清洗剂。主要成分为表面活性剂、溶剂、助剂等，一般制成液体洗涤剂。使用时用水稀释，再用刷子或海绵配合进行刷洗。用这类清洗剂清洗地板，除可有效地除去地板表面的污垢，有些产品还用于改善地板的外观及性能。如以肥皂、十二烷基磷酸钾、壬基酚聚氧乙烯醚、丁基萘磺酸盐等为主要成分复配的地板清洁剂，具有良好的去污性能，同时还可以降低被处理过的地板表面的滑性，主要是因为用该产品处理后，提高了地板，尤其是瓷砖地板的静摩擦系数。

（2）车库地板清洗剂。车辆地板一般污染较重，主要污垢为矿物油类，用一般的清洗剂洗涤时较费力。一般可选择溶剂型的专用清洗剂。这类清洁剂主要为煤油、三氯乙烯、汽油、非离子表面活性剂的复配产品。使用本品，可有效地去除地板表面的重垢润滑油和润滑脂。这类清洗剂也适用于汽车修理厂等地板的清洗。

（3）地板清洗光洁剂。主要成分为润湿剂、乳化剂、聚合物、去油剂、上光剂。用这类清洗剂擦洗地板砖、地板革、木制地板等硬表面，不仅可清除地板表面污垢，而且在其表面留下一层防水性的油性光亮膜，起到增亮、保护双重作用。

（4）地板蜡。主要成分是表面活性剂及蜡类。一般为乳剂型产品，具有清洗、上蜡双重效能。用本品处理后的地板，尤其是木制地板，光洁、平滑、外观非常好。

（5）地板清洗脱蜡剂。该类清洗剂用于洗除打蜡地板的蜡、聚合物污物等。地板脱蜡剂主要有3类。①有机磷酸盐型地板清洁脱蜡剂，由烷基磷酸盐、烷基聚氧乙烯醚磷酸盐、焦磷酸盐、偏硅酸盐、氢氧化钠等复配而成，一般为碱性产品，液体剂型。使用时，将其溶于水中，用于清洗上蜡地板或地板脱蜡。用于清洗时，浓度应较低。用于脱蜡时，浓度要高些（即少加一些水）；②溶剂型地板清洁脱蜡剂，主要由一缩二丙二醇醚、丙二醇醚、异丙醇、乙二醇醚等溶剂、表面活性剂、助剂如单乙醇胺、焦磷酸盐等复配制成，有很好的清洗、脱蜡作用；③以表面活性剂为主的清洗脱蜡剂，所用的多为非离子表面活性剂，其在配方中的含量可达 15％～20％，再加入焦磷酸盐、三乙醇胺等复配而成的液体洗涤剂产品。

（6）气雾剂型地板清洁剂。上述各类清洗剂制成液体洗涤剂剂型，压入气雾罐中，以氟利昂、丙烷、丁烷、氮气等作推进剂，制成气溶胶型产品，用于地板、搪瓷等硬表面的清洗。

2. 塑料、橡胶表面清洗剂

硬脂酸鲸蜡醇、甘油单硬脂酸酯、异丙醇、抗静电剂、磨料、三乙醇胺、丙烯酸填料混合后常用于塑料表面的洗涤，并具有增亮作用。

3. 家具清洗剂

由伯脂肪醇硫酸钠、合成脂肪酰醇胺、六偏磷酸钠、明胶、助溶剂、染料、水、香料组成的清洗剂既可以清洗又不损伤家具漆面，还有增亮作用。亚麻油、

70％异丙醇和乙酸配合洗涤漆面，也有增亮作用。

（三）卫生间清洗剂

随着人们居住环境的现代化，卫生间已成为居室不可缺少的一部分。卫生间清洗剂是指专门用于清洗浴室、抽水马桶、便池、洗漱面盆等卫生设备的洗涤剂。卫生间清洗剂应该具有去除污垢、杀菌、除臭、保护金属镀层、陶瓷、塑胶表面等多种功能。卫生间清洗剂从外形上可分为以下几类。

（1）块状：多用于抽水马桶的自动清洗，使用时间长。

（2）粉状：主要靠摩擦力擦去污垢。

（3）液体状：对油垢皂渣去污力强。

（4）气体喷射型。

卫生间清洗剂从功能上可分为以下几类。

1. 浴室设备清洗剂

浴室设备清洗剂主要用于面盆、浴盆、镜子、浴室墙壁等。上面的污垢主要是钙镁皂形成的皂垢皂渣、人体污垢等，油性物质较少，所用洗涤剂为弱酸性，pH 值在 5.5 左右。浴室设备清洗剂主要含有阴离子表面活性剂、泡沫稳定剂和增稠剂，并有少量阳离子表面活性剂，它可以对浴盆、面盆进行消毒杀菌。

2. 抽水马桶清洗剂

卫生间设备包括便池、马桶、抽水马桶、水箱、洗手池等，这些设备多是陶瓷制品，上面的污垢主要是水垢、尘埃、皂垢等，便池内污垢为尿碱、水垢（钙镁的磷酸盐、碳酸盐）、有机酸、有机氮的混合物，这些污垢的去除需要用酸性物质。一般家庭都知道使用醋或盐酸可以把尿垢烧掉。厕所清洗剂主要含去污剂、除臭剂、缓蚀剂和杀菌剂。

3. 块状抽水马桶清洗除臭剂

由聚合物（羟乙基纤维素、聚乙烯醇、改性淀粉等）、表面活性剂、染料、杀菌剂、除臭剂、香料复配而成。一般先将所有物料加热融解，搅拌均匀后用模具制成 30～50 克的块状产品。使用时，将此块状产品投入抽水马桶中，可缓慢释放出其中的有效成分，起到清洗、除臭作用，并留有芳香。一般可在水箱中放置 2～3 个月才完全溶尽，然后再更换新的。

4. 两层包囊型抽水马桶清洁剂

用聚乙烯醇薄膜将碳酸氢钠、柠檬酸、蒽醌染料、香料等包覆制成内包囊。然后再将柠檬酸、季铵盐杀菌剂等包覆制成外包囊，即得两层包囊型清洁剂。

外包囊为酸性；内包囊为碱性。与水接触时外内包囊依次溶解，酸性物起清洗马桶及除臭作用，而碱性物中和水中的酸。

（四）下水道清洗剂

家庭中的下水道主要有三类：厕所下水道，浴室下水道和厨房下水道。长时间使用后或者使用不当，下水道常常会发生堵塞，堵塞物主要是毛发、纤维、食物残渣等，它们经过微生物繁殖分解，会发酵变臭并附着在管道上，堵塞管道，给生活带来不便，用下水道清洗剂可以较轻松地解决问题。

排水管道清洗剂主要使用强酸、强碱、强氧化剂，如氢氧化钠、氢氧化钾、浓硫酸、次氯酸钠或过碳酸钠，这些物质腐蚀性极强，可以有效地清除堵塞物，但极易烧伤皮肤，对儿童也不安全。目前也有作用力较小的下水道清洗剂，常用硫化物，如硫化钠、硫化钡，它们可以分解毛发，也可以做脱毛剂。表面活性剂用于去除油污，并将污垢分散。下水管道往往是垂直的，要使清洗剂充分发挥作用，常常使用羧甲基纤维素钠、氯化钠作为增稠剂，延长清洗剂在管道内的停留时间。有时要加入有机溶剂去乳化油垢、钙皂等。

第二节　化妆品

一、化妆品的功能

化妆品的作用可概括为如下五个方面。

（一）清洁作用

祛除皮肤、毛发、口腔和牙齿上面的脏物，以及人体分泌与代谢过程中产生的不洁物质。如清洁霜、清洁奶液、净面面膜、清洁用化妆水、泡沫浴液、洗发香波、牙膏等。

（二）保护作用

保护皮肤及毛发等处，使其滋润、柔软、光滑、富有弹性，以抵御寒风、烈日、紫外线辐射等的损害，增加分泌机能活力，防止皮肤皲裂、毛发枯断。如雪花膏、冷霜、润肤霜、防裂油膏、奶液、防晒霜、润发油、发乳、护发素等。

（三）营养作用

补充皮肤及毛发营养，增加组织活力，保持皮肤角质层的含水量，减少皮肤皱纹，减缓皮肤衰老，以及促进毛发生理机能，防止脱发。如人参霜、维生素霜、珍珠霜等各种营养霜、营养面膜、生发水、药性发乳、药性头蜡等。

（四）美化作用

美化皮肤及毛发，使之增加魅力或散发香气。如粉底霜、粉饼、香粉、胭脂、唇膏、发胶、摩丝、染发剂、烫发剂、眼影膏、眉笔、睫毛膏、香水等。

（五）防治作用

预防或治疗皮肤及毛发、口腔和牙齿等部位影响外表或功能的生理病理现象。如雀斑霜、粉刺霜、抑汗剂、祛臭剂、生发水、痱子水、药物牙膏等。

二、化妆品的分类

尽管化妆品品种繁多，但国内外对化妆品没有统一的分类方法，一般常见的分类方法有如下五种。

（一）按使用目的分类

（1）清洁用化妆品，如香皂、香波、沐浴液、洗面奶、洁肤乳、清洁水、清洁霜、磨面膏等。

（2）基础化妆品，如各种膏、霜、蜜、脂、粉、露、乳、水、面膜等。实际上，除美容修饰化妆品外，其他都属于基础化妆品，它们的功能主要在于补充和调整皮脂膜以求保护皮肤。

（3）美容化妆品，如腮红、唇膏、粉饼、唇线笔、眉笔、眼影膏（粉）、眼线笔等，使用的目的在于造成视觉上的美化，所以也称作修饰用化妆品。

（4）香化用化妆品，如花露水、香水、古龙水等。

（5）护发、美发用化妆品，使头发保持天然的、健康美丽的外观，起修饰和固定发型作用的一类化妆品，如发油、发乳、护发水、摩丝、润发剂、整发剂以及洗发剂、香波等洁发用品，此外还有烫发剂、染发剂等。

（二）按使用部位分类

按使用部位分类可分为皮肤用化妆品、黏膜用化妆品、头发用化妆品、指甲用化妆品、口腔用化妆品等。

（三）按用途分类

（1）清洁用化妆品，用于清洁肌肤、毛发等的用品。

（2）一般化妆品，如皮肤、毛发护理或美容用品。

（3）特殊用途化妆品，介于化妆品和药品之间，具有某种特殊化妆性能，如祛汗、除臭、脱毛、漂白、防晒、晒黑、健美等化妆品，一般来说它们能起到掩盖或是控制和调节作用。

（4）药用化妆品，指具有某种治疗功效的化妆品，如粉刺灵、祛斑霜、防裂霜、生发剂、去头皮屑香波等。

（四）按产品形态分类

化妆品的基本形态有液态和固态两种。

（1）液态化妆品，常见的有化妆水、各种乳剂和油剂，它们是以水、油或酒精配入其他物质制成的，为了促进加入物质的溶解，还常常加进助溶剂。

（2）固态化妆品，最基本的类型是膏类、霜类、粉类、胶胨状、硬膏状（如唇膏）、块状（如粉饼、胭脂、香皂）、锭状和笔状等。

（五）按原料来源分类

按原料来源可分为天然化妆品和合成化妆品。

（1）天然化妆品，当今已进入"绿色"时代，天然成分配制的化妆品大受人们青睐。天然化妆品实际上是一种最古老的化妆品，几千年前人们就用瓜果汁液涂肤搽脸，以保持皮肤细嫩柔软。当时应用的纯系天然原材料，不做任何加工。而目前市面上出售的实为复配型天然化妆品，是通过化工或生物化工技术，把动植物中具有某种生物活性的物质如可溶性弹力蛋白、肌肽、SOD（过氧化物歧化酶）、果酸、抗坏血酸等，分离提取出来作为基剂或添加剂，辅以其他助剂配制而成。还有一种外观、香气、色泽都十分接近天然原料制品，实际并未使用天然原料的拟天然型化妆品。

（2）合成化妆品，是由各种不同作用的原料经过配制加工的产品。因为价格低廉，在保证使用安全可靠的合成原料的前提下，合成化妆品仍在化妆品市场上占据主要地位。

三、常见的化妆品

（一）洁肤用化妆品

皮肤上的污垢除指附着在皮肤表面的尘埃和化妆品之外，还包括表皮角质层剥脱的角质细胞、从皮肤分泌出的皮脂、汗液以及它们的分解产物。这些污垢较长时间附着在皮肤上，不仅容易导致细菌的生长繁殖，也会对皮肤起刺激作用，对皮肤的正常生理活动可能造成不良影响。因此，保持皮肤清洁既是日常生活必不可少的活动，也是化妆的基础条件。

洁肤用化妆品基本上是按水洗、油洗、粉末吸附或摩擦等去垢方法制备的，常用的品种如下。

1. 皂类

皂类主要有香皂、透明皂、药皂等，它的基本功能是清洁皮肤。

2. 洁面用制品

洁面用制品包括无脂洁肤剂、剥脱剂、磨面膏、洁肤霜、洁肤面膜、洁面泡沫、清洁化妆水等。通过这些制品可以清洁、滋润面部皮肤，达到美化面容的效果。

（1）无脂洁肤剂，主要含有水、甘油、鲸蜡醇，偶尔也含有丙二醇，但不含油脂。适合干性皮肤，用时涂擦于皮肤上使之产生泡沫，然后拭干。皮肤敏感的人也可以用它卸妆。

（2）剥脱剂，通常是在收敛性化妆水里加入水杨酸或金缕梅等，用来促进枯萎的角质细胞脱落，以保持皮肤的清洁、鲜亮和细润，有利于排除粉刺，一般多用于具有痤疮倾向的人。

（3）磨面膏，也叫磨砂膏、皮肤按摩清洁膏，它具有机械性剥脱作用，但是不含刺激性物质，这类制品有摩擦膏和磨面霜。它们一般含有氧化铝、氧化镁、聚乙烯微粒、果核粉粒、珍珠粉、骨粉或十氢四硼酸钠颗粒等，用来去除脱落的角质细胞和抑制皮脂分泌过多。此外，非编织聚酯纤维网状海绵也是一种摩擦用品，有的海绵中还浸有洁肤剂。

（4）洁肤霜、洁肤乳，也称清洁霜、洁面乳，是皮肤清洁剂，兼有洗净皮肤和洗去涂在皮肤表面化妆品的功能。洁肤霜（乳）均为弱酸性，它们的去污作用不是像香皂那样靠表面活性剂，而是靠组分中的油分和水分的溶剂作用。使用时，把它均匀地涂在面部和颈部，再加上按摩，使皮肤暂时变软并乳化油脂和脏物，待皮屑、油污、脂粉等移到所用洁肤剂后，用面巾纸将清洁剂抹净或者用清水洗去。洁肤霜常用于演员卸妆，因为戏剧油彩用一般香皂难以洗去。洁肤乳液其中含有油脂载体，很适宜除去眼影膏。

（5）洁肤面膜，是涂敷在面部皮肤上一层薄薄的、干后形成薄膜的物质，用作清洁面部皮肤的洁肤用品。把这类面膜涂抹在脸上，停留大约半个小时，面膜中吸附剂将脸上的污垢吸附在面膜上，摘掉后皮肤清洁、滑润，如果是剥离型面膜，则需敷于脸上，待其自然干燥，一般需 15～20 分钟，它的作用是使皮肤与外界空气隔绝，皮肤温度上升，改善血液循环。同时面部表面蒸发的水分在面膜作用下可柔软角质层。干后将面膜揭掉。洁肤面膜的主要成分有硅酸铝镁胶体、精制硬脂酸、聚乙烯醇、米淀粉、高岭土等。剥离型面膜中则含有较多的甲基纤维素。

（6）洁面泡沫，通过安全高效的推进剂产生高密度气泡，面部的污垢被包裹在气泡之中，可去掉脸上的油脂，但又不会除去皮肤上的天然保湿成分。洗脸时轻柔的泡沫对面部起按摩作用，可促进局部微循环，提高皮肤的光洁度。洁面泡沫特别适合于皮肤干燥的人。

（7）清洁化妆水，是一种透明的醇性洁肤液体。由于它的组成成分中含有水和醇，所以对污垢可起到溶解作用。另外，由于还含有能够去污的表面活性剂以及软化角质的少量碱性物质氢氧化钾等，所以它能够擦拭附着在皮肤上的污垢和皮脂，也可以在清洁霜洗面后用它擦去含有污垢的油性残迹。

（二）洗浴用制品

洗浴用制品通常包括体用香波、浴液、浴油和泡沫浴液等。

1. 浴盐

浴盐有粉状、结晶状和片状。用浴盐洗澡对皮肤有保湿、软化角质和抗菌作用。其主要成分除了表面活性剂、调理剂和香精外，还要加入无机盐，如倍半碳酸钠、硼砂、磷酸盐和一些添加剂，可以在非软化水中使用。

2. 浴油

浴油分为浮动浴油和乳化浴油。浮动浴油是疏水性的，密度比水小，漂浮在水上，可沉积在浴者露出水面的皮肤上，给人以舒服的感觉。乳化浴油在水中能均匀分散，放掉浴水后，浴池不留油污痕迹。浴油是在去除污垢后留有香气的浴用化妆品，它的主要作用是防止水分挥发，可使皮肤滋润、光滑、柔软，并且留有令人愉快的香气。浴油中的主要成分是动、植物油，碳氢化合物、高级醇、表面活性剂、微粉体等。

3. 沐浴液

沐浴液供沐浴使用，能去除污垢、清洁肌肤、促进血液循环，且浴后留香持久，尤其适用于老人和儿童。沐浴液应对皮肤温和、安全无毒、无刺激性、容易冲洗，且浴后皮肤滑爽。使用时将适量的沐浴液倒入浴盆中，再冲入温水，即能形成满盆泡沫。浴者可躺在泡沫中沐浴，最后用清水冲淋洗净即可。

沐浴液制品有清澈透明型、乳液型、珠光型等多种。按功能分有清凉浴液、止痒浴液、营养浴液、矿工浴液、保健浴液、儿童浴液等。其主要成分为泡沫型表面活性剂、泡沫稳定剂、增稠剂、香精、色素和精制水等。

4. 浴胶

浴胶是一种流动的有一定黏度的液体，易分散并产生泡沫。使用浴胶洗涤，容易漂洗，皮肤上不留残留物，皮肤干后仍有润滑感，无紧皱干巴的感觉。浴胶主要是由各种表面活性剂构成，既有洗涤作用，又有温和的调理作用。

沐浴液是皮肤洗涤剂中用量最多的用品。通常，沐浴液可以洗涤全身上下的皮肤。它还可以分为婴儿沐浴液、油性皮肤沐浴液、去汗臭沐浴液等，并有专治皮肤病的沐浴液。

（三）护肤类化妆品

护肤化妆品属于基础化妆品，常见的主要有膏、霜、蜜、乳、化妆水和面膜等。

1. 膏霜类

膏霜类是通用的有代表性的化妆品。目前市面上品牌五花八门，名目繁多，主要有弱油性霜、中性霜、油性膏霜和冷霜。

2. 乳液

乳液也称作面乳或奶液，为一种乳浊状液态的膏霜化妆品，是由两种或两种以上不互溶的液体所形成的分散体系。其性质介于化妆水和霜剂之间，是略带油性的半流动状态的乳剂。其成分和固态膏霜化妆品相似，只是固体油分少得多，一般含量在20%以下。其主要成分为石蜡、白凡士林和甘油等。使用这类化妆品后，随着水分逐渐蒸发，在皮肤表面留下一层带有柔滑感的薄膜，可使皮肤保持相当的润湿程度，防止皮肤干燥皲裂，并使皮肤变得柔软、光滑、舒适。按其效能把以皮肤保湿和柔软为目的的叫作润肤乳液，以清洁皮肤为目的的称为洁面乳液；在按摩皮肤时使用的乳液是按摩乳液。

3. 化妆水

化妆水是一种擦用的透明液体护肤用品，也叫收缩水。它是以水为基质，加入一些其他物质制成的，其中含有少量酒精，但它不属于酒精制品。它的主要功效在于能使皮肤柔软，润湿状态适度，同时还有抑菌作用。化妆水组成成分中所占比例最大的是精制水，其次是酒精或保湿剂，此外还有柔软剂、增溶剂、增黏剂和防腐剂等。化妆水具有润肤、整肤效果，但是与膏霜相比，它的作用面较浅，涂擦后在皮肤表面也不能形成薄膜。常用的化妆水有碱性化妆水、酸性化妆水、中性化妆水和收敛性化妆水等。碱性化妆水主要由氢氧化钾组成，它能溶解多余的角质，使皮肤滑润柔软。由于皮肤具有对碱的中和能力，所以可以自行调整为正常的酸度，酸性化妆水也称整肤水，主要成分是柠檬酸、硼酸、乳酸等弱酸，用来改善皮肤的血液循环，中和洗浴后残留在皮肤上的碱，调整酸度，以保持皮肤健康；中性化妆水的酸碱度为中性，它含有大量保湿剂，可以湿润角质，适合干性和中性皮肤的人使用；收敛性化妆水能凝固汗孔内蛋白质，起微孔收敛作用。"收敛"一词在美容学上是指紧缩皮肤，不完全是药理学含义。因收敛性化妆水含有氯化铝、硫酸铝、硫酸锌、明矾等阳离子性收敛剂，能够消除与汗腺的电位差，从而抑制汗腺分泌使皮肤干燥，适用于多汗者和油性皮肤。

4. 面膜

面膜是一类既有护肤又有洁面作用的化妆品。它的种类很多，主要分为洁肤面膜和美容面膜两大类。洁肤面膜在本章第二节已经作过介绍。美容面膜通常是把胶体物质加水制成黏稠糊状或膏状的基剂，再添加各种美容素或营养素。面膜一般在空气中能快速干燥。它能够软化角质层、防止水分蒸发、加速营养物质和药物的渗透吸收，清除皮肤表面的污垢，达到增强皮肤弹性，防止产生皱纹，使皮肤润泽、光滑的目的。根据面膜的清除方式，可以分为薄膜型面膜（胶状面膜）和膏状面膜（乳剂型面膜）；薄膜型面膜又称剥离型面膜，是成膜后能揭下来的胶膜性面膜；涂在皮肤上有清爽感、紧缩感，用于保持皮肤的洁净与健美。使用时以适宜的厚度涂擦在脸上，经过半小时左右变干，形成一层既不透气又不透水的薄膜，然后揭下。这种面膜具有吸附性，把它涂抹在面部，干后取下时能够去除皮肤表面的角质脱屑与污尘，可使皮肤清洁、润滑、富有弹性，并能防止产生小皱纹。其主成分有甲基纤维素、聚乙烯醇、聚乙烯吡咯烷酮等，以及某些营养物质。膏状面膜成膜后不能揭下来，需要用水清洗。这种面膜以它含有的油分和水分滋润皮肤，一般常将营养物或药物研成细粉，加水调成糊状，涂抹在面部。另外，根据面膜的功效又将面膜分为护肤营养面膜、增白面膜、祛皱面膜、祛斑面膜、痤疮面膜、抗过敏面膜、洁肤祛脂面膜等；根据面膜的制成成分又有药物面膜、天然原料（蔬菜、水果、奶、蛋、蜂蜜、淀粉、植物油）面膜、酵素面膜等。

（四）用于颊面部的彩饰类化妆品

1. 粉底

粉底主要用于化妆前打底色，是涂擦于面部的化妆用品。它不仅具有统一皮肤色调、掩盖皮肤上的缺陷等功用，还可以起到防止皮肤与其他美饰化妆品直接接触而产生对皮肤的不良影响的作用。粉底不但赋予容颜以健美的色彩，而且擦用之后对香粉具有附着能力。粉底的基本成分是油分和水分，为了增强化妆效果，其中所用的粉料和颜料有二氧化钛、高岭土、滑石粉、氧化锌、氧化铁、云母粉等。

2. 化妆粉

化妆粉主要是由多种粉末原料配制成的粉体制品。用于颜面和颈部，不但达到美化容貌的目的，并且具有一定的遮盖、赋色、附着和吸收等性能，可防止皮肤过多分泌油分。化妆粉最常见的是香粉、粉饼两种。

3、胭脂

胭脂是涂擦在脸颊上使之呈现出健康美观的彩饰化妆品，也叫颊红或腮红。古代人们用天然红色染料作为腮红使用，如用植物的花。现代胭脂的品种很多，大致有粉质块状胭脂、透明状胭脂、疏水性胭脂，以及乳化状胭脂膏、胭脂水等。胭脂的原料与香粉类似，主要有滑石粉、高岭土、碳酸镁、脂肪酸锌、颜料，以及胶合剂等。目前胭脂所用的色彩有胭脂红、大红、桃红、橘红和紫红，它们都是红色颜料或水溶性有机染料。

（五）洗发类化妆品

洗发剂种类很多，如按功能分类，有一般洗发液；兼有洗发、护发功能的"二合一"香波；兼有去头屑、止痒功能的称"三合一"香波；此外，还有调理香波、去头屑香波、烫发香波、染发香波等。

按添加特殊原料分类有皂角香波、蛋白香波、珠光香波、水果味香波等。

按产品形态分类，有块状洗发香皂、粉状洗发粉、膏状洗发膏和液体状洗发液。目前洗发剂中大部分产品为液体状态，由于它使用方便，深受人们欢迎。液体洗发剂又可以分成透明洗发香波、乳化剂洗发香波、胶陈状洗发剂等。

还有适用于不同发质的干性头发、中性头发、油性头发洗发香波。

（六）护发用化妆品

使用以高级脂肪醇为阴离子表面活性剂的香波，由于这类表面活性剂脱脂力较强，用后会使头发变干，这是由于其表面活性剂脱脂力较强。另外，由于烫发及染发的普及，头发自身也受到损伤，失去光泽而变得干枯，还易发生头发断裂。为了改变上述状况，普及了以阳离子表面活性剂、阳离子季铵盐为基础的护发用品。以阳离子表面活性剂为基料的护发素，可使头发柔软有光泽，有弹性，易于梳理，抗静电，并使损伤的头发（机械损伤、烫发、染发所带来的）得到一定程度的修复。

（七）美发类化妆品

1. 透明发膏

为透明胶冻状，整理修饰头发用的化妆品。目前常见有油性、乳化型和水溶性树脂型三种。油性透明发膏主要是由矿物油（液状石蜡）、胶凝剂（多用硬脂酸和棕榈酸）和金属（铝、镁、锌等）皂制成，涂在头发上难以用水洗掉。乳化型透明发膏的主要成分一般为植物油、液状石蜡、高级醇、多元醇、表面活性剂、防腐剂以及抗氧化剂等。这类发膏涂在头发上用水容易清洗掉。水溶性树脂型透明发膏的主成分是聚乙烯吡咯烷酮或聚丙烯酸盐之类的水溶性合成树脂、多元醇，其油性很小，水溶性高，用水容易洗掉。

2. 喷发胶

它是用来保持头发形态，起到固定发型作用的美发化妆品，也可称为定型发胶。喷发胶常是醇溶性树脂的醇溶液，加入喷射剂而制成的。在梳理好的发型表面均匀地喷上喷发胶，使发丝互相黏合而挺硬，令欲求的发式得以保持。喷发胶中所用的树脂目前几乎都是合成树脂，如聚乙烯吡咯烷酮、聚乙烯吡咯烷酮与乙烯乙酸酯的共聚物，以及聚丙烯酸树脂类。溶剂大部分是乙醇。另外，喷发胶中还有增塑剂、抗黏剂，以及喷射剂等。喷射剂或称抛射剂，主要是氟利昂的各种卤族碳氢化合物，如三氯一氟甲烷、二氯二氟甲烷、二氯甲氟乙烷、一氯二氟甲烷等。氯氟烃类对大气臭氧层有破坏，现在逐渐被淘汰。除氯氟烃类之外，用作喷射剂的物质还有丁烷、丙烷及二甲基醚等。上述这一类为气压式，如今已生产出不用喷射剂的泵式喷发胶，其喷雾速度和雾化效果较气压式差些，但安全、环保。

还有以水为主要溶剂的定型发胶，采用合成树脂为成膜剂，辅以增塑、保湿等助剂配制而成。可直接涂在头发上，待水及乙醇挥发后，在头发表面留下一层具有弹性的光亮薄膜，可较长时间保持发型，也比喷射型产品安全。

3. 定发液

它是一种黏性液体，所以也称为黏发水。它是溶解黏胶性物质的水和乙醇的混合溶液，通过喷射口形成细雾状，使其均匀地喷射在梳卷成型的头发上，使发卷保持一定时间不散。由易挥发的聚乙烯吡咯烷酮之类配制成的定发液干得快。定发液中含有的黏胶质有金合欢胶、黄蓍树胶、阿拉伯胶等天然的胶类；也常用羧甲基纤维素、甲基纤维素、海藻酸钠等半合成的胶质；还有聚丙烯酸钠、乙烯吡咯烷酮、聚乙烯吡咯烷酮、醋酸乙烯酯共聚物等合成胶质。除胶性物质外，定发水中一般还添加有增塑剂、柔软剂和防腐剂。

4. 摩丝

摩丝是外来语 Mousse 的译音，又称作泡沫发胶，是比较新型的整发用品。通常为喷射剂，使用时，需要振摇包装容器，然后按容器的喷射阀门，发胶即自行喷出，呈泡沫状，用手掌接住，擦抹到头发上，泡沫消失，随即在发丝上留下一层树脂胶，从而起到整饰发型的作用。摩丝中常含有一些可以滋养头发的成分，如可以防止头发干裂的丝氨酸、羊毛脂衍生物、高聚硅油等，因此对护发、美发有较好的作用。摩丝具有较强的黏着力，用后只需简单地吹风梳理，就可使发式成型，并且能够维持一定时间。摩丝的成分多是聚乙烯吡咯烷酮和醋酸乙烯酯、表面活性剂，以水为溶剂，有的加入一些乙醇，此外还有香料、防腐剂和喷射剂等。

5. 啫喱水

啫喱水是定型护发的新产品。它定型效果好，清爽、亮泽，不吸附灰尘。它富含保湿因子、营养物质及水解胶原蛋白，对发质有很强的亲和力，使头发光滑有弹性。它的主要成分是植物性油脂，不含人工合成的化学添加剂。发胶和摩丝有时会不同程度地损伤发质，而且在高温高压下易爆，飞机、火车等均不准乘客携带。啫喱水不含酒精和氟利昂，使用者出行携带方便。

（八）头发着色化妆品

染发不仅可以弥补生理上的缺陷，如少白头或老年人把灰白的头发染黑，还包括把天然的头发颜色漂浅或在此基础上再染成欲求的颜色，如褐色、黄色、红色、金色或其他各种各样的颜色。这类化妆品包括头发脱色剂、染发剂和头发脱染剂三类制品。

1. 染发剂

染发所用的染发剂品种很多。依据染色后发色保持的时间长短，将染发剂划分为暂时性、半持久性和持久性三种类型。根据所用原材料的不同，又将染发剂分为天然（植物性）染发剂、合成有机色素染发剂（氧化型染发剂）和金属染发剂等三种。

2. 头发脱色剂

头发脱色剂又常被叫作头发漂白剂。漂浅头发从 16 世纪以来就颇受欢迎，如威尼斯妇女用苛性钠，罗马妇女用动物脂肪肥皂和山毛榉木头烧成的灰的混合物去漂浅头发，19 世纪初法国和英国的化学家推出使用过氧化氢漂白头发。使头发脱色的目的在于使头发颜色比天然的稍淡些（常是白人所追求的），增加头发的光亮度，但更多情况下则是为头发染色做准备。所有脱色漂白的方法都是氧化过程。最普通的氧化剂是过氧化氢，一般用其 6％或 9％溶液，有时使用 12％的溶液。这些溶液通常加入磷酸、硫酸奎宁、焦磷酸盐、乙二胺四乙酸以及某些锡酸盐等保存。过氧化氢可以单独用于漂白头发，但是为了促进氧化过程，常和某种碱性溶液，典型的如氨水，制成混合液。

头发脱色剂常被用来除掉染出来的不满意的发色，以便更改头发的色调。由于原用染发剂的染料类型不同，着色的机理及其牢固程度也各有差异，所以没有能够去除所有染料并且安全方便的头发脱染剂。使用暂时性或半持久性染发剂染过的头发，一般用香波洗一次或洗几次即可除掉。氧化型染发剂着染的发色很难完全去除，目前多使用次亚硫酸钠、甲醛或次亚硫酸氢钠之类的还原剂把染料还原，以达到部分脱色效果，但对头发会产生一定的损害。

3. 烫发用化妆品

烫发化妆品是指具有改变头发弯曲度，并维持相对稳定功能的化妆品。

目前我国市售的冷烫化妆品大多为二剂型冷烫产品，一般冷烫产品是由巯基乙酸铵、氨水、特种头发护理剂和添加剂等复配而成；高档冷烫产品则采用半胱氨酸甲酯等原料配制。目前，我国获准生产冷烫化妆品的专业厂家有60多个，花色品种有70余种。例如，北京生产的法华丽冷烫精、天津生产的天鹅冷烫精、福建生产的黑牡丹冷烫精和深圳生产的立得自来卷等都是我国冷烫产品中的名牌产品。

化学冷烫所用的主要原料有两种：一种是可使头发软化、卷曲的卷曲剂；另一种是可把变化后的发型固定下来的定型剂。卷曲剂与定型剂构成二剂型冷烫精。

（九）眼部用化妆品

这是一类涂抹在眼睛周围、睫毛或眉毛上，用来塑造眼睛轮廓、眉毛形状，对人的眉眼加以美化的化妆品。眼睛的美学价值很大，因此，眼部在化妆术中是很受到重视的部位之一。

眼用化妆品大体上有眼影、眼线颜料、睫毛油、眉笔和描眉颜料、卸妆去除剂等。

（十）口唇用化妆品

古人常使用特定植物所含的色素涂抹嘴唇，后来采用由红花提取的红花苷，由胭脂虫提取的胭脂虫红（胭脂红）等美化口唇。从20世纪40年代以后合成色素取代了胭脂红等天然色素，近年人们又开始研究和开发天然色素。口唇是一个很特殊的部位，既不是皮肤，也不是口腔黏膜那样的黏膜结构，没有皮脂腺和汗腺，其角质层和颗粒层很薄，颗粒黑色素比皮肤少，从外表能看到真乳头体的毛细血管，所以口唇呈红色。由于口唇没有自身排出的分泌液体可以润泽，当空气干燥、气候寒冷时口唇显得干燥，甚至出现干裂。在口唇上涂布一些特制的膏状物质既可美化口唇，又能够保护口唇防止它干裂。日常应用的唇部化妆用品主要是唇膏和描唇笔。

（十一）指（趾）甲用化妆品

指甲化妆品是通过涂敷在指甲上起到保护指甲、美化指甲、清洁指甲的产品。健康人的指甲具有樱桃般美丽的桃红色，坚韧、圆润、丰满、光泽悠然动人。然而，要想保护指甲的健美，就必须给指甲以足够的蛋白质和营养素。此外，还要适量地使用保护和美化指甲的化妆品，例如指甲油、指甲白、指甲营养剂、指甲去除剂等。

（十二）芳香类化妆品

芳香化妆品是以散发出芳香气味，给人以愉快的嗅觉美感的化妆用品。又称香水类化妆品，包括香水、科隆香水、花露水、室内空气清新剂等。香水类化妆品具有醒脑、提神、赋香抑臭、美化环境、增添魅力的作用。其主要成分是香精，以加入不同比例的酒精配制而成，是以乙醇溶液作为基质的透明液体。

目前全球香水品种约有 4000 种，名牌香水也有 400 多种，最昂贵的香水有10 余种，如欢乐牌香水，50mL 售价 500 美元；XuVia 香水，50mL 售价 5450美元。

香精具有不同的香型，因此香水也有不同的香型。香精的香型有花香型和幻想型两大类。花香型是以天然花香为基调，由若干种香料调制而成的。例如玫瑰、茉莉、桂花、铃兰、水仙、紫罗兰、晚香玉、金合欢、香石竹等。幻想型是以调香师美妙的想像创拟出来的香精香型。例如巴黎、东方、查理、清妃、鸦片、素心兰、夏奈尔、梦巴黎等。目前世界流行的香水香型有醛香型、清香型、木香型、东方型、馥奇型等。它们大多数属于幻想型香型。其主要成分是香精。

（十三）特殊用化妆品

1. 膏发化妆品

也称作生发用化妆品，常是液体的，所以俗称生发水或育发水。将它充分涂擦在头发和头皮上，可以刺激头皮和发根，改善头皮的血液循环，滋养毛根，有助于毛发生长、减少脱发和断发。

由于新陈代谢，所有的头发都有周期性脱落，为新生头发所代替。头发平均生长期是 2000 天，休息期为 100 天，人的头发每天都要脱落一些，正常情况下每天脱落不超过 100 根，只要头发不显稀疏一般不能算作脱发。

为减少非正常脱发、防止断发，育发用化妆品应运而生。在我国，这类化妆品多半用中草药配制而成，常用的有生姜、侧柏、川椒、黄芪、羌活、首乌、斑蝥等。用乙醇或水为溶剂提取有效成分。此类产品多为液体，少数是膏状。此外还有采用敏乐啶（美国药典中允许使用）与中草药复配制成的产品。这类化妆品主要都是通过刺激头皮和发根，改善局部血液循环，营养毛囊而起到促进毛发生长的作用。

2. 脱毛化妆品

它是具有减少、消除体毛作用的化妆品。它利用对角朊有溶解作用的化学物质使身体上某一部位的体毛脱掉。脱毛用化妆品可分为无机和有机两大类。碱金属或碱土金属的硫化物，硫化锶、硫化钠、硫化钙是常用的无机脱毛剂。有机脱毛剂效果最好的是巯基乙酸钙，除钙盐外，钠盐、锂盐、镁盐、锶盐等也有同样的作用。为了促进脱毛效果，有时还添加一些尿素、胍类等有机氨，加速毛发蛋白质溶胀变性，以便在较短时间内脱掉体毛。脱毛化妆品一般都做成膏、霜或蜡状。

3. 美乳化妆品

美乳化妆品是具有促使乳房健美的化妆品。国外使用这类产品的历史较长，种类也很多。近年我国也在大量生产美乳类化妆品，国内这类产品大多数是用中草药配制的，如当归、甘草、益母草、啤酒花、女贞子、蜂王浆、紫河车、青蛙卵巢等。涂抹于乳房局部，结合按摩而达到促进乳房发育，使乳房健美的目的。

4. 健美化妆品

健美化妆品是有助于使体型健美的化妆品，习惯称为减肥化妆品。在我国也是近年发展很快的一类化妆品。这类产品目前也多半以中草药为主要原料制成，常用的有大黄、人参、田七、薄荷、月苋草油等，通过局部涂抹和按摩，促进药物经皮肤吸收，增强体内脂肪代谢，消除体内多余的脂肪，达到减肥的目的。但是这类产品一般都还缺少充分的科学验证。

5. 除臭化妆品

用于消除或减轻狐臭的化妆品。狐臭主要是从腋下散发出来，所以习惯把它叫作腋臭。实际上臭味是来自汗液。汗是由汗腺分泌出来的。人体具有大小两种汗腺，小汗腺遍布于全身皮肤表面，大汗腺主要分布在腋窝，另外在乳晕、脐窝、肛门周围和外阴部也存在一些。产生狐臭的人一般是大汗腺的数量多，分布密，大汗腺分泌和排泄十分旺盛。大汗腺的分泌物比较浓稠，皮肤在分泌汗液的同时，还分泌一些可形成臭味的脂肪或蛋白质衍生物，被局部繁殖的细菌分解后，就产生特异的恶臭。因此，除臭用化妆品的主要作用有两个，一是利用强收敛作用抑制出汗，间接地防止汗臭，如用磺基碳酸锌、羟基苯磺酸锌、柠檬酸或各种铝化合物作收敛剂；二是杀菌，防止分泌物被细菌分解、变臭，常用的杀菌剂有氯化羟基二甲基代苯甲胺、四甲基秋兰姆化二硫、3-三氟甲基-4，4'-二氯碳酰替苯胺等，也有使用氧化锌、精油，以及抗生素类起抑菌以及防腐作用。目前我国还有以藿香、木香、丁香、荆芥、蛇床子等中草药为原料制成的除臭化妆品。除上述收敛剂和杀菌剂之外，除臭化妆品中还都添加一些香料。除臭化妆品有液体、粉剂、喷雾剂和膏霜等类型。

6. 祛斑化妆品

祛斑化妆品是用于消除或减轻皮肤表面色素沉着的化妆用品。多是在膏霜类基础化妆品中加入可能促进皮肤细胞新陈代谢、抑制黑色素合成生长、使皮肤细胞中的黑色素分解消失，力图去除脸面上的雀斑、黄褐斑之类的色素斑。祛斑化妆品也叫作皮肤漂白化妆品。这是国内外市场上很常见的化妆品，它常集祛斑与护肤为一体。祛斑化妆品种类很多，成分也极其复杂。传统祛斑化妆品的主要成分是白降汞、硫黄、倍他米松、氢醌、壬二酸等。其中 2% ～ 3% 氢醌和 10% 壬二酸效果较好，但长期使用会引起皮肤刺激，色素加深甚至出现白斑。美容院则常用双氧水、三氯醋酸等。如果使用不当有时会发生毁容事故。近年市场上推出生物祛斑化妆品，其主要成分是曲酸及其衍生物、果酸、熊果苷、胎盘和海藻提取物等生物制品。曲酸增白的作用机理不同于其他祛斑剂，它经皮肤吸收后可抑制酪氨酸酶的活性，进一步抑制黑色素的形成，还能消除细胞内色素的沉积，从而消除或减轻皮肤上的色素斑。此外也有一些是用中草药提取物作为皮肤增白剂。常用的中草药有白芨、白术、白茯苓、黄芪、白僵蚕、当归、薏米等，常是与维生素 E、抗坏血酸-2-三聚磷酸酯（维生素 C 衍生物）、胎盘、超氧化物歧化酶（SOD）等配合而制成。祛斑化妆品的形态多半是膏霜和乳剂，种类繁多，并不是每种产品对皮肤色斑都有效。因为色斑如在皮肤的深处，凭借药物或化妆品是无法去除的。目前经医学证明有些成分是可以抑制黑色素的生成，如维生素 C、曲酸、对苯二酚等。但即使是同一种成分，其形式和浓度不同，效果也会有很大差别。

7. 防晒化妆品

防晒化妆品是一类具有吸收紫外线作用，用以减轻由日晒而引起的日光性皮炎、黑色素沉着，以及防止皮肤老化等功能的化妆品。

人们都知道，没有太阳就没有生命。日光中的紫外线不仅具有很强的杀菌作用，促进维生素 D 的吸收与合成，而且还能刺激血液再生，增强机体的免疫力。紫外线还能使皮肤中的黑色素原通过氧化酶的作用转变为黑色素，沉着在皮肤上起到保护皮肤并防止内部组织过热的效果。因此说，适当的日晒对维护身体健康是必要的。然而，过度的日晒则可引起日光性皮炎和日光性角化症，日光性角化症已被医学界正式列为癌前期病。中波紫外线的能量很大，能够穿透皮肤，导致毛细血管扩张，使皮肤发红变黑，同时还能损伤胶原纤维，使皮肤弹性降低，出现小皱纹，紫外线的照射是造成皮肤衰老的主要原因之一，因而，防晒用品应运而生。目前国内外市场上已有各种防晒化妆品，有的专门防止晒伤，而不防晒黑，使人们的皮肤保持健美的肤色；有的同时具有防止晒伤和晒黑两重功能，以保持皮肤白皙。防晒化妆品中有些选用具有吸收某个特定波长范围紫外线的紫外线吸收剂，如水杨酸衍生物、苯甲酸衍生物、肉桂酸衍生物等，用以降低紫外线的光能；另一些是加入紫外线散射剂，如钛白粉、氧化铁、高岭土、碳酸钙或滑石粉等具有微细粉末的物质，通过对紫外线的反射而防止紫外线对皮肤的损伤，还有把二者配合使用的。另外，超氧化物歧化酶（SOD）化妆品也可有效地保护皮肤免受紫外线的伤害。还有小分子肽、黑色素及氨基酸能吸收和隔滤太阳紫外线，适合作为儿童用防晒化妆品成分。

防晒化妆品常见剂型有防晒油、防晒棒（新的剂型，携带方便但不适于较大面积涂抹）、防晒凝胶、防晒膏霜、防晒乳液（大约 80% 防晒化妆品为乳液）等。

防晒指数（SPF 值）是防晒化妆品效果的标识。SPF 值低于 2 不标识防晒效果；SPF 值为 2～30 可在产品标签上标 SPF 值。当 SPF 值高于 30，在标签上标识 30＋。防晒化妆品的防晒指数最好大于 15。紫外线 A 和 B 都会伤害皮肤，因此防晒化妆品除了标识"SPF"外，还需标有"PA＋＋"，才能对紫外线 A 及 B 均生效。

第三节　塑料制品

一、塑料的分类

塑料是一类庞杂的合成材料，且品种甚多，性能也各有差别，为便于区分和合理应用不同塑料，人们按不同方法对塑料进行分类。其中最重要的有以下几种分类方法。

（一）按受热时的行为分类

塑料按受热时的行为可分为热塑性塑料和热固性塑料两大类。

1. 热塑性塑料

热塑性塑料是指在特定温度范围内，能反复加热软化和冷却硬化的塑料。即加热时变软以至熔融流动，冷却时凝固变硬，这种过程是可逆的，可以反复进行。这是因为在加热变软乃至流动和冷却变硬的过程中发生了物理变化。正是利用这种特性，对热塑性塑料进行成型加工。常见的热塑性塑料有：聚烯烃类、聚乙烯基类、聚苯乙烯类、聚酰胺类、聚丙烯酸酯类、聚甲醛、聚碳酸酯、聚砜、聚苯醚等。

2. 热固性塑料

热固性塑料是指受热后能成为不熔不溶性物质的塑料。该类塑料的特点是在一定的温度下，经过一定时间的加热或加入固化剂后即固化成型。固化后的塑料，质地坚硬，而且不溶于任何溶剂，也不能用加热的方法使其再次软化。加热温度过高就会分解。常见的热固性塑料有：胶木、电玉、装饰板及不饱和聚酯塑料等。

（二）按性能特点和应用范围分类

按性能特点和应用范围，可大致将现有塑料分为通用塑料和工程塑料两大类。

1. 通用塑料

凡生产批量大、应用范围广、加工性能良好、价格又相对低廉的塑料可称为通用塑料。通用塑料容易采用多种工艺方法加工成型为多种类型和用途的制品，例如可用注塑、挤出、吹塑、压延等成型工艺或采用压制、传递模塑工艺（后两种工艺用于热固性塑料）。但通用塑料一般，某些重要的工程性能，特别是力学性能、耐热性能较低，通用塑料一般只能作为非结构材料使用，不适宜用于制备作为承受较大载荷的塑料结构件和在较高温度下工作的工程用制品。聚烯烃类、聚乙烯基类、聚苯乙烯类（ABS除外）、丙烯酸酯类、氨基、酚醛等塑料，都属于通用塑料范畴。聚乙烯、聚丙烯、聚氯乙烯、聚苯乙烯、酚醛塑料是当今应用范围最广、产量最大的通用塑料品种，合称五大通用塑料。

2. 工程塑料

工程塑料一般指可以作为结构材料，能在较广的温度范围内承受机械应力和在较为苛刻的化学物理环境中使用的材料。工程塑料除具有通用塑料所具有的一般性能外，还具有某种或某些特殊性能，特别是具有优异的力学性能或优异的耐热性，或者具有优异的耐化学性能，在苛刻的化学环境中可以长时间工作，并保持固有的优异性能。优异的力学性能可以是抗拉伸、抗压缩、抗弯曲、抗冲击、抗摩擦磨损、抗疲劳等。某些工程塑料兼有多种优异性能。

工程塑料生产批量较小，供货较紧缺，或制备时的原材料较昂贵，工艺过程较复杂，因而造价较昂贵，用途范围就受到限制。某些工程塑料的工艺性能不如通用塑料，也是限制其应用范围较小的原因之一。现今，较常应用的工程塑料大品种有聚酰胺类塑料、聚碳酸酯、聚甲醛、热塑性聚酯、聚苯醚、聚砜、聚酰亚胺、聚苯硫醚、氟塑料等。ABS是应用量最大的工程塑料。

3. 功能塑料

功能塑料是指人们用于特种环境的具有特种功能的塑料。近年来，人们对这类塑料的研究较多，因而出现了医用塑料、光敏塑料、导电塑料等。这类塑料主要有氟塑料、有机硅塑料、聚酰亚胺等。

（三）按可燃程度划分

1. 易燃性塑料

该类塑料遇明火后剧烈燃烧，不易熄灭。如硝酸纤维塑料等，这类塑料被列为危险品。

2. 可燃性塑料

此类塑料遇明火燃烧，无自熄性，但燃烧速度较快。如聚乙烯、聚丙烯等。

3. 难燃性塑料

这类塑料在较强的明火中可燃烧，离火后很快熄灭。如酚醛塑料、醋酸纤维塑料、聚氯乙烯塑料等。

二、常见塑料的特性

（一）常用酚醛塑料制品的特性

酚醛塑料一经压制成型，酚醛树脂即由长链形的化学结构，变成网状结构，成型以后再加热、加压也不能改变其形状。酚醛塑料制品一般都具有较好的耐寒、耐热性，不易燃烧，表面硬度高，电绝缘性好，耐热可达110℃，在沸水中煮数小时也不会变形。耐腐蚀性也较好，不易老化变质，对于各种溶剂和油类的腐蚀，有极强的抵抗力。酚醛塑料的缺点是色泽比较深暗，脆性较大，制品易震碎和压破，吸水性较大，应注意防潮，以免发霉。

（二）脲醛塑料的特性

脲醛塑料，色泽鲜艳，表面硬度高，不怕热，耐寒，遇热不变形，不易燃烧，无臭，无味，耐油，不受弱碱和有机溶剂的影响，但不耐酸。脲醛塑料制品表面有光泽，断面结构细，纯净的脲醛树脂呈无色半透明状，加入二氧化钛成为不透明的纯白色，加入各种颜料及染料可以制得各种鲜艳色泽的制品，其外观很像大理石，形同玉石，所以俗称"电玉"。

脲醛塑料的缺点是用纸浆做填料，亲水性很强，易吸收空气中的水分。脲醛塑料不耐酸，在醋酸条件下，或在100℃的沸水中煮泡，会使游离甲醛析出，对人体健康极为有害，电玉制品不宜用来做饮食用具和盛放食物。

（三）密胺塑料的特性

密胺塑料无毒无味，耐酸耐碱，表面硬度和耐冲击强度都比较高，制品不易破裂；吸水性低，可在沸水中使用，在20℃～100℃性能无变化，能长期在110℃左右使用，能抵抗果汁、酒等饮料的沾污。其缺点是破损后，难以修补，不能受日光曝晒，曝晒后影响制品的色泽。

（四）聚乙烯的特性

聚乙烯能耐日常生活中的各种酸、碱及盐类水溶液的腐蚀，不溶于一般溶剂，具有无毒、无味、无嗅的特点。高压聚乙烯的密度低，质地较软，外观呈乳白色半透明状，使用温度在80℃～100℃，比重0.91～0.92，具有较好的柔软性、伸长率、耐冲击性。低压聚乙烯密度较高、质地刚硬，耐温性、耐寒性较好，外观呈乳白色不透明状，比重一般在0.94～0.96，抗拉强度较高。有很强的耐寒性能，在－70℃时仍有柔软性。改性聚乙烯包括超高分子聚乙烯、交联聚乙烯、氯化、视机壳、海底电缆被覆等。

（五）有机玻璃的性能

有机玻璃是高级透明材料，透光率比硅玻璃还好，具有比许多种玻璃都优越的性能。透光率可达到 92%，性能好的透光率高达 99%，还可以透过 75% 的紫外光（普通玻璃的透光率为 85%，紫外线透过率仅有 0.6%）。有机玻璃的比重为 1.18，比普通玻璃轻一半，机械强度和韧性却大于硅玻璃十倍以上，不易破碎，易加工成型。还可以通过冲、刨、锯、钻、磨或在热水中转化弯曲等二次加工方法，制成各种制品，俗称"不碎玻璃"、"塑料玻璃"。有机玻璃耐气候性好，在低温（−60℃～−50℃）和高温 100℃ 左右，其冲击强度不变，电性能优良，耐电弧、耐腐蚀，易着色，可染成各种鲜艳颜色，加入荧光剂可制成荧光塑料，加入珠光剂可制成珠光塑料。其缺点是表面硬度低，耐热性、耐磨性差，容易擦伤而失去光泽。

（六）复合塑料

1. 泡沫塑料

泡沫塑料是一种比海绵还要轻的多孔塑料，它是以合成树脂为基础，加入一定量的发泡剂，经加热后树脂软化熔融，发泡剂受热分解，生成大量气体，当冷却定型时，气泡就存在于它的内部，从而成为具有无数小孔的塑料，称为泡沫塑料。泡沫塑料分为"开孔型"泡沫塑料，其结构是内部小孔互相联系，互相通气；"闭孔型"泡沫塑料，其结构是内部小孔互相独立存在，互不相干。泡沫塑料具有化学稳定性好，相对密度小，导热系数低（低于羊毛、棉花），吸音，抗震性好，成型加工方便，黏合性能好等特点。

（1）聚氨酯泡沫塑料。聚氨酯泡沫塑料按其原料不同分为聚酯型和聚醚型两大类；按软、硬程度不同，分为软质型和硬质型。由于组分不同，形成的聚氨酯泡沫塑料的性能也存在差异。软泡沫塑料用于建筑、汽车、航空等工业，能减轻产品重量，还用于农具、床垫、衣服衬里以及医疗、电子等精密器械、仪器的包装。硬质泡沫塑料一般采用黏度较低的聚醚型树脂喷涂发泡成聚氨酯泡沫体，用于管道保温、冷藏仓库的绝热层、冰箱隔热，隔风墙、机翼增强材料、宇宙航行烧蚀层等。

（2）聚氯乙烯泡沫塑料。聚氯乙烯泡沫塑料大部分是软质微孔塑料，主要用于建筑上的隔音材料及装饰结构件，各种机床、无线电减震材料，也可以用于制作泡沫拖鞋。

（3）聚苯乙烯泡沫塑料。聚苯乙烯泡沫塑料具有无臭、无毒、不受微生物侵蚀，对湿气稳定等性能，又是极佳的绝缘材料，因此除做包装材料外，还被广泛地应用于冷冻、冷藏、低温绝热材料，有时还用于浮漂设备、浮标、救生器材等。

（4）聚乙烯泡沫塑料。聚乙烯泡沫塑料具有韧性强，弹性好，化学稳定性好，介电性能、耐气候性、耐油性优异，对人体无害等特性。一般用物理发泡法制取，大都采用挤压法成型。广泛应用于包装、隔热、建筑、高级电缆绝缘方面，也可做安全帽、保暖水壶、保暖饭盒、地毯的底基等。

2. 人造革

人造革是纤维与塑料结合在一起的复合材料，目前主要有聚氯乙烯人造革。它是以聚氯乙烯树脂配入适量的增塑剂、稳定剂和着色剂制成聚氯乙烯糊，然后涂复或贴合在基材上，经过加热塑化、凝胶后再轧光或轧纹而成。

人造革具有质地柔软，富有弹性，耐摩擦，耐挠折性较好，耐热可达 65℃，不易燃烧，耐酸、耐碱，可以洗涤等优点。其制品色泽、花纹多样，亦可印图烫金。缺点是制品接缝处较粗糙，透光性较差，遇低温发硬。

按用途不同可将人造革分为普通人造革、地板革和泡沫人造革三类。泡沫人造革根据底布的不同又分为两种类型：一种用针织布做底布，厚度不到 1mm，具有柔软、延伸率大的特点，适宜做手套、帽子等制品；另一种用棉布做底布，厚度超过 1mm，质地较硬，适宜做提包、鞋和箱子等制品。

3. 合成革

合成革是在可溶性复合纤维针织底基布或无纺布上涂覆聚氨酯微孔弹性体制得的复合材料。底基布或无纺布制得后，在聚氨酯、聚酯、聚醚或丁腈、丁苯等合成乳胶中浸渍，成型后用湿法凝固涂覆一层聚氨酯，形成微细多孔结构，经整饰并按不同用途进行表面处理，制成各种花色品种，如光面革、绒面革、搓纹革、压花革、双色饰面革和衣用软革等。

合成革的特点是抗氧化，耐磨，耐油，弹性和机械强度好，透光性和透湿性较好，表面硬度高，不易霉蛀，耐水，制品尺寸稳定，低温下质地同样柔软，已被广泛用来代替天然皮革制作衣服、鞋帽等。

4. 玻璃钢

玻璃钢是增强塑料的一种。增强塑料一般由以下两种原材料组成：一种是增加强度的固体材料，如玻璃丝、玻璃短丝和玻璃布等；另一种是各种合成树脂，如环氧树脂、聚酯树脂等。人们把这些以玻璃纤维为固体材料组成的增强塑料称为"玻璃钢"。

玻璃钢拉伸强度高达 $50000N/cm^2$，比重小，质量轻；导热系数小，是钢的 $1/200\sim1/100$，热膨胀系数与金属相近，可与金属焊接，并且有优良的电绝缘性、耐气候性、透光性、隔音性；同时还是良好的建筑结构材料，适于制作房屋顶棚、车站候车棚及某些生活用品。

第四节　玻璃、陶瓷、搪瓷制品

一、玻璃制品

玻璃是一种具有许多优良性能的材料。它有很好的透明性，并能形成各种美丽鲜艳的色泽；化学稳定性强、硬度大，不易腐蚀和磨损；良好的加工性能，能满足多种加工的技术要求；在一定的温度下具有良好可塑性；所用主要原料在地壳上分布很广。故玻璃制品具有精致美观、经久耐用、便于成型、价格低廉等特点。随着科学技术的不断发展，玻璃制品的应用越来越受到重视，特别是在日常生活中玻璃制品到处可见，玻璃器皿、保温瓶、窗玻璃等就是其中的主要品种。

（一）玻璃的化学成分

玻璃的化学成分极其复杂，随应用原料的不同而有差别。组成玻璃的基本成分是各种硅酸盐化合物，这些化合物是由二氧化硅与各种金属氧化物所组成。普通玻璃的化学成分可用 $R_2O \cdot RO \cdot 6SiO_2$ 这一通式来表示。式中 R_2O 为一价氧化物，如 Na_2O、K_2O 和 Li_2O 等；RO 为二价氧化物，如 CaO、MgO、BaO、PbO 和 ZnO 等。为了提高玻璃的质量、改善玻璃的性质，或使其具有某种特性，还可引入其他辅助物质。

在普通玻璃中各类氧化物的含量范围是：一价氧化物 $14\% \sim 16\%$，二价氧化物 $11\% \sim 12\%$，二氧化硅的含量 $71\% \sim 75\%$。部分二氧化硅有时由氧化硼（B_2O_3），氧化铝（Al_2O_3）等代替，而使玻璃中含有硼酸盐和铝酸盐。

（二）玻璃的性质

玻璃的性质与构成玻璃中氧化物的种类以及各种氧化物的含量有密切关系，因此不同成分的玻璃在性质方面有很大的差别。

1. 机械性质

机械性质是决定玻璃坚固耐用性的重要因素。在机械性能中，与玻璃制品质量特别有关的是玻璃的抗张和抗压强度、硬度和脆性。

玻璃的抗张强度为 $4kg/mm^2 \sim 8kg/mm^2$。玻璃的抗张强度会受到很多因素的影响，当玻璃表面存在有裂纹或伤痕时，在外力作用下易于断裂。玻璃成分中含有氧化硅和氧化钙能提高玻璃的抗张强度，含有氧化钠和氧化钾则会降低玻璃的抗张强度。

玻璃具有较大的脆性，这是玻璃制品易于破损的主要原因。玻璃脆性大小可由冲击强度表示。玻璃经过钢化处理可提高其冲击度 $5 \sim 7$ 倍。另外，玻璃内若存在有不均匀的应力，或其表面带有裂纹，都会降低其冲击强度。

2. 热稳定性

玻璃经受急剧的温度变化而不致破裂的性能称为玻璃的热稳定性，或称耐温急变性。玻璃的热稳定性以最大的温度差表示。

玻璃和其他物质一样，有固定的强度。当受外力作用而引起内应力超过它能承受的强度极限时，就会破裂。玻璃的导热性很差，在温度急变时，内外层产生温度差，从而引起涨缩不一致的现象，使玻璃内部产生不同程度的应变，应变越大其伴生的应力也越大。玻璃的破裂就决定于这一应力的大小、应力的种类，以及最大应力的所在位置。

玻璃经受急热比经受急冷的能力强得多，原因在于急热时玻璃的表面产生压应力，急冷时表面产生张应力；因此玻璃的热稳定性通常是以其耐急冷的温度差表示。

3. 化学稳定性

玻璃抗水、酸、碱、大气中的水汽或其他气体，以及各种化学因素作用的能力，称作玻璃的化学稳定性。

玻璃是化学性质比较稳定的物质，对水和酸具有较强的抵抗力，除氢氟酸能使其溶解外，一般的酸对玻璃不发生侵蚀，玻璃的抗酸性要比抗碱性强 $14 \sim 19$ 倍。

大部分工业玻璃的主要成分是硅氧。一部分硅氧构成坚固的硅氧骨架结构，这部分硅氧不与水、酸等起反应；而另一部分硅氧与其他金属离子结合而成的硅酸盐，则可与水和酸等发生反应，并生成硅氧凝胶而构成牢固的表面薄膜，这种薄膜具有防止再作用的保护性，从而提高硅酸盐玻璃的抗水性和抗酸性。

4. 光学性质

透明性是决定玻璃具有广泛用途的重要性能之一。对一般玻璃来说，光线被透过的越多，吸收得越少，其质量就越好。透明性良好的窗玻璃（厚 2 毫米）可以透过投射光线（光谱的可见部分）的占 90%，反射约占 8%，吸收约占 2%。氧化硅和氧化硼可以提高玻璃的透明性；氧化铁则会降低其透明性。

玻璃具有较大的折光性，这一性能特点使它在光学上具有重要的用途，并可制成光辉悦目的艺术品和优质日用器皿。玻璃折光性的大小随其成分而不同，普通玻璃的折光指数为 $1.48 \sim 1.53$，铅玻璃则为 $1.61 \sim 1.96$。

二、陶瓷制品

历史形成的传统陶瓷的概念是指由黏土、长石和石英等无机物质的混合物经磨细、成型、干燥、烧成而得到的制品的总称，泛指陶瓷、玻璃、砖瓦、耐火材料、搪瓷、水泥等，上述产品中都含有硅酸盐，因此也称为硅酸盐制品。随着科学技术的进步，现在还包括用其他原料按照陶瓷制造工艺制成的制品，如石灰制品、碳素材料、氧化物磨料以及氮化物、硼化物等，现代的陶瓷概念基本上包括了所有的无机非金属材料。

（一）陶瓷制品的品种

随着科学技术的进步，各地区利用当地原材料，采用不同的配方和制作方法，在陶和瓷的基础上继而又研究制作出了不少品种，其结构、造型、用途、性能各具特点。现仅介绍目前市面上常见的部分主要品种。

1. 精陶

陶器按其胎体的质量分为粗陶器和精陶器。精陶器做工精致，造型规整，胎体较薄，釉面洁白晶莹润泽，装饰花纹雅致。其坯胎结构、性质与粗陶大致相同，气孔率大，吸水率 10％～15％。制品比瓷器变形小，尺寸规格平整。分两次烧成，素烧温度为 1100℃～1200℃，釉烧温度为 1000℃～1100℃，体质较轻。由于施低温白釉，可以上满釉（底足全釉），不易擦伤台面，又有利于发挥装饰釉上和釉下彩装饰作用，但釉面易出现龟裂缺陷。精陶可制作成套的餐具、茶具，也可设计制成陈列装饰品。

2. 紫砂陶器

紫砂陶器源于宋代，盛于明代，是江苏宜兴鼎山的特产。它选用当地含铁量高的甲泥中的紫砂泥。由紫色泥、绿色泥、黄色泥等特殊陶土制成的无釉陶器，产品呈赤褐、淡黄、绿、紫、黑等色。

由于紫砂泥具有质地细腻，可塑性强，结合力高，缩性小（约<2％）、变形小的优点，所以，制品形体规整，精细多变。它多制作中、小型日用器皿和陈设陶器，如小型单壶（执壶）、茶具、花瓶、花钵、水浅等。

紫砂陶器用氧化焰烧成，一般烧成温度介于 1100℃～1200℃，有一定的吸水性，气孔率介于陶器和瓷器之间。因此，制作的紫砂茶壶泡茶不失原味，色香味浓，茶叶不易霉馊变质，热稳定性好，经久耐用，有"世间茶具称为首"之佳话，色彩品种多等特点，深受国内外人士欢迎。

3. 骨灰瓷

"骨灰瓷"创始于英国。它是以骨灰或磷酸钙（磷灰石是磷酸钙的天然矿物，与骨灰的化学成分相似，故也可部分代替骨灰作骨灰瓷）为主要成分。"骨灰瓷"高温素烧，温度在 1210℃～1280℃。而后上低温熔块釉，1150℃左右温度两次烧成。胎轻，白度高，透光性能好，光泽柔和，吸水率不大于 0.5％。

"骨灰瓷"介于硬质瓷和软质瓷之间而偏软质瓷。造型圆润，坯胎晶莹透亮，适宜制作茶具、咖啡具等高档日用细瓷和工艺美术陈设瓷。它多用釉中彩装饰。装饰釉上彩，由于釉的烧成温度低，花纹能熔入釉中，也有极好的效果。

4. 长石质瓷

"长石质瓷"是目前国内外日用瓷所普遍采用的瓷器，它是由长石、石英、高岭土等原料按一定比例配方制作而成,其中长石起熔剂作用。烧成温度一般为1250℃~1350℃,有些瓷厂已用1400℃烧成。

"长石质瓷"瓷质洁白,透明度较高,瓷断面呈贝壳状,不透气,吸水率普瓷1%,细瓷0.5%,瓷质坚硬,机械强度高,化学性能好,故又称"高温硬质瓷"。由于做工精细,造型规整,胎薄细腻,釉色多样,细嫩光亮,装饰方法和色彩丰富,因此也叫"高温细瓷"。它适宜制作餐具、茶具,以及各类陈设瓷及装饰美术瓷,瓷雕等装饰瓷。

5. 炻器

"炻器"的名称来自西欧,日本译名为"炻器",而后传入中国,为适应国际贸易之需,故定此名。

"炻器"属于瓷器范畴,又称"炻瓷"。采用氧化焰烧成,一般温度在1230℃~1270℃。炻器胎较厚,断面呈石状,透水性不大于3%,变形小,有较高的机械强度和抗压强度,耐磨性能、热稳定性能好,耐酸性强(除氢氟酸HF之外),适合机械化洗涤。原料一般能就地取材,来源丰富,产品价格低廉。因此,炻器餐、茶具,尤其因为釉面耐刀叉刻画,适宜做西餐具,是当前国际上最畅销又最受欢迎的产品,成为旅馆、餐馆、家庭必备之饮食器皿。"炻器"有很好的性能,因此也可制作卫生洁具、耐酸容器等。

炻器造型一般多以直筒形为主,线角处理采用软角线(转折线不明显,呈圆弧),具有朴实、浑厚、粗犷的风格。厚胎,边缘厚,不怕碰击,又称"厚胎瓷"。

"炻器"瓷透明度较差。它一般以白釉为主,有时施色釉,装饰主要以色釉和釉下彩色边、线或色块为主。画面适宜用平涂的纹饰,造型、装饰形成统一风格。花纹多在素胎上彩饰后再上透明釉烧成;有的在釉面上加彩,多采取喷涂方法,也可用丝网花纸。

6. 焦宝石瓷

"焦宝石"是一种致密耐高温的硬质黏土,广泛用于制造耐火材料,不宜作细瓷。山东部分瓷厂用它制造色胎瓷和地砖,施透明釉,独具风格。它的热稳定性、机械强度等都很高,并且原料丰富,价格便宜,是很有发展前途的。

7. 滑石瓷

"滑石瓷"是以滑石为主要原料的镁质瓷,用于日用陶瓷还是近几十年来研究成功的成果。瓷中加入滑石可提高透明度、白度和致密度。因此,日用滑石瓷在白度、色调、吸水率(0.5%)、机械强度、热稳定性等方面均已达到或超过一般日用细瓷水平。它是山东、辽宁等瓷区的独特产品,以山东为主。产品造型规整,轮廓清晰,釉色晶莹透亮。有淡青、白、浅黄、浅灰、淡绿等釉色,淡雅素洁,十分可爱。适合做高档日用茶具、餐具和陈设瓷。它多装饰白色和各种淡色纹饰图案，十分高雅，是独具一格的产品。

8. 陶瓷高温耐热煲

"陶瓷高温耐热煲"即"陶瓷高温耐热锅"，是近年来陶瓷科研创新产品。有优良的急冷急热性能，其热稳定性可由高温 $400°C$ 降至 $20°C$ 急冷不裂；可直接置于煤气灶、电炉、微波炉、煤饼炉以及红外线等各种炉灶热源上做炸、煎、蒸、煮、炒、烧各种食品，使用方便。还具有不与食物发生化学反应，不分解食物中的营养成分，无毒害的优点，比不锈钢、搪瓷、铝制品锅能更好地保留其烹调食品的原汁原味。本产品配方原料中含有钙、镁、钾、钠、锌等人体必需的微量元素，长期使用能促进人体的健康，具有保健功能。

（二）陶瓷材料的性能

陶瓷材料的性能是复杂因素综合作用的结果。为了能达到所要求的力学、光学、电学等方面的技术性能，有必要了解影响陶瓷材料性能的因素，以及改善有关性能的途径。

1. 力学性能

在常温下，陶瓷材料是一种脆性材料，其力学性能特征是：具有很高的抗压强度，但抗张强度和抗弯强度却较低；在负荷作用下破坏时几乎不发生任何形变；在静态负荷作用下具有较大的强度，而在动态负荷作用下则易破坏。

材料的强度是指材料抵抗外加负荷作用而不被破坏的能力，包括抗压强度、抗弯强度、抗张强度和抗冲击强度。实际上，陶瓷材料的实际抗张强度却远低于其理论抗张强度，其主要原因是由于瓷坯中存在着格里菲斯微裂纹，在外力作用下，这些裂纹和缺陷的附近就会产生应力集中现象，最终导致裂纹扩展而导致材料断裂、破坏。裂纹扩展的动力是材料内弹性应变能的释放或降低。

2. 光学性能

陶瓷产品的光学性能主要指陶瓷产品的白度、透光度和光泽度。

（1）白度

白度是指陶瓷材料对白色光的漫反射能力。传统的白度测量是以硫酸钡或氧化镁（或碳酸镁）为参照物，根据照射光逐一经过主波长为 $620\mu m$、$520\mu m$、$420\mu m$ 的三块滤光片滤光后，以试件对标准白板（参照物）的相对漫反射率来确定的。新的白度测量标准是：以光谱漫反射比均为 100% 的理想表面的白度为 100%，光谱漫反射比均为零的绝对黑表面的白度为零，测量出试样的 X、Y、Z 三个刺激值，用规定的公式计算出白度值。同时还引入了色调角和彩度的概念，在测定白度时可知坯体是否偏色，偏什么色。影响陶瓷产品白度的主要因素是坯、釉料的组成、加工工艺和烧成气氛等。

瓷器的白度因坯釉中着色氧化物含量的增加而下降，其中以氧化铁的影响最为显著。如果是高价铁（Fe_2O_3），根据其含量多少，可使产品呈现黄色、红棕色甚至深红色，含量越多，颜色就越深。如果是低价铁（FeO），可使产品的色调变为淡青色或青色。除此之外，其他着色元素的氧化物以及碳素，可使产品呈现不同的着色，从而降低白度。

烧成温度与烧成气氛均会影响陶瓷材料的白度。当烧成温度超过最佳烧成温度时，坯体中液相量剧增，铁及钛离子溶入液相中，增大着色能力；同时未溶石英及莫来石量减少，对光的反射减弱，也会引起白度降低。

（2）透光度

透光度是表征陶瓷材料对光线透过能力的性质。中国传统的薄坯瓷能作为灯具用，就是因为它具有优良的透光性。透光度主要取决于瓷坯的显微结构、原料的纯度和烧成制度，以及瓷坯的厚度。

日用瓷具有多相结构，瓷坯的透光性能主要取决于玻璃相。玻璃相含量越多，透光度越高。而结构中的晶相和气相是降低透光度的。透光度还与组成中着色氧化物的含量有关。当着色氧化物的含量提高时，着色氧化物对某个波长范围的光有较强的吸收，使透射光强度减小，透光度降低。

相同组成、相同工艺条件制备的产品，影响其透光度的因素是瓷坯的厚度。研究指出，在不考虑光能量损失的前提下，透光度与瓷坯的厚度成指数关系，即制品越厚，透光度越小。

（3）釉面光泽度

光泽度是釉面对可见光的镜面反射能力。测定时，用制品釉面对标准黑玻璃平板的相对反射率来表示。影响光泽度的主要因素是釉的折射率与釉表面的光滑平整度。当折射率高或釉面平整光滑时，光线以镜面反射为主，光泽度就高；反之，则以漫反射为主，光泽度就差。

3. 热学性能

热学性能包括热膨胀系数、热稳定性、比热容和热导率，前两项是衡量热性能最重要的指标。

材料的热膨胀系数是指，当温度变化1℃时，材料在长度方向上的相对改变量，所以又称为线膨胀系数。线膨胀系数在不同温度下是不相等的，且随着温度的变化，膨胀系数值也有轻微变化，通常是以室温至600℃或800℃的平均值来表示。陶瓷材料的线膨胀系数由组成和结构所决定。由于气孔的体积模数很小，所以对热膨胀系数的影响也不大，石英具有多晶转变性质，因而在膨胀系数曲线上往往会出现一个突变点；方石英在200℃时由于多晶转变，线膨胀系数会有一急剧的变化。

热稳定性是指陶瓷材料或制品抵抗外界温度急剧变化而不出现裂纹和破损的能力，也称为抗热震性。陶瓷材料和制品在使用过程中，不可避免地会遇到周围介质温度的急剧变化。由于陶瓷材料是热的不良导体，在材料表面和内部就会产生温差，又由于材料中各相的热膨胀系数不同，因此在材料内部会出现应力。当应力超过材料的抗张强度极限时，就会引起材料开裂或破坏。

4. 电性能

电性能对日用陶瓷不重要，而对于电瓷特别是高压电瓷则至关重要。陶瓷材料的电学性能包括电阻率、介电常数、介质损耗和介电强度。

三、搪瓷制品

搪瓷制品是金属与类似玻璃的瓷釉所构成，因而具备两者综合的优良特性，具有轻便、耐用、清洁、美观等特点。搪瓷制品是一种既卫生，又便于清洗和经久耐用的日用制品。

日常生活中必需的一些饮食用具和洗涤卫生用具，已经较多使用搪瓷器皿。同时，在化学工业、医药工业与食品工业中，也常利用各种搪瓷器皿，在国防与尖端科学方面，搪瓷制品还有着特殊的用途。本节主要介绍搪瓷、陶瓷制品的原料、工艺、品种及质量。

（一）搪瓷制品的品种

搪瓷制品的用途广泛，品种繁多，按其用途可分为饮食用具，洗濯、卫生用具，其他三类。但在日用搪瓷器皿中，由于搪瓷面盆和搪瓷口杯的消费量最大，故将搪瓷器皿分为面盆、口杯和杂件三大类。在三大类下面还可根据形状、式样、花色和用途等方面的不同划分为若干品种。

1. **面盆类**

（1）种类：面盆可依其外形、结构、容水量以及所用原材料的不同划分种类，通常有下列数种。

①平边面盆。这种面盆的特点是盆口平坦，口大底小，形状有些像喇叭口，容水量较少，水易倒出，携带轻便。

②卷边面盆。这种面盆盆口略卷，用较薄的钢板制成，盆的腰部有被压出环形箍一道，以增加机械强度，容水量较多。

③得胜面盆。又名得式面盆或胜利面盆。这种面盆的特点是边较阔，底较大，坯胎一般采用较厚的钢片制成，所以比较坚固耐用。

④标准面盆。标准面盆的外形与得胜面盆相似，但边稍窄，底较小，底部凸出的盆脚线较低，坯胎所用钢板也较得胜面盆略薄。

⑤翻口面盆。这种面盆的腰部突出如鼓状，边阔而翻卷，式样美观，容水量大，坚固耐用。因盆口翻卷，故叫翻口面盆，又因形状有些像柿子，也叫柿形面盆。

⑥深形面盆。这种面盆的边窄而直，盆身较高，底部大小和盆身相仿，没有像一般面盆的斜坡，容水量大。

（2）花色：依花色的不同来分，面盆的种类甚多，在现行标准中按装饰方法分为彩花、彩色、素色、全白、冰花五种。另外，在同一花色中又可依其所装饰的花样不同分为花卉、花鸟、动物、人物、风景、图案、国画等。

（3）规格：按坯胎上口外径尺寸分为 300mm、320mm、340mm、360mm、380mm、400mm 六种规格。

2．口杯类

（1）种类：搪瓷杯分为有盖和无盖两类，有盖的叫盖杯，无盖的叫口杯。它的品种一般有机制杯、人民杯、圆底杯、高型杯、牛奶杯、接口杯等。一般的搪瓷杯，其杯身高度与口径相等或相仿。

①机制杯：机制杯的坯胎是用薄钢片冲压而成的。它的杯身直而无斜坡，口与底同样大小，是目前搪瓷杯中的主要品种。

②人民杯：人民杯的杯形和机制杯相仿，不同的是机制杯的杯底是平的，而人民杯的杯底有一个向内凹的圆圈，可以增加坯胎的机械强度，同时避免底部不平的缺点。按照标准规定，人民杯所用薄钢板厚度，比其他口杯所用薄钢板规格规定降低一号。

③圆底杯：这种杯子的底部略形收缩，因此底部比上口要小些并显出圆角，式样比较美观，因为有了凸出的圆底，它的高度就比口径多 3mm。

④高型杯：高型杯杯型比较特殊，它是口径小，杯身高，形状有些像笔筒。

⑤牛奶杯：杯身较矮，口部大而底部小，式样小巧，适合饮牛奶、咖啡等用。

⑥接口杯：这种杯子的坯胎是用下角薄钢板拼接手工敲制成型的，杯子的底部和杯身装把处都有接缝。

（2）花色：按装饰方法分有彩色、素色、全白、冰花、彩花五种。在同一花色中又可依其所装饰的花样分为花卉、花鸟、动物、人物、风景、图案、国画等。

（3）规格：杯坯上口内径尺寸分为 60mm、70mm、80mm、90mm、100mm、110mm、120mm 七种规格。

3．杂件类

杂件类包括的品种甚多，在现行标准中根据用途、规格和装饰方法分以下各类。

（1）按用途分为食用和非食用两类。食用类有：饭碗、汤盆、菜盘、提环饭锅、双耳汤锅、胖盖咖喱锅、咖啡壶、酥油壶、食篮、双耳烧锅、桶等。非食用类有：痰盂、便器、茶盘、大盆等。

（2）按坯胎尺寸分为 100～700mm 各种规格。

（3）按装饰方法分为彩花、彩色、素色、全白、冰花五种。

（二）搪瓷制品的质量

由于各种搪瓷器皿的用途和采用原料的不同，因此对其性能和质量的具体要求也就有所区别。但所有的搪瓷器皿都应该满足以下的共同要求：①瓷釉层应牢固地、紧密地附着于金属坯胎表面，有较强的密着性；②瓷釉层有较好的耐热性，当受到温度突然变动影响时，不裂、不脱落；③表面平滑有光，无裂纹和细孔，不易沾染污垢。对于饮食用搪瓷器皿，要求瓷釉层中不得含有会损坏食品色或味的化合物，更不得含有能引起人体中毒的物质。

搪瓷器皿的质量是从器皿的理化性能和外观两方面来鉴定的。

1. 理化性能

（1）密着性：瓷釉与坯胎间密着的能力，是决定制品是否坚固耐用的重要因素。若密着性能良好，制品在长期使用过程中瓷釉不易脱落。否则，在使用过程中受到碰撞，瓷釉极易脱落而露出坯胎，这样不但影响制品的美观，而且容易从该处逐渐腐蚀而使制品损坏。

密着性的好坏是以冲击测定法进行测定，用标准钢球自一定的高度自由落下，冲击制品的表面，以制品瓷釉所能承受而不致发生裂纹或剥落的功的大小来表示。

（2）耐热骤变性：搪瓷器皿常用来盛放热的饮食或直接与热源接触，因而要求其应有一定的耐热骤变能力，以便在一定范围内当温度发生突然变化时，瓷釉不发生炸裂或脱落。

耐热骤变性通常是用将制品加热到一定温度（标准中规定是在 232℃）的方法来鉴定。耐热骤变性能的好坏，以瓷釉在突热受冷时不致炸裂和脱落的温度差表示。温差越大，耐热骤变性越好。

（3）耐酸性：饮食用搪瓷器皿要在长期使用中不致因受空气中水分和二氧化碳的作用，或受饮食中的酸性物质的侵蚀而丧失光泽，就需有一定的耐酸性。

鉴定器皿内部瓷釉耐酸性时，先将稀薄的弱酸溶液（通常是采用醋酸溶液）注入器皿，经过一定时间的煮沸或浸渍后，用测出的每一单位面积所损失的重量来表示。器皿外部瓷釉的耐酸性，通常是以斑点试验来测定，即在制品表面滴一定浓度的酸液，隔一定时间将酸液拭去，视该处光泽消失程度确定耐酸性能。

（4）耐碱性：饮食用搪瓷器皿和洗漱用搪瓷器皿，为了能保证在用碱水洗涤和浸泡的情况下，不失去光泽并经久耐用，必须具有一定的耐碱性。

耐碱性的鉴定，是将测定器皿放入一定浓度的碱液（通常是用碳酸钠溶液）中浸渍一定时间，取出洗净和烘干，然后观察光泽消失的程度，以确定其耐碱性。

（5）无毒性：无毒性是指在瓷釉中不得含有能溶入器皿所盛食物和饮料，而使食物不宜食用的物质。在目前配方中属于此类物质的主要是锑、铅、镉，故在现行标准中对食用搪瓷器皿的锑、铅、镉含量作了严格的限制。

（6）光泽和白度：搪瓷器皿必须有一定的光泽和白度，使器皿光亮，积污容易除去。

各项理化性能，并不是对所有搪瓷器皿同样要求，如对面盆则要求耐冲击、耐热骤变、耐碱、光泽、白度等项指标。面对口杯等饮食用器皿，则要求耐冲击、耐热骤变、耐酸、光泽、白度、无毒等项指标。

2. 外观

搪瓷器皿在外观方面应该表面光滑平整，搪涂均匀，色泽光亮，乳浊性良好，无透显底粉和坯胎的现象，结构匀称，盖子等零件的大小与器皿吻合，焊接牢固，制品装饰的图案、花样必须完整清晰、色泽鲜艳、美观，具有艺术性。

由于目前搪瓷器皿是半机械、半手工生产，并且原料种类很多，生产工序复杂，因此在制品上经常会产生一些外观缺陷。这些缺陷有的是由于原料性能造成的，有的是操作技术问题，还有的是受气候等自然变化影响。

搪瓷器皿的各种缺陷，不仅影响美观，某些缺陷还会直接降低器皿的坚固耐久性。例如，烧生和烧枯等缺陷就会降低器皿的密着性和耐热骤变性；露出坯胎的小孔和裂缝，会由于坯胎的逐渐腐蚀而缩短器皿的使用寿命。

在日用搪瓷器皿标准中，就是根据主要缺陷影响产品质量的程度，分为一等品、二等品和等外品。关于各种缺陷的特征，在轻工业部规定的《日用搪瓷产品检验方法》中都有详细说明。各种外观缺陷根据其对产品的影响可分三类。

（1）影响使用寿命的缺陷有：鳞爆、脱瓷、爆点、泡孔、裂纹等。

（2）部分影响使用寿命及外观的缺陷有：凹凸点粒、焦边、黑线纹等。

（3）影响外观的缺陷有：碰坏、露黑、涂搪不匀、坯型皱痕、边粉不齐、杂点异色、变形、饰花模糊、工具痕、白线纹等。

第五节 皮革制品

一、皮革的含义

皮革作为天然高分子材料应用于人类生活的历史很长。随着社会经济的发展，生活水平的提高，人们对皮革制品的需求增加，尤其在回归大自然的潮流中，人们越来越青睐皮革制品，同时也对皮革的品质提出更高的要求。不同的皮革在外观及性能上的差别，会给皮革制品的设计、制造、经营，甚至使用保养带来一定的影响。皮革是经脱毛和鞣制等物理、化学加工所得到的已经变性、不易腐烂的动物皮。革是由天然蛋白质纤维在三维空间紧密编织构成的，其表面有一种特殊的粒面层，具有自然的粒纹和光泽，手感舒适。

二、制革原料皮

常用的制革原料皮有牛皮、羊皮（包括山羊皮和绵羊皮）、猪皮、马皮（包括骡皮、驴皮）、兽皮（鹿皮、袋鼠皮）、海兽皮（海豹皮、海猪皮、鲨鱼皮、鲸皮、海豚皮）、爬行动物皮（蛇皮、鳄鱼皮）、鸵鸟皮等其他种类的皮。

（一）原料皮的皮层结构

生皮分为表皮、真皮和皮下层（乳头层）3 部分。

表皮层是皮的最外面一层，没有毛的部位的表皮层比长毛部位的厚些。一般家畜皮有毛部位的表皮层厚为 $10\sim20\mu m$。牛皮的表皮层占厚度的 $1\%\sim1.5\%$。表皮层是以角质细胞为主体，皮下层位于真皮层下面与动物肌肉毗连，没有固定的厚度，随动物的种类、肥瘦、部位等不同而变化。皮下层是很疏松、柔软的结缔组织形成的空松的网状组织，存在于网状组织中的脂肪细胞和沉积的脂肪体、肌肉组织、血管、神经等。表皮层与皮下层对制革是无用的，要在制革的准备过程中一并除掉。

真皮层是皮的中间层，也是制革的最基本层，其厚度占全皮厚度的 $90\%\sim95\%$。以真皮层是蛋白质纤维的结缔组织，此层与鞣料互相结合即为革。以真皮层的毛囊和汗腺的根梢处为分界，分为乳头层和网状层。

乳头层表面有明显的神经乳头，毛根、脂腺、微血管都存在于乳头层中，其胶原蛋白纤维束较细，故质地柔软。乳头层的表面称为粒面，神经乳头和毛孔使粒面呈显凹凸的皮纹。从皮纹的特征可以分辨原皮的种类。牛皮的毛孔均匀分散；羊、马皮的毛孔呈波浪形排列。幼畜皮的毛孔小而密，神经乳头不发达，纤维束细致，因此粒面光滑平整；壮畜皮的皮纹比较明显；老畜皮的粒面粗糙。网状层是由较粗的胶原蛋白质纤维束交织而成的网状结构，比乳头层坚实。尤其是网状层的中间部分是由最粗大的纤维束组成，其上方和下方的纤维束都较细。

牛、羊、马皮的皮层结构很相似，都分成三层。而猪皮的结构比较特殊。它的毛囊穿过真皮而深入到皮下脂肪，乳头层与网状层无明显的分界。真皮层中不存在大量微血管和脂腺、汗腺，纤维束均匀一致，交织紧密，粒面凹凸不平。

根据牛皮、羊皮、猪皮纤维交织的情况，将其各成品部位区分成不同的使用部分。以牛皮为例，可分为臀背革部、肩革部、腹革部、腹肷部。臀背革的真皮层厚而均匀，毛孔细密，粒面平整，纤维的交织角大。肩革有明显的皱纹，其夹皮的厚度不均匀，毛孔大小不一致，粒面显得粗糙，纤维交织角较小。腹革的真皮层较薄，纤维束细软，交织角最小，毛孔稀而大，粒面不及中心皮细致。腹肷部的革质量最差。

（二）原料皮的化学成分

生皮的基本成分是蛋白质、水分和脂肪。生皮中含有多种动物蛋白质，其中胶原蛋白是真皮层的主体，是构成皮革的基质。

胶原蛋白呈纤维束状，它可与各种鞣料结合而改变其性能，成为化学性质很稳定的皮革。

除胶原蛋白外，真皮中还含少量树枝纤维状的弹性蛋白、网形纤维状网硬蛋白，其余还有角蛋白和非纤维状的球蛋白、清蛋白、黏蛋白等。

三、皮革的生产

生皮经过鞣制才能成为皮革，鞣制是决定皮革种类和质量的主要关键。不同的原皮或不同的革种须采用不同的鞣制方法。概括起来，制造皮革可分为准备、鞣制、整理三个阶段。

（一）准备过程

在鞣制前进行一些准备性的操作，称为鞣前准备。用原料皮制造皮革，从组织学方面来说，是利用原料皮的真皮层部分；从化学组成来说，则是利用原料皮中的胶原部分，而其他的不能成革的部分和成分要在生产过程中被除去，其中大部分是在鞣前准备阶段被除去。同时，应使不同程度上失去水分的原料皮便于加工，使皮纤维与鞣质更好地结合，以使制成的皮革符合各种使用要求。

1. 浸水

浸水是利用生皮充水的膨胀作用，使防腐处理过的原皮重新充水，尽量使原皮接近鲜皮状态。新鲜的生皮一般含水量为75％左右，将其放在清水中还可以吸收部分水分，而不同程度干燥过的生皮，放入清水中，则会大量地吸收水分。生皮由于吸收了水分而会逐渐增厚，由僵硬变得柔软，这就是生皮充水。生皮能充水的原因，是由于构成生皮的主要蛋白质胶原以及生皮中的一些可溶性蛋白质等含有大量的亲水基因。生皮在酸和碱溶液中会发生充水膨胀作用而变得厚硬而有弹性。原因是生皮的胶原纤维因大量吸收水分而使其长度缩短，直径变粗。

浸水还能除去生皮上的污物，使生皮中的可溶性蛋白质大部分溶于水中。浸水时间要适度，时间过长粒面易受细菌作用而产生针孔、缺口等疵点，皮蛋白也会水解而使成革松、空；时间过短充水不足，整张皮充水不均匀，纤维间质溶解不好，皮纤维分离差，成革僵硬。

2. 脱毛

除去原料皮上毛的工序称为脱毛。这一工序都是将生皮浸于过饱和的石灰溶液中来完成的，所以又称为浸灰。单用熟石灰浸灰，脱毛时间长，胶原水解较多，皮质损失大，若加入硫化钠，可缩短脱毛时间，因此多采用灰碱法脱毛。另外，还有盐碱法、二甲胺浸灰法、酶法、氧化脱毛法等。

脱毛过程是角蛋白在碱中水解，双硫键断开，使毛与真皮的联系削弱，硫化物和二甲胺等还原剂阻止了毛内新键的形成，从而加快毛松脱的速度。

浸灰的另一作用是脱脂，脂类在表皮和粒面层分布较多。如牛皮的脂类在浸灰净面后有 57% 被除去。浸灰还可以除去皮内的纤维间质，胶原纤维分离后，成革的延伸性和挠曲性增加，革质柔软。

3. 脱碱

脱碱又称脱灰。浸碱的生度虽经水洗，皮内 pH 值仍在 10 以上，不利于鞣制，故需要脱碱。采用灰碱法脱毛的裸皮，其中含有 1% 的氧化钙，更需脱去这部分灰，以利于鞣制时鞣质的渗透和结合，因此准备过程中均需脱碱。

脱碱或脱灰，首先是水洗，洗掉皮中 1/3 的碱或灰，余下 2/3 的碱或灰采用中和的办法除去。脱碱用的酸多为弱酸及酸式盐，国外多采用有机酸，效力好，皮垢易于去除，粒面清洁、细腻，皮革更加柔软。酶软化的作用主要是清除皮垢，溶解部分皮蛋白质，使成革柔软，是制造软革的一项重要工序。

4. 浸酸和去酸

脱灰和软化之后，要用酸和盐溶液处理裸皮，称为浸酸，主要作用是降低裸皮的 pH 值。铬鞣和鞣浴的 pH 值最初要求是 pH 值为 2.5～3，若不经浸酸，影响鞣制，影响成革的质量。一般浸酸多用硫酸和氯化钠，也可用盐酸或有机酸。目前，多采用蚁酸或醋酸与硫酸合用，成革粒面细，革质柔软。有时加入 1% 明矾，起到铝鞣的作用，可使革面粒面平滑，也有加入 1% 的甲醛溶液（37% 含量），起一定的固定粒面、减轻松面现象的作用。去酸是为了加速鞣制过程中铬盐的结合，一般在鞣制猪革时采用。

5. 脱脂

脱脂是除去原料皮中所含的大量脂类。脂类不除掉，将严重影响成革的质量。脱脂方法除需要将原料皮削肉，尽量削尽皮下脂肪外，还必须采用化学的方法脱脂。常用的化学方法有皂化法、乳化法和溶剂法。

（二）鞣制阶段

1. 铬鞣法

铬鞣法是用铬的化合物鞣制裸皮，使之成为成品革的加工方法。用铬鞣法加工的成品革称为"轻革"。目前，铬鞣法广泛应用于轻革生产，其重要性已超过植物鞣法。

制备铬鞣液所使用的铬盐有：重铬酸盐、铬明矾和硫式硫酸铬等。常使用的重铬酸盐是六价重铬酸钠，又称为红矾钠，为橙红色的粉状结晶，含有两分子结晶水，分子式为 $Na_2Cr_2O_7 \cdot 2H_2O$。六价的铬无鞣制作用，需还原为三价的铬后才有鞣制能力。用三价铬的化合物直接鞣制称为一浴法；把透入皮内的六价铬的化合物用还原剂还原成三价铬的化合物，使之与皮结合的鞣制称为二浴法。

铬鞣制过程分为两个，第一个过程是鞣剂向裸皮渗透，第二个过程是渗透进裸皮内的鞣质与裸皮的活性基结合，两个过程同时进行。

铬鞣革呈青绿色，成革丰满，皮质柔软，弹性好。二浴法鞣制的革，粒面特别细致，革身柔软，但操作比较烦琐，红矾浪费大，反应复杂不易控制，后来被一浴法代替，目前已很少使用，只在鞣制极细腻的山羊皮面革时，才有采用。

铬鞣革的缺点是：成革略空松，易吸收水分，易打滑，纤维疏松，切口不光滑。

2. 植鞣法

植鞣法是利用植物鞣剂鞣制裸皮成革的一种方法，又称为植物鞣法。成品革称为"重革"，是鞣制底革，轮带革的基本方法。

植物鞣质含于某些植物的根、茎、叶、皮、果实以及果皮的组织细胞中。含有植物鞣质的原料，称为植物鞣料。植鞣革呈棕黄色，质地丰满，主要特点是：组织紧密，抗水性能强，潮湿后不滑溜；伸缩性小，不易变形，不受汗水的影响，切口光滑。缺点是：抗张力强度小，耐磨性、抗热性和透气性较差，储存过程中较易变质。

3. 结合鞣法

结合鞣法是指同时采用两种或多种鞣法进行鞣制，即将裸皮在不同的鞣质中逐次鞣制成革的方法，常用的结合鞣法有铬植鞣法。铬植鞣法又分为先铬后植鞣法、先植后铬鞣法、重铬轻植鞣法、重植轻铬鞣法。

铬植鞣法生产的面革，成革较重、丰满、坚实，适于苯胺染料染色，修饰较容易，裁剪率大，所制作的皮鞋、皮靴对湿、热更稳定，不易变形。但过度复鞣，会削弱粒面层的强度。

（三）革的整理

皮革的后整理加工可使皮革具有与用途相适应的外形和性质。一般分为染色、加脂与填充、干燥、整饰等工序。

1. 皮革的染色

皮革的染色能改善皮革的外观。

2. 皮革的加脂与填充

皮革的加脂可使革丰满柔软，提高强度，减少折纹，降低吸湿性。对于植鞣革，在加脂的同时加入填充剂硫酸镁和葡萄糖，使革质饱满而具有弹性，增强革的耐热性。

3. 皮革的干燥

皮革的干燥是皮革整理的重要工序，实际上包括干燥、回潮、滚压、刮软等工序。它不是简单的除去水分，而是使鞣剂与皮质进一步结合，使皮革定性定形。

4. 皮革的整饰

皮革的整饰是为掩饰皮革的伤痕和缺陷，进一步提高皮革的外观和耐用性而进行的涂饰、防水处理、打光、磨面、烫平压花搓纹等加工。

四、成品革

（一）鞋面革

鞋面革是制造各种靴鞋面所用的皮革，或简称面革。鞋面革的特征是：质地柔韧，色泽鲜明，表面细腻，厚度为 $0.6 \sim 2.2$mm。面革原皮的种类最多，以牛、猪、山羊皮较为普遍。鞣制方法以铬鞣为主，特种面革亦用铬—植结合鞣。面革分正面革、绒面革与修饰面革。

1. 正面革

正面革的外观与质量的关系最为密切，要求革面不应有裂面、管皱及松面现象，颜色应均匀一致，染层须透过粒面并与表面色调相同，革身须丰满、柔软而有弹性。正面革表面保持原天然的粒纹，从粒纹可以分辨出原皮的种类。正面革革纹的细致美观主要取决于原皮的粒面特征。

2. 绒面革

绒面革表面具有绒毛，是革面经过磨绒处理所制成的产品。制造各种绒面革，有的是因为皮革本身具有适于制成绒面革的特征，有的是因为靴鞋品种上的需要而将某些皮革改制，也有的是为了提高皮革的利用率，把比较厚的生皮劈成两张或三张制成绒面革。

3. 修饰面革

修饰面革是经轧花或搓纹等不同方法制出人造的表面，式样的变化极多，比较美观细致。轧花纹是在原来的光面皮上加上一些凹凸形的硬印花纹，花纹的种类很多，有大小颗粒纹、格子纹、橘皮纹、细皱纹、鱼鳞纹、甲壳纹、芦席纹等。在光面皮上轧花出于两个原因：一是为花色品种的需要而轧花；二是有些光面皮的皮面比较粗糙，或者斑痕较多，一经轧花就比较美观。用以制造轧花皮的皮革，要求革身应丰满柔软而富有弹性；不应有裂面、管皱或松面现象，涂层应均匀而牢固；颜色应一致，并有光泽。

（二）底革

制造靴鞋外底的皮革称为底革。底革的质地坚韧紧密，厚度一般为 $3 \sim 4.5$mm，特厚的底革在 4.5mm 以上。

制造底革的原皮主要是牛皮和猪皮，为了适应靴鞋外底的要求并合理使用原皮，应将原皮按部位切割，取厚实部位来制底革。鞣制方法多用植鞣或铬—植复鞣。铬鞣底革仅适于制造光滑细致的薄底鞋，故生产很少。植鞣底革最为普遍，在质量上要求其革面平整无裂面现象，质地应坚实丰满而有弹性，切口的颜色应均匀一致，并应具有较好的抗压缩和耐弯曲能力。

（三）鞋里革

鞋里革是做靴鞋衬里的皮革，质地薄而柔软。其表面应光滑细致，不可喷染易溶于水的色料。常用的鞋里革是猪皮制成的本色革。

（四）箱包革

箱包革的种类很多，对原皮和鞣法的要求不像面革和底革那样严格，以植鞣猪革和马（骡、驴）革及结合鞣猪、牛剖层革较多，厚度自 0.2～2mm 不等。箱包革应色泽均匀、革面平整，具有适当的强韧性和耐磨性。

（五）服装革与手套革

服装革多为铬鞣猪、牛、羊鞣革，鹿皮革等，分正面革与绒面革两类。服装革的质地应丰满柔软，具有良好的透气性，革身厚度均匀一致，革面应细致美观，染色均匀牢固，无脱浆、裂浆、散光现象，并能耐熨烫而不变色。手套革与服装革相似，质地更应柔软丰满而有弹性，厚薄均匀，不得有色花、刀伤，染色牢固。对猪、牛、羊革面的厚度要求不同。

（六）沙发革

沙发革多为猪皮革。要求革身丰满柔软，弹性好，耐于湿擦性好，具有良好的吸汗透气性能。涂饰层黏着牢固，不掉浆，不发黏，色泽鲜艳，光泽好，经久耐用不易老化。

（七）皮带革

皮带革一般是厚度为 2～4mm 的植鞣猪、马、牛革，对这类革的要求是：革质紧密、抗张强度较高、弹性适当、颜色均匀，且不用水溶性色料。

第十章　电子电器商品

电子电器商品是指日常家庭使用条件下或类似使用条件下电子器具和电器器具的总称。电子器具是指以电子线路为主的器具，如电视机、录音机、录像机等。电器器具是指以电动机为主的电工器件组成的器具，如洗衣机、电冰箱、电风扇等。它们的共同特点是以电力为能源；进行电能与机械能、热能、光能的转换；能够减轻人们的家务劳动；给人以精神上的享受；美化生活环境；提高生活质量。因此，人们普遍认为家庭生活电子化、电器化是生活现代化的基本标志之一。

第一节　办公设备

一、计算机

计算机的工作原理跟电视、VCD 机差不多，给它发一些指令，它就会按指令的意思执行某项功能。不过，这些指令并不是直接发给要控制的硬件，而是先通过前面提过的输入设备，如键盘、鼠标，接收指令，然后再由中央处理器（CPU）来处理这些指令，最后才由输出设备输出想要的结果。

计算机正是模仿人脑进行工作的（这也是计算机另一称谓"电脑"名称的来源），其部件如输入设备、存储器、运算器、控制器、输出设备等分别与人脑的各种功能器官对应，以完成信息的输入、处理、输出。图 10-1 即为计算机的工作原理图。

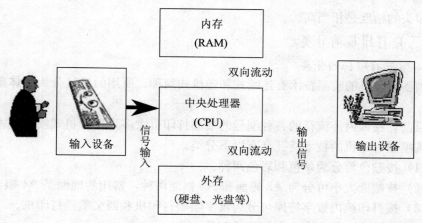

图 10-1 计算机的工作原理

二、打印机

（一）工作原理

目前世界上打印机生产厂商的主要品牌是：EPSON（爱普生）、CANON（佳能）、HP（惠普）及 LEXMARK（利盟）。

各品牌打印机的工作原理不尽相同，其中 EPSON 采用的是压电式，HP 及 CANON 大都采用的是热泡式。

压电式是利用石英晶体因电压而改变体积所产生的振荡，而将墨水喷出，此种方法是 EPSON 的独家专利。由于其制作较精细且成本高，故采用喷头和墨匣分离的方式，用以重复使用喷头。当机器给予一个电脉冲信号后，多层压电晶体会出现线性位移，将墨水挤压喷出。多层压电技术可避免墨水产生拖尾和飞散，使墨点更加微小和均匀，改善打印的解析度，实现接近照片的质感和层次感。EPSON 打印头由陶瓷层、衬板层、储墨层、喷嘴外层组成，陶瓷层上涂有压电晶体涂层；衬板层有墨孔（孔径为 0.03mm 以下）；储墨层的墨水囊依靠毛细作用向喷嘴提供墨水；喷嘴外层表面镀膜，孔径小于 0.03mm，打印头的这四部分采用胶体粘连而成，对安装精度要求极高。

热泡式是利用电流瞬间将墨水加热到 260°左右的高温，产生气泡造成压力将墨水喷出。如 HP、CANON、LEXMARK 等。打印机因需长期高温加热，所以喷头寿命有限，因此多采用抛弃式的喷头设计。打印机喷头的技术采取半导体薄膜技术，同时采用硅光刻工艺及高精密涂层技术形成多个直径在 $50\mu m$ 的喷嘴。这些喷嘴呈高密度排列，受到加热信号后，在极短的时间内局部加热墨水，形成一定的气泡，产生膨胀将墨水喷出。由于其所采用的工艺技术的保证，可以说这种打印头的精度是相当高的。

（二）打印机的分类

1. 喷墨打印机的分类

喷墨打印机的喷墨技术有连续式和随机式两种。所用的墨又分为液体墨和固体墨。

目前，在国内外流行的各种型号的喷墨打印机大多采用随机式喷墨技术。另外，按喷墨打印机的技术特征又有以下分类。

（1）按颜色可分为单色和彩色两种。

（2）按幅面大小可分为 A3 幅面和 A4 幅面两种，常用的幅面是 A4 幅面。

（3）按打印机内置字符库可分为汉字喷墨打印机和西文喷墨打印机。

（4）按用途可分为台式和便携式两种。

（5）按打印机精度即分辨率来分，可将喷墨打印机分为高、中、低档 3 种。低分辨率的打印机指 118 印点/厘米（300DPI）以下，中分辨率指 118 印点/厘米，高分辨率指 118 印点/厘米以上。目前市场上的喷墨打印机一般是 118 印点/厘米。

2. 激光打印机的分类

激光打印机从输出速度来分，可分为高速、中速、低速三种类型。

（1）高速机种。1975 年，IBM 开发的 IBM 3800 机和 1976 年 SIEMENS 投放市场的 ND—2 机，都是与大型计算机配套使用，作为集中打印输出的高速输出设备。这类高速输出设备与原有的机械式打印机相比，处理能力提高了数倍。随后，日本各大型计算机厂商，为汉字信息处理系统也开发出了相类似的高速激光打印机。这类高速机种，输出速度可达到大于 100 页/分（A4），月处理能力可达数百万页，最适合于集中打印输出处理。

（2）中速机种。这类机型以 IBM 6670、XEROX 5700 为代表，适用于文字处理系统集中打印输出的应用领域。这类机型印字速度适中，具有多功能，适合印刷输出多种字体。随着微机的推广应用以及半导体存储器的技术进步，在 20 世纪 70 年代末已形成一个专门的应用领域。这类机型，输出速度为 30～60 页/分，月处理量为 20 万页左右。

（3）低速机种。进入 20 世纪 80 年代后，随着办公自动化系统和桌面印刷系统（DTP）的大力发展和推广应用，这些系统配套的重要输出设备——台式结构的激光式打印机获得了高速发展。从 20 世纪 80 年代开始，获得普及的击打打印机，不能满足 TEXT（文字）和 GRAPHIC（图表）两种处理功能要求，而激光式打印技术可发挥其多功能的特长，从而获得了面向纵深发展的机遇。由于激光式打印机的信息处理是数字化的点阵数据，同时利用通信线路可以传输图像数据，所以这类低速机种在办公文件处理系统领域里获得了大量应用。这类机型的输出速度为 20（或低于 20）页/分，月处理量在 2 万页以内。

以上是三种类型机种的输出速度、处理能力、应用领域、机种类型及性能要求等，激光打印机已从最初开发的高速机种转向重点开发廉价的低速机种。

（三）打印机的选购

打印机是 PC 的重要外设之一，选购前一定要慎重，在购买时一定考虑好自己的需要，这样可以帮您选一款合适的产品。

1. 喷墨打印机的选购

家庭购买喷墨打印机有五个相对重要的因素要考虑，分别是购机用途及价格、打印质量、打印速度、功能与易用性、耗材费用和综合成本等几方面。

（1）购机用途。购买喷墨打印机，建议首先分析自己的购机用途。也就是考虑买喷墨打印机主要用来干什么，兼顾干什么。价格固然重要，但资金使用效果更重要。简单地划分用途，可分为打印文本与打印照片。再细点分，有专业（单位）需求与业余（家庭）使用的区别；有文本为主、照片为辅和照片为主、文本为辅的区别。购机时一定得认清自己的用途，购买相应的机型。

（2）打印质量。对彩色喷墨打印机而言，打印质量包括两个方面。一是打印分辨率，即 dpi，它是我们衡量打印质量最重要的标准，分辨率越高，图像精度就越高，打印质量自然就越好。对彩色喷墨打印机来说，300dpi 是人眼分辨打印文本与图像的边缘是否有锯齿的临界点，再考虑纸张等因素，分辨率达到 360dpi 以上的打印效果，才能令人基本满意。二是色彩的表现力，也就是我们通常所说的颜色是否"真"，色彩的种类是否足够多。现在各大厂家均有自己针对彩色图像打印的调整技术，购买时一定要进行样张打印，并最好选择有渐变色的自然风光作为样张，重点看一看色彩过渡是否自然，色彩还原能力如何，细节表现能力如何。不过，影响打印质量的因素还有很多，打印色彩的深浅控制、厂商提供的墨盒及打印所用的介质都会对打印质量产生影响。

（3）打印速度与色彩数目。打印速度一般用每分钟打印多少页纸（ppm）来衡量。厂商在标注产品的技术参数时通常都会用黑白和彩色两种打印速度进行标注，因为一方面打印图像和文本时打印机的打印速度有很大不同；另一方面，打印速度与打印时设定的分辨率有直接的关系，打印分辨率越高，打印速度自然就越慢。更多的彩色墨盒数就意味着更丰富的色彩，尤其是对中高档用户来说，比传统的三色多出了黑、淡蓝和淡红的六色打印机，以其上佳的图形打印质量更符合消费者胃口。

（4）功能与易用性。现在市场上的彩色喷墨打印机的功能繁多，对家庭用户而言比较实用的功能有两个：一是多介质打印功能；你不仅可以在普通纸上打印，而且可以在信封、卡片、透明胶片、纤维织物等上进行打印；二是经济打印模式，我们也可以称之为省墨模式，它是通过降低清晰度以及墨水的喷射量来达到节省墨水的目的，打印草稿、一些非正式的文本等时经常会用到。

（5）耗材费用。喷墨打印机耗材费用很高是不争的事实，所以在购机时耗材费用也是一个重要的考虑因素。耗材费用主要是墨盒费用，考虑的因素有：墨盒的绝对价格与打印张数，是分色墨盒还是多色墨盒，墨盒是否与喷头一体。彩色墨盒考虑的因素比黑色的要多，影响较大的是一体的多色墨盒与分体的单色墨盒，尤其是照片打印时偏色的情况较多，经常的情况是某一种颜色用完了，其他颜色还剩不少，使用一体多色墨盒而又不用填充墨水的用户只能换新墨盒，损失较大。分体单色墨盒的好处是哪种颜色用完了就换哪种颜色的墨盒，避免无谓的浪费。

（6）综合成本。打印机不是一次性资金投入的硬件设备，买回来后还得不断进行投入。因此，购买打印机应该重点考虑其综合成本。打印机的综合成本包括整机价格、墨盒、墨水和打印介质。多数打印机在普通纸上打印黑白文本有着不错的效果，但要打印色彩丰富的图像，特别是图片的精美打印就需要在专业纸上进行，这也就意味着增加了打印成本。普通家庭用户应该选择那些在普通纸上能得到比较好的打印效果的打印机。

2. 激光打印机的选购

（1）打印质量。选购个人激打产品，首先要注意其打印质量。而激光打印机的打印质量取决于其分辨率，目前激光打印机的分辨率基本上都在 600dpi 以上，而个人激光打印产品的分辨率一般都在 600dpi 左右，基本能满足较高质量的输出要求。

（2）打印速度。目前个人激光打印机的打印速度一般在 8～12ppm，工作组网络激光打印机的打印速度在 10～20ppm，而部门级的网络激光打印机则高达 20～40ppm。用户应注意的是，激打产品的标称打印速度是指激光打印机的引擎速度，实际使用中还会受到预热技术、打印控制语言的效率、接口传输速度；以及内存大小等影响，往往达不到其标称速度，因此在挑选产品的打印速度时要留有余地。

（3）易用性。个人激光打印机的打印幅面基本都是 A4 幅面，选择余地不大。选购时值得注意的，还有激光打印的易用性。由于激光打印机的结构复杂精密，一般用户自行维护较困难，若产品的易用性不好，不但影响使用效率，而且会增加故障率。其他要注意的，还有打印机的使用可靠性及产品的可扩展性等。

三、复印机

（一）复印机的工作原理

现在我们常用的复印机工作原理有两种：一种是美国施乐公司于 1949 年推出的模拟式复印机，目前正在使用的和市场上出售的复印机大多是模拟式复印机。另一种是日本佳能公司于1991年推出的数码式复印机，现在市面上出售的复印机中有一部分是数码式复印机，数码式复印机以其优越的性能正在逐渐取代模拟式复印机。

模拟复印机的工作原理是：通过曝光、扫描的方式将原稿的光学模拟图像通过光学系统直接投射到已被充电的感光鼓上，产生静电潜像，再经过显影、转印、定影等步骤，完成整个复印过程。

数码复印机的工作原理是：首先通过电荷耦合器件（即CCD）将原稿的模拟图像信号进行光电转换成为数字信号，然后将经过数字处理的图像信号输入到激光调制器，调制后的激光束对被充电的感光鼓进行扫描，在感光鼓上产生静电潜像，再经过显影、转印、定影等步骤，完成整个复印过程。数码式复印机相当于把扫描仪和激光打印机融合在一起。

（二）复印机的分类

复印机多种多样，性能各异，目前尚无统一的分类方法，大致可从以下几个方面分类。

1. 根据用途分类

根据用途分类，一般可分为：办公用复印机、工程图纸复印机、彩色复印机，以及特殊用途的复印机四种。

2. 根据复印速度分类

各种系列复印机根据复印速度分类，通常可分为：超高速复印机（大于或等于100张/分）、高速复印机（60～100张/分）、中速复印机（20～60张/分）及低速复印机（20张/分）四类。

3. 根据扫描信号分类

由于复印机是现代化办公设备，属于高新技术产品，更新换代速度比较快，总的趋势是智能化程度越来越高。现在在扫描信号的处理上又产生模拟式静电复印机和数字式静电复印机两大类。

4. 其他类型

复印机的类型也可以按光导体的材料、光导体的成像方法、显影剂组分等很专业的角度来分类。

按静电潜像的方式分类，可分为：放电成像法（卡尔逊法）、逆充电成像法（NP法或KiP法）、持久内极化成像法（PIP）、电荷转移成像法、充电成像以及屏内（栅极）离子流法和磁记录法。

按显影方式分类，可分为：干法显影和湿法显影两种。其中干法显影又分为双组分显影和单组分显影。

按复印纸张分类，可分为：普通纸复印（间接法）和涂层纸复印（直接法）。

目前，应用最广泛的是普通纸静电复印机（干式间接法），通常说的复印机就是指这一类复印机。

（三）复印机的选购

我们在选购复印机的时候，不要只看价格或性能，最根本的原则和标准是性价比和自身的需求。在选购时主要考虑以下几个因素。

1. 价格

价格因素包括两个方面，一是机器本身的价格，由于复印机是一种成熟的办公设备，因此目前生产复印机的厂商非常多，国内常见到的品牌有佳能、夏普、施乐、美能达、松下、东芝、基士得耶等。其中一些厂商已在我国建立了多个生产基地，例如：常熟夏普、湛江佳能、上海施乐等。本地化生产的复印机的价格一般要比进口产品低一些，注重经济性的用户可重点考虑这类产品。二是购买者自身的价格承受能力，现今市场占有率较高的品牌有：佳能、夏普、施乐、美能达等。

2. 速度

复印机工作速度是决定其价格的一大因素，因此购买之前应分析一下现在及将来每个月大概的复印量是多少，复印高峰期每小时要复印的份数有多少，这些数据将决定购买何种档次的复印机，然后根据分析结果来选购机型。例如每月最高复印量在 1 万份以下时，购买 1 台每分钟复印 15 份左右的低速复印机即可满足要求，没有必要购买更高速度的机型。每日复印量有 500 张时可选购 22 张/分钟以下机型，例如：夏普 SF－2052、SF－2040、SF－2030，佳能 NP 1215、NP 7163 等档次机型。

3. 功能

复印机的功能是否能满足用户使用过程中出现的一些特殊需求是首要考虑的。例如有些单位经常要复印带有订书钉的文件、红头文件等特殊原件，有的要用复印机制作透明胶片，有的要将原件按特定比例缩放来复印，还有的需要进行双面复印，多份原稿一次性成套复印，因此在购买时需要了解复印机是否具有消钉功能，是否适合复印红头文件等特殊原件，能不能使用透明胶片，支持缩放的比例范围是多少，是否具有双面复印和多原稿成套复印功能等。有时由多人共用一台复印机，要分别计费的话，还应考虑选择一台支持电子账户的复印机。

4. 选购件

有的用户可能还需要利用分页器和装订器来加快办公效率，但多数复印机都把分页器和装订器作为可选件提供，并且厂家为了降低成本，还推出了一些不能进行扩展的型号，因此在购买时需要了解复印机本身是否就带有这些附件，如果没有，是否支持添加需要的可选件，如：送稿器、双面器、分页装订器等。这些选购件能使用户最大限度地享用复印机所带来的方便、快捷功能。

四、扫描仪

（一）工作原理

扫描仪是除键盘和鼠标之外被广泛应用于计算机的输入设备。你可以利用扫描仪输入照片建立自己的电子影集；输入各种图片建立自己的网站；扫描手写信函再用 E-mail 发送出去以代替传真机；还可以利用扫描仪配合 OCR 软件输入报纸或书籍的内容，免除键盘输入汉字的辛苦。所有这些为我们展示了扫描仪不凡的功能，它使我们在办公、学习和娱乐等各个方面提高效率并增进乐趣。

扫描仪是图像信号输入设备。它对原稿进行光学扫描，然后将光学图像传送到光电转换器中变为模拟电信号，又将模拟电信号变换成为数字电信号，最后通过计算机接口送至计算机中。

（二）分类

1. 按发展阶段分类

扫描仪按发展阶段分类，可分为以下三类。

（1）黑白扫描仪

这种扫描仪只能扫描简单的黑白两色图像，分辨率也较低，性能不十分稳定。

（2）灰度/彩色扫描仪

这种扫描仪可以扫描灰度中间色调，经过红、绿、蓝三次扫描合成彩色图像，过程与分色印刷相似。这一阶段同时也出现了专用扫描仪，例如条码读入、卡片阅读机等。该阶段又称三次扫描阶段。

（3）彩色扫描仪

这种扫描仪一次完成彩色扫描，采用白光源和彩色 CCD 扫描头。图像无须套色，色彩准确，速度较快。此阶段又称一次扫描阶段。

2. 按其余的各种标准分类

目前，市场上的扫描仪种类很多，按不同的标准可分成不同的类型。

（1）按所支持的颜色分类：可分为单色扫描仪和彩色扫描仪。

（2）按扫描仪的宽度和操作方式分类：可分为大型扫描仪、台式扫描仪和手持式扫描仪。

（3）按扫描仪所添加的配件又可为：进纸式扫描仪，它可以连续扫描多页照片或印刷品；幻灯片式扫描仪，用来扫描透射性文件，如投影片和幻灯片。

（4）按扫描原理划分，可将扫描仪分为以 CCD 为核心的平板式扫描仪、手持式扫描仪和以光电倍增管为核心的滚筒式扫描仪。

（5）按扫描图像幅面的大小划分，可分为小幅面的手持式扫描仪、中等幅面的台式扫描仪和大幅面的工程图扫描仪。

（6）按扫描图稿的介质划分，可分为反射式（纸材料）扫描仪和透射式（胶片）扫描仪，以及既可扫反射稿又可扫透射稿的多用途扫描仪。

（7）按用途划分，可将扫描仪分为可用于各种文稿输入的通用型扫描仪和专门用于特殊图像输入的专用型扫描仪（加条码读入器、卡片阅读机）等。

（8）按接口方式划分，有 SCSI 卡接口方式扫描仪、EPP 接口方式扫描仪、USB 接口方式扫描仪等。

（三）扫描仪的选购

对于电脑及其外部设备，一般情况下用户都是通过比较各种技术指标来进行选购的。然而作为除了打印机之外，最为常用的电脑外部设备——扫描仪，由于目前市场上扫描仪无论是品牌还是型号都非常之多，并且在价格和各种主要的技术指标上都相差不大，因此如果仅仅依靠技术指标来进行选购的话，许多消费者都会有难以做出选择的感觉。

当然，技术指标是选购扫描仪首先需要考虑的因素，但是如果多款产品在技术指标、价格都相差无几时，通过以下几个方面的对照和比较往往可以帮助消费者做出正确的判断。

1. 外观

对于现代的商品来说，除了内在的性能和质量以外，外观已经成为了影响用户做出选购决断至关重要的因素。因为在各类商品已经极大的丰富，用户在可以充分选择的情况下，谁也不会去选择一款不漂亮的产品。同时对于时尚现代的家庭来说，IT 产品除了工作的效用之外，还有很重要的一点就是能够起到一定的装点作用，更新潮、更时尚应该成为用户在购买产品时的一个重要的考虑因素。当然对于一件商品外观好坏的判断因人而异，完全可以根据自己的喜好来做出选择。

2. 噪声大小

无论是在家庭中，还是在办公室中，噪声都会令人感到心烦意乱。然而由于机械传动的原因，扫描仪在工作时又不可避免地会产生一些声音。虽说目前绝大多数的产品的声音还没有到让人难以忍受的地步（真的是那样的话，肯定是扫描仪出现了故障），但是在相同的性能、差不多的价格条件下，选购一款安静的产品，何乐而不为呢？因此用户在选购扫描仪时，不妨注意一下扫描仪工作时产生的声音情况，根据自己的实际感受做出判断。

3. 配套软件

和打印机不同，扫描仪的配套软件对于扫描仪的性能起着至关重要的作用。功能强大的软件不但可以大幅度地提高文字的识别率、图像的品质，而且还可以让扫描仪具有更加丰富的功能。因此用户在选购扫描仪时，一定要关心扫描仪附带的软件的情况，并且可以实际操作一下，看看效果。要知道，没有软件的配合，扫描仪硬件的技术指标再高也是无济于事的。

4. 快捷功能键

目前扫描仪通过软件的配合，功能上已经是越来越丰富了，在和打印机及网络的配合下，还可以实现复印、传真等功能。同时 IT 产品也正在积极地向着操作简便化的方向发展，扫描仪也不例外。因此快捷功能键的设置情况，也就成为了选购扫描仪时一个考虑的因素。用户对于一些最常用的操作可以通过快捷按钮的方式进行操作，省时省力。例如，Microtek ScanMaker 4850 配备了五个快捷功能键：扫描、复制、E-mail、上传至互联网和文字识别，令其操作一目了然，方便了操作，节省了时间。

五、传真机

(一) 工作原理

与传统邮件相比，传真机通过电话线实现信息的传递，既方便又快捷，其传输成本虽稍微高一些，却也值得。传真机的工作原理很简单，即先扫描即将需要发送的文件并转化为一系列黑白点信息，该信息再转化为声频信号并通过传统电话线进行传送。接收方的传真机"听到"信号后，会将相应的点信息打印出来，这样，接收方就会收到一份原发送文件的黑白复印件。传真机主要由主控电路、传真图像输入机构、传真图像输出机构、调制解调电路、操作面板及电源组成。

(二) 分类

1. 按用途分类

(1) 文件传真机。文件传真机是话路文件传真机的简称，是一种利用市内电话交换网络（或长途交换），在任意两个电话用户之间进行文字、图像资料传送的设备，是用途最广泛、用量最大的传真机。文件传真机一般分为用户传真和公用传真两种（目前用户传真占 80％以上），但是按其功能又可分为独立传真机（即只有传真功能的传真机）和多功能传真机（即主要用于传真，但也可用作复印机、打印机、文档扫描机，而且可与个人计算机兼容），按其输出方式还可以分为感热式传真机（即直接利用感热式打印技术）和普通纸传真机（即在普通纸上进行激光打印、LED 打印或喷墨打印）。

(2) 相片传真机。相片传真机主要用于传送相片，大量用于新闻出版、公安、武警等部门。例如，报纸上常见的新华社传真照片，就是利用相片传真机传送的。相片传真机传送黑、白信号，并能传送较多的中间层次（如深灰、浅灰等多种色调），图像清晰、逼真。相片传真机一般用一条电话电路传送，由于扫描线比较细密，传送速度较单路文件传真机慢。

(3) 报纸传真机。报纸传真机实际上是一种大滚筒高速真迹传真机。报纸传真机可以传送整版的报纸，从而使边远地区能及时收到中央报纸的样张，便于就地制版、印刷、发行。这比用飞机运送报纸、发送航空版报纸更方便、迅速，而且不受气候和班机航次的限制。目前，报纸传真机一般利用微波通路来传输。

（4）气象传真机。气象传真一般采用无线发送方式，如无线短波、超短波和微波信道。这种传真机与短波定频接收机配套，利用无线电广播和气象卫星来发送和接收气象云图资料，其主要用于气象、军事、航空、航海和渔业等部门。

（5）信函传真机。信函传真机一般由高速文件传真机配合一些自动化设备（如自动拆封装置）构成。信函传真机一般具有自动拆封装置。当地邮局把待寄信函自动拆封，自动送入信函传真机，把信函传送到对方邮局；对方邮局的传真机收到后，自动封好信函送出机外，以便投送到收信人。

2. 按占用频道分类

传真机按占用频道分类，可分为单路、话路、数据网、短波、超短波、微波、光导、通信卫星等。

3. 按传递色调分类

按传递色调分类可以将传真机分为黑白传真机、相片传真机和彩色传真机等。

文件传真机一般只能传递黑白两种色调，故又称为"黑白"传真机。由于目前广泛应用的黑白两值传真机不能表现彩色图文的彩色原形，这就要求传真机具备多值处理功能，从而出现了彩色传真机。彩色传真机可分为多色彩传真机和双色彩传真机。双色彩传真机是一种处理红黑两色的双色传真机，它是一种简易彩色传真机。

4. 按记录方式分类

按记录方式分，可以将传真机分为热敏纸传真机和普通纸传真机。

目前流行的三类传真机一般为感热记录方式。这种记录方式要使用价格较高、容易褪色且不易长期保存的热敏纸，但这种传真机价格比普通纸传真机价格低，因此适合传真量不太大的用户使用。普通纸记录方式是用低价格的普通复印纸，印出的图文也可以长期保存，但机器价格要高一些，因此比较适合传真量较大或需要经常保留传真信息的用户使用。

普通纸记录方式主要有三种：第一种是热转印记录方式，它是通过受控加热，将加热墨带（色带）上的固体油墨溶化而转印到普通纸上；第二种是激光记录方式；第三种是喷墨记录方式。这三种方式中，热转印记录方式价格便宜，但要采用特殊的色带，运行成本较高。激光记录方式不但记录质量高，而且具有放大、缩小、复印及指定复印页数的功能，但价格较高，主要用于高档机中。喷墨方式也具有较高的记录质量，价格低于激光记录方式。随着普通纸传真机成本的不断下降，使用的用户将越来越多。

（三）传真机的选购

1. 定价

打印技术是决定传真机价格的主要因素。热敏传真机最便宜，约从 1000 到 3000 元人民币不等。普通纸传真机中，喷墨传真机价格为 3000～4000 元人民币，而激光传真机价格为 5000～13000 元人民币。

2. 服务

传真机，尤其是热敏纸传真机的性能是比较可靠的。一般说来，传真机在五年的使用寿命内很少会出现故障。很多公司认为没有必要签订专门的保修协议，它们更倾向于把省下来的钱用于偶尔出现故障所需要的小额维修服务费用。其实，对扫描窗口和灰尘过滤器定期进行清洗，将非常有助于延长传真机的使用寿命。

3. 多功能设置

许多传真机可以与计算机连接，当做打印机或扫描仪使用。但是，在购买相应配件时一定要确认传真机能够实现所要求的打印或扫描功能。例如，可以查看是否可以实现在信封或者标签上的打印。

4. 服务协议

如果您每天都要接收 50 页或者更多的传真件时，签订一个服务协议应该比较合适，最好还有一个备用的传真机以防万一。

5. 传真件的打印顺序

有些传真机会将接收信息倒序打印，即所接收的第一页是传真信息原件的最后一页。如果传真件也是这样倒序作业，就需要将所接收的传真件重新排序。或者，在购买传真机时确认该机型的打印顺序与信息原件的顺序相同，以避免不必要的麻烦。

6. 传输速度

传真机有一项潜在的长期成本——传输时间决定的话费。其实传输速度快的传真机的价格虽然比较高昂，但是，这往往是一种可以通过节省话费收回的投资。大多数传真机的传输速度会在每秒 9600 字节（bps），即每传送一页纸需要 15～60 秒的时间。现有一种新型的传真机传输技术——"V. 17"，它可使传真机传输速度提高到 14400bps。虽然"V. 17"会使传真机价格高出数百元，但是，如果贵公司每天需要发送的文件达到 30 页或更多时，您会发现它确实物有所值。为实现和旧机型的兼容，该种技术同时也可使发送和接收速度降到 9600bps 的正常水平。购买带有先进数据压缩协议的传真机也有助于节约发送成本。压缩协议通过对描绘输出文件所需要的数据量作最小化处理而缩短传输时间。一般来说，所有的传真机都有基本的压缩协议配置，即 Modified Huffman（MH），或者更高级的配置 Modified Read（MR）和 Modified Modified Read（MMR），它们能使文件传输速度提高 25％左右。有些机器也使用专用的传输或压缩协议，以提高传输速度。但是，需要注意的是，这些协议很可能仅对同一牌子的机器之间的发送和接收起作用。

7. 打印

大多数老型的和便宜的传真机采用热敏打印——通过传真机中的加热元件实现在热敏纸上的打印。该种程序既简单又可靠，并且几乎没有易损、易耗的移动部件。遗憾的是，人们发现热敏纸使用起来很不方便：成卷储存的热敏纸即使在打印后仍然卷曲；热敏纸的蜡层表面不便书写；而且，热敏纸容易老化。现在，大多数生产厂商都能生产用普通纸打印的传真机。喷墨打印的传真机价格较廉，打印效果也还可以，不足的是速度较慢。如果您每天需要接收大量的传真件，喷墨打印传真机可不是一个很好的选择。普通纸打印的传真机中，激光或者 LED 式的机型比较昂贵。这类传真机的基本技术与激光传真机相同，均通过墨粉来打印高质量的效果。此外，激光/LED 式的也非常可靠，除了需要墨粉和纸张以外，基本不需要特殊的维修保养。美中不足的是，激光传真机的价格通常比热敏纸和喷墨打印的传真机高昂。市面上也有一些采用热敏传输技术的传真机实现了在普通纸上的打印。热敏传输机器采用加热的方法使油墨从色带上打印到纸张上。这类机器因打印质量差和打印噪声大等弊端将逐渐被淘汰。

8. 存储性

如果已经决定了传输和打印技术指标，下一步需要确认的就是传真机的存储性能。传真机由于具备保存需要发送或者接收信息的功能，而变得更加实用。最有用的存储性能是传真机的无纸接收性——它会在打印纸用完时，将未接收完毕的信息保留在传真机的存储器中。快速扫描功能是指，传真机会在开始传输信息前将需要发送的信息保留在存储器中，这一功能将为您节省由于等待原始文件而需要的时间。双向扫描是指传真机能够同时进行发送和接收信息的功能。例如，使用者可以在传真机接收信息的同时，将需要发送的信息通过扫描功能存入存储器。该存储的文件会在电话线再次接通时直接从存储器开始发送。存储器的容量因需要存储文件的信息量大小而不同。一般来说，储存 20～25 页纸会需要 512 千字节，如果您需要更大的存储量，您可以选择能够配置外加存储卡的传真机。

第二节　家用电器

一、电视机

电视机，它是电视广播系统中的终端部件。它能够把空间传播的电视图像和伴音信息由天线接收下来，通过一系列变换和放大过程，以光和声的形式把电视台播放的图像和伴音重视出来。

（一）模拟电视、数字化电视和数字电视

众所周知，电视使用电信号传送远距离的图像。使用模拟信号来传送图像的称为模拟电视，而使用数字信号的称为数字电视。数字电视是数字化信息革命的产物，它通过数字化信息的传输方式，提供更大的屏幕、电影质量的图像和 CD 质量的立体声音响。从节目制作到信息的接收和显示，数字电视的工作原理和模拟电视都不同。同时，数字电视又是计算机化了的电视，与计算机技术融为一体，数字化地处理、传输、接收和显示信息。

而数字化电视与模拟电视没有本质的区别，它只是采用了数字芯片，把模拟电视信号进行数字化处理，它接收的仍然是模拟电视信号，但在伴音系统、整机图像乃至画中画等方面进行了处理，使图像与伴音质量得到明显提高，在现阶段成为提高电视水平的一个有效途径。

（二）裸眼 3D 电视

3D 是 three－dimensional 的缩写，意为三维立体图形。3D 液晶电视是通过在液晶面板上加上特殊的精密柱面透镜屏，将经过编码处理的 3D 视频影像独立送入人的左右眼来产生立体效果。裸眼 3D 电视的技术原理是双目视差是形成立体视觉的主要因素之一，即要看到立体图像必须使左右眼分别看到有一定差别的图像。一般的 3D 电视通过特定的装置将输入的两路图像分别转换为左右眼图像，左眼看见球在它的右边，而右眼看见相同的球在它的左边，左右眼都只能看见自己的一个球，两个眼睛各自看到的球具有不同的空间信息，我们的大脑使用这些信息来判断这些球的距离，产生一个错觉，感到两张球的图片被从屏幕上拔出来，并通过延长线投射在屏幕的前面。在两个眼睛和左右球的光线交汇的地方，就看到一个立体的球出现在这个位置。

（1）优势：观看 3D 电影时，观众必须戴上沉重的特殊眼镜才能看到电影。而随着 3D 技术的不断精进，未来的家用 3D 电视机，将不需要配戴眼镜，用肉眼就能观看立体影像，裸眼 3D 是 3D 电视的发展方向。

（2）缺点：容易造成"眼疲劳"。人们自然状态下看到事物，是通过进入左右眼两个不同画面的差异经大脑融合成一个画面而产生立体感的。3D 电视正是利用了这个原理，播放经过特殊处理的画面，再由 3D 眼镜模拟人眼成像原理。但自然状态看事物时，人们看到注视点清晰、背景事物都是模糊的，而 3D 电视虽然模拟了人眼的成像原理，但并没有考虑到人眼对注视物模糊程度差异的调节，导致电视的 3D 画面不分远近呈现出的都是清晰的，从而刺激眼睛容易产生视疲劳。

二、电冰箱

(一) 电冰箱的分类

电冰箱的种类很多，分类方法也不统一，通常有如下几种分类方法。

1. 按制冷原理分类

电冰箱按制冷原理分类可分为压缩式电冰箱、吸收式电冰箱、半导体电冰箱、化学电冰箱、电磁振动式电冰箱和太阳能电冰箱等。

（1）压缩式电冰箱。目前在世界上占 90％～95％以上。

（2）吸收式电冰箱。是以氨—水—氢混合溶液作为制冷剂，以热源（煤气、煤油、电等）作为动力连续的吸收—扩散过程中达到制冷目的，它是一种早期的电冰箱，目前很少见。

（3）半导体电冰箱。是利用 PN 接通直流电会产生珀尔帖效应的原理实现制冷的，随着半导体技术的发展，也许会很有前途，但是目前技术尚未过关。

其他几类冰箱世界上数量极少，故本书暂不作介绍。

2. 按型式和功能分类

电冰箱按型式和功能分类，可分为普通单门电冰箱、冷藏电冰箱、冷冻箱、冷藏冷冻箱等。

（1）普通单门电冰箱。这是以冷藏保鲜为主的电冰箱。它将冷冻、冷藏和果菜保鲜 3 种功能集中于一扇大门之内。箱内上部有一个较小的冷冻室，温度为 $-12℃$～$-6℃$，用以储存少量冷冻食品或制造少量冰块。冷冻室下面为冷藏室，由接水盘与蒸发器隔开，冷藏室温度为 2℃～8℃，用于食品、饮料等冷藏。在冷藏室下部设有果菜保鲜盒，温度略高于冷藏室，盒上设盖板，以便使盒内保持较高的湿度，减少果菜的干缩。

（2）冷藏电冰箱。冷藏电冰箱没有冷冻功能，专供冷藏食品、饮料及药品等，温度为 2℃～10℃，可与冷冻箱配套使用。

（3）冷冻箱。冷冻箱专门用来储藏冻结食品，温度一般为 $-18℃$以下，不具备 0℃以上冷藏保鲜功能，储存食品时间较长。多数都制成卧式，少数呈立式。

（4）冷藏冷冻箱。兼备冷藏保鲜和冷冻功能，冷藏室和冷冻室分别设门，温度分别为 0℃～10℃和 $-18℃$以下，冷藏室下面有果菜保鲜盒。有的将果菜保鲜另设一室并单独开门，形成三门冰箱。冷冻冷藏箱与单门普通冰箱相比，冷冻室容积扩大，冷冻食品储期延长，但冷藏室减小，耗电量增加。

3. 按气候环境分类

按气候环境分类，家用电冰箱可分四类：亚温带型、温带型、亚热带型和热带型。

（1）亚温带型（SN）：冰箱使用的环境温度范围为 10℃～32℃。

（2）温带型（N）：冰箱使用的环境温度范围为 16℃～32℃。

（3）亚热带型（ST）：冰箱使用的环境温度范围为 18℃～38℃。

（4）热带型（T）：冰箱使用的环境温度范围为 18℃～43℃。

4. 按箱体外形分类

电冰箱按箱门的多少可分为单门冰箱、双门冰箱、三门冰箱、四门冰箱和多门电冰箱。

单门电冰箱最简单，适合普通家庭使用。门越多，功能越齐全，结构越豪华，耗电量也越多，越适合高层次生活水平的家庭使用。

5. 按冷冻温度分类

冷冻箱和冷冻冷藏箱，其温度等级以冷冻室的温度区分，以星标※表示，标于冷冻室门上，一星级为−6℃以下，食品大约储存 7 天。二星级为−12℃以下，食品可储存 1 个月。三星级为−18℃以下，食品可储存 3 个月。高三星级即在三星级的框外另加一个星级，其温度与三星级一样，但冷冻室具有一定的速冻能力。

6. 按冷却方式分类

（1）直冷式电冰箱。它的冷冻室由蒸发器自身构成，食品置于其中受蒸发器直接冷却，冷却速度快；而冷藏室内有单独安装的蒸发器，食品是靠冷空气自然对流而冷却，因此空气流速低，食品干缩慢。

（2）间冷式冷藏冷冻箱。这是一种靠箱内空气强迫流动进行冷却的冰箱，蒸发器采用翅片盘管结构，装于箱内夹层中，利用一小风扇使箱内空气通过蒸发器形成强制流动，从而使食品得以冷却或冷冻。因食品不与蒸发器接触，故称间接冷却式，简称简冷式，又因食品蒸发出的水分随时被冷风吹走，并在通过蒸发器时冻结在蒸发器表面，所以，食品表面不会结霜，故又称无霜型电冰箱。该冰箱箱内温度均匀，冷却迅速，便于自动化霜，但其噪声大，耗电多，食品干缩快，容易结霜，必须配备自动化霜装置。

另外，冰箱按放置形式又可分为立式、卧式等，按配用制冷系统分类有蒸汽压缩式制冷循环、蒸汽吸收式制冷循环和半导体制冷，不过目前 90％以上冰箱都采用蒸汽压缩式制冷循环。

（二）压缩式冰箱的工作原理

由于目前 90％家用冰箱属于压缩式冰箱，就此冰箱为例，介绍其工作原理。

压缩式冰箱的制冷原理是利用制冷剂在低压下蒸发而吸收热量，使周围的介质温度降低。冰箱的制冷过程中，当压缩机开始运转时，将来自蒸发器内已吸收了热量而变成低温低压气态的气化制冷剂吸入压缩机气缸中，压缩成高压、高温气体制冷剂。然后，通过排气管送入冷凝器中冷却散热，被液化成液态制冷剂，流向干燥过滤器，除去其中的污物和水分，再经毛细管节流降压后进入蒸发器。

在蒸发器内由于压力突然下降，液态制冷剂立刻沸腾蒸发，将冰箱内部的热量大量吸取，从而使冰箱内的温度降下来。

(三) 电冰箱的质量和质量检验

1. 主要质量指标

(1) 冷却性能，是指电冰箱负荷制冷能力的指标。其测试方法是：在规定测试条件下，在环境温度为 15℃ 和 32℃ 时，调温装置在可调范围内调于任意点上，并按容积每升放置一千克冷冻负荷物。使电冰箱运行，达到稳定状态后（冷藏室温度变化每 2 小时低于 1℃），测定冷藏室和冷冻室的负荷温度：冷藏室温度为 3℃±1℃，冷冻室应达到各星级的规定值。

(2) 冷却速度。冷却速度是反映电冰箱制冷效率的质量指标。在规定测试条件下，在环境温度为 32℃±1℃ 时，待箱内外温差大致一致的情况下，关上箱门，启动压缩机连续运行，使冷藏室温度降到 10℃，冷冻室温度降到 −5℃ 时，所需时间称冷却速度，（不应超过 3 小时）。测试时，箱内不置负荷物。

(3) 冷藏室温度波动范围。在规定测试条件下，试验环境温度为 32℃±1℃，电冰箱内冷藏室温度稳定在 3℃±1℃，冷冻室负荷温度符合各星级规定值。在一个运行周期内，在冷藏室中心部位测试点上，其温度的最高值与最低值之差为冷藏室温度波动范围，波动范围不得大于 ±1℃。

(4) 耗电量和输入功率。测量电冰箱在规定条件下，24 小时的耗电量作为该冰箱日耗电量。输入功率是指压缩机的电动机正常运转时的消耗功率。上述两项实测值不应超过标定值的 15%。

(5) 启动性能。是指在电源电压允许的波动范围内，电冰箱启动能力。

(6) 噪声。电冰箱在运行中，不应产生明显噪声和振动，在消音室内，距电冰箱 1m 处，用声级计 "A" 计权网络测量电冰箱运行时的噪声，应不高于 54 分贝。

(7) 冷冻能力。四星级电冰箱，应具有冷冻能力，是指电冰箱在 24 小时能冻结到 −18℃ 的食物重量。

(8) 耐泄漏性能。用灵敏检漏仪检查制冷系统，制冷剂不应泄漏。

2. 电冰箱的质量鉴别

(1) 外观鉴别。外观不应有明显的缺陷。表面漆膜颜色一致，结合牢固，无明显的流疤、划痕、麻坑、漏涂和集结沙粒等缺陷。电镀件表面应色泽光亮，均匀一致，不得有鼓泡、露底、划伤等。箱门门封，四周应严密，在室温下，箱门正常关闭，用一片 200mm×50mm×0.08mm 的纸条（可用 1 元钱纸币代替），垂直插入门封的任何一处，不应自由滑落。箱门转动灵活，磁性门封应有足够的吸力。

(2) 性能鉴别。通电后，压缩机应立即启动，运转声轻微，无异常声响；温控器置中间档，启动电冰箱运行 30 分钟，观察冷冻箱，其箱内壁应结薄霜，用手摸时，应有冰黏的感觉，冷凝器管应比较热；将冰盒盛上水，放入冷冻箱内，待观察；在两箱内各放置一支温度计，温度控制器置最冷档，关上箱门，开机 2 个小时，冷冻室温度应达到各星级标准、冷藏室温度应达到 5℃ 左右，冷冻室冰盒内的水应结成实冰；可根据冷冻室结霜状况，判断制冷剂是否不足，如冷冻室内壁结霜均匀，且充满各处，说明制冷剂充足，如果有局部不结霜，说明制冷剂不足。

（四）全内藏式冰箱的质量鉴别方法

全内藏式冰箱由于其结构上的特殊性，故挑选方法与普通型有所不同。这里仅介绍其不同之处，其他方面可参照普通型冰箱的选购方法。

1. 冷凝部分

（1）开机运行十多分钟后（冬天应长些），底部的副冷凝器即应发热，夏天可感到烫手。整个箱体的中下背面均应发热（因主冷凝器是安置在冰箱的中下部，所以上部不会发热），其温度应低于副冷凝器温度。应注意的是整个面积发热，而不应是局部发热。如果局部发热，说明主冷凝器安装工艺不良，未紧贴箱背钢板，这会影响散热效率，增加耗电量。

（2）摸箱口周围及箱门之间的横挡面，应感到微热，且应整个长度范围都发热（但有的冰箱下门下边的箱口处不设防漏管，因而不发热亦是正常的）。

（3）摸干燥过滤器前的冷凝管末端温度应最低（但比环境温度略高）。整个冷凝部分发热温度高低顺序是：压缩机排线管—副冷凝器—内藏式主冷凝器、箱口防漏管—干燥过滤器。

2. 蒸发部分

（1）当开机半小时后，冰箱在正常运行时，手摸 ABS 内胆表面，手感应明显发冷，观察整个蒸发面积的内胆上，应均匀地结有一层薄霜，则制冷正常。

（2）用温度计贴近内胆表面实测，应见水银柱降至零下。

（3）用手仔细摸压全部蒸发盘管外表的 ABS 内胆，即冷藏室的整个背面，冷冻室的上下左右后五个面，都应逐一细心摸压检查，所有检查处的塑料内胆都应紧密贴实在蒸发盘管上，不应有任何可以压下的松软之处，如有则说明该处加工工艺不良。

三、空调

家用空调（简称空调）主要是调节房间空气的温度、湿度以及过滤空气中的灰尘，必要时可补充一部分室外空气进入室内。

（一）空调器分类

1. 按结构分类

按结构分为整体式、分体式等。

整体式以一个完整的整体，安装在窗档上，也可另开孔安装，空调器的大部分伸出窗外。它的优点是安装方便，价格低，但噪声稍高。

分体式空调器的全部部件分为两个部分，一部分安装在室内，称为室内机组，主要是由蒸发器、离心风机、电器控制元器件等组成，另一部分为室外机组，主要由冷凝器、轴流风扇和电机压缩机等组成。室内机组和室外机组用密闭管路连接，内充制冷剂。室内机组按其安装方式又分为壁挂式、吊顶式、嵌入式、台式和落地式（立柜式）等，其特点是：占地面积小、运行噪声小、冷凝器散热效果好、制冷效率高、机组安装、维修较为方便。

2. 按功能分类

按功能分为单制冷式空调器（冷风型空调器）和冷暖两用型空调器。后者根据制热方式不同又有电热型、热泵型和热泵辅助电热型之分。

（1）冷风型空调器，一般只在夏季用于降温。有些机型具有除湿功能。

（2）电热型空调器，是在冷风型空调器上安装了一组电热丝加热装置，由于冬天制热时，是靠电热元件获取热量，故制热效率不如热泵型空调器。特点是：制冷系统与制热系统分别工作在夏、冬两季，所以，空调器使用寿命长，故障率低、维修方便。

（3）热泵型空调器，是在制冷系统中增设了一个电磁换向阀，通过该阀的换向，能改变制冷剂的流向，原蒸发器与冷凝器的功能互换，实现一机多功能，夏季制冷，冬季制热，还可以除湿，特点是调整、改变功能方便，制热效率高，经济效益高，是发展最快的品种。

（4）热泵辅助电热型空调器，当环境温度低于 5℃ 时，热泵制热效率降低，所以在热泵型空调器中又加装电热元件，用于辅助制热，其特点是功能齐备。

（二）空调器的选购

空调器是一种高档家用电器，用户选购的时候都比较慎重。一般应该从下列五个方面进行选择。

1. 型式的选择

空调器型式的选择主要指窗式空调器与分体式空调器的选择。

窗式空调器体积小、重量轻且价格较低，适用小房间使用。但它需安装在窗台上（也可穿墙安装），噪声比较大，影响采光。

分体式空调器噪声小、结构新颖，室内机组结构多样化，美观而实用，功率有大有小，但安装比较麻烦，价格较高（每台售价 4000～6000 元）。近年来，由于生产厂家的努力，售后服务质量不断提高，送货上门、代为安装、价格下浮等，不但克服了分体式空调器的缺点，更越来越多地体现出分体式空调器的优点。因而分体式空调器受到了人们的欢迎，大有取代窗式空调器的趋势。

2. 适用环境温度的选择

适用环境温度的选择是指根据不同的环境温度来选择空调器。

如果家住北方，居室内，冬季有取暖设施，或家住四季如春、无须制热功能的地区或场所，可选购冷风型空调器。

如果家住南方，冬季室内无取暖设施，为了兼顾夏季制冷，冬季取暖的两种需要，可选用有制热功能的空调器。

具有制热功能的空调器有电热型、热泵型和热泵辅助电热型三种。热泵型以节能、舒适而优于电热型。但它只适合环境温度在 0℃ 以上的环境中使用。带有除霜器的热泵型空调器可在室外－5℃ 以上的环境中使用。若低于－5℃时，宜选用热泵辅助电热型空调器。最近生产的变频空调器，由于采用了新的除霜方法，它可以在－15℃ 以上的环境中工作。

3. 制冷量、制热量的选择

使用舒适性空调，主要是排除空调房间多余的热量（显热和湿热），同时补充新鲜空气和滤除灰尘。排除多余热量所需的冷量称为制冷负荷，房间所需制冷负荷就是空调的制冷量，空调器制冷量的选择应根据房间的面积、房间的密封情况、房内人员的多少、房内产生热量的大小、开门次数和阳光照射程度等而定。对一般舒适性空调，以室内温度 27℃～28℃，相对湿度为 50％～70％ 的要求为适宜，可按每平方米面积 174～225W（150～220kcal/ h）的制冷量来计算选择空调器。热汞型空调器的热量一般大于制冷量。在我国江南地区，房间所需制热量一般低于夏季所需制冷量。因此，一台热汞空调器的制冷量能满足用户要求，其制热量也几乎能满足要求。

4. 产品质量档次的选择

产品质量档次的选择，主要是选用定速空调器，还是选用目前高档次的变频模糊空调器的问题。

定速空调器是指 ON/OFF 型空调器。这种空调器运转时，压缩机转速恒定不变，是目前在市场上数量最多的空调器，它已得到社会的肯定，广泛应用于家庭和公共场所。定速空调器有手动型，也有电脑自动控制型。它的缺点是被控房间温度波动性较大。

变频模糊控制空调器能根据不同的环境温度自动改变供电频率，从而改变压缩机的转速，改变输出制冷量来达到调节室温的目的。这种空调器调节的温度波动性小、舒适性好，它是近年来的新产品，是空调器发展的方向。但它的档次比较高，价格比较昂贵，可酌情选购。

（三）空调器的质量鉴别

1. 外观质量鉴别

空调器的造型应美观、新颖，色调淡雅，颜色均匀，应与室内色调协调；加工应精细，边角无毛刺，部件配合紧凑、安装牢固、机壳无脱漆、露底、划痕、锈蚀、裂纹等现象；配件、附件完备无损伤；导风板应能上下左右调整，松紧适度、灵活自如，且能在任何位置定位，不应自行移位；检查过滤网拆装是否方便，过滤网有无破损；旋钮应转动灵活、落位不松脱不滑动，按键动作和可靠不松动。电脑控制的空调器，遥控器、线控器上的各功能选择键和钮动作应轻快灵活，无卡键、接触不良等现象，且控制动作准确。电源线、电源插头应符合规范，当拉电源引线时应不松动。

2. 性能鉴别

接通电源，开启开关，用试电笔测试壳体是否带电，然后进行性能测试。

（1）风扇运行性能，风扇运行时应开停自如、运行平稳、无异常声响，低风档运行时噪声小，高风档运行时噪声稍大。

（2）控温性能，包括温度设定和温度控制两个方面。以制冷为例：按动遥控器设定温度，当设定温度低于室温时，制冷机组不应运行，仅有风扇转动，当设定温度高于室温时，制冷机组才会启动（指示灯亮）；运行一段时间后，当室温达到设定值时，压缩机应能停止工作，并进入间断运行状态，即运行一段时间后能自动启停，保持室温在设定值上下。

四、洗衣机

（一）洗衣原理

洗衣机洗涤衣物是利用机械力代替人工揉搓或棒打来达到洗涤目的的。它通过电动机正反转来带动波轮转动，使洗衣桶内的水和衣物上下来回翻滚，并形成涡流，从而达到排渗、冲刷、摩擦和翻滚等作用，加速污垢的分散、乳化和增溶作用来洗涤衣物的。机械力越强，洗涤效果越好，洗净度越高，只是磨损率也增大。

洗衣机洗涤衣物一般要进行预浸、预洗、洗涤、漂洗、排水、脱水和干燥等过程。

预浸是将衣物在洗涤前先浸入水中预浸几分钟，使衣物、污垢湿润，纤维膨胀，易于洗涤。

预洗是先加水，也可加入少量洗衣粉，开动洗衣机2～3分钟，洗去一部分水溶性污垢和固体灰尘（以便提高洗涤效果），然后排水、脱水。

洗涤是指加水和洗涤液，正式对衣物进行洗涤。它是洗衣过程中的主要步骤。目的是使所有污垢完全脱离衣物，悬浮在洗涤液中。洗涤要根据不同的衣物，采用不同的方法，精细而较高档的衣物宜用轻柔洗，一般衣物宜用标准洗，较脏的粗衣物可以强洗。洗涤后排除洗涤液并脱水，尽量减少衣服中的残留洗涤液。洗涤过程可重复进行1～2次。

漂洗是用水漂去经洗涤并脱水后衣物中残留的洗涤液和污垢。漂洗往往重复进行，以漂清为目的。漂洗的方法有蓄水漂洗、溢流漂洗、喷淋漂洗和顶淋漂洗等多种，对不同的衣物会收到不同的效果。

排水是排出洗衣机中的洗涤水。

脱水是使洗涤桶高速运转，采用离心脱水法，尽量脱去衣物中的水分。它常用在洗涤和漂洗过程后面。

干燥是把衣物分散到空间去晾晒。滚筒式洗衣机有干燥功能，可在洗衣机内干燥衣物。

（二）洗衣机的种类

洗衣机的种类很多，分类方法也不同，这里介绍两种主要的分类方法。

1. 按自动化程度分类

洗衣机按自动化程度分类可分为普通型洗衣机、半自动型洗衣机和全自动洗衣机三种。

（1）普通型洗衣机

普通洗衣机是指早期的单桶、双桶洗衣机。它的洗涤、漂洗和脱水三种功能之间的转换均需人工操作，省力不省时，使用不太方便，但结构简单、价格便宜。

（2）半自动洗衣机

半自动洗衣机是指洗涤、漂洗和脱水三种功能之间，有任意两种功能转换，不需人工操作，而能自动转换。例如，有的洗衣机洗涤和漂洗在同一个桶内自动完成，脱水则需人工帮助在另一个桶内完成。也有的洗衣机，洗涤在洗涤桶内完成，漂洗和脱水都在脱水桶中完成，边喷淋、边漂洗，漂洗完成后自动转入脱水功能。

（3）全自动洗衣机

全自动洗衣机是指洗涤、漂洗和脱水三种功能之间均能自动转换，无须人工介入。这种洗衣机一般采用套桶式结构，它具有体积小、容量大、磨损小、省时又省力的优点。这种洗衣机需安装程序控制器，自动完成进水、预浸、预洗、洗涤、排水、漂洗、脱水和报警等程序。

2. 按洗涤方式分类

洗衣机按洗涤方式分类有波轮式洗衣机、滚筒式洗衣机、搅拌式洗衣机和喷流式洗衣机等。

（1）波轮式洗衣机

波轮式洗衣机的主要特点是洗衣桶的底部有一只波轮，电动机带动波轮转动，衣物依靠波轮的转动，不断上下翻滚而达到洗净目的。

波轮洗衣机的优点是结构简单、省时省电、洗净度高且价格便宜，维修方便、洗涤时间短和洗涤品种多样。由于很多部件采用塑料制造，因而重量轻、噪声小。其缺点是衣物磨损率大、缠绕率高、用水量大和洗净的均匀性不够。缠绕率高导致外部衣物洗得很干净，但绞在内部的衣物洗得不很理想，均匀性略差。波轮在底部，衣服压在波轮上，波轮高速转动，与波轮接触的衣物，其磨损较大，为减少磨损、提高洗净度，往往耗水量增大。

（2）滚筒式洗衣机

滚筒式洗衣机主要在欧洲得到普遍使用。我国近年得到很大的发展，市场销量大增。它的特点是有一个卧式盛水圆柱形外桶，桶中有一个可旋转的内桶。电动机带动内桶转动，使衣物上下翻滚、摔落，从而达到洗涤的目的。

滚筒洗衣机的优点是洗涤均匀性好，缠绕率和损衣率极小，自动化程度高，耗水量很小。其缺点是洗净度低，结构复杂、体积大、耗费金属原材料多、成本较高和洗涤时间较长。为了提高洗净度，往往采用热水洗涤，因而耗电量大。它的结构复杂，大多采用金属制造，重量重，不易搬动，价格较贵，约为波轮式的1.5～2倍。

（3）搅拌式洗衣机

搅拌式洗衣机也称摆动式洗衣机。它是美国首先发明的，目前主要使用国家是美国和南美洲各国。它的洗衣桶中心有一个三叶搅拌器，能带动洗涤液和洗涤衣物以不同的速度进行翻滚、旋转来完成洗涤工作。

它表面上看起来像波轮式洗衣机，其实其运动方式不同。它的搅拌叶转角小于360°，洗衣桶底部不高速旋转，因此，它的水流力度与相互之间的摩擦力较小。洗净度介于波轮式与滚筒式冷水洗衣机之间。

搅拌式洗衣机的优点是洗涤衣物不容易缠绕、洗净率强、均匀性好、磨损小和洗涤容量大。其缺点是洗涤时间长、噪声大、三叶搅拌器的回转机构复杂、加工困难、维修难度大、耗电量大和体积大，故在我国未得到推广应用。

（三）洗衣机的选购

实际上，全世界洗衣机的年总产量大约在5000多万台，主要有波轮式、滚筒式和搅拌式三种型式，其年产量各占1/3左右。我国生产的洗衣机主要是波轮式，近几年，滚筒式洗衣机厂也逐渐多起来，搅拌式洗衣机也正在尝试过程中。三种型式的洗衣机都有其优点，也有其缺点，上面已经做了介绍，现在用表格形式再分析比较如下，以便消费者选购。

三种型式洗衣机的比较可参如表10-1和表10-2所示。

表 10-1　　　三种洗衣机的洗涤度、洗涤量、损衣率的比较（冷水洗涤）

	洗净度	实际洗衣量、额定洗衣量	损衣率
波轮式	1.00	0.80	1.31
滚筒式	0.45	1.00	0.95
搅拌式	0.89	0.60	1.00

表 10-2　　　　　　　三种洗衣机的优缺点比较

特点	波轮式	搅拌式	滚筒式
洗净度（水温 30℃）	1	2	3
洗净均匀性	3	2	1
缠绕率	3	2	1
损衣率	3	2	1
耗水量	3	2	1
耗电量	1	2	3
洗涤剂用量	2	2	1
洗涤时间	1	2	3
自动化程度	2	2	1
脱水率	1	2	2
噪声	1	3～2	2
结构简单程度	1	3～2	2
外形重量	1	2	3
价格	1	2	3

注：1 表示好，2 表示较差，3 表示最差

五、吸尘器

（一）吸尘器的种类

吸尘器的分类一般可按如下几种方法进行。

1. 按形状分类

吸尘器按形状分类可分为落地式、推杆式和便携式三类。

（1）落地式吸尘器。落地式吸尘器底部装有方向轮，可以任意方向移动，使用起来比较方便。

（2）推杆式吸尘器。推杆式吸尘器的主要特点是电动机、风机、滤尘器及集尘室等主要部件都安装在导管及手柄中间，导管很长，导管下端安装工作吸头，操作者可以不弯腰、方便省力地清洁地面、地毯、墙角及低矮的家具等，它的输入功率一般小于 400W。

（3）便携式吸尘器。便携式吸尘器是一种重量轻、使用灵活的小型吸尘器，可以随身携带。便携式吸尘器又可分手提式、背提式和袖珍式三种。

（4）立式吸尘器。立式吸尘器的箱体为圆桶形，桶体直径为 30cm～36 cm，高为 30cm～50cm。电动机主轴垂直于地面安装，桶体内由上而下顺序安装电动机、风机、滤尘器和集尘室等。

（5）卧式吸尘器。电动机主轴平行于地面安装的吸尘器被称为卧式吸尘器，其电动机、风机、滤尘器和集尘室等在壳体内沿水平方向顺序安装，外形尺寸约为长 50cm、宽 25 cm、高 30cm。

手提式吸尘器一般不装软管、直接安装工作吸头。输入功率小于 300W，吸气功率小于 45W。可直接握在手中使用，主要用于清洁沙发、家具、书架、衣服及床上用品等。

背提式吸尘器亦称肩式吸尘器。它可以用背带将吸尘器背在肩上，轻便省力地用于清洁楼梯、沙发、弹簧床垫及抽屉等。

袖珍式吸尘器亦称微型式吸尘器，它的结构简单，体积非常小巧，常用 3 伏干电池作为电源，用于清除呢制服、帽子、毛毡、毛料及床单上的灰尘。

2. 按使用功能分类

吸尘器按使用功能分类可分为干式、干湿两用式、地毯式及打蜡吸尘式四种。

（1）干式吸尘器。前面所介绍的落地式、推杆式和便携式吸尘器等都是干式吸尘器，它只能用于清除干燥的灰尘和一些轻而小巧的杂物。

（2）干湿两用吸尘器。干湿两用吸尘器是指既能清除干燥的灰尘，又能清除液态污垢的吸尘器。这种吸尘器采用旁通式防水电动机，结构比干式复杂。它除了能够吸入干式灰尘外，还能吸入液态肥皂水、户外落叶或泥水等。

（3）地毯吸尘器。地毯吸尘器是专用于清洁地毯的，由手柄和底座两部分组成。

（4）打蜡吸尘器。具有吸尘和打蜡两种功能的吸尘器称为吸尘打蜡机，该种吸尘打蜡机也分底座和手柄两部分，它们之间的角度可以自由调节，适应各种场合下工作。

（二）吸尘器的维护保养

吸尘器的维护一般应注意的事项。

（1）吸尘器在使用过程中，应及时更换或修补损坏的集尘袋或滤尘器，防止灰尘直接进入风机和电动机而导致电动机损坏。

（2）在吸尘器使用过程中，应每隔半年到一年更换一次润滑脂。因为吸尘器电动机的转速很高，在 20000 转/分钟～25000 转/分钟之间，所以，润滑脂不宜采用普通黄油，而应采用高速复合钙基脂或复合钠基脂。

（3）吸尘器电动机的电刷是易损器件，一般在使用 500 h 后，应检查一次，如果电刷已经短于 8mm 时，应及时更换新电刷，以延长吸尘器的使用寿命。

（4）要保护好软接管、长接管和工作吸头等附件。防止遗失或用脚踏坏软接管，并可用肥皂水和软布擦洗附件，保持清洁。

（5）吸尘器存放前应检查紧固部件。吸尘器存放的地方应干燥、无阳光照晒，并且避免高温烘烤而使塑料老化，降低使用寿命。

六、电烤箱

（一）家用电烤箱的种类与规格

1. 电烤箱的种类

家用电烤箱有普通电烤箱和远红外电烤箱两种。按结构也可分简易型、普通型、高级型和大型四种。

2. 电烤箱的规格

家用电烤箱的规格按功率大小可分 500W、600W、750W、950W、1000W、1200W、1500W 等。

（二）电烤箱的选购

1. 类型选择

目前市场上多为调温型、定时型和调温定时型三种，简易型的已很少见。其中调温定时型电烤箱性能最全，操作最方便。若经济情况比较宽裕，而且平时经常使用，虽然调温定时型电烤箱的价格较高些，但从长远和使用方面考虑还是以买这种类型的为好。

2. 功率选择

电烤箱的功率一般多为 450～1200W，若用户的电度表负荷（如在 3～5A）允许，以挑选 700W 以上的为好。表面上看，功率大好像是费电，但因功率大热量足，工作时间短，使用起来不见得比功率小的费电。

3. 发热元件选择

电烤箱的发热元件有管状电热元件、石英玻璃管发热元件、片状直热式辐射电热元件三种类型。这三种类型的发热元件，都有远红外辐射性能。在选购时，对发热元件的类型可不必多加考虑，只要排布均匀，装卸方便即可。

4. 外观选择

电烤箱的长、宽、高比例要适当，能给人以美感，外观颜色可因人制宜，重要的是考虑制造，尤其是注意箱门是否严实，开、关是否灵活自如。箱门以装有透明玻璃观察窗为好。箱门钢化玻璃可耐高温，挑选时要注意透明度，若带有花纹或斑痕，则会影响其热应力的均匀性，而热应力不匀，就有可能因温差剧变产生炸裂事故。

（三）家用电烤箱的使用与维修

使用家用电烤箱一般应注意以下几方面。

（1）用电烤箱宜安放在通风、干燥且没有煤气的地方。

（2）使用前需考虑用电安全与热安全。

（3）使用家用电烤箱应先预热。由于被烘烤的物品不同，所需的预热温度也不同。

（4）由于烘烤物品时的穿透深度不一样，对于穿透深度大且颗粒小的物品，应特别注意。因为它与一般食品加热不同，它呈内高外低的温度梯度。要防止出现像花生米一样外黄内黑、外熟内焦的现象。

（5）不同物品，吸收能力不同，升温速度也不一样，因此，烘烤时间应不同。例如，花生、瓜子和芝麻等物品，吸收能量少，升温快，烘烤时间可以短一些，并要注意经常搅拌，以便烘烤均匀。而像面包、饼干之类，吸收能量多一点，升温速度慢一点，烘烤时间可适当延长，虽不能搅拌，可翻身烘烤。而像蕃芋一类的物品，吸收能量多，升温慢，烘烤时间就需更加长一些。

（6）要注意烤箱停电后的 2～3 分钟内，烤箱内的远红外能量还在不断反射，没有吸收完，烤物的温度还会继续上升。我们曾进行实验，花生米从冷态开始烘烤，16 分钟后停电，在停电后的 2 分钟内，温度可升高 12℃～15℃，足以使烘烤适度的花生米变焦。熟练地利用好余热温度，不但可以省电，而且可以烤出味美质优的上等食品。

七、微波炉

（一）微波的特性

微波是由直流电或 50 Hz 交流电通过电真空器件或半导体器件利用电子在磁场中的特殊谐振运动来获得的。微波是以直线方式传输，它的传播速度接近光速。微波是一种电磁波，因此，它以交变的电场和磁场相互感应的方式传输。也就是说，微波的传输伴随着电能和磁能的转换。

微波与加热有关的三个特性如下。

（1）微波遇到金属材料就会被反射，效果就像镜子反射可见光一样，这就是微波的反射特性。利用这个特性，可用金属材料作为微波的隔离体。例如，用金属材料制作微波炉的箱体，制作传输微波的波导；用金属网外加钢化玻璃制作炉门观察窗等。

（2）微波能顺利穿过塑料、玻璃、陶瓷和云母等绝缘材料，效果就像光透过玻璃一样，这就是微波的可透射性。利用这个特性可用绝缘材料制作盘碟，使食物加热均匀，不会因为盘碟的存在而影响加热效果。

　　（3）微波遇到极性分子会引起分子的剧烈振动、碰撞和摩擦，从而产生分子热，这就是微波的可吸收特性（也称制热效应）。

（二）微波炉的分类

　　微波炉按功能不同可分为单一微波加热型和多功能复合型两种。单一微波加热型是指仅有微波加热一种功能。多功能复合型是指除具有微波加热功能外，还具有烘烤、蒸汽等传统方式加热功能。目前我国生产正在由单一微波加热型微波炉向多功能复合型微波炉迈进。

　　微波炉按控制方式不同可分为机电控制式微波炉和电脑控制式微波炉两种。机电控制式微波炉也就是普及式微波炉，一般带有机械式、电动式或电子式定时装置、功率调节装置和温度控制装置，可选定烹调时间，有自动停止烹调功能。电脑控制式微波炉装有一套电子集成电路构成的控制器，有记忆功能，可按预定的程序完成解冻、满功率加热、半功率加热和保温功能。控制面板上无旋钮，但有一些轻触按钮和显示窗。

　　目前微波炉又开发出模糊控制型和"傻瓜"型新产品。它们使用单片机（电脑）芯片为控制器的关键部件。模糊控制型是运用模糊控制理论建立起来的。它接近于人脑控制，自动化程度很高，是目前投放市场的新产品。有的把它归类于电脑控制型，也有的把它单独归为一类，目前还未有定论。"傻瓜型"微波炉也属电脑型微波炉，它只是按一定的程序设计工作，操作非常方便。

八、消毒柜

　　我国人民的进食习惯与西方不同。西方人的进食习惯是分餐制，把烧好的菜分成几盆，每人面前各摆一盘，一家人虽然同桌吃饭，也吃相同的菜，相同的饭，但菜不在同一只盘内，相互之间没有交叉感染。而我国人民采用的是共餐制，一家人同吃一个盆子里的菜，相互之间存在交叉感染，加上招待客人的会餐习惯，交叉感染的机会更多。

　　由于共餐制的原因，我国人民使用的餐具都不可能按人固定使用，细菌有可能通过食具传播。

　　据调查，我国流行的大肠杆菌、肝炎病毒等非常普遍，传染率很高。因此，认识和使用家用食具消毒柜有效地消灭流行性病毒很有必要。

（一）食具消毒柜的分类

　　家用食具消毒柜是在 1988 年首先问世而投放市场的，款式较多。按外壳材料分类，有铝合金、不锈钢、塑料及玻璃等。

（1）按门分类：有单门、双门和三门等。

（2）按规格分类：有 15～300L 不等，大多为 50L。

（3）按原理来分类，可以分成三类：高温型食具消毒柜、低温型食具消毒柜和高温臭氧组合型双门食具消毒柜，低温消毒柜应用较广泛。

（二）食具消毒柜的使用与保养

食具消毒柜的使用可有效地预防肠道传染病和呼吸道传染病。食具消毒效果的好坏，一般通过检查消毒后残留在食具上的微生物来判定。例如，肠道传染病是以有无大肠杆菌作指标，呼吸道传染病是以有无溶血性链球菌作指标。根据《食（饮）具消毒卫生标准》国家标准规定，消毒后的食具每 $50cm^2$ 面积内，大肠杆菌不得多于 2 个，要求不得检出肠道致病菌——沙门氏菌属和志贺氏菌属。

我国目前生产的高温型远红外电热消毒柜，低温型臭氧消毒柜和高温臭氧组合型双门、三门消毒柜，据报道都能有效地杀灭大肠杆菌、沙门氏菌属、志贺氏菌属和溶血性链球菌，杀灭率在 99.9％以上，而且对肝炎病毒有一定的破坏作用。

食具消毒柜消毒效果的好坏，除了与消毒柜本身的质量有关外，还与能否正确使用有关。使用食具消毒柜，一般应注意以下几方面。

（1）食具消毒柜应放置在干燥、整洁、通风且没有灰尘的地方，应远离热源、煤气和酒精等易燃易爆物品，可水平放置，也可悬挂在墙上。

（2）准备消毒的食具应清洗干净，抹去大部分水分后，分类放置在相应的层架上，有盖的食具应把底盆与盖子分开放置。注意食具不可在水淋淋的状态下放入，以防漏电，影响安全，也不宜把食具抹得太干，因为适当的湿度有益于杀菌。

（3）低温型消毒柜在工作时，不宜中途打开柜门，以防臭氧溢出。这种消毒柜在消毒工作完成后，还要烘干食具，为了增强烘干效果宜在显示食具烘干的两个指示灯熄灭后再断开电源。

（4）食具消毒柜在使用过程中，要定期检查它的功能。首先，检查石英电热管是否正常发热。其次，检查磁性门封条是否变形而影响柜门的密封性。最后，要检查臭氧发生器是否正常工作。

（5）耐高温的食具可以放入高温型消毒柜消毒，也可放入低温型消毒柜消毒，不耐高温的食具只能放入低温型消毒柜消毒。

（6）高温消毒柜停止加热后，不宜立即打开柜门，以防烫伤，而且有利于继续利用余热用以增强杀菌能力。

（7）使用食具消毒柜要定期保养，自始至终保持柜体的内外整齐、清洁。可用抹布沾少量洗洁精擦拭，切忌用水冲淋。

（8）食具消毒柜只适用于家用食具的消毒，不适用于医疗器具、卫生用品的消毒。因为它不符合医用消毒的要求，请特别注意。

第三节　通信产品

一、固定电话

1876 年，美国人贝尔发明了第一部电话，1878 年第一台人工交换机在美国康涅州投入运营，自此以后电话不断被普及，成为人类信息交换的主要工具。

电话通信是借助于声电、电声转换和电信号的传输实现远距离语言通信的电信系统。电话通信的工作原理如图 10－2 所示。

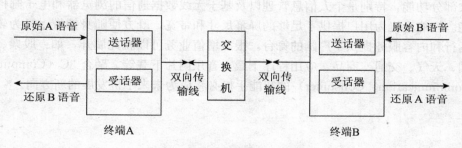

图 10－2　电话通信的工作原理

电话通信系统由终端设备（电话机）、传输线路和电话交换设备三部分组成。传输线路与交换设备主要用来完成信号远距离的传输，而终端设备——电话机的基本功能是完成语音与电信号之间的变换。在终端设备中用来完成声-电变换的装置称为送话器（话筒），完成电-声变换装置称为受话器（听筒）。在送话器中装有振动膜片，可将声带振动产生的声波压强转换为相应的电流变化（简称话流）；话流沿传输线送到收话人的受话器，由受话器再将电流信号转换成声音信号，使收话人听到发话人的讲话。

由上可知，电话通信是在发送端将声音变成电信号，接收端再将电信号还原为声音，收话人听到的只是具有一定保真度的"复制品"。每部电话机上既有送话器，又有受话器，所以电话用户可同时发话与受话。

二、移动电话

移动电话，通常称为手机，早期又有"大哥大"的俗称，是可以在较广范围内使用的便携式电话终端，最早是摩托罗拉公司发明的。迄今为止已发展至 4G 时代了。

手机分为智能手机和非智能手机。一般智能手机的性能比非智能手机好，但是非智能手机比智能手机稳定，大多数非智能手机和智能手机一般使用英国ARM公司架构的CPU。但是智能手机的主频较高，运行速度快，处理程序任务更快速，日常使用更加方便，而非智能手机的主频则比较低，运行速度也比较慢。

智能手机，是指"像个人电脑一样，具有独立的操作系统，大多数是大屏机，而且是触摸电容屏，也有部分是电阻屏，功能强大，实用性高。可以由用户自行安装软件、游戏等第三方服务商提供的程序，通过此类程序来不断对手机的功能进行扩充，并可以通过移动通信网络来实现无线网络接入的这样一类手机的总称"。通俗来讲，就是一个简单的"1＋1＝1"的公式，"掌上电脑＋手机＝智能手机"。从广义上说，智能手机除了具备手机的通话功能外，还具备了PDA的大部分功能，特别是个人信息管理以及基于无线数据通信的浏览器和电子邮件功能。智能手机为用户提供了足够的屏幕尺寸和带宽，既方便随身携带，又为软件运行和内容服务提供了广阔的舞台。很多增值业务可以就此展开，如：股票、新闻、天气、交通、商品、应用程序下载、音乐图片下载等。融合3C（Computer、Communication、Consumer）的智能手机必将成为未来手机发展的新方向。

第十一章 金融产品

第一节 金融产品概述

所谓金融产品是指资金融通过程的各种载体，它包括货币、黄金、外汇、有价证券等。就是说，这些金融产品就是金融市场的买卖对象，供求双方通过市场竞争原则形成金融产品价格，如利率或收益率，最终完成交易，达到融通资金的目的。

一、金融产品的构成要素

一个金融产品是一系列具体规定和约定的组合。虽然不同的金融产品有着不同的具体规定和约定，但是，每一个金融产品通常都应具备至少以下几方面的内容。

1. 发行者

任何金融产品都必须有其卖主，即发行者。债券的发行者就是债务人，没有债务人的债务关系自然是无法想象的。股票也一样，必须要有特定的发行企业，这一企业是股票认购者的共同财产。发行者通过出售金融产品取得收入，但不是任何个人或企业都可以向社会发行金融产品取得收入。与这样的金融收入相对应，发行者要承担相应的义务。

为了保证这些义务的履行，大多数金融产品的发行者在发行时要符合一定的条件，在发行后要接受金融管理机构和投资者的监督（如信息公开、业务活动的某些限制等）。

筹资企业在设计金融产品时首先要弄清楚，有权发行哪些产品。投资者也一样，在认购金融产品之前要明确对方有没有权利发行这样的产品。

2. 认购者

不是所有的投资者都可以从金融市场上购买他想买的任何金融产品。有些市场（如银行间同业拆借市场）只向一小部分金融机构开放。因此投资者在认购某一金融产品之前，首先应当了解自己有没有权利购买这一产品，企业在发行某一金融产品之前也应当知道这一产品的可能投资者，以便估计潜在的资金来源。

3. 期限

金融产品的期限有长短之分，在一般情况下，货币市场上的产品期限比较短，资本市场上的产品期限比较长。

金融产品的期限还可分为有限和无限。大部分债券和所有的货币市场产品都是有期限的。至于股票，从理论上说是无期限的，其存在的时间和企业存在的时间同样长。

筹资企业应当根据需要选择适当期限的金融产品。对于投资者也一样，认购的金融产品期限应当根据其资金的可投资年限来决定，过短或过长都分别要冒利率下跌或上升的风险。

4. 价格和收益

价格是金融产品的核心要素。因为筹资者出售金融产品的目的是为了得到相当于产品价格的收入，投资者的投资额正好等于他购入的金融产品的价格。

在金融产品的价格上，应当区分票面价格和市场价格。

票面价格是合同中规定的名义价格。债券的票面价格通常相当于本金，与票面利息率一起构成每期利息额的依据。股票的票面价格在企业的资产负债表中用于计算企业的注册资本额。

市场价格是金融产品在市场上的成交价格，相当于认购者实付、发行者实收的价格。

市场价格还有一级市场价格和二级市场价格的区分。一级市场的价格和票面价格有一定的联系。如债券的票面价格与市场价格之间的关系取决于票面利率与市场利率的差别、债券的偿还方式、债券的偿还期限长短等因素。但在二级市场上，市场价格的变动不再受票面价格的限制。

收益率是金融产品的另一个核心要素，它表示该产品给其持有者带来的收入占其投资的比率。金融产品的收益包括两种：一是证券利息收入，简称收入或经常性收入；二是资本增益或损益。利息收入是指在金融产品持有期内获得的利息收入，如债券按期支付债息的收入或股票按期支付股息的收入等。资本增益或损益则是指由于所持证券价格的升降变动而带来的本金的升值或减值。

5. 风险

一般都把风险看成是一种危险，或看成一种带来损失或失败的可能性。可以认为金融产品的投资风险是由于对未来的不确定性而产生的预期收益损失的可能。在市场上存在着四种风险与收益组合而成的投资机会：高风险与低收益；低风险与高收益；高风险与高收益；低风险与低收益。

对于投资者来说，要获取高的收益，就必须承受高的风险，高收益必然伴随有高风险。但反过来，若投资者承担了高风险，却不一定能确保高收益，因为高风险的含意本身就是不确定。高风险的结果可能是高收益，也可能是低收益，甚至可能是高损失。收益显然是以风险作为代价的。

6. 流通性

流通性是一种资产转换为货币的能力,某种资产一经需要可随即转换为货币,交易费用很低,且不承担本金的损失,该资产就具有较高的流动性,反之,资产的流动性就较低。

绝大多数的金融产品都可以在次级市场上自由流通,如私人持有的普通股票、债券等。但也有一部分金融产品不可以流通,或者在流通时要满足特定的条件,如平常的定期存折不能流通,用作抵押担保的金融产品,以及所有在发行时规定不可流通的产品。还有一些金融产品只在某些特定的情况下才能流通。

流通性是金融产品的一大质量指标,那些不可流通的金融产品在市场上只能以较低的价格发行。同理,即使是可以流通的金融产品,如果其流通条件很差(如日成交量特别小),也只能以较低的价格流通。

7. 权力

金融产品作为一种财产权凭证,可以赋予持有人与该产品类别相对应的权力,比如债券持有人作为债权人,拥有到期时获得本金和利息的权利,以及公司破产时剩余财产的优先索偿权。股票持有人作为公司的股东,有权参加股东大会,有权选举公司董事以及有权参与公司重大事项的决策等。

二、金融产品的分类

对于金融产品,可以从不同角度加以分类。

(一) 根据产品形态划分

根据产品形态不同可分为三类,即货币、有形产品、无形产品。

(1) 货币。随着货币制度的变化,它的形态也发生变化,从实物货币如贝壳、布帛等发展到金属货币如金、银、铜,最后出现了代用货币即纸币。

(2) 有形产品。这类产品种类繁多,包括公债、短期国债、外债、民间债、公司债券、短期国库券、流通存单、银行承兑汇票、商业票据、本票、预填日期支票、以实物偿还的债券、有奖债券、股票、支票、保险单、储蓄等。

(3) 无形产品。即金融服务,大体分为八个方面:放款、存款、国外服务、转账储蓄、地点或时间性服务、信用服务等。

(二) 按发行者的性质划分

金融产品可分为直接金融产品和间接金融产品。

直接金融产品是指最后贷款人与最后借款人之间直接进行融资活动所使用的工具,由公司、企业、政府机构等非金融机构发行或签署。主要有以下几类:公司债、股票、抵押契约,公债券、国库券。

间接金融产品是指金融机构在最后贷款人与最后借款人之间充当媒介,进行间接融资活动所使用的工具。主要有以下几类：银行券、银行票据、可转让存款单、人寿保险、金融债券、各种借据。

(三) 以信用关系存续的时间长短划分

以信用关系存续的时间长短，可分为短期金融产品和长期金融产品。

短期金融产品一般是指偿还期限在一年以内的货币市场的信用工具。主要有以下几类：各种票据、可转让存款单、国库券。

长期金融产品则是指偿还期限在一年以上的资本市场的信用工具。主要有以下几类：股票、债券、各种基金。

(四) 根据服务行业不同划分

根据服务行业的不同可分为：银行类金融产品、保险类金融产品、信托类金融产品、证券类金融产品、财务公司类金融产品和租赁类金融产品。

三、金融产品质量的判断标准

判断一个金融产品的质量优劣可以从质量指标和适宜指标两方面来考虑。质量指标用于衡量一个金融产品本身的内在属性的优劣，适宜指标用于衡量一个金融产品对于特定的投资者的适宜程度。

1. 金融产品的质量指标

（1）收益率

投资者的目的在于取得收益，收益率在金融产品质量指标中的重要地位是不言而喻的。在其他条件相同的情况下，金融产品的收益率越高，其质量越好，越受投资者的欢迎。但是，需要强调"在其他条件相同的情况下"这一前提条件，因为在现实中，收益率高的金融产品，在其他方面的条件都往往比较差。因此，投资者不能贪图高收益而忽略金融产品的其他条件。

（2）风险

与金融产品的高收益相联系的往往是高风险。但是，这并不是说一个高风险的金融产品肯定可以给其持有者带来高收益。高风险意味着损失的可能性大，或者潜在的损失额大，或者两者兼而有之。在其他条件相同的情况下，金融产品的风险越小，质量越好；风险越大，质量越差。因此，如果有两个金融产品的收益率相等，风险低的应当是优先考虑的投资对象。

（3）流通性

金融产品流动性的大小可用为交易本身所支付费用的大小来衡量。所付费用越大，其流动性越小；所付费用越小，其流动性越大。在产品和劳务市场中，货币具有完全的流动性，当用货币购买其他商品时，不必在商品价格之外另付费用。另外，用货币交换其他商品所费时间最短，而且可交换的商品种类最多。这样，我们可从商品同货币逆交换的难易程度上来判定商品的流动性。

对金融产品的交易来说，流动性是影响决策的重要因素。这是因为，人们在购买某种金融产品时，是期望在未来进行逆交换（向该金融产品的出售者要求兑付，或出售该金融产品）时可以得到更多的货币收益。而如果逆交换的对方到时不能履行，而且购买者也难以向其他投资者"转售"该产品，则该金融产品便丧失了流动性。

对一般金融产品而言，流通性是买入或卖出该产品的便利程度和对市场买卖条件的冲击程度。如果一个金融产品的每日成交量很大，任何投资者想买都能买到，想卖都能卖出；并且，这一金融产品的市场价格不因他的买卖活动而发生大的波动，那么这一金融产品的流通性就好。如果一个金融产品的每天成交量很小，投资者想买而找不到卖主，想卖而找不到买主，并且，买的时候会大幅度地推动价格上涨，卖的时候导致价格大幅度下跌，那么，这样的金融产品的流通性便不好。

（4）透明性

透明性主要应表现为公开和公平。

同样的金融产品享有同样的权利，大小股东也要平等。在有些情况下，大股东有可能利用其对企业的控制剥夺小股东。

而公开性是指金融产品发行企业的信息公开性。如果一个企业向社会提供的信息不完全，那么它的金融产品的质量是会受到影响的。

2. 金融产品的适宜指标

一个金融产品的本质特征在于其风险—收益关系，在金融产品的适宜性选择上，作为投资者经常考虑的因素也是其风险—收益关系。因此，金融产品的适宜性除了产品本身的特性，还要考虑的是投资者特性。

选择金融产品时的特性主要有投资者的风险偏好。

有一些投资者倾向于本金的保值和收益的稳定，他们强调规避风险，因而通常投资于国债、高等级公司债等。一些投资者在重视本金保值的同时追求较高的收益。他们有着承受一定程度风险的准备和能力，但不愿意冒高风险，因而通常投资于股票、中等级公司债等。还有一些投资者特别强调在运作中获得高额收益，他们勇于冒险，甚至损失本金也在所不惜。因此，通常投资于期货、期权、低等级证券。

金融产品的适宜性当然也包括其具体构成要素的适宜。如果一个投资者无法在技术上运用某一金融产品，那么，即使这一产品对别人很适宜，但是对他也是没有用的。

第二节　股票

一、股票的含义

股票是股份公司在筹集资本时向出资人或投资者公开或私下发行的、用以证明持有者（即股东）对股份公司的所有权，并根据持有人所持有的股份数享有权益和承担义务的凭证。股票是一种有价证券，代表着其持有人（股东）对股份公司的所有权，每一股同类型股票所代表的公司所有权是相等的，即"同股同权"。股票可以公开上市，也可以不上市。在股票市场上，股票也是投资和投机的对象。

股票是股份制企业（上市和非上市）所有者（即股东）拥有公司资产和权益的凭证。上市的股票称流通股，可在股票交易所（即二级市场）自由买卖。非上市的股票没有进入股票交易所，因此不能自由买卖，称非上市流通股。

股票持有人（即股东）享有多种权利，如参加股东大会的权利、参与公司重大决策的权利、投票表决的权利、收取股息和分享红利的权利等。此外，公司一旦破产清算，股东享有法定程序的被赔偿权利。与此同时，股东也要承担公司运作中的所有风险。如果是上市公司，股东还要承担有时与公司运作没有密切关系的市场风险，其中包括股票市场、资本市场、金融市场等。

二、股票基本特征

（1）不可偿还性。股票是一种无偿还期限的有价证券，投资者认购了股票后，就不能再要求退股，只能到二级市场卖给第三者。股票的转让只意味着公司股东的改变，并不减少公司资本。从期限上看，只要公司存在，它所发行的股票就存在，股票的期限等于公司存续的期限。

（2）参与性。股东有权出席股东大会，选举公司董事会，参与公司重大决策。股票持有者的投资意志和享有的经济利益，通常是通过行使股东参与权来实现的。

股东参与公司决策的权利大小，取决于其所持有的股份的多少。从实践中看，只要股东持有的股票数量达到左右决策结果所需的实际多数时，就能掌握公司的决策控制权。

（3）收益性。股东凭其持有的股票，有权从公司领取股息或红利，获取投资的收益。股息或红利的大小，主要取决于公司的赢利水平和公司的赢利分配政策。

股票的收益性，还表现在股票投资者可以获得价差收入或实现资产保值增值。通过低价买入和高价卖出股票，投资者可以赚取价差利润。以美国可口可乐公司股票为例，如果在 1983 年年底投资 1000 美元买入该公司股票，到 1994 年 7 月便能以 11554 美元的市场价格卖出，赚取 10 倍多的利润。在通货膨胀时，股票价格会随着公司原有资产重置价格上升而上涨，从而避免了资产贬值。股票通常被视为在高通货膨胀期间可优先选择的投资对象。

（4）流通性。股票的流通性是指股票在不同投资者之间的可交易性。流通性通常以可流通的股票数量、股票成交量以及股价对交易量的敏感程度来衡量。可流通股数越多，成交量越大，价格对成交量越不敏感（价格不会随着成交量一同变化），股票的流通性就越好，反之就越差。股票的流通，使投资者可以在市场上卖出所持有的股票，取得现金。通过股票的流通和股价的变动，可以看出人们对于相关行业和上市公司的发展前景和赢利潜力的判断。

那些在流通市场上吸引大量投资者、股价不断上涨的行业和公司，可以通过增发股票，不断吸收大量资本进入生产经营活动，收到了优化资源配置的效果。

（5）价格波动性和风险性。股票在交易市场上作为交易对象，同商品一样，有自己的市场行情和市场价格。由于股票价格要受到诸如公司经营状况、供求关系、银行利率、大众心理等多种因素的影响，其波动有很大的不确定性。正是这种不确定性，有可能使股票投资者遭受损失。价格波动的不确定性越大，投资风险也越大。因此，股票是一种高风险的金融产品。例如，称雄于世界计算机产业的国际商用机器公司（IBM），当其业绩不凡时，每股价格曾高达 170 美元，但在其地位遭到挑战，出现经营失策而招致亏损时，股价又下跌到 40 美元。如果不合时机地在高价位买进该股，就会导致严重损失。由上分析，可以看出股票的特性：第一，股票具有不可返递性。股票一经售出，不可再退回公司，不能再要求退还股金。第二，股票具有风险性。投资股票能否获得预期收入，要看公司的经营情况和股票交易市场上的行情，而这都不是确定的，变化极大，必须准备承担风险。第三，股票市场价格即股市具有波动性。影响股市波动的因素多种多样，有公司内的，也有公司外的；有经营性的，也有非经营性的；有经济的，也有政治的；有国内的，也有国际的等。这些因素变化频繁，引起股市不断波动。第四，股票具有极大的投机性。股票的风险性越大，市场价格越波动，就越有利于投机。投机有破坏性，但也加快了资本流动，加速了资本集中，有利于产业结构的调整，增加了社会总供给，对经济发展有着重要的积极意义。

三、股票价格

股票本身没有价值，但它可以当作商品出卖，并且有一定的价格。股票价格又叫股票行市，它不等于股票票面的金额。股票的票面额代表投资入股的货币资本数额，它是固定不变的；而股票价格则是变动的，它经常是大于或小于股票的票面金额。股票的买卖实际上是买卖获得股息的权利，因此股票价格不是它所代表的实际资本价值的货币表现，而是一种资本化的收入。股票价格一般是由股息和利息率两个因素决定的。例如，有一张票面额为 100 元的股票，每年能够取得 10 元股息，即 10％的股息，而当时的利息率只有 5％，那么，这张股票的价格就是 10 元÷5％＝200 元。计算公式是：股票价格＝股息/利息率。

可见，股票价格与股息成正比例变化，而和利息率成反比例变化。如果某个股份公司的营业情况好，股息增多或是预期的股息将要增加，这个股份公司的股票价格就会上涨；反之，则会下跌。

第三节　企业债券

一、含义

企业债券（Enterprise Bond）通常又称为公司债券，是企业依照法定程序发行，约定在一定期限内还本付息的债券。公司债券的发行主体是股份公司，但也可以是非股份公司的企业发行债券，所以，一般归类时，公司债券和企业发行的债券合在一起，可直接成为公司（企业）债券。企业债券是公司依照法定程序发行、约定在一定期限内还本付息的有价证券。

二、债券分类

中国发行企业债券始于 1983 年，主要有地方企业债券、重点企业债券、附息票企业债券、利随本清的存单式企业债券、产品配额企业债券和企业短期融资券等。

地方企业债券，是由中国全民所有制工商企业发行的债券；重点企业债券，是由电力、冶金、有色金属、石油、化工等部门国家重点企业向企业、事业单位发行的债券；附息票企业债券，是附有息票，期限为 5 年左右的中期债券；利随本清的存单式企业债券，是平价发行，期限为 1～5 年，到期一次还本付息的债券。各地企业发行的大多为这种债券；产品配额企业债券，是由发行企业以本企业产品等价支付利息，到期偿还本金的债券；企业短期融资券，是期限为 3～9 个月的短期债券，面向社会发行，以缓和企业流动资金短缺的情况。企业债券发行后可以转让。

企业债券按不同标准可以分为很多种类，最常见的分类有以下几种。

（1）按照期限划分，企业债券有短期企业债券、中期企业债券和长期企业债券。根据中国企业债券的期限划分，短期企业债券期限在1年以内，中期企业债券期限在1年以上5年以内，长期企业债券期限在5年以上。

（2）按是否记名划分，企业债券可分为记名企业债券和不记名企业债券。如果企业债券上登记有债券持有人的姓名，投资者领取利息时要凭印章或其他有效的身份证明，转让时要在债券上签名，同时还要到发行公司登记，那么，它就称为记名企业债券，反之称为不记名企业债券。

（3）按债券有无担保划分，企业债券可分为信用债券和担保债券。信用债券指仅凭筹资人的信用发行的、没有担保的债券，信用债券只适用于信用等级高的债券发行人。担保债券是指以抵押、质押、保证等方式发行的债券，其中抵押债券是指以不动产作为担保品所发行的债券，质押债券是指以其有价证券作为担保品所发行的债券，保证债券是指由第三者担保偿还本息的债券。

（4）按债券可否提前赎回划分，企业债券可分为可提前赎回债券和不可提前赎回债券。如果企业在债券到期前有权定期或随时购回全部或部分债券，这种债券就称为可提前赎回企业债券，反之则是不可提前赎回企业债券。

（5）按债券票面利率是否变动，企业债券可分为固定利率债券、浮动利率债券和累进利率债券。固定利率债券指在偿还期内利率固定不变的债券；浮动利率债券指票面利率随市场利率定期变动的债券；累进利率债券指随着债券期限的增加，利率累进的债券。

（6）按发行人是否给予投资者选择权分类，企业债券可分为附有选择权的企业债券和不附有选择权的企业债券。附有选择权的企业债券，指债券发行人给予债券持有人一定的选择权，如可转让公司债券、有认股权证的企业债券、可退还企业债券等。可转换公司债券的持有者，能够在一定时间内按照规定的价格将债券转换成企业发行的股票；有认股权证的债券持有者，可凭认股权证购买所约定的公司的股票；可退还的企业债券，在规定的期限内可以退还。反之，债券持有人没有上述选择权的债券，即是不附有选择权的企业债券。

（7）按发行方式分类，企业债券可分为公募债券和私募债券。公募债券指按法定手续经证券主管部门批准公开向社会投资者发行的债券；私募债券指以特定的少数投资者为对象发行的债券，发行手续简单，一般不能公开上市交易。

第四节　国库券

国库券（Treasury Securities）是指国家财政当局为弥补国库收支不平衡而发行的一种政府债券。因国库券的债务人是国家，其还款保证是国家财政收入，所以它几乎不存在信用违约风险，是金融市场风险最小的信用工具。

　　国库券是 1877 年由英国经济学家和作家沃尔特·巴佐特发明，并首次在英国发行。沃尔特认为，政府短期资金的筹措应采用与金融界早已熟悉的商业票据相似的工具。后来许多国家都依照英国的做法，以发行国库券的方式来满足政府对短期资金的需要。在美国，国库券已成为货币市场上最重要的信用工具。

　　国库券具有以下特点。

　　国库券利率与商业票据、存款证等有密切的关系，国库券期货可为其他凭证在收益波动时提供套期保值。流动性强。国库券有广大的二级市场，易手方便，随时可以变现，信誉高。

　　国库券是政府的直接债务，对投资者来讲是风险最低的投资，众多投资者都把它作为最好的投资对象。

　　国库券的利率一般虽低于银行存款或其他债券，但由于国库券的利息可免交所得税，故投资国库券可获得较高收益。

第十二章 家具商品

第一节 家具的分类和种类

目前，市场上销售的家具种类很多，分类方法也各不相同。下面我们按材质的不同对各类家具的性能进行简要介绍。

根据材质的不同，家具分为实木家具、人造板材家具、金属材料家具、软体家具及皮革制品家具等多种。

（1）实木家具是由天然板材和木材制成的，材料全部取自大自然，强度高、纹理美观、寿命长，但缺点是在温度、湿度变化较大的环境中易变形，而且重量大、价格高。目前市场上较走红的实木家具是红木家具，其材质细腻，纹理清晰美观，结构细密。红木家具集浮雕、阳雕、阴雕、镂空于一体，立体感强，结构圆顺，其色泽黑里透红、古色古香，豪华典雅，而且经久耐用，特别适合于大面积豪华居室的装饰。红木家具由于价格较高，市场上假冒产品不少，在购买时应仔细辨认。红木家具在上漆前为紫黑色，花纹较多且不规则。

（2）人造板材家具是现代技术高度发达的产物，其生产方法是先将木材分解成木片或木浆，加入部分添加剂制成人造板材之后再做成家具。与实木家具相比，人造板材家具具有造型新颖、色泽亮丽、成本低等优点，并且具有较强的环境适应能力，在温度、湿度变化较大的条件下变形较小，部分还具有防火性能。人造板材家具属于经济型家具，价格适中、品种多、样式齐全，是普通家庭和办公室的理想选择。

（3）金属材料家具由钢材、铝合金、铜材等制成，具有强度高、韧性好、重量轻、色彩亮等优点，前几年曾红极一时，目前仍在家具市场中占据一定的位置。在选择金属材料家具的时候首先应观察外表，看光洁度如何，是否有划伤痕迹，其次是看结构，看材料的质量情况，如管壁的厚度，拐角焊口的质量，是否有虚焊和生锈的情况存在。

（4）软体家具通常是指沙发之类家具，表面是用松软材料制成的。沙发是居室中较普遍的家具之一，其靠背、坐垫多用皮革、纺织品等柔软材料制成，其结构、扶手则用钢、木等坚硬材料制成。沙发的式样很多，价格也相差悬殊，在选择的时候应注意其尺寸、外形、色彩与居室环境的协调。一般来说，选择纺织面层的沙发应注意其色彩、图案与居室墙壁和地板的色彩和图案相配，同时还要考虑到窗帘、床单这些纺织品的影响。选择皮革面层的沙发应注意与居室中其他家具相匹配，并注重灯光的效果。

（5）皮革制品类家具通常属于软体家具这一类，有天然皮革类和人造皮革类之分。天然皮革家具具有手感舒适、透气性好、清理方便、外观华贵等优点，是目前较受欢迎的家具。

第二节　木制家具

木制家具是指纯木制家具，即指所有材料都是未经再次加工的天然材料，不使用任何人造板制成的家具。木制家具有纯木制家具和仿木制家具。纯木制家具就是说家具的所有用材都是木制，包括桌面、衣柜的门板、侧板等均用纯木制制成，不使用其他任何形式的人造板。木家具、综合类木家具、全木制家具都统称为木制家具。

（1）木家具：主要部件中装饰件、配件除外，其余采用木材、人造板等木质材料制成的家具。

（2）木制类家具：以木制锯材或木制板材为基材制作的、表面经涂饰处理的家具；或在此类基材上采用木制单板或薄木（木皮）贴面后，再进行涂饰处理的家具。木制板材是指接材、集成材等木材通过二次加工形成的木制类材料。

（3）综合类木家具：基材采用木制、人造板等多种材料混合制作的家具。

天然、环保、健康实木家具流露出自然与原始之美。实木家具之所以长盛不衰，可以从下面三个方面来分析。

首先，从颜色分析，在于它的天然木本色。原木色家具既天然、又无化学污染，这绝对是现代健康生活的最好选择，符合现代都市人崇尚大自然的心理需求。

其次，在材质的选择上，以国内实木家具为例，种类主要有：桃花芯木、胡桃楸木、榉木、柚木、枫木、橡木、柞木、水曲柳、海棠木、榆木、杨木、松木、红椿等，其中以胡桃楸木、水曲柳、红椿、榉木、柞木最为名贵。这些材料来自于自然，反映了人和环境的和谐关系，设计师们都爱用这些材料，再加入以人为本、以自然为本的现代设计理念，就更能拉近人和材料、人和自然的距离，给人一种亲切感。

最后，环保装修实木家具是市场主角。实木家具在加工制作的过程中，和那些人造板的家具相比，用胶量是相当少的。用胶量的多少影响着家具的环保性高低。

实木家具的优点如下。

（1）实木拼板油漆后，表面没有拼胶缝和板条的高低不平现象，而且在长期使用过程中物理性能比较稳定。

（2）木材利用率较高，符合原材料生态利用的原则，所以在使用和纹理色泽方面，实木拼板装饰板更适合于家具的使用和装饰功能。

（3）虽然实木拼板板材施胶量大于实木宽拼板，但因有双覆面厚单板的保护，加上四边厚单板缝边实际上只有两面四边8条胶缝，所以实木拼板中胶粘剂透过胶缝挥发的化学物质远远低于实木宽拼板和实木集成材的挥发量，更环保、更健康。

（4）由于芯板采用的是各向异性小的木材拼成，板材表面不平和翘曲程度小，上下两面覆两张刨切薄木厚单板，能较好地消除板面翘曲不平、开裂变形现象，且能提高板材各个方向的物理强度。

（5）刨切薄木厚单板是精选大径级的优等原木，而且按照纹理、颜色严格挑选，采用高精度的设备和科学的刨切方法制造而成。这样的加工工艺处理，在纹理、色泽方面正体感非常好，油漆后更突出质感，生产的正套家具能营造一种和谐一致、高档的价值感。

实木家具的缺点如下。

实木家具最主要的缺点就是易变形，保养起来较困难。比如不能让阳光直接照射，不能过冷过热，过于干燥和潮湿的环境对实木家具都不适宜；如果在使用时没有注意，频繁开关空调造成温湿度变化过大，即使是合格的实木家具产品有时也会发生变形、开裂的现象，可以说无论采用什么木材，做工如何考究，都很难避免这些问题。

其次，实木家具表层漆面脆弱，平时使用时要注意对漆膜的保护。漆膜被划伤后，家具将失去光泽。因此平时打理家具时要使用柔软的棉布，另外要定期进行打蜡保养。

第三节　沙发和软床

一、沙发

沙发是一种装有软垫的多座位椅子，装有弹簧或厚泡沫塑料等的靠背椅，两边有扶手，是软件家具的一种。

按用料分主要有四类：皮沙发、实木沙发、布艺沙发和藤艺沙发。

按照风格分为以下几种。

(1) 欧式沙发：强调线条简洁，适合现代家居。欧式沙发的特点是富于现代风格，色彩比较清雅、线条简洁，适合大多数家庭选用。这种沙发适用的范围也很广，置于各种风格的居室感觉都不错。较流行的是浅色的沙发，如白色、米色等。

(2) 中式沙发：强调冬暖夏凉，四季皆宜。中式沙发的特点在于整个裸露在外的实木框架。上置的海绵椅垫可以根据需要撤换。这种灵活的方式，使中式沙发深受许多人的喜爱：冬暖夏凉，方便实用，适合我国南北温差较大的国情。

(3) 日式沙发：强调舒适、自然、朴素。日式沙发最大的特点是成栅栏状的木扶手和矮小的设计。这样的沙发最适合崇尚自然而朴素的居家风格的人士。小巧的日式沙发，透露着严谨的生活态度。因此日式沙发也经常被一些办公场所选用。

(4) 美式沙发：强调舒适但占地较多。美式沙发主要强调舒适性，让人坐在其中感觉像被温柔地环抱住一般。许多沙发已经全部由主框架加不同硬度的海绵制成。而许多传统的美式沙发底座仍在使用弹簧加海绵的设计，这使得这种沙发十分结实耐用。

(5) 现代家具沙发：强调舒适、自然、朴素。不仅可以用来装点居室，更是你疲劳后打盹、做梦、休闲的好地方。与皮沙发高贵冷峻的外表比，布艺沙发多了一层亲切自然的感觉，似乎与家的温馨情调更加吻合，为你的温馨港湾带来古朴简约而又高贵浪漫的别样风情。

二、软床

软床是随着人们生活水平的不断提高，对睡眠质量要求越来越高而发展起来的新兴床铺。目前家具市场上的软床大致分布艺床、皮床和皮布结合床三种，色调主要有白色、红色、紫色、棕色。家具市场上的软床大致分布艺床、皮床和皮布结合床三种，彰显高贵气质皮床的床头、床架都由真皮做面子，色调主要有白色、红色、紫色、棕色；色彩斑斓的布艺床则由各种好看的棉布或真丝做表面，看上去感觉很温馨；皮布结合的软床将布艺和皮艺有机地结合起来装饰床头和床身表面，时尚现代。在造型方面，软床打破了传统长方形床架一统天下的局面，既有直径两米左右的圆形床，也有一般尺寸的长方形床。有的软床床头上的靠枕还可以调节高度，让人睡得更舒服，睡前在灯下翻几页书，或靠在柔软的床头上看看电视，有温柔的感觉。

第十三章 装潢装饰商品

第一节 石材和瓷砖

一、石材

石材（Stone）作为一种高档建筑装饰材料，多数人对其种类、性能都不甚了解。目前市场上常见的石材主要有大理石、花岗岩、水磨石、合成石四种，其中，大理石中又以汉白玉为上品；花岗岩比大理石坚硬；水磨石是以水泥、混凝土等原料锻压而成；合成石是以天然石的碎石为原料，加上黏合剂等经加压、抛光而成。后两者因为是人工制成，所以强度没有天然石材高。

石材种类：天然石材是指从天然岩体中开采出来的，并经加工成块状或板状材料的总称。用于建筑装饰行业的两个最基本的石材种类是天然石材和人造石材。天然石材如大理石、花岗岩、石灰石等。建筑装饰用的天然石材主要是花岗石和大理石两种。天然石材是最古老的土木工程材料之一。天然石材具有很高的抗压强度，良好的耐磨性和耐久性，经加工后表面美观富于装饰性，资源分布广，蕴藏量丰富，便于就地取材，生产成本低等优点，是古今土木工程中修筑城垣、桥梁、房屋、道路及水利工程的主要材料，是现代土木工程的主要装饰材料之一。

天然石材可大致分为3类。火成岩岩石是由地幔或地壳的岩石经熔融或部分熔融的物质（如岩浆）冷却固结形成的，花岗岩就是火成岩的一种；沉积岩是在地表不太深的地方，由其他岩石的风化产物和一些火山喷发物，经过水流或冰川的搬运、沉积、成岩作用形成的岩石，石灰石和砂岩属于这一类；变质岩是在高温高压和矿物质的混合作用下由一种石头自然变质成的另一种石头，大理石、板岩、石英岩、玉石都是属于变质岩。

花岗岩是一种非常坚硬的火成岩岩石，它的密度很高，耐划痕和耐腐蚀。它非常适合用于地板和厨房台面。花岗岩有几百个品种。

大理石是指沉积的或变质的碳酸盐岩类的岩石，有大理岩、白云岩、灰岩、砂岩、页岩和板岩等，是石灰石的衍生物，大理石是一种变质岩，可以抛光打磨。大理石具有软性，容易划伤或被酸性物质腐蚀。世界各地有数不清的大理石种类。

石灰石是沉积岩的一种，是由方解石和沉积物组成的，形成各种颜色。

砂岩也是沉积石的一种，这主要是由松散的石英砂颗粒组成，质地粗糙，砂岩也有许多品种可供选择。

洞石是部分变质的石灰石，可以填补，可以磨光，密度高，所以成为大理石的其中一种。

板岩是一种变质岩，原岩为泥质、粉质或中性凝灰岩，沿板理方向可以剥成薄片。板岩的颜色随其所含有的杂质不同而变化，含铁的为红色或黄色；含碳质的为黑色或灰色；含钙的遇盐酸会起泡，因此一般以其颜色命名分类，如灰绿色板岩、黑色板岩、钙质板岩等。

人造石是用非天然的混合物制成的，如树脂、水泥、玻璃珠、铝石粉等加碎石黏合剂。人造石（又称"人造大理石"），于30年前在美国问世，我国最早应用人造石制品作为装饰材料的是20世纪90年代中期一些沿海发达城市，几年后广泛流行。

文化石是开采于自然界的石材矿订，其中的板岩、砂岩、石英石，经过加工，成为一种装饰建材。文化石材质坚硬、色泽鲜明、纹理丰富、风格各异，具有抗压、耐磨、耐火、耐寒、耐腐蚀、吸水率低等特点。

二、瓷砖

所谓瓷砖，是以耐火的金属氧化物及半金属氧化物，经研磨、混合、压制、施釉、烧结的过程，而形成的一种耐酸碱的瓷质或石质等建筑或装饰材料，总称之为瓷砖。其原材料多由黏土、石英沙等混合而成。

瓷砖分类如下。

依用途分：外墙砖、内墙砖、地砖、广场砖、工业砖等。

依成型分：干压成型砖、挤压成型砖、可塑成型砖。

依烧成分：氧化性瓷砖、还原性瓷砖。

依施釉分：有釉砖、无釉砖。

依吸水率分：瓷质砖、炻瓷砖、细炻砖、炻质砖、陶质砖。瓷质砖吸水率小于等于0.5%；炻瓷质吸水率大于0.5%小于等于3%；细炻质吸水率大于3%小于等于6%；炻质砖吸水率大于6%小于等于10%；陶质砖吸水率大于10%。

依品种分：抛光砖、仿古砖、瓷片、全抛釉、抛晶砖、微晶石、劈开砖、广场砖（文化砖）。

依生产工艺分：印花砖、抛光砖、斑点砖、水晶砖、无釉砖。

第二节 地毯和地板

一、地毯

地毯，是以棉、麻、毛、丝、草等天然纤维或化学合成纤维类原料，经手工或机械工艺进行编结、栽绒或纺织而成的地面铺敷物。它是世界范围内具有悠久历史传统的工艺美术品类之一。覆盖于住宅、宾馆、体育馆、展览厅、车辆、船舶、飞机等的地面，有减少噪声、隔热和装饰效果。

（一）地毯等级

地毯按其所用场所性能的不同，分为六个等级：

（1）轻度家用级：铺设在不常使用的房间或部位；

（2）中度家用级或轻度专业使用级：用于主卧室或餐室等；

（3）一般家用级或中度专业使用级：用于起居室、交通频繁部位如楼梯、走廊等；

（4）重度家用级或一般专业用级：用于家中重度磨损的场所；

（5）重度专业使用级：家庭一般不用；

（6）豪华级：地毯的品质好，纤维长，因而豪华气派。

（二）地毯分类

按用途分类，地毯分为商用地毯和艺术地毯两大类。

（1）商用地毯是工业化生产的地毯，主要用于建筑的地面铺设，如宾馆、酒店、办公室、走廊、卧室、会议室、会客厅等，还可以在游轮、飞机等领域使用。商用地毯一般采用机织或枪刺生产。

（2）艺术地毯是以欣赏和装饰为目的的地毯，主要悬挂于房间的墙壁上，又称挂毯，一般为手工制作。优秀的艺术地毯一般经过艺术工作者的精心设计和制作者的精心编制，拥有普通商用地毯所没有的艺术欣赏性和思想内涵，具有较高的艺术价值和收藏价值。

与艺术地毯相类似的分类还有工艺地毯和美术地毯，但后两者的范畴有时候和商用地毯重合，所以不作为分类依据。

按安装位置分类，根据地毯的使用位置分为地面地毯和墙体挂毯或壁毯。

（1）地面地毯是最传统、用量最大的地毯类别，主要用于各个场所的地面铺设，主要体现的是其使用价值，一般以各色图案为主，使用上主要为中低端产品。

（2）墙体挂毯或壁毯主要用于墙壁的装饰和点缀，一般以传统绘画名作中的风景画和人物画为题材，主要是手工编织，具有较高的观赏价值。由于造价较高，一般只有富贵家庭和高端场所使用。

根据制作方法不同可分为机制地毯、手工地毯。机制地毯又包括簇绒地毯和机织威尔顿地毯、机织阿克明斯特地毯。

1. 簇绒地毯

该地毯属于机械制造地毯的一大分类，它不是经纬交织而是将绒头纱线经过钢针插植在地毯基布上，然后经过后道工序上胶握持绒头而成。由于该地毯生产效率较高，因此是酒店装修首选地毯。

2. 机织威尔顿地毯

该地毯是通过经纱、纬纱、绒头纱三纱交织，后经上胶、剪绒等后道工序整理而成。由于该地毯工艺源于英国的威尔顿地区，因此称为威尔顿地毯。此织机是双层织物，故生产效率比较快。

3. 机织阿克明斯特地毯

该地毯也是通过经纱、纬纱、绒头纱三纱天织，后经上胶、剪绒等后道工序整理而成。该地毯使用的工艺源于英国的阿克明斯特，此织机属单层织物且机速很低，地毯织造效率非常低，其效率仅为威尔顿织机的 30%。

按使用功能分类如下。

1. 商用地毯

广义上讲是指除家庭使用及工业使用地毯以外的所有地毯。商用地毯在国内还仅限于宾馆、酒店、写字楼、办公室、酒楼等场所，而在美国及西方发达国家，商用地毯除上述使用场所外，已在机场候机楼、码头浪船大厅、车站候车厅、超市、医院、学校、养老院、托儿所、影剧院等场所被普遍使用，并随着经济发展和社会进步，商用地毯的使用范围会逐步加大，覆盖面会更广。

2. 家用地毯

顾名思义就是家庭用的地毯。家用地毯在中国仍停在条块地毯上，因为中国家庭的装修仍大量以木地板为主，而西方发达国家，家庭用地毯是以满铺和块毯相结合，中国的家庭用地毯潜力很大。

3. 工业用地毯

工业用地毯从国内到国外，仍仅限于汽车、飞机、客船、火车等装饰而用。

按原材料不同分类如下。

（1）纯毛地毯多采用羊毛为主要原料制作。

（2）化纤地毯（合成纤维）采用尼龙纤维（锦纶）、聚丙烯纤维（丙纶）、聚丙烯腈纤维（腈纶）、聚酯纤维（涤纶）、定型丝、蚕丝、PTT 等化学纤维为主要原料制作。

（3）塑料地毯采用聚氯乙烯树脂、增塑剂等多种辅助材料为主要原料制作。

按地毯原材料分类如下。

1. 羊毛地毯

羊毛地毯多采用羊毛为主要原料制作。它毛质细密，具有天然的弹性，受压后能很快恢复原状；采用天然纤维，不带静电，不易吸尘土，还具有天然的阻燃性。纯毛地毯图案精美，色泽典雅，不易老化、褪色，具有吸音、保暖、脚感舒适等特点。

另外机织羊毛地毯根据绒纱内羊毛含量的不同又可分为：

(1) 纯羊毛地毯：羊毛含量≥95％；

(2) 羊毛地毯：80％≤羊毛含量＜95％；

(3) 羊毛混纺地毯：20％≤羊毛含量＜80％；

(4) 混纺地毯：羊毛含量＜20％。

2. 化纤地毯

化纤（合成纤维）地毯采用尼龙纤维（锦纶）、聚丙烯纤维（丙纶）、聚丙烯腈纤维（腈纶）、聚酯纤维（涤纶）、定型丝、PTT等化学纤维为主要原料制作。它的最大特点是耐磨性强，同时克服了纯毛地毯易腐蚀、易霉变的缺点，但阻燃性、抗静电性相对又要差一些。

即使使用同一制造方法生产出的地毯，也由于使用原料、绒头的形式、绒高、手感、组织及密度等因素，会生产出不同外观效果的地毯。常见地毯毯面质地的类别如下。

(1) 长毛绒地毯是割绒地毯中最常见的一种，绒头长度为5～10mm，毯面上可浮现一根根断开的绒头，平整而均匀一致。

(2) 天鹅绒地毯绒头长度为5mm左右，毯面绒头密集，产生天鹅绒毛般的效果。

(3) 萨克森地毯绒头长度在15mm左右，绒纱经加捻热定型加工，绒头产生类似光纤的效应，有丰满的质感。

(4) 强捻地毯即弯头纱地毯。绒头纱的加捻捻度较大，毯面产生有硬实的触感和强劲的弹性。绒头方向性不确定，所以毯面会产生特殊的情调和个性。

(5) 长绒头地毯绒头长度在25mm以上，既粗又长，毯面厚重，显现高雅的效果。

(6) 平圈绒地毯绒头呈圈状，圈高一致整齐，比割绒的绒头有更大的适度坚挺性和平滑性，行走感舒适。

(7) 高低圈绒地毯（含多层高低圈绒）由绒纱喂给长度的变化而产生绒圈高低，毯面有高低起伏的层次，有的形成几何图案，地毯有立体感。

(8) 割/圈绒地毯（含平割/圈绒地毯），一般地毯割绒部分的高度超过圈绒的高度，在修剪、平整割绒绒头时并不伤及圈绒的绒头，两种绒头混合可组成毯面的几何图案，有素色提花的效果。平割/圈地毯的割绒技术含量也是比较高的。

（9）平面地毯，即在地毯的毯面上没有直立的绒头，犹如平毯的结果，其中针刺地毯的一部分是用刺辊在毯面上拉毛，即产生发毛地毯的质地。

按产品形态分类如下。

1．满铺地毯

这种地毯的幅度一般在 3.66~4m，满铺即指铺设在室内两墙之间的全部地面上，铺设场所的室宽超过毯宽时，可以根据室内面积的条件进行裁剪拼接的方法以达到满铺要求，地毯的底面可以直接与地面用胶黏合，也可以绷紧毯面使地毯与地面之间极少滑移，并且用钉子定位于四周的墙根。满铺地毯一般用于居室、病房、会议室、办公室、大厅、客房、走廊等多种场合。

2．块毯

地毯外形呈长方形，以块为计量单位，块毯多数是机织地毯，做工精细、花形图案复杂多彩，档次高的有一定艺术欣赏价值。块毯宽度一般不超过 4m，而长度与宽度有适当的比例。块毯是铺在地面上，但与地面并不胶合，可以任意、随时铺开或卷起存放。块毯除铺设外还可以作为壁毯挂在墙上，也有用门前脚踏毯、电梯毯、艺术脚垫等。

3．拼块毯

拼块毯也称地毯砖，其外形尺寸一般为 500mm×500mm，也有 450m m×450mm 或者是长方形的。其毯面一般为簇绒类，背衬和中层衬布比较讲究。成品有一定硬挺度，铺设时可以与地面黏合，也可以直铺地面。拼块毯的结构稳定，美观大方，毯面可以印花或压成花纹。在搬运、储藏和随地形拼装、成块更换拼装都十分方便。特别是高层建筑、轮船、机场、计算机房以及办公用房都很合宜，近几年内国内市场十分活跃。

4．红地毯

红地毯是地毯颜色划分的种类，也是地毯刚刚进入装饰行业以来的主题颜色。最早的地毯是宫廷专用物品，也是高级奢侈品，随着社会的发展和人们对居住生活环境的重视和要求的提高，地毯也进入了千家万户，但作为地毯的主要颜色——红地毯，依然是地毯世界的主流颜色。时至今日，在地毯成为了一般消费品的时代，红地毯依然是人们对庄严、高贵、浪漫的追求和象征。不论是民间活动还是国家重要活动，都将红地毯作为重要礼仪物品来表达庄重和热烈。

二、地板

地板具有美观、耐用的特性，舒适天然，冬暖夏凉，可以很好地表现一个人生活品位的高贵典雅。

地板是当今世界上非常流行的一种新型轻体地面装饰材料，也称为"轻体地材"，是一种在欧美及亚洲的日韩广受欢迎的产品。从 20 世纪 80 年代初开始进入中国市场，至今在国内的大中城市已经得到普遍的认可，使用非常广泛，比如学校、医院、办公楼、工厂、交通系统、家装、体育场馆等各种场所。PVC 塑胶地板就是指采用聚氯乙烯材料生产的地板，具体就是以聚氯乙烯及其共聚树脂为主要原料，加入填料、增塑剂、稳定剂、着色剂等辅料，在片状连续基材上，经涂敷工艺或经压延、挤出或挤压工艺生产而成。

第三节　涂料商品

一、丙烯酸系内墙涂料

醋酸乙烯-丙烯酸酯有光乳液涂料，简称乙-丙有光乳液涂料，是以乙-丙乳液为基料，加入颜料、填料、助剂等配制而成的水性内墙涂料。按照国家标准 GB/T 9756—2001《合成树脂乳液内墙涂料》的规定，聚醋酸乙烯乳液涂料的技术要求如表 13-1 所示。本标准适用于以合成树脂乳液为基料，与颜料、体质颜料及各种助剂配制而成的、施涂后能形成表面平整的薄质涂料的内墙涂料。

表 13-1　　　　　　合成树脂乳液内墙涂料的技术要求

项目	技术要求	
	一等品	合格品
在容器中的状态	搅拌混合后无硬块，呈均匀状态	
施工性	刷涂二道无障碍	
涂膜外观	涂膜外观正常	
干燥时间（h）≥	2	
对比率（白色和浅色）≮	0.93	0.90
耐碱性（24h）	无异常	
耐刷洗性（次）≮	300	100
涂料耐冻融性	不变质	

乙-丙有光乳液涂料的耐水性、耐候性、耐碱性优于聚醋酸乙烯乳液涂料，并具有光泽，是一种中高档的内墙装饰涂料。乙-丙有光乳液涂料主要用于住宅、办公室、会议室等的内墙、顶棚等的装饰。

二、丙烯酸系外墙涂料

丙烯酸系外墙涂料分为溶剂型和乳液型两种。溶剂型丙烯酸外墙涂料是以热塑性丙烯酸树脂为基料，加入填料、颜料、助剂和溶剂等经研磨而成的。乳液型丙烯酸外墙涂料是以丙烯酸乳液为基料，加入填料、颜料、助剂等经研磨而成的。

1. 溶剂型丙烯酸外墙涂料

溶剂型丙烯酸外墙涂料应满足国家标准 GB/T 9757—2001《溶剂型外墙涂料》的规定，其技术要求如表 13-2 所示。本标准适用于以合成树脂为基料，与颜料、体质颜料及各种助剂配制而成的、施涂后能形成表面平整的薄质涂层的溶剂型外墙涂料。该涂料适用于建筑物和构筑物等外表面的装饰和防护。

表 13-2　　溶剂型外墙涂料的技术要求

项目		技术要求	
在容器中的状态		无硬块，搅拌后呈均匀状态	
固体含量（120℃±2℃）（%）		≮45	
细度（μm）		≯45	
遮盖力（白色或浅色）（g/m²）		≯140	
颜色及外观		符合标准样板，在其色差范围内，表面平整	
干燥时间（h）≯	表干	≯2	
	实干	≯24	
耐水性（144h）		不起泡、不掉粉、允许轻微失光和变色	
耐碱性（24h）		不起泡、不掉粉、允许轻微失光和变色	
耐洗刷性（次）		≮2000	
耐冻融循环性（10 次）		无粉化、不起鼓、不裂纹、不剥落	
耐人工老化性	粉化（级）	≯2	不起泡、不剥落、无裂纹
	变色（级）	≯2	
耐玷污性（5 次循环），反射系数下降率（白色或浅色）（%）		30	

2. 乳液型丙烯酸外墙涂料

乳液型丙烯酸外墙涂料应满足国家标准 GB/T 9755—2001《合成树脂乳液外墙涂料》的规定，其技术要求如表 13-3 所示。本标准适用于以合成树脂乳液为基料,与颜料、体质颜料及各种助剂配制而成的,施涂后能形成表面平整的薄质涂层的外墙涂料。该涂料适用于建筑物和构筑物等外表面的装饰和防护。

表 13 - 3　　　　合成树脂乳液外墙涂料的技术要求

项目		技术要求	
		一等品	合格品
在容器中的状态		搅拌混合后无硬块,呈均匀状态	
施工性		刷涂二道无障碍	
涂膜外观		涂膜外观正常	
干燥时间（h）≥		2	
对比率（白色和浅色）≮		0.90	0.87
耐水性（96h）		无异常	
耐碱性（48h）		无异常	
耐洗刷性（次）≮		1000	500
耐人工老化性	时间（h）	250	200
	粉化（级）≥	1	
	变色（级）≥	2	
涂料耐冻融性		不变质	
涂层耐温变性（10 次循环）		无异常	

丙烯酸系外墙涂料具有优良的耐水性、耐高低温性、耐候性,良好的黏接性、抗污染性、耐碱性及耐洗刷性,耐洗刷次数可达 2000 次以上。此外,丙烯酸系外墙涂料的装饰性好,寿命可达 10 年以上,属于高档涂料,是目前国内主要使用的外墙涂料之一。丙烯酸外墙涂料可以采用刷涂、喷涂、滚涂等施工工艺。溶剂型涂料在施工过程中应注意防火、防爆。丙烯酸系外墙涂料主要用于商店、办公楼等公用建筑的外墙装饰,用做复合涂层的罩面涂料,也可用做内墙复合涂层的罩面涂料。

三、多彩内墙涂料

多彩内墙涂料简称多彩涂料,是目前国内外流行的高档内墙涂料,它是经一次喷涂即可获得具有多种色彩的立体涂膜的涂料。目前生产的多彩涂料主要是水包油型(即水为分散介质,合成树脂为分散相,以油/水或 O/W 来表示),分散相为各种基料、颜料及助剂等的混合物,分散介质为含有乳化剂、稳定剂等的水。不同基料间、基料与水之间互相掺混而不互溶，即水中分散着肉眼可见的不同颜色的基料微粒。为了获得理想性能的涂膜，常采用 3 种以上的树脂混合使用。

多彩涂料应满足国家建材行业标准 JG/T 3003—1993《多彩内墙涂料》的规定，其技术要求如表 13－4 所示。

表 13－4　　　　　　　　　　　　多彩内墙涂料的技术要求

试验类别	项目	技术指标
涂料性能	容器中的状态	搅拌后呈均匀状态，无结块
	黏度（25℃）（KU　B法）	80～100
	不挥发物含量不小于	19％
	施工性	喷涂无困难
	储存稳定性（0℃～30℃），月	6
涂层性质	实干时间，h，不大于	24
	涂膜外观	与样本相比无明显差别
	耐水性（去离子水，23℃±2℃）	96h 不起泡，不掉粉、允许轻微失光和变色
	耐碱性（饱和氢氧化钙溶液，23℃±2℃）	48h 不起泡，不掉粉、允许轻微失光和变色
	耐洗刷性（次）不小于	300

多彩涂料的涂层由底层、中层、面层复合而成。底层涂料主要起封闭潮气的作用，防止涂料由于墙面受潮而剥落，同时也保护涂料免受碱性基层的侵蚀，一般须使用具有较强耐碱性的溶剂型封闭漆。中层起到增加面层和底层的黏接作用，并起到消除墙面的色差、突出多彩面层的光泽和立体感的作用，通常应选用性能良好的合成树脂乳液内墙涂料。面层即为多彩涂料，具有色彩丰富、图案变化多样、立体感强、生动活泼，并且具有良好的耐水性、耐油性、耐碱性、耐化学药品性、耐洗刷性和较好的透气性。另外，多彩涂料对基层的适应性强，可在各种建筑材料上使用，但要求基层材料干燥、清洁、平整、坚硬。多彩涂料主要用于住宅、办公室、商店等的内墙、顶棚等的装饰。

多彩涂料宜在 5℃～30℃下储存，且不宜超过半年。多彩涂料在施工前应使用木棒轻轻搅拌以使涂料均匀，但不可用电动搅拌机搅拌，以防破坏多彩涂料的悬浮状态。使用时不可随意加入稀释剂。当气温较低涂料黏度大而不便喷涂时，可将涂料连同容器在温水（50℃～60℃）中浸泡，以降低多彩涂料的黏度。多彩涂料不宜在雨天或湿度高的环境下施工，否则易使涂膜泛白，且附着力也会降低。

四、合成树脂乳液砂壁状建筑涂料

合成树脂乳液砂壁状建筑涂料原名称为彩砂涂料，是以合成树脂乳液（一般为苯-丙乳液或丙烯酸乳液）为基料，加入彩色骨料（粒径小于 2mm 的彩色砂粒、彩色陶瓷粒等）或石粉及其他助剂配制而成的粗面厚质涂料，简称砂壁状涂料。合成树脂乳液砂壁状建筑涂料按所使用彩色砂和彩色粉的来源分为 3 种类型：A 型采用人工烧结彩色砂粒和彩色粉；B 型采用天然彩色砂粒和彩色粉；C 型采用天然砂粒和石粉，加颜料着色。目前常用的为 A 型和 B 型。合成树脂乳液砂壁状建筑涂料应满足国家标准 GB/T 9153—1988《合成树脂乳液砂壁状建筑涂料》的规定，其技术要求如表 13-5 所示。

表 13-5　　　　　　　合成树脂乳液砂壁状建筑涂料的技术要求

类别	项目		指标
涂料性质	在容器中的状态		搅拌后呈均匀状态，无结块
	骨料沉降（％）		<10
	储存稳定性	低温储存稳定性	3 次无硬块、凝聚及组成物的变化
		热储存稳定性	1 个月无硬块、发霉、凝聚及组成物的变化
涂层性质	实干时间（表干）（h）		≤2
	颜色及外观		与样本相比无明显差别
	耐水性		240h 无裂纹、起泡、剥落、软物的析出，与未浸泡部分相比颜色、光泽允许有轻微变化
	耐碱性		240h 无裂纹、起泡、剥落、软物的析出，与未浸泡部分相比颜色、光泽允许有轻微变化
	耐洗刷性（次）		1000 次无变化
	耐玷污率（％）		5 次玷污率在 45 以下
	耐冻融循环性		10 次 240h 无裂纹、起泡、剥落，与试板相比颜色、光泽允许有轻微变化
	黏接强度（MPa）		≥0.69
	人工加速耐候性		5000h 无裂纹、起泡、剥落、粉化，变色<2 级

合成树脂乳液砂壁状建筑涂料可用不同的施工工艺做成仿大理石、仿花岗石质感与色彩的涂料，因而又称为仿石涂料、石艺漆、真石漆。涂层具有丰富的色彩和质感，良好的保色性、耐水性、耐候性，涂膜坚实、骨料不易脱落，使用寿命可达 10 年以上。合成树脂乳液砂壁状建筑涂料一般采用喷涂法施工，适用于多种基层材料，但要求基层较为平整，一般需要对基层进行封闭处理。合成树脂乳液砂壁状建筑涂料主要用于办公楼、商店等公用建筑的外墙装饰，也可用于内墙装饰。

五、粉末涂料

粉末涂料是粉末状的无溶剂树脂涂料，具有工序简单、节约能源和资源、无环境污染、生产效率高等特点。粉末涂料主要用于金属器件涂装，现已广泛用于家用电器、仪器仪表、汽车部件、输油管道等各个方面，是发展很快的一种涂料。

粉末涂料有热塑性和热固性两大类。主要的热塑性品种有聚乙烯、聚丙烯、聚氯乙烯、尼龙等粉末涂料。由于它们的涂膜光泽、流平性、机械强度、附着力较差，其应用受到限制。目前应用最多的是热固性粉末涂料，主要品种有环氧树脂、聚酯、环氧树脂-聚酯混合物、聚氨酯和丙烯酸树脂等。

粉末涂料的制造不同于一般涂料，常分为干法（干混法和熔融混合法）和湿法（喷雾干烘法、溶剂蒸发法、熔融分散法、溶剂脱出法等）两大类。干法生产最普遍，其工艺为：干混法（树脂、固化剂、颜料、填料、助剂）→熔融混合→冷却→粗粉碎→细粉碎→分级→成品。

粉末涂料的施工与一般涂料也不同，均需专用设备，技术要求高。主要施工方法有熔射喷涂法、静电喷涂法、流化床浸渍法、流化床静电喷涂法等，其中以静电喷涂法应用最多。

新型的粉末涂料的开发很受重视，已经研究出一些固化温度低、涂层很薄的粉末涂料，还发展了水悬浮粉末涂料和二相粉末涂料等新型粉末涂料。

六、光敏涂料

光敏涂料（或称为光固化涂料）一般用紫外光作为能源，引发涂膜内的成膜物质进行自由基或阳离子聚合，从而固化成膜的涂料。目前光固化涂料主要是自由基型固化涂料。光固化涂料具有固化速度快、生产效率高、无溶剂、污染小、省能源、适用于自动流水线涂布等特点，特别适用于不能受热的材料的涂装，主要用于木器、家具、纸张、塑料、皮革、食品罐头等装饰性涂装。

紫外线的能量不足以产生自由基，所以光固化涂料中必须加入光敏剂，光敏剂受紫外光的激发，可以离解形成自由基，从而引发进行自由基聚合。

光固化涂料是由聚合型树脂（光敏树脂）、光敏剂（光聚合引发剂）和活性稀释剂等组成。此外，还加入能透过紫外光的体质颜料、着色颜料和助剂。光敏树脂是含有双键的预聚体或低聚物，常用品种有不饱和聚酯、丙烯酸化聚氨酯、丙烯酸酯化环氧树脂等。光敏剂很多，以二苯甲酮和安息香醚效果最好。活性稀释剂是既能降低树脂黏度，又能与树脂共聚，起到交联固化作用的物质，常用的有苯乙烯、丙烯酸丁酯、丙烯酸异辛酯、乙二醇二丙烯酸酯等。助剂是用来改善兜固化涂料的某些性能，如提高光敏剂催化效率的促进剂（二甲基乙醇胺、亚磷酸三苯酯等），改善涂料流平性的流平剂（如乙基纤维素等）以及光稳定剂和消泡剂等。光固化涂料应用范围很广，发展很快。

七、防火涂料

火灾给人类的生命财产带来的灾难是非常巨大的，防火从古至今都受到人类的高度重视。防火涂料作为防火的有效措施之一获得广泛应用。防火涂料具有两种功能：一是涂层本身具有不燃烧或难燃烧性，即能防止被火焰点燃；二是能阻止底材的燃烧或对其燃烧的蔓延有阻滞作用。本身不燃或难燃但无第二种功能的涂料称为阻燃涂料。

防火涂料根据其组成和防火原理可分为膨胀型防火涂料（也称为发泡型）和非膨胀型防火涂料（也称为非发泡型）。膨胀型防火涂料可分有机型或无机型，其原理是当涂层受热后，放出惰性气体，发泡膨胀形成比原涂层厚几十倍的泡沫隔热层，可对底材起隔热保护作用。而非膨胀型防火涂料不管是有机型或无机型，只在着火初期起到抑制和延缓火焰蔓延的作用，一旦火势大了，对底材并无隔热保护作用。所以更确切地讲，膨胀型防火涂料才叫防火涂料，而非膨胀型防火涂料叫难燃涂料（无机型）和阻燃涂料（有机型）。

1. 防火涂料

其基料常用含卤素的水性树脂，如氯乙烯-偏氯乙烯共聚物胶乳、氯丁橡胶等。溶剂型的基料常用的是聚氨酯、酚醛、氯化聚乙烯、环氧树脂等。所用颜料均为不燃烧、能高度反射散热和传导散热的颜料，以钛白、云母、石棉等较常用。在涂料组成中还加入防火剂如硼酸锌、磷酸胺、多聚磷酸胺、淀粉、硅油等，它们不仅受热放出不燃气体，降低燃烧性，而且还能使涂膜起泡，形成厚的泡沫层而产生隔热保护底材的作用。

2. 阻燃涂料

阻燃涂料可分为合成型和添加型两种。合成型阻燃涂料如由氯化醇酸树脂或溴化环氧树脂制成的涂料。这种涂料装饰性好，阻燃效果佳，但成本高，限制其使用。目前用量大的是添加型阻燃涂料。这是将各种阻燃剂添加到漆基中所制成的涂料。

八、变色涂料

变色涂料指涂层的颜色随环境条件如光、温度、湿度、pH 值、电场、磁场等变化而变化的涂料。此类涂料种类很多，用途广泛，分为示温涂料和伪装涂料。

1. 示温涂料

示温涂料是通过涂层颜色的变化测量物体表面温度及温度分布的特殊涂料，它的优点在于可测量用温度计无法测量的场合的温度或温度分布。它主要用于：超温报警；大面积物体表面温度分布的测量，例如发动机叶片上涂上示温涂料，就可以得到叶片上温度的分布情况，从而了解叶片冷却效果，高速运动物体及复杂表面的温度测量；非金属材料温度的测量等。

示温涂料通常分为两大类型：可逆型和不可逆型。可逆型示温涂料加热到某一温度即发生色变，冷却时颜色又恢复原状；不可逆型示温涂料受热到一定温度后变色，冷却后并不恢复原状。

示温涂料主要由变色颜料（热色物质）、基料（树脂）、稀释剂（溶剂）和其他助剂（添加剂）所组成。

2. 伪装涂料

伪装涂料是指用于隐蔽军事设施、国防工事、军工器件以及防止敌人对目标的侦查的涂料。伪装涂料的应用于军政人员、军用物资、军事目标、普通兵器、观瞄仪器等。伪装涂料实现方式：在可见光、红外光、紫外光、雷达波等侦察条件下起到伪装自己、迷惑敌人的作用。

伪装涂料的原料：基料、颜料和辅助材料。常用的基料有丁腈橡胶、氯丁橡胶、丁基橡胶、聚异丁烯、聚氯乙烯、聚氨酯等。颜料主要由金属氧化物构成的铁磁性材料、烟黑、石墨、炭黑、鳞状铝粉等导电材料和毛发、畜毛陶瓷等组成，它是伪装涂料组成中的核心部分；辅助材料的采用是为了提高和改善涂层的物理机械性能、施工性能和表面状态等。

第十四章　汽车商品

第一节　汽车商品概述

"汽车"（automobile）英文原意为"自动车"，在日本也称"自动车"（日本文字中的汽车则是指我们所说的火车），其他文种也多是"自动车"，唯有我国例外。

在我国，汽车是指有自身装备的动力装置驱动，一般具有四个或四个以上车轮，不依靠轨道或架线而在陆地行驶的车辆。汽车通常被用作载运客、货和牵引客、货挂车，也有为完成特定运输任务或作业任务而将其改装或装配了专用设备成为专用车辆，但不包括专供农业使用的机械。全挂车和半挂车并无自带动力装置，他们与牵引汽车组成汽车列车时才属于汽车范畴。有些进行特种作业的轮式机械以及农田作业用的轮式拖拉机等，在少数国家被列入专用汽车，而在我国则分别被列入工程机械和农用机械之中。

按照国家最新标准 GB/T 3730.1—2001 对汽车的定义：由动力驱动，具有四个或四个以上车轮的非轨道承载的车辆，主要用于：载运人员和（或）货物；牵引载运人员和（或）货物的车辆；特殊用途。本术语还包括：①与电力线相联的车辆，如无轨电车；②整车整备质量超过 400kg 的三轮车辆。

美国汽车工程师学会标准 SAEJ 687C 中对汽车的定义是：由本身动力驱动，装有驾驶装置，能在固定轨道以外的道路或地域上运送客货或牵引车辆的车辆。

日本工业标准 JISK 0101 中对汽车的定义是：自身装有发动机和操纵装置，不依靠固定轨道和架线能在陆上行驶的车辆。

按照国家最新标准 GB/T 3730.1—2001 汽车主要分为乘用车和商用车。

乘用车：在其设计和技术特性上主要用于载运乘客及其随身行李或临时物品的汽车，包括驾驶员座位在内最多不超过 9 个座位。它也可牵引一辆挂车，分为普通乘用车、活顶乘用车、高级乘用车、小型乘用车、敞篷车、仓背乘用车、旅行车、多用途乘用车、短头乘用车、越野乘用车和专用乘用车 11 类。

商用车：在设计和技术特性上用于运送人员和货物的汽车，并且可以牵引挂车。乘用车不包括在内。商用车分为客车、货车和半挂牵引车 3 类。客车细分为小型客车、城市客车、长途客车、旅游客车、铰接客车、无轨客车、越野客车、专用客车。货车细分为普通货车、多用途货车、全挂牵引车、越野货车、专用作业车、专用货车。

一、汽车商品的分类

汽车是指由动力装置驱动，具有四个或四个以上车轮的非轨道无架线的车辆。现代汽车的类型很多，为便于管理，国产汽车产品分为载货汽车、越野汽车、自卸汽车、牵引汽车、专用汽车、客车、轿车、半挂车及专用半挂车八类。

1. 载货汽车（货车）

主要用于运送货物，也可牵引挂车。货车按最大总质量分级，分为微型（≤1.8t）、轻型（1.8～6t）、中型（6～14t）、重型（＞14t）四级。

2. 越野汽车

主要用于坏路或无路地区行驶，所以一般都是全轮驱动。按驱动轴数分为双轴、三轴和四轴驱动越野车。按越野总质量分为轻型（≤5t）、中型（5～13t）、重型（13～24t）、超重型（＞24t）四级。

3. 自卸汽车

具有可倾卸货箱的汽车，分后倾、侧倾两种。按最大总质量分为轻型（≤6t）、中型（6～14t）和重型（＞14t）。

4. 牵引汽车

用于牵引挂车的汽车，可分为半挂牵引汽车和全挂牵引汽车。前者由半挂（鞍式）牵引车与载货半挂车组成，后者由全挂牵引车或一般货车与全挂车组成。

5. 专用汽车

装有专用设备，具备专用功能，用于承担专门运输任务或专项作业的汽车，如厢式车、罐式车、起重举升车、特种结构车等。按完成特定任务的不同，常见的有救护车、冷藏车、洒水车、消防车、油罐车、起重车、工程车等。

6. 客车

主要用于载送人员及随身行李物品，具有长方形车厢的汽车。按车辆长度分级，分为微型（≤3.5m）、轻型（3.5～7m）、中型（7～10m）、大型（＞10m）四级。铰接和双层客车属特大型客车。

7. 轿车

用于载送人员及随身物品，座位布置在两轴之间的四轮汽车。按发动机工作容积（排量）分级，分为微型（≤1.0L）、普通级（1.0～L6L）、中级（1.6～2.5L）、中高级（2.5～4L）和高级（＞4L）五档。

8. 半挂车

由半挂牵引车牵引，并且其总质量部分由牵引车承受的挂车。其前部通过鞍式牵引座支承在牵引车上。按总质量分为轻型（≤7.1t）、中型（7.1～19.5t）、重型（19.5～34t）和超重型（＞34t）四级。

汽车若按使用燃料不同可分为汽油车、柴油车和多种燃料车。

为了在生产、使用中便于区别不同车型，常用一组简单的编号来表示汽车的厂牌、用途和基本特征，根据国标 GB 9417—88《汽车产品型号编制规则》的规定，国产汽车的产品型号由企业名称代号、车辆类别代号、主参数代号、产品序号、专用汽车分类代号、企业自定代号组成，如图 14 - 1 所示。

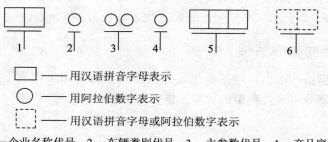

□ —— 用汉语拼音字母表示

○ —— 用阿拉伯数字表示

┌┄┐ —— 用汉语拼音字母或阿拉伯数字表示

1—企业名称代号；2—车辆类别代号；3—主参数代号；4—产品序号；
5—专用汽车分类代号；6—企业自定代号

图 14 - 1　汽车产品型号的构成

企业名称代号用企业名称的两个或三个汉语拼音字母表示。车辆类别代号用一位阿拉伯数字表示，如表 14 - 1 所示。

表 14 - 1　　　　　　　　　　车辆类别代号

车辆类别代号	车辆种类	车辆类别代号	车辆种类	车辆类别代号	车辆种类
1	载货汽车	4	牵引汽车	7	轿车
2	越野汽车	5	专用汽车	8	
3	自卸汽车	6	客车	9	半挂车及专用半挂车

主参数代号用两位阿拉伯数字表示：载货汽车、越野汽车、自卸汽车、牵引汽车、专用汽车与半挂车的主参数代号为车辆的总质量（t）。当总质量在 100t 以上时，允许用三位数字表示，客车的主参数代号为车辆长度（m）。当车长小于 10m 时，应精确到小数点后一位，并以长度的十倍数值表示；轿车的主参数代号为发动机排量（L），应精确到小数点后一位，并以其数值的十倍值表示。主参数的数字按《数字修约规则》的规定修约、不足规定位数时，在参数前以"0"占位。

产品序号用阿拉伯数字表示，数字由 0、1、2……依次使用。

专用汽车分类代号用反映专用汽车车辆结构和用途特征的三个汉语拼音字母表示，结构特征代号为：X——厢式汽车、G——罐式汽车、Z——专用自卸汽车、T——特种结构汽车、J——起重举升汽车、C——仓栅式汽车。用途特征代号另行规定。若非专用汽车，则此项缺空。

企业自定代号用汉语拼音字母和阿拉伯数字表示，用以区别同一种汽车结构略有的变化。

例如，CA1091 为第一汽车制造厂生产的第二代载货汽车，总质量为 9310kg。TJ6481 为天津客车厂生产的第二代客车长为 4750mm。

二、汽车商品的结构

汽车的类型虽然很多，但基本组成相同。汽车通常由发动机、底盘、车身、电气设备四大部分组成，典型的货车总体构造如图 14－2 所示。

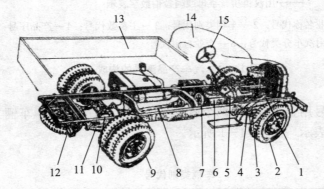

1—发动机；2—转向车轮；3—前悬架；4—转向桥；5—离合器；6—变速器；
7—驻车制动器；8—万向传动装置；9—驱动车轮；10—驱动桥；11—后悬架；
12—车架；13—货厢；14—驾驶室；15—转向盘

图 14－2　货车的总体构造

（一）发动机

发动机是汽车的动力装置。它将燃烧的热能转化为机械能，产生动力驱动汽车行驶并提供其他车用能源，如照明等。汽车发动机一般由曲柄连杆机构、配气机构、燃料供给系、润滑系、冷却系和点火系、起动系等组成。

（1）冷却系：一般由水箱、水泵、散热器、风扇、节温器、水温表和放水开关组成。汽车发动机采用两种冷却方式，即空气冷却和水冷却。一般汽车发动机多采用水冷却。

（2）润滑系：发动机润滑由机油泵、集滤器、机油滤清器、油道、限压阀、机油表、感压塞及油尺等组成。

（3）燃料系：汽油机燃料由汽油箱、汽油表、汽油管、汽油滤清器、汽油泵、化油器、空气滤清器、进排气歧管等组成。

（二）底盘

底盘是汽车的基础。它支承、安装汽车发动机及其各部件、总成；接受发动机的动力，使汽车产生运动，并使汽车按驾驶员操纵行驶。底盘由下列各部分组成。

1．传动系

汽车发动机所发出的动力靠传动系传递到驱动车轮。传动系具有减速、变速、倒车、中断动力、轮间差速和轴间差速等功能，与发动机配合工作，能保证汽车在各种工况条件下的正常行驶，并具有良好的动力性和经济性。主要是由离合器、变速器、万向节、传动轴和驱动桥等组成。

离合器：其作用是使发动机的动力与传动装置平稳地接合或暂时地分离，以便于驾驶员进行汽车的起步、停车、换挡等操作。

变速器：由变速器壳、变速器盖、第一轴、第二轴、中间轴、倒挡轴、齿轮、轴承、操纵机构等机件构成，用于汽车变速、改变输出扭矩。

2．行驶系

将汽车各总成及部件联成整体，支承全车重量，保证汽车正常行驶。它由车架、车桥、车轮、悬架等组成。

（1）接受传动系的动力，通过驱动轮与路面的作用产生牵引力，使汽车正常行驶。

（2）承受汽车的总重量和地面的反力。

（3）缓和不平路面对车身造成的冲击，衰减汽车行驶中的振动，保持行驶的平顺性。

（4）与转向系配合，保证汽车操纵稳定性。

3．转向系

转向系使汽车能按照驾驶员选择的方向行驶。它由包括转向盘在内的转向器和转向传动机构两大部分组成。

（1）转向操纵机构：主要由转向盘、转向轴、转向管柱等组成。

（2）转向器：将转向盘的转动变为转向摇臂的摆动或齿条轴的直线往复运动，并对转向操纵力进行放大的机构。转向器一般固定在汽车车架或车身上，转向操纵力通过转向器后一般还会改变传动方向。

（3）转向传动机构：将转向器输出的力和运动传给车轮（转向节），并使左右车轮按一定关系进行偏转的机构。

4. 制动系

汽车上用以使外界（主要是路面）在汽车某些部分（主要是车轮）施加一定的力，从而对其进行一定程度的强制制动的一系列专门装置统称为制动系统。其作用是：使行驶中的汽车按照驾驶员的要求进行强制减速甚至停车；使已停驶的汽车在各种道路条件下（包括在坡道上）稳定驻车；使下坡行驶的汽车速度保持稳定。

（三）车身

车身安装在底盘的车架上，用以驾驶员、旅客乘坐或装载货物。轿车、客车的车身一般是整体结构，货车车身一般是由驾驶室和货箱两部分组成。

汽车车身结构主要包括：车身壳体、车门、车窗、车前钣制件、车身内外装饰件和车身附件、座椅，以及通风、暖气、冷气、空气调节装置等。在货车和专用汽车上还包括车箱和其他装备。

（1）车身壳体是一切车身部件的安装基础，通常是指纵、横梁和支柱等主要承力元件以及与它们相连接的钣件共同组成的刚性空间结构。客车车身多数具有明显的骨架，而轿车车身和货车驾驶室则没有明显的骨架。车身壳体通常还包括在其上敷设的隔音、隔热、防振、防腐、密封等材料及涂层。

（2）车门通过铰链安装在车身壳体上，其结构较复杂，是保证车身使用性能的重要部件。

（3）车身外部装饰件主要是指装饰条、车轮装饰罩、标志、浮雕式文字等。散热器面罩、保险杠、灯具以及后视镜等附件也有明显的装饰性。

（4）车内部装饰件包括仪表板、顶篷、侧壁、座椅等表面覆饰物，以及窗帘和地毯。在轿车上广泛采用天然纤维或合成纤维的纺织品、人造革或多层复合材料、连皮泡沫塑料等表面覆饰材料；在客车上则大量采用纤维板、纸板、工程塑料板、铝板、花纹橡胶板，以及复合装饰板等覆饰材料。

（5）车身附件有门锁、门铰链、玻璃升降器、各种密封件、风窗刮水器、风窗洗涤器、遮阳板、后视镜、拉手、点烟器、烟灰盒等。在现代汽车上常常装有无线电收放音机和杆式天线，有的汽车车身上还装有无线电话机、电视机或加热食品的微小炉和小型电冰箱等附属设备。

（6）车身内部的通风、暖气、冷气以及空气调节装置是维持车内正常环境、保证驾驶员和乘客安全舒适的重要装置。座椅也是车身内部重要装置之一。座椅由骨架、座垫、靠背和调节机构等组成。座垫和靠背应具有一定的弹性。调节机构可使座位前后或上下移动，以及调节座垫和靠背的倾斜角度。某些座椅还有弹性悬架和减振器，可对其弹性悬架加以调节，以便在驾驶员们不同的体重作用下仍能保证座垫离地板的高度适当。在某些货车驾驶室和客车车厢中还设置适应夜间长途行车需要的卧铺。

（7）为保证行车安全，在现代汽车上广泛采用对乘员施加约束的安全带、头枕、气囊以及汽车碰撞时防止乘员受伤的各种缓冲和包垫装置。按照运载货物的不同种类，货车车箱可以是普通栏板式结构、平台式结构、倾卸式结构、闭式车箱、气液罐，以及运输散粒货物（谷物、粉状物等）所采用的气力吹卸专用容罐或者是适于公路、铁路、水路、航空联运和国际联运的各种标准规格的集装箱。

（四）电气设备

它为汽车的安全行驶、汽车性能的提高和乘坐的舒适性服务。通常包括电源和用电设备两大部分。电源包括发电机、蓄电池。用电设备包括发动机的启动系、点火系及汽车的照明、信号、仪表及其他辅助装置，如刮水、取暖、空调、音响等。由于先进技术的应用，目前汽车装用各种电子控制、传感、微机处理装置等，使车辆性能有了显著的提高。

为了满足不同的使用要求，按发动机和各总成相对位置的不同，现代汽车的总体构造和布置型式常有下列几种：①发动机前置后轮驱动（FR）；②发动机前置前轮驱动（FF）；③发动机后置后轮驱动（RR）；④发动机中置后轮驱动（MR）；⑤全轮驱动（4WD）。

第二节　汽车商品的评价与检测

一、汽车动力性评价与检测

（一）汽车动力性评价指标

汽车动力性是汽车在行驶中能达到的最高车速、最大加速能力和最大爬坡能力，是汽车的基本使用性能。汽车属高效率的运输工具，运输效率的高低在很大程度上取决于汽车的动力性。这是因为汽车行驶的平均技术速度越高，汽车的运输生产率就越高，而影响平均技术速度的最主要因素就是汽车动力性。

随着我国高等级公路里程的增长，公路路况与汽车性能的改善，汽车行驶速度越来越高，但在用汽车随使用时间的延续其动力性将逐渐下降，不能达到高速行驶的要求，这样不仅降低了汽车应有的运输效率及公路应有的通行能力，而且成为交通事故、交通阻滞的潜在因素。因此，在交通部1990年发布的13号令中，特别要求对汽车动力性进行定期检测。动力性检测合格是营运汽车上路运行的一项重要技术条件。1995年交通部为了提高在用汽车的技术性能，发布了JT/T198－95《汽车技术等级评定标准》，将动力性作为第一项主要性能进行评定。另外，早在1983年国家颁布的GB3798《汽车大修竣工出厂技术条件》第2、第6项中对汽车大修后的加速性能规定了最低要求，这都说明了国家对在用汽车动力性的重视。

汽车检测部门一般常用汽车的最高车速、加速能力、最大爬坡度、发动机最大输出功率、底盘输出最大驱动功率作为动力性评价指标。

1. 最高车速 Uamax（km/h）

最高车速是指汽车以厂定最大总质量状态在风速≤3m/s的条件下，在干燥、清洁、平坦的混凝土或沥青路面上，能够达到的最高稳定行驶速度。

2. 加速能力 t（s）

汽车加速能力是指汽车在行驶中迅速增加行驶速度的能力，通常用汽车加速时间来评价。加速时间是指汽车以厂定最大总质量状态在风速≤3m/s的条件下，在干燥、清洁、平坦的混凝土或沥青路面上，由某一低速加速到某一高速所需的时间。

（1）原地起步加速时间，亦称起步换挡加速时间，系指用规定的低挡起步，以最大的加速度（包括选择适当的换挡时机）逐步换到最高挡后，加速到某一规定的车速所需的时间，其规定车速各国不同，对轿车常用0～80km/h或0～100km/h，或用规定的低挡起步，以最大加速度逐步换到最高挡后，达到一定距离所需的时间，其规定距离一般为0～400m，0～800m，0～1000m，起步加速时间越短，动力性越好。

（2）超车加速时间亦称直接挡加速时间，指用最高挡或次高挡，由某一预定车速开始，全力加速到某一高速所需的时间，超车加速时间越短，其高挡加速性能越好。

我国对汽车超车加速性能没有明确规定，但是在 GB 3798－83《汽车大修竣工出厂技术条件》中规定，大修后带限速装置的汽车以直接挡空载行驶，从初速20km/h加速到40km/h的加速时间，应符合表14-2规定。

表 14-2　　　　　　　　　　　　　　直接挡加速时间

发动机标定功率与汽车整合质量之比	（马力/吨）	10～15 7.36～11.03	>15～20 >11.03～14.71	>20～25 14.71～18.39	>25～50 >18.39～36.78	>50 >36.78
加速时间（s）		<35	<30	<25	<20	<15	<10

3. 最大爬坡度 I_{max}（%）

最大爬坡度是指汽车满载，在良好的混凝土或沥青路面的坡道上，汽车以最低前进挡能够爬上的最大坡度。由于受道路坡道条件的限制，汽车综合性能检测站通常不做汽车爬坡测试。

4. 发动机最大输出功率 P_{max}

发动机最大输出功率是指发动机在全负荷状态下，仅带维持运转所必需的附件时所输出的功率，又称总功率。此时被测试发动机一般不带空气滤清器、冷却风扇等附件。新出厂发动机的最大输出功率一般是指发动机的额定功率。额定功率是制造厂根据发动机具体用途，发动机在全负荷状态和规定的额定转速下所规定的总功率。在国外有些厂家所谓的额定功率是指发动机在额定转速下输出的净功率。常在额定功率后注有"净"字，以示区别。净功率是指在全负荷状态下，发动机带全套附件时所输出的功率。

汽车发动机最大输出功率是汽车动力性的基本参数。汽车在使用一定时期后，技术状况发生变化，发动机的最大输出功率变小，所以用其变小的差值评价发动机技术状况下降的程度。如我国 JT/T198－95《汽车技术等级评定标准》就是按在用汽车的发动机最大输出功率与额定功率相比较小于 75％时，将该车技术状况定为三级。所以发动机最大输出功率的大小作为一辆汽车在使用前、后和维修前、后动力性的评价指标很合理，但应注意，在汽车综合性能检测站用无外载测功法或底盘测功机所测定的发动机功率，必须换算为总功率后才能与额定功率比较。

5. 底盘输出最大驱动功率 DP_{max}

底盘输出最大驱动功率是指汽车在使用直接挡行驶时，驱动轮输出的最大驱动功率（相应的车速在发动机额定转速附近）。

底盘输出最大驱动功率一般简称底盘输出最大功率，是实际克服行驶阻力的最大能力，是汽车动力性评价的一项重要指标。汽车在使用过程中，发动机本身、发动机附件及传动系的技术状况都会下降，其底盘输出的最大功率将因此减小。

（二）汽车动力性检测项目与有关标准

汽车动力性检测项目主要有：加速性能检测、最高车速检测、滑行性能检测、发动机输出功率检测、汽车底盘输出功率检测。

动力性检测可依据的标准有：

JT/T 198—95《汽车技术等级评定标准》；

GB/T 15746.2—1995《汽车修理质量检查评定标准——发动机大修》；

GB 3798—83《汽车大修竣工出厂技术条件》；

JT/T 201—95《汽车维护工艺规范》。

（三）汽车动力性台架检测方法

汽车动力性室内台架试验的方式，主要是用无外载测功仪检测发动机功率，底盘测功机检测汽车的最大输出功率、最高车速和加速能力。室内台架试验不受气候、驾驶技术等客观条件的影响，只受测试仪本身测试精度的影响，测试条件易于控制，所以汽车检测站广泛采用汽车动力性室内台架试验方式。为了取得精确的测量结果，底盘测功机的生产厂家，应在说明书中给出该型底盘测功机在测试过程中本身随转速变化机械摩擦所消耗的功率，对风冷式测功机还需给出冷却风扇随转速变化所消耗的功率。另外，由于底盘测功机的结构不同，对汽车在滚筒上模拟道路行驶时的滚动阻力也不同，在说明书中还应给出不同尺寸的车轮在不同转速下的滚动阻力系数值。

1. 汽车底盘输出功率的检测方法

通过底盘测功机检测车辆的最大底盘驱动功率，用以评定车辆的技术状况等级。

(1) 在动力性检测之前，必须按汽车底盘测功机说明书的规定进行试验前的准备。台架举升器应处于升的状态，无举升器者滚筒必须锁定；车轮轮胎表面不得夹有小石子或坚硬之物。

(2) 汽车底盘测功机控制系统、道路模拟系统、引导系统、安全保障系统等必须工作正常。

(3) 在动力性检测过程中，控制方式处于恒速控制，当车速达到设定车速（误差±2km/h）并稳定 5s 后（时间过短，检测结果重复性较差），计算机方可读取车速与驱动力数值，并计算汽车底盘输出功率。

(4) 输出检测结果。

2. 发动机功率的检测方法

用发动机无外载检测仪检测发动机功率，使用方便，检测快捷，在规范操作的前提下，可对发动机动力性检测与管理提供有效依据。还可以用于同一发动机调试前后、维修前后的功率对比，因此也得到广泛使用。

(1) 启动发动机并预热至正常状态，与此同时接通无外载测功仪电源，连接传感器。

(2) 按仪器使用说明书进行操作。

(3) 从测功仪上读取（或算成）发动机的功率值。

3. 数据处理

(1) 检测的数据处理

目前底盘测功机显示的数值，有的是功率吸收装置的吸收功率的数值，有的则是驱动轮输出的最大底盘输出功率的数值。对于显示功率吸收装置所吸收功率数值的，在检测结果的数据处理时，必须增加汽车在滚筒上滚动阻力消耗的功率、台架机械阻力消耗的功率及风冷式功率吸收装置的风扇所消耗的功率，其计算式应为：

汽车底盘最大输出功率＝功率吸收装置所消耗的功率＋滚动阻力所消耗的功率＋台架机械阻力所消耗的功率＋风冷式功率吸收装置冷却风扇所消耗的功率

(2) 检测发动机最大输出功率的数据处理

依据 JT/T198－95《汽车技术等级评定标准》的规定，所测发动机最大输出功率应与发动机的额定功率相比较。为此，发动机最大输出功率的计算式应为：

发动机最大输出功率 P_{max}＝附件消耗功率 P_1＋传动系消耗功率 P_2＋底盘最大输出功率 DP_{max}

所以，在测得底盘最大输出功率之后，应增加传动系消耗功率 P_2 及附件消耗功率 P_1，才可确定发动机最大输出功率 P_{max}，若该汽车发动机额定功率为净功率，不包括发动机附件消耗功率 P_1，则处理后发动机最大输出功率 P_{max} 的数值为 $P_{max}＝P_2＋DP_{max}$。

用发动机无外载测功仪测得的发动机功率 P 为净功率，若该汽车发动机的额定功率为总功率，而不是净功率，则所测得的功率 P 应加发动机附件消耗功率 P_1 后才可与额定功率相比较。

二、汽车燃油经济性评价与检测

（一）燃油经济性指标

燃油经济性是汽车的主要性能之一，是指汽车以最小的燃料消耗完成单位运输工作量的能力。在汽车运输过程中，燃料消耗费用占全部运输成本的 20％～30％。降低汽车油耗，可以节省石油资源，减少环境污染，提高汽车运输的经济性。我国于 1984 年制定了载货汽车、载客汽车运行燃料消耗量国家标准，美国要求三大汽车公司 2004 年提供的新一代汽车生产型样车的燃料消耗量为 1994 年典型轿车燃料消耗量的三分之一。提高汽车燃油经济性，节约燃油消耗，是汽车制造和汽车运输长期追求的目标。

1. 百千米燃油消耗量

百千米燃油消耗量是指汽车在一定运行工况下行驶 100km 的燃油消耗量。一般情况下，燃油消耗量采用容积（升）计算，用符号 QL 表示。百千米油耗是最常采用的燃油经济性评价指标。

根据不同的测试条件，百千米油耗又分为等速行驶百千米油耗、多工况百千米油耗、一般道路平均百千米油耗等。

等速百千米油耗指汽车在一定载荷下（我国标准规定轿车为半载，货车为满载），以最高挡在水平良好路面按某一车速等速行驶 100km 的燃油消耗量。在试验时，测出每隔 10km/h 或 20km/h 速度间隔的等速百千米燃油消耗量，然后在图上连成曲线，即可得到汽车的等速行驶百千米燃油消耗量曲线，如图 14‑3 所示。

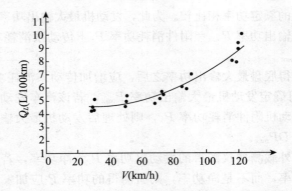

图 14-3 汽车等速百千米油耗曲线

不同车型的等速百千米油耗曲线差别较大，但大多数车型在中等车速范围内的百千米油耗较低，如图 14-4 所示。

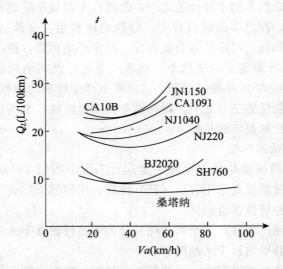

图 14-4 一些车型的等速百千米油耗曲线

等速百千米油耗不能全面反映汽车的实际运行情况，特别是在市区行驶中频繁使用的加速、减速、怠速、停车等行驶工况。因此，各国根据本国的道路、交通状况制定了一些典型的循环工况来模拟汽车的实际运行工况，并以其百千米油耗来评定相应工况的燃油经济性。

多工况燃油消耗量是按照规定的多工况循环试验得出的车辆百千米油耗。多工况循环行驶试验规定了车速-时间行驶规范，确定了何时换挡、何时制动以及行车的速度、加速度等数值。多工况循环试验规定严格，大多是在室内汽车底盘测功机上进行，简单的循环工况也可在道路上完成。

2. 百吨千米燃油消耗量

百吨·千米燃油消耗量指载货汽车完成每百吨·千米货运周转量折算的燃油消耗量，用符号 QLG 表示，单位为 L/（100t·km）。

百吨·千米油耗可以来比较不同车型、不同载质量货运汽车的燃油经济性，对于客运车辆可采用折算方法，以 10 人·千米客运量折算为 1 吨·千米，或以升/（1000 人·千米）作为计量单位。

利用百吨·千米油耗，参考道路状况及其他修正参数，可以合理确定营运车辆的燃油消耗定额，进行汽车运输成本分析核算。

3. MPG

MPG 是美国燃油经济性评价指标，指每加仑（美国加仑，Usgal，1Usgal＝4.546L）燃油可供汽车行驶的英里（mile，1mile＝1.609km）数，单位是 mile/Usgal。MPG 数值越大，汽车的燃油经济性就越好。

美国环境保护局（EPA）规定，汽车燃油经济性综合评价指标要测量城市循环工况（UDDS）及公路循环工况（HWFET）燃油经济性（mile/Usgal），并按下列公式计算：

综合燃油经济性＝0.55×城市循环燃油经济性＋0.45×公路循环燃油经济性

（二）影响汽车燃油经济性的因素

汽车燃油经济性主要取决于发动机有效燃油消耗率、汽车行驶阻力及汽车传动效率。实际运行过程中，汽车的燃油消耗还与车辆技术状况、驾驶技术以及运行条件有关。

1. 汽车发动机对燃油经济性的影响

发动机的热效率直接影响发动机的有效燃油消耗率，影响汽车的燃油消耗量。而发动机的热效率又取决于发动机的种类、设计与制造水平、负荷率的大小及使用方法。

（1）发动机种类。与汽油机相比，柴油机热效率高、有效燃油消耗率较低，特别是在部分负荷时，柴油机的有效燃油消耗率比汽油机低许多，这一点对车用发动机尤为有利。现代柴油机的燃油消耗比汽油车要低 20％～45％，同时柴油机排气污染较汽油机小，因此载货汽车尤其是大、中吨位的载货汽车已普遍采用柴油发动机。随着柴油机性能的不断改进，一些小吨位车辆甚至小型轿车也装用柴油发动机。

虽然汽油发动机燃油消耗量较高，但因其重量轻，加速性能较好，在轿车上仍然广泛应用。

（2）压缩比。提高压缩比是提高汽油发动机经济性的主要措施，但压缩比过高会引起爆燃和表面点火，同时排气污染严重，因此只能在控制发动机爆燃，满足排放要求的前提下适当提高压缩比，以改善燃油经济性。

（3）负荷率。由发动机负荷特性可知，在转速一定的情况下，负荷率较高时，有效燃油消耗率较低，发动机在中等转速、较高负荷率时，其燃油消耗率最低，经济性较好。但一般汽车在水平良好道路上以正常速度行驶时只用到最大功率的 20% 左右，大部分时间都在较低负荷率下工作。因此在保证动力性的前提下，不宜装用功率过大的发动机，以提高发动机功率利用率，同时在使用中，应力求提高发动机负荷率以改善燃油经济性。

（4）发动机的燃烧过程。改进燃烧室形状，采用稀薄混合气分层燃烧技术，利用电控燃油喷射系统精确控制供油量等措施既可改善汽油机的燃烧过程，显著提高燃油经济性，又可降低排放污染。

2. 传动系的影响

汽车传动系的挡位数、传动比、传动系效率对汽车的燃油经济性有很大的影响。

（1）变速器挡位数。在水平良好道路上，应尽可能使用最高挡行驶，这样可以使发动机处于中等转速较高负荷下工作，有利于降低燃油消耗。当变速器挡位数增多时，可根据汽车行驶阻力的变化选择合适的挡位，使发动机处于经济工况的机会增多；但过多的挡位会使变速器或传动系结构复杂，操作不便。

采用自动变速器的车辆简化了操作过程，但自动变速器的液力耦合器部分传动效率较低，因此，这类车辆的燃油经济性并不是最好。

若无级变速器的传动效率与机械式有级变速器相同，采用无级变速器可以使发动机工作特性与汽车的行驶工况达到最佳匹配，则可显著提高燃油经济性，同时简化了驾驶操作。目前欧洲生产的少数汽车上应用了一种 CAV 自动变速器，采用推力式钢带传动的无级变速器，但这种自动变速器的传动效率与机械式有级变速器相比仍有一定的差距，因而装用这种无级变速器的车辆实际油耗较装用机械式手动变速器车辆略高。

（2）超速挡的应用。传动系直接挡的总减速比（主减速器传动比）是根据良好道路上车辆动力性的要求选择的。这样的传动比，在中等车速下行驶时，发动机的负荷率不高，使得汽车燃油消耗率没有达到最佳值。为改善汽车在水平良好道路上行驶时的燃油经济性，在不改变主减速器传动比的情况下，在变速器中增加一个传动比小于 1 的超速挡，提高了汽车中速行驶时发动机的负荷率，可降低中速行驶时的百千米油耗。

（3）主减速器传动比的影响。选择较小的主减速器传动比，在相同的车速和道路条件下，可以提高汽车的负荷率，有利于降低燃油消耗。但若主减速器传动比较小，会导致车辆经常使用低一挡的挡位，最小传动比挡位的利用率降低，反而使燃油消耗率增加。因而经常在良好道路上行驶的汽车可选用较小的主减速传动比。

（4）传动系的机械效率。传动系效率越高，传动过程中的损失功率越少，汽车的燃油经济性越好。

3. 汽车总质量的影响

汽车的滚动阻力、坡道阻力和加速阻力都和汽车总质量成正比。当汽车载质量或拖挂总质量增加时，汽车的百千米油耗增加。但载质量增加使发动机的负荷率提高，有效燃油消耗量减少，百吨千米油耗降低。因此，减少汽车自身质量和增大汽车载质量或拖带挂车，都能改善汽车的燃油经济性。

4. 空气阻力系数和汽车迎风面积的影响

汽车空气阻力与汽车的迎风面积、空气阻力系数、车速的平方成正比。车速越高，空气阻力占全部行驶阻力的比例越大。在高速行驶时，降低空气阻力可显著提高燃油经济性。

5. 滚动阻力系数的影响

滚动阻力在汽车行驶阻力中所占比例很大，在汽车使用过程中应力求降低滚动阻力系数。轮胎的结构、花纹、气压，路面的种类和状况，汽车的运行状况等对滚动阻力系数都有影响。

6. 汽车使用因素的影响

对一定型号的汽车，燃油消耗量的多少，主要取决于汽车的技术状况，驾驶员的操作技术以及相关的运行条件。

（1）发动机技术状况。发动机技术状况不仅影响汽车的动力性，而且直接影响汽车的燃油经济性。化油器调整不当或汽油喷射系统发生故障，点火正时不准，点火能量不足，配气相位失准，气缸压缩力下降都会使汽车燃油经济性下降。发动机润滑系、冷却系工作不良也会对汽车燃油消耗产生一定影响。

（2）底盘技术状况。汽车底盘技术状况直接影响到传动系效率和汽车行驶阻力，做好车辆维护，保持底盘技术状况良好，可提高车辆燃油经济性。汽车滑行距离较长，则燃油经济性较好。

（3）驾驶操作技术。汽车驾驶员的驾驶操作技术对燃油消耗影响很大。据测试，仅由于驾驶员操作技术的不同所引起的燃油消耗可相差7%～15%。正确驾驶操作可明显降低汽车燃油消耗量。

7. 运行条件的影响

海拔高度、气候条件、道路状况等运行条件对汽车燃油经济性有较大影响。汽车设计是按照一般条件考虑的。针对特殊的使用环境，可采取相应的措施减少环境因素的影响，达到节油的目的。高速公路路面坚实平整，道路线形好，采取了严格的隔离措施，有效地排除和减少了交通干扰与冲突，大大降低了车辆的滚动阻力系数。选择高速公路通行，可提高行车速度，降低燃油消耗。但若行车速度过快，空气阻力会迅速增加，当车速超过 100km/h 时，滚动阻力系数也会增加，进而导致车辆燃油消耗增大。

（三）提高汽车燃油经济性的措施

石油是不可再生的资源，是现代工业赖以生存和发展的物质基础。提高汽车燃油经济性，降低燃油消耗不仅可以降低汽车运输成本，而且对保护环境，保证经济的可持续发展都有着重要的意义。提高燃油经济性，必须从车辆的选购、使用、维护、修理、改造、报废全过程加以控制，应用有效的节油技术。

1. 择优选购车型

不同车型的汽车燃油消耗量相差很大。选购车辆时，应充分考虑当地的运输市场情况和道路运输条件，根据主要承担运输任务的性质、运量、运距、道路、气候等条件，合理选配车辆结构，如大、中、小车型比例；汽油车、柴油车比例；通用车、专用车比例等；择优选择性能好、油耗低、适应本地运行条件的经济车型。

2. 正确使用车辆

根据运输任务的不同，合理调配车辆，尽可能提高车辆的实载率。在条件许可的情况下，合理安排拖挂运输。不要随意增加车辆附属装置，以减轻汽车自重。

在特殊条件下使用车辆时，可采取相应的技术措施。如在高原行驶的车辆，通过适当提高压缩比，降低混合气浓度，改善汽车的燃油经济性；在山区和丘陵地区行驶的车辆安装下坡或怠速节油器，可在下坡时切断发动机供油，节约下坡滑行时不必要的燃油消耗，并充分利用发动机制动作用，保证行车安全。在驾驶室和车箱间加装导流罩，可降低空气阻力，减少燃油消耗。

3. 加强车辆维护

严格按规定进行车辆各级维护，认真执行发动机、底盘系统的维护作业，确保车辆技术状况良好，可提高车辆的燃油经济性。做好发动机冷却系、润滑系维护，正确调整供给系、点火系，可降低发动机燃油消耗量；正确调整传动系齿轮传动副的啮合间隙，正确调整轴承和油封的松紧度，保证车轮定位正确，制动器无阻滞，保持轮胎气压正常，均可减小汽车行驶阻力，可提高汽车燃油经济性。对发动机油、电路调整不当，火花塞工作不良，制动器拖滞，行驶跑偏等车辆故障，要及时修理，以减少燃油消耗。

4. 正确选用燃油，使用子午线轮胎

要按车辆使用说明书的规定选择燃油牌号。汽油牌号过低，容易引发爆燃，损伤机件，增加油耗；电喷发动机使用含铅汽油易引起汽油喷射系统发生故障。机油黏度不合适，会增加运动阻力，增加燃油消耗。

子午线轮胎行驶阻力小。使用子午线轮胎，可降低汽车行驶阻力，减少燃油

消耗。子午线轮胎不能与普通轮胎混合使用。

5. 制定燃油消耗定额，推广节油技术

加强燃油管理，制定科学可行的燃油消耗定额，建立节油奖励制度，推广节油技术，调动驾驶员的节油积极性，会收到良好的节油效果和可观的经济效益。以下是一些正确的有利于节油的操作方法。

（1）预热保温。在冬季冷车启动时，采用热水预热、蒸汽预热等方法提高发动机及冷却水温度，便于发动机启动，可节约燃油。汽车行驶过程中保持正常的发动机水温和机油温度，亦可降低燃油消耗。发动机温度过高，容易引起不正常燃烧，使发动机功率下降，油耗增加；温度过低，散热损失大，机油黏度大，机件运动阻力增加，同样会导致油耗增加。

（2）中速行驶。当发动机处于中等转速较高负荷下工作时，具有最佳的燃油经济性。根据不同路况，合理选择挡位，使发动机尽可能接近最佳经济工况工作。在一般道路上，车辆以经济车速行驶，可降低汽车燃油消耗。

（3）脚轻手快。驾驶操作中，轻踩油门踏板，尽量不要使化油器加速泵、加浓装置投入工作。起步和换挡时，离合器和加速踏板要配合恰当。换挡要及时、迅速、准确，挡位要选择适当。

（4）合理滑行。在视线良好的缓坡路段，在确保安全的前提下，采用滑行可降低油耗。但在视线不好的陡坡路段切不可脱挡滑行，以保证行车安全。在路况良好的水平路段，若发动机负荷较小，可采用加速滑行法，即先把车辆加速到较高的某一速度，然后脱挡滑行，待速度降低后，再重新加速。应注意加速终了的车速不能过高，开始加速的车速不能过低。这一过程掌握恰当，可提高发动机负荷率，起到一定的节油作用。在滑行时，不可使发动机熄火，以防意外。

（5）正确选择路面，尽量少用制动。正确选择路面，可降低行驶阻力；用滑行代替制动可充分利用汽车的动能，不但可以降低油耗，还能减少汽车零件的磨损。

三、汽车的安全性评价与检测

汽车的安全性能是各国政府对汽车工业实施管理的重点之一。目前欧洲、美国、日本、澳大利亚、加拿大、韩国等国家除了安全技术法规的强制管理之外，都制订了新车评价程序（New Car Assessment Program，NCAP），NCAP 以权威评价的方式将汽车的综合安全性能以通俗易懂的 5 星级表达方式为汽车消费者提供市场上热销车型的安全性能评价信息。由于国情的差异，各国的 NCAP 的试验类型及评价体系多有不同，但主要试验类型还是以正面碰撞、正面偏置碰撞和侧面碰撞为基本类型，根据试验结果中试验假人头、颈、胸、腿等部位获取的数据以及车辆状况等进行打分评价，并以星级方式把车辆安全性能公布于众，指导消费者购车。"汽车安全"性能评价主要由政府主管部门主导建立公开的评价体系，由科研院所、检测机构、大专院校、社会团体、专业媒体和政府机构等参与的技术委员会负责相关检验标准、评分依据的制修订，监督参与试验车辆的结果分析评分，确保多有的评价过程公开、公平、公正。

NCAP 是新型汽车被动安全（碰撞）和主动安全（制动，操纵稳定性）的等级评价，在政府主导下以权威评价的方式将汽车的综合安全性能评价信息，以通俗易懂的星级表达方式向社会公布。目前，在欧洲、美国、日本、澳大利亚、加拿大、韩国等国家，汽车安全技术法规要求仅是一个汽车市场准入的依据，光靠法规限制来提高汽车产业的安全性和技术发展、减少汽车交通事故伤亡率是远远不够的。为此，各汽车发达国家都制定了新车综合安全评价程序（NCAP）。该评价程序主要针对量大、面广的轻型汽车进行安全性评价，为消费者提供热销车型的安全性能信息。同时，各汽车研发和制造企业通过安全技术的进步和 NCAP 的评价，扩大其市场占有率。NCAP 虽然不是强制性的市场准入认证，但是对汽车市场具有巨大的影响。欧美等国的 NCAP 已经具有了较长的历史和丰富经验。

国外 NCAP 试验主要有两种组织形式：一是 NCAP 自己组织的，受检车辆和费用均由政府（或 NCAP 组织）承担，对象是社会保有量大、覆盖面广的车型，试验结果必须公布；另一个是厂商委托检验的，结果视情况公布。根据各自国情和交通事故的特点，各国的 NCAP 试验类型有所不同，主要有全正面及偏置、侧面、追尾、儿童乘员、行人保护等试验项目。国外开展 NCAP 评价工作后，对降低交通事故对乘员和行人造成的伤害起到了积极的促进作用，促进了汽车制造业的技术进步，推动了汽车安全技术迅速发展。美国的验证显示：NCAP评价中"Good"车辆比"Poor"车辆的死亡风险低 30%。日本开展 NCAP 评价后，交通事故死亡人数从高峰期 1993 年的 11500 多人，降低到 2004 年的 7600多人，效果显著。

四、汽车操纵稳定性评价与检测

（一）汽车操纵稳定性的影响因素

影响汽车操纵稳定性的主要因素有：重心位置、车轮侧偏刚度、转向系刚度、转向系传动比、后轴侧倾转向系数及整车绕垂直轴的转动惯量等，在此仅从以下几个方面进行分析。

1. 轮胎的影响

汽车在行驶过程中，由于路面的侧向倾斜，侧向风或曲线行驶时的离心力等的作用，在垂直车轮行驶平面方向受到地面反向作用力，这个作用力会使车轮出现侧偏现象。轮胎的侧偏特性决定了影响汽车操纵稳定性的重要轮胎参数。轮胎如果有较高的侧偏刚度，就能较好地保证汽车的操纵稳定性。轮胎的尺寸、型式和结构参数对侧偏刚度有显著影响。尺寸较大的轮胎有较高的侧偏刚度，扁平率越小的宽轮胎侧偏刚度越高，轮胎气压对侧偏刚度也有显著影响。

2. 悬架的影响

当车辆受到侧向作用力时，汽车前、后轴垂直载荷变动量的大小是影响操纵稳定性的主要原因。如果汽车前轴左、右车轮的垂直载荷变动量较大，汽车趋于增加不足转向量；如果后轴的左、右车轮的垂直载荷变动量较大，汽车趋于减少不足转向量。影响汽车前轴和后轴左、右车轮的垂直载荷变动量的主要因素有：前、后悬架的侧偏刚度，悬挂质量，质心位置，前、后悬挂侧倾中心位置等。这些参数也是悬架系统影响操纵稳定性的参数。

3. 转向系的影响

当车厢侧倾时，转向系与转向系运动学关系如果不协调，将会引起转向车轮侧倾，干涉转向。在汽车直线行驶中，当车厢与车桥发生相对运动时，会引起前轮转动而损害汽车的操纵稳定性。汽车的转向系刚度会引起转向车轮的变形转向，转向系刚度低，转向车轮的变形转向角大，从而增加了汽车的不足转向趋势；转向刚度高，转向车轮的变形转向角小，则减小了汽车的不足转向趋势。具体到汽车转向系参数，由于汽车转向的单一方向性，据相关研究得出以下结论。

（1）当主销偏移距或主销内倾角中任何一个为零时，汽车的转向回正性不随转向轮转角的变化而变化。

（2）当汽车的主销偏移距和主销内倾角同时为正时，汽车的转向回正性随转向轮转角的增大而增大。

（3）当汽车具有正的主销偏移距和负的主销内倾角时，汽车的转向回正性随转向轮转角的增大而减小。

（4）当汽车具有负的主销偏移距和正的主销内倾角时，汽车的转向回正性随转向轮转角的增大而减小。

（5）当汽车的主销偏移距和主销内倾角同时为负时，汽车的转向回正性随转向轮转角的增大而增大。

（二）汽车操纵稳定性的检测方法

汽车操纵稳定性是汽车本身的固有特性，完全取决于汽车的机构和参数。假定对汽车输入一个操纵动作，汽车对应的输出一个响应，这样的开环系统直接体现出汽车的操纵稳定性。但在评价汽车操纵稳定性时，是通过人的操纵来实现的，因此应该把人-汽车系统作为整体研究对象，形成一个闭环系统。汽车操纵稳定性是通过试验来定性测定和评价的，在人-汽车系统中，有人的操纵和感觉，也有汽车操纵稳定性的体现。因此，汽车操纵稳定性的检测方法有客观法和主观法。

1. 汽车操纵稳定性的客观检测法

客观检测是通过试验测量与操纵稳定性相关的物理量，然后与相应的标准进行比较而进行的检测，主要包括 ESV（实验安全车）和 ISO（国际标准化）两种检测方法。

（1）ESV 的评价检测方法

ESV 是以安全性为研究目标，除了有被动安全性要求之外，同时对汽车的主动安全性也提出了很高的要求。根据试验和理论分析，确定以响应参数作为评价汽车固有特性的指标。

（2）ISO 的评价方法

ISO（国际标准化）对汽车操纵稳定性的研究和 ESV（实验安全车）计划是平行的，目的是制定统一的汽车操纵稳定性检测方法。

①稳态回转试验。稳态回转试验是操纵稳定性的一种古老的测试方法。目的是测试车辆的行驶动态参数与侧向加速度的关系，通过中性转向点的侧向加速度、不足转向度和车厢侧倾度三项指标进行评价，并由此确定汽车的稳态转向特性——不足转向或过度转向。汽车转弯特性如图 14-5 所示。汽车过度转向或者过大的不足转向使汽车较难控制，汽车的稳态转向特性对汽车的方向控制意义重大。

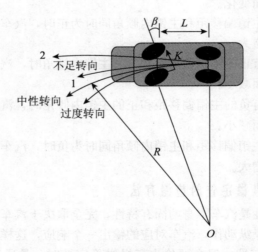

图 14-5 汽车转弯特性示意

②转向回正试验。转向回正试验的评价指标是在转向盘松开 3s 时的残留横摆角速度绝对值 Δr 和横摆角速度总方差 Er。Δr 的大小对应汽车转向后自动回正保持直线行驶能力的好坏，Δr 越小，持直线行驶的能力越好；Er 的大小对应松开转向盘后回正的快慢，Er 越小，汽车的回正越迅速。

③转向轻便性试验。转向轻便性的评价指标是转向盘平均操舵力 Fs 和转向盘最大操舵力 Fm。按照现行标准的评分和评价方法来评价汽车的转向轻便性。

④瞬态响应试验。用转向盘转角阶跃输入瞬态响应试验来评价汽车转向灵敏度及整车随动性能。用转向盘转角脉冲输入瞬态响应试验来评价汽车受到外来因素干扰时的反应。汽车对转向盘角输入的响应是评价汽车操纵性的重要准则，通过试验测定汽车的瞬态响应特征，用时域、频域的特征值和特征函数来表示。

当在时域内进行评价时，主要的评价指标有：A. 转向盘角与横向加速度或横摆角速度的时间滞后；B. 横向加速度或横摆角速度的反应时间；C. 横向加速度或横摆角速度增益；D. 横向加速度或横摆角速度的超调量；E. 车速为 80km/h 和侧向加速度为 4m/s 时最大横摆角速度的延迟时间与稳态侧偏角的乘积；F. 总方差（郭孔辉院士提出的一种有效的综合评价指标）。当在频域内进行评价时，主要的评价指标有：A. 不同频率下横向加速度和横摆角速度对转向盘的增益；B. 横向加速度和横摆角速度对转向盘转角的相位。

⑤蛇行试验。蛇行试验的评价指标有：转向盘转角、横摆角速度、车身侧倾角。转向盘转角和横摆角速度越小，说明汽车绕桩时的操纵性和安全稳定性越好。但这两个评价指标与整车的外形尺寸和轴距等有直接关系，外形尺寸越大、轴距越长，绕过同样桩距的标桩所必需的转向盘转角和横摆角速度就越大，那么评价结果就会相对较差。

2. 汽车操纵稳定性的主观评价

在进行汽车操纵稳定性试验时，汽车是由人来控制的，所以对汽车的可操纵性能来说，人是有比较直接的主观感觉的。这种可操纵性是人为感觉，这种感觉与操纵项目、环境条件及操控者的生理、心理和行业特性等因素有关。

（1）汽车操纵稳定性的主观评价概念。主观评价是驾驶员通过在执行不同的驾驶任务操纵汽车时，依据对操纵动作难易程度的感觉来对汽车操纵稳定性进行评价，即通过驾驶员的主观感觉对汽车的操纵性进行评价。

（2）汽车操纵稳定性的主观评价方法。汽车操纵稳定性的主观评价包含不同驾驶任务的多项目评价和总评价，主要的评价项目有：直线行驶特性（包括转向回正能力、侧风敏感性、路面不平敏感性等）、行车变道的操纵性、转弯稳定性（包括转向的准确性、固有转向特性、转弯制动特性等）以及操纵负荷等。此外还常常在多弯道路段上评价总的特性。

在获取主观评价资料时，为了提高主观评价的可信度，就要减小因为操控者的生理、心理和行业特性等因素对主观评价的影响。因此，一般采用下面的方法：选取一定数量的评价者，一般为 10～25 名，要求评价者具有较好的评价能力，一定的行业知识，较好的分辨能力和记忆力，能比较公正、直接的给出主观评价结果。通过对评价者给出的结果的数据分析，就得到一个相对合理的主观评价结果。主观评价一般包括定性评价和定量评价两种。定性评价是一种对多种汽车车型的相对排序，有两种：一是采用相对分数法，即首先确定一个参考样车，其他车型的主观评价分数都是相对于样车而言的；二是绝对分数法，即把主观评价的结果用数值化的评分等级表示。

五、汽车行驶平顺性评价与检验

（一）平顺性

由于路面不平会激起汽车行驶时的冲击和振动，影响到驾驶员、乘客的乘坐舒适性，还可能损伤载运的货物，限制了汽车行驶速度的发挥，降低了汽车的使用寿命和操纵稳定性。汽车轮胎、悬架弹簧、弹性减振坐垫等部件组成了汽车的弹性减振系统，它们可缓和冲击，减轻振动，使乘员舒适和减少货物损伤。汽车行驶时，对路面不平度的隔振特性，称为汽车的行驶平顺性。

1. 汽车行驶平顺性的物理量评价指标

（1）ISO 2631 标准简介

振动对人体的影响，主要取决于振动的频率、振幅、作用方向及持续时间，由于每个人的心理和生理因素的不尽相同，不同的人对振动的敏感程度有很大差异。国际标准化组织（ISO）在综合大量有关人体全身振动研究成果的基础上，制定了 ISO 2631《人体承受全身振动评价指南》，用于评价长时间作用的随机振动和多输入点、多轴向振动对人体的影响。输入人体的振动可分两个方向：垂直方向和水平方向（又分为纵向和横向）。该标准所研究的频率范围包括了汽车主要的机械振动频率（1～80Hz），描述振动强度的物理量采用加速度均方根值，其单位为 m/s^2。其主要指标如下。

① "舒适降低界限"。该界限也有同样的曲线形式，但振动强度仅为 "疲劳—降低工效界限" 的 1/3。人受到的振动在此界限以内时，进行吃、读、写等动作均没有困难。超过此界限值就会降低舒适性。

② "疲劳—降低工效界限"。这是一组不同承受时间下的频率与均平方根值的界限曲线，如图 14-6 所示。超过这个界限值，就意味着人感觉到疲劳和工作效率的降低。从图中可以看出，人体对振动最敏感的频率是垂直方向 4～8Hz，水平方向 2Hz 以下，即若振动频率在这一范围内，最容易引起人的疲劳。

③ "暴露极限"（健康及安全界限）。与 "疲劳·降低工效界限" 曲线类似，但振动强度增大一倍。超过此限值就有害于人体健康，没有安全性。

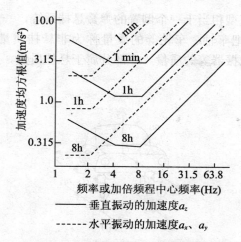

图 14-6 疲劳—降低工作效率界限

（2）我国试行的标准

由于 ISO 2361 标准能更好地符合人的主观感觉，许多国家都参照它进行汽车平顺性的试验，我国对相应标准进行了修订，公布了 GB/T 4970—1996《汽车平顺性随机输入试验方法》，采用了 ISO 标准的评价指标，并提出了"车速特性"的概念。

平顺性评价指标随车速变化的关系称为车速特性。用车速特性评价汽车的平顺性要比在某一车速评价汽车的平顺性更符合实际。轿车、客车用"舒适降低界限"车速特性；货车用"疲劳—降低工效界限"车速特性，一般用货厢底板中心和最后端振动加速度均方根值车速特性来评定。

（3）车身的固有频率评价

固有频率是指弹性系统由于偶然的干扰而离开静平衡位置，在弹性恢复力作用下振动的频率，单位为次/分钟或 Hz。

人在行走时重心在不断地振动，人体已经习惯于行走时引起的垂直振动频率，一般为 67～89 次/分钟，因而也希望车身振动的固有频率在这一范围内。车身固有频率较低，在 40 次/分钟，会有晕车的感觉；高于 150 次/分钟，有明显的冲击感觉，并对乘客的生理反应和货物的完好均有不利的影响。

（4）感觉评价

感觉评价是指根据乘坐者的主观感觉，对各类汽车的平顺性进行比较评价。汽车平顺性的好坏，最终反映在人的感觉上，所以感觉评价始终是平顺性的最终评价。有经验的试验人员甚至能发现仪器难以测定的汽车平顺性现象。

2. 汽车的振动

汽车是一个复杂的振动系统，为方便分析，可把四轮汽车简化为图 14-7 的立体振动模型。该模型相当于一个倒置的弹簧悬挂系统，一般把车身部分的质量 m_2 称为悬挂质量，把车轴、车轮等的质量称为非悬挂质量。汽车的弹性元件，导向机构的杆件、减振器等的质量，一部分属于悬挂质量，另一部分属于非悬挂质量。

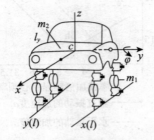

图 14-7 四轮汽车简化的立体振动模型

在图 14-7 中，汽车可能产生六种不同形式运动：沿水平纵轴 x、水平横轴 y 及铅垂轴 z 的平行移动及沿这三个轴的转动。图 14-8 画出了这六种运动的情况，这六种不同形式的运动都会引起汽车的振动。

但是，这六种振动中，对人体影响最大的有三种：即沿铅垂轴方向上下运动引起的车身振动，绕纵向轴及绕横向轴的转动引起的振动。绕纵向轴发生的振动不仅影响汽车的平顺性，而且影响汽车的操纵性和稳定性，在汽车设计时，可采取一些相应的措施，如增加悬挂的刚度，减小悬挂的侧倾，以减弱该振动。这样，影响汽车平顺性的振动主要有两种：

（1）悬挂质量（车身）的垂直振动（即沿铅垂轴 z 上下振动）；

（2）绕横向轴（y 轴）转动引起的振动（即从乘坐者方向看去，汽车的俯、仰运动）。

因此，可以再把上述汽车的振动模型简化为图 14-9 所示的平面模型，以方便分析。

前面讲过，人体对振动最敏感的频率在垂直方向，是 4～8Hz，因此降低悬挂质量（车身）的固有振动频率到 4Hz 以下时，低于人体的敏感频率，可提高汽车的舒适性。此外，人体所能承受的振动加速度也有一定的限度（一般为 0.2～0.3g），若能降低悬挂质量（车身）的振动加速度，或使悬挂质量（车身）和非悬挂质量（车轮、车轴等）之间不发生共振，同样提高了汽车的舒适性。载货汽车车厢的振动加速度也应低于一定的极限值（一般为 0.6～0.7g），以保证运输货物的完整性。

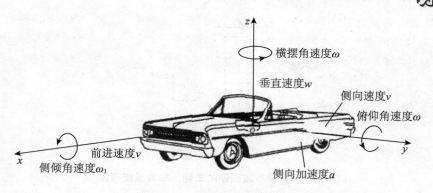

图 14 - 8　汽车的六种运动形式

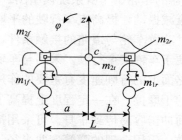

图 14 - 9　双轴汽车简化的平面振动模型

3. 汽车结构因素对行驶平顺性的影响

从减轻汽车振动方面考虑，影响行驶平顺性的汽车结构因素主要有以下几点。

（1）悬挂结构

悬挂结构主要指弹性元件、导向装置与减振装置，其中弹性元件对振动的影响最大。当汽车的其他结构参数不变时，降低弹性元件的刚度，即采用较软的弹性元件，可降低悬挂的固有频率。但这会带来另外的问题，如使非悬挂质量的振动位移增加，大幅度的车轮振动有时会使车轮离开地面，前轮定位角度也会发生变化。在紧急制动时汽车会产生严重的"点头"现象，急转弯行驶时车身会产生倾斜。

为使弹性元件的刚度不至于过大，又不会出现其他不利的影响，可采用刚度可变的非弹性悬架，如载货汽车在后悬挂上采用主钢板弹簧加副钢板弹簧的方式，轻型汽车采用变截面钢板弹簧或不等距螺旋弹簧等。

（2）减振器与钢板弹簧片间的摩擦

为了衰减车身自由振动，避免车身和车轮之间的共振，悬挂装置上均装有减振器。

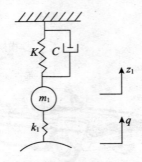

图 14 - 10　带有减振器的车轮、车身系统模型

图 14 - 10 为带有减振器的车轮、车身系统模型图。

减振器利用阻尼作用衰减振动，提高汽车行驶的平顺性。采用减振器后，可适当提高弹性元件的刚度，改善车轮与道路的接触条件，防止车轮离开路面，提高了汽车的行驶稳定性，便于车辆安全行驶。采用与车辆相适应的性能良好的减振器，对提高汽车在不平路面上的行驶速度有重要的作用。

钢板弹簧片与片之间的干摩擦，在一定程度上提高了弹性元件的刚度，因而增加了振动频率，且使路面冲击容易传到车身。可采用措施减少钢板弹簧叶片间的干摩擦，如减少弹簧片数，采用合理的弹簧弯曲半径，将弹簧各片端部切成梯形或半圆形以保证各片之间接触压力分布均匀，使摩擦在一定范围内；也可以在各片之间加石墨润滑脂或减摩垫等以减少干摩擦。

（3）轮胎

充气轮胎可以减轻振动、缓和冲击，对提高车辆的平顺性影响很大。轮胎的径向刚度、展平能力及轮胎橡胶层之间的内部摩擦力所引起的阻尼作用是影响平顺性的主要因素。观察汽车驶过坎坷不平道路时轮胎的运动情况，由于轮胎弹性的作用，在凸起处轮胎胎面与路面接触面积大，而在凹陷处胎面与路面的接触面积小，这就是轮胎的展平能力，它可以减小汽车在高频时的振动。

减小轮胎的径向刚度可提高汽车行驶的平顺性，结合刚度较小的悬挂装置，汽车在很大的行驶速度范围内，将不会发生低频共振。但轮胎刚度过低，会增加车轮侧向偏离，影响到汽车行驶的稳定性，同时降低了轮胎使用寿命。

（4）悬挂质量

车身振动主要是以固有振动频率进行的振动，即由于车身偏离平衡位置时所积蓄的能量而产生的振动。减轻车身质量，会增加车身的振动频率，对平顺性不利；把车身质量合理分布在汽车的前、后端位置可改变车身质量中心，有助于提高汽车的平顺性。载货汽车空载时振动频率较高，而满载时振动频率较低就是车身质量改变的缘故。但有些车辆由于空载和满载时传动轴位置的不同也可能使车辆空载时振动强度较大。

减少客车和载货汽车的悬挂质量，会引起车身振动加速度的增加，降低汽车行驶的平顺性，这时可采用变刚度弹性零件，使悬架刚度随载质量的减小而减小。

（5）座椅

客车乘客座位或载货汽车驾驶员座位的布置形式对平顺性也有影响，应合理布置座位的位置、间距、高度及座位的减振装置。接近车身中部的座椅，其振动较小，车身前后端座椅的振幅较大，所以轿车的座椅均布置在前后轴距之内。为减小水平纵向的振动幅度，座位在高度方面应尽量与汽车重心高度相同。

座椅弹性坐垫的刚度选择要适当，并应有一定的阻尼作用。汽车悬架的刚度较硬，应采用较软的坐垫；悬架刚度较软时，则应采用较硬的坐垫。

（6）非悬架质量

非悬架质量（车轮、轮胎等）对汽车的平顺性影响较大。因冲击力与非悬架质量成正比，非悬架质量较小时，可使车身受到的冲击力减轻，因而降低了车身的固有频率，但车轮的振动频率较高，汽车不容易发生共振，改善了汽车行驶的平顺性。一般轿车的非悬架质量与悬架质量之比为 10.5％～14.5％。

4. 使用因素对汽车平顺行驶的影响

（1）道路坎坷不平是引起汽车振动的主要因素

当汽车在不平的路面上行驶时，车身和前后桥都承受来自地面的冲击作用。对一定类型的汽车而言，振动的激烈程度与道路情况及行驶速度有关。

当汽车在搓板路面上行驶时，可能引起汽车的强迫振动。道路上相邻凸起或凹陷之间的距离越近，汽车行驶速度越高，越容易发生共振，对平顺行驶不利。

（2）汽车技术状况对平顺性的影响

钢板弹簧各片之间的润滑不良，减振器减振能力下降或工作失效，减振器与车桥、车架连接的缓冲垫损坏等，都会降低汽车的平顺性。

（二）空气调节性能与居住性

1. 汽车的空气调节性能

汽车的空气调节性能是指汽车空调系统将车内空气的温度、湿度和空气洁净度等各项指标保持在一定的舒适范围内的能力。

汽车的空气调节性能是汽车舒适性的重要指标之一。若汽车的空气调节性能差，轻则导致头晕、胸闷、反应迟钝，重则引起乘员恶心呕吐或昏昏欲睡，严重影响行车安全。

（1）温度要求

不同的人对温度的感觉是有区别的，主要原因是人体产生和散发热量的能力不同。实践证明，大多数人在 25℃ 左右时感到最舒服。为了符合人体在温度方面的生理特点，夏天的制冷温度应调节到 25℃～27℃，冬天的暖风温度应调节到 18℃～20℃比较合适。此外，夏天制冷时冷气应吹向人的头部，而冬天取暖时暖风应吹向人的脚部；前后挡风玻璃及侧窗还应有除霜功能。

（2）湿度要求

人感到最舒适的相对空气湿度是 60%～70%。空气湿度过小，人就会感到口干舌燥；空气湿度过大，人又会感到闷热难受。冬季空气湿度一般不需要进行调节，夏季则要求在降低温度的同时也减小空气湿度，以达到人的舒适性要求。

（3）空气洁净度要求

在汽车门窗长时间关闭的情况下，车内充满了各种影响空气洁净的气味，这些气味主要包括乘员产生的汗味、呼出的二氧化碳气体以及车内装饰材料产生的气味等，为保证乘员有一个良好舒适的乘坐环境，必须将这些异味去除。为此，可采用引入外部新鲜空气、使用活性炭吸附剂、安装负氧离子发生器等办法来提高空气的洁净度。

（4）空气流动要求

①车内外空气流动

为了保持每个乘员 0.3 立方米/分钟～0.5 立方米/分钟的换气量，车内外必须保持一定的空气流通。因而，汽车车身必须开有空气入口和出口。空气入口一般开在正压力较大前挡风玻璃下方处，而空气出口则开在负压力较大的后排座位两侧，在平时使用及保养汽车时应注意保持通气口的畅通。

②车内空气流动

为了使车内各处的温度尽量均匀一致，车内的空气必须具有一定的循环流动速度，这种车内的空气流动主要由空调出风口位置、出风方向、鼓风挡位等几种因素决定。

2. 汽车的居住性

汽车的居住性是指能否提供给乘员一个布置合理的空间及符合人体生理特点的座椅，使乘员即使经过长时间乘坐后也不感到疲劳或不适。

为了提高汽车的居住性，就必须在有限的汽车外形尺寸条件下，通过合理布局车内空间及符合人体工程学的座椅形状等，尽可能布置出较大的车内空间，提供几种在不同情况下能随意选择的舒适坐姿，从而营造一个良好的汽车居住空间。

汽车驾驶员的工作性质还要求满足以下条件：

（1）仪表及各种警示装置应方便观察、易于辨认；

（2）具有良好的视野，以获取各种道路信息；

（3）所有操作机构应布置合理、便于操作、力度适中；

（4）驾驶员座椅应比其他座椅具有更灵活的调整性及调整幅度。

六、汽车使用可靠性检测

（一）在进行汽车可靠性检测时，必须遵循以下几个原则

1. 典型性原则

尽量选取那些已为社会各界承认和认可的内容评价，反映汽车产品质量的内容为典型指标，忽略次要的指标，不片面追求完整全面性，以避免分散、烦琐，保证突出重点。

2. 客观性原则

在检测时，评价人员往往对影响因素的认识，对检测对象的选择，对检测内容的理解，以及对检测方法的运用带有主观色彩。检测人员的主观意识和经验不同程度地影响着评价工作的进行和评价结论的正确性。因此，需要有足够的基础资料，有一套科学地检测和评价方法，评价时应当以科学知识和实验数据为依据，必须尊重客观事实，一切从实际出发，不能主观猜测、凭空想象。

3. 量化原则

检测指标要有可度量性，并且尽量做到定量化，可以在系统分析的基础上，采用模糊数学、数理统计和概率论等数学化方法，对主要检测对象进行检测。

4. 可比性原则

检测指标应能使不同车型、不同企业便于比较，检测指标应依据国标、部标和其他技术文件使其做到规范化、标准化，便于指标本身在企业之间进行比较。

5. 指向性原则

检测指标对汽车企业的各项工作要有指向作用，指标体系应按交通部要求，结合国内外的先进水平，能引导汽车企业向正确方向前进；并便于汽车企业有指向性地采取可靠性增长技术，有效地提高汽车的可靠性。

（二）可靠性检测指标内容

在可靠性工程学的研究分析中，数理统计和概率论是研究可靠性问题的主要数学理论分析工具。其中，数理统计方法主要用于可靠性的测定。而概率论用于确定可靠性分析中各度量指标之间的数量特性关系。因此，可靠性理论的许多概念是与概率论中的概念密切相关的。在考核及评定可靠性的特征量时，应根据不同的产品、不同的环境、不同的用途来确定，此时可以用不同角度、不同的评价指标来描述。本文用来评定客车整车使用可靠性的度量指标如下。

1. 可靠度 $R(t)$

指研究对象在规定的条件下和规定的运行里程（时间）t 内，圆满完成规定功能的概率。也就是说，可靠度是可靠性的一种概率度量。

2. 不可靠度 $F(t)$

指研究对象在规定的条件下和规定的运行里程（时间）t 内，不能完成规定

功能的概率，$F(t)$ 也称为故障分布函数。在可靠性研究中，通常以故障分布函数 $F(t)$ 为主要研究对象。因为 $F(t)$ 的大小直接反映故障发生的概率，反映了在里程中累积故障的情况，也反映了故障与里程的函数关系，故又称 $F(t)$ 为累积故障概率。

由可靠度与不可靠度的定义可知，$R(t)$ 与 $F(t)$ 都是关系到汽车是否会发生故障的概率，取值范围是：

$$0 < R(t) \leqslant 1$$
$$0 \leqslant F(t) < 1$$

在任何阶段，可靠度 $R(t)$ 与不可靠度 $F(t)$ 都满足如下关系：$R(t) + F(t) = 1$。

3. 故障概率密度 $f(t)$

汽车在单位里程 t 内出现故障的概率的密度。在实际工作中，一般通过对一组可靠性数据进行分析来求出，用概率密度函数表示。概率密度函数与故障分布函数 $F(t)$ 的关系如下。

如果 $F(t)$ 连续可导，则：

$$f(t) = \frac{\mathrm{d}F(t)}{\mathrm{d}t}$$

根据上式可以看出，概率密度函数 $f(t)$ 反映的是在运行里程时间为 t 时，单位里程的累积故障概率 $F(t)$ 的变化情况。

4. 故障率（瞬时故障率双 $\lambda(t)$）

汽车在单位里程 t 内发生故障的概率，一般由故障率函数表示，即在某一时刻仍然完好的产品中，下一瞬间发生失效的比率。根据不同的分布函数确定相应的故障率函数。

它与概率密度函数 $f(t)$、可靠度函数 $R(t)$ 存在如下关系：

$$\lambda(t) = \frac{f(t)}{R(t)}$$

5. 平均故障间隔里程 MTBF

汽车属于可维修产品，在两次相邻的故障之间所行驶的里程称为平均故障间隔里程 MTBF，也称作平均寿命。对于可修复系统，因为在发生故障以后仍可修复使用，所以最具有实际研究意义的就是 MTBF。

当故障概率密度 $f(t)$ 为连续函数时，$\mathrm{MTBF} = \int tf(t)\,\mathrm{d}t$

当 $f(t)$ 为离散函数时，$\mathrm{MTBF} = \sum_{i=1}^{n} t_i f_i$

6. 平均首次故障里程 MTTFF

汽车在首次故障之前所行使的平均里程称为平均首次故障里程，对于不可修复系统，称作平均寿命 MTTF，此时它与 MTBF 是同一个值。对于可修复系统，平均首次故障里程为 MTTFF，有其固有的分布类型，本书不再对其进行分析，而是通过点估计由样本的均值得到。

7. 汽车产品的寿命指标

寿命，对不可修复的产品是指发生故障前的工作里程；对可修复的产品是指各个相邻的两次故障的工作里程的总和，也称无故障工作里程。汽车产品的寿命指标主要有可靠寿命、中位寿命、特征寿命等，常用它们来评价汽车产品的可靠性。

（1）可靠寿命 $t_{0.9}$：某产品可靠度达到规定值 R 所工作的里程，称为该产品的可靠度为 R 的可靠寿命。一般取可靠度 $R=0.9$。

（2）中位寿命 $t_{0.5}$：可靠度为 0.5 时的产品寿命，称为中位寿命。当故障概率密度 $f(t)$ 关于 MTBF 对称时，中位寿命为 $t_{0.5}=$ MTBF。

（3）特征寿命 $t_{0.37}$：当可靠度 $R=e^{-1}=0.37$ 时的产品寿命，称为特征寿命。

七、汽车排放污染物检测

国家环保主管部门针对机动车排放污染物的检测和控制，陆续颁布了很多国家标准和行业标准。根据使用的燃料，机动车主要分为"汽油发动机"（学术名为"点燃式发动机"）汽车和"柴油发动机"（学术名为"压燃式发动机"）汽车两大类。所以，相关的排放标准也分为两大类，有关"汽油发动机"汽车的有：GB 18285《点燃式发动机汽车排气污染物排放限值及测量方法（双怠速法及简易工况法）》、HJ/T289《汽油车双怠速法排气污染物测量设备技术要求》、HJ/T 290《汽油车简易瞬态工况法排放污染物测量设备技术要求》、HJ/T 291《汽油车稳态工况法排气污染物测量设备技术要求》。相关标准规定，"汽油发动机"排放污染物的检测方法有三种。"双怠速法"、"简易瞬态工况法（又称 VMAS 方法）"和"稳态工况法（又称 ASM 方法）"。"简易瞬态工况法"和"稳态工况法"又统称为"简易工况法"。在国家标准 GB 18285 中规定："各省级环境保护行政主管部门可根据当地实际情况，确定在用汽车排放监控方案，选择双怠速法或简易工况法中的一种方法作为在用汽车排气污染物排放检测方法。对于同一车型的在用汽车实施排放监控，环保定期检测时不得采用两种或两种以上的排气污染物排放检测方法。"

即一个地区或城市，只允许采用一种检测方法（双怠速法、VMAS、ASM 中之一）。例如，北京市从 2000 年开始实施 ASM 方法，实施 ASM 方法的还有重庆、河南等；上海从 2002 年开始采用 VMAS 方法，实施 VMAS 方法的还有辽宁、浙江等；广东省、江西省等规定采用双怠速法。

下面简单介绍一下三种检测方法。

（1）双怠速法。检测方法是测量汽车在"怠速（根据不同车型为 700 转/分钟～900 转/分钟）"状况下和"高怠速（在 GB 18285—2005 中规定：轻型汽车为 2500 ± 100 转/分钟，重型车为 1800 ± 100 转/分钟）"状况下的排放废气中 CO、CO_2、HC 的百分比含量是否满足相关要求。

（2）稳态工况法（ASM）。检测方法是按规定程序用汽车底盘测功机对被检汽车进行加载，车辆经过"ASM5025"和"ASM 2540"两个工况状况下的排放废气中 CO、CO_2、HC、O_2 及 NO 的百分比含量是否满足相关要求。

（3）简易瞬态工况法（VMAS）。检测方法是按规定程序用汽车底盘测功机对被检汽车进行加载，车辆经规定的测试运转循环（15 工况），由汽车排放气体测试仪测量排放废气中 CO、CO_2、O_2 及 NO 的百分比含量，由气体流量分析仪首先测量稀释排放的废气的含氧量稀释比（气体流量分析仪的取样管比汽车的排气管大得多，套住排气管，进入取样管的是全部排放的废气和很多空气的混合气。所以，混合气的含氧量与排放废气的含氧量不同），气体流量分析仪同时测量混合气的流量，混合气流量 × 稀释比 × 相关气体的百分比 × 相关气体的密度（物理常数）＝ 相关气体质量。

三种方法各有其优缺点。"双怠速法"最简单，投资最少，测量最方便，但是在测量时没有对被检车辆进行加载，所以与实际排放的相关性最差。而且所测量的是排放气体污染物的"百分比含量"，与国Ⅱ、国Ⅲ、国Ⅳ规定的排放质量（g/km）没有任何数学相关。

"ASM"也比较简单，投资稍多，测量效果还可以，但与实际排放相关性也差（因为车辆实际行驶时不会是一直保持稳速，而是一会儿怠速、一会儿加速、一会儿制动、一会儿减速），而且测量的也是"百分比含量"。ASM 检测结果与美国联邦实验程序 FTP 结果相关性较差，3 种污染物的相关因子分别为：CO 为 43.5％；碳氢化合物为 49.2％；氮氧化物为 71.4％。这主要是由于 ASM 是等速等负荷的稳态行驶工况，IM240 与 FTP 是变速变负荷的瞬态行驶工况，显然对排放有不同影响。另外，排放污染物分析原理也不相同。ASM 与新车试验的相关性较差，使得 ASM 方法误判率偏高，尤其是对电喷＋三元催化器的车辆，误判率最高可达 35％左右，准确率最差时可低到 65％（根据美国资料，以 IM240 的准确率为 100％）。ASM 的另一不足之处是该方法测量的也是排放污染物的"百分比含量"，不是国Ⅱ、国Ⅲ、国Ⅳ规定排放污染物的质量。发动机排量小的车辆排放质量少，排量大的车辆排放质量多，但其排放浓度却有可能相同。因而 ASM 对不同发动机排量的车辆是欠公允的。

"VMAS"比较复杂，投资较大，与实际排放相关性较好（因为有加速、怠速、减速等工况），而且最终测量得的是排放废气中 CO、CO_2、HC、O_2 及 NO 的质量。它的最大欠缺是，流量计测量的流量与汽车排放气体测试仪测量的百分比由于传感器的响应时间不同，无法做到完全同步。根据 JJG 688－2007《汽车排放气体测试仪》规定汽车排放气体测试仪的响应时间：当采样头浓度上升，汽车排放气体测试仪对该变化值的响应从 0％ 上升到 90％ 时，CO、CO_2 响应时间不大于 8s（00 级和 0 级）或不大于 12s（Ⅰ级和Ⅱ级），对于 NO 不大于 15s，对于 O_2 不大于 12s。

由此可见，汽车排放气体测试仪检测出的数值不是"实时的"。而气体流量分析仪采用"锆氧传感器"，它的响应很快，所以就产生所测得的"流量"和"百分比"不是同一瞬间，则上述"流量 × 百分比 × 密度 ＝ 质量"的结果就无法考证其"正确性"，造成低排放浓度（"低"排放，即污染物不多时）检测重复性较差，而高浓度时，各种气体检测器的响应时间影响较小，所以检测重复性变得较好。另外，由于"VMAS"是采用汽车底盘测功机加载、汽车排放气体测试仪测量排放废气的百分比含量、气体流量分析仪首先测量含氧量稀释比和混合气的流量，最终计算得到"排放污染物质量"。它比"双怠速"方法多了汽车底盘测功机和气体流量分析仪，比"ASM"方法多了气体流量分析仪。众所周知，任何仪器设备都有误差存在。一般情况下，汽车排放气体测试仪会有 5％ 的测量误差存在，汽车底盘测功机有 2％ 的测量误差存在，气体流量分析仪含氧量稀释比会有 5％ 的测量误差存在、流量测量会有 5％～10％ 的误差产生。因此，它的测量方法与实际排放的相关性较好，但是由于其各种测量仪器的本身误差存在，最终也会造成"抵消"作用。

目前，欧洲共同体各国新车出厂采用 VMAS 工况法，在用车检测采用"双怠速法"，其结果是小排放车辆在欧洲被广泛使用，节约能源，汽车污染物排放总量很小，大气环境污染很小。他们在新车出厂时严格把关，而对在用车检测采用双怠速法，主要用于日常监管，配合车载诊断系统 OBD 的使用，随时监测车辆尾气排放情况。一旦 ODB 报警，车主主动开去修理厂检修调整，这样，可以有效地控制在用机动车的排放情况。他们的主要办法是控制源头：汽车制造厂出厂新车质量以及油品质量。美国 50 个州中，一个州采用"VMAS"，十几个州采用"ASM"，大部分州采用"双怠速法"。

所以，对在用机动车排放污染物的检测方法的"抉择"应该是个很慎重的问题，毕竟我国还是个发展中国家，我国的经济实力还不是很强。对检测方法的"抉择"，有两个很重要的理念问题应该引起足够的重视。首先，无论采用何种检测方法检验在用机动车的排放污染物，都是对机动车实际排放的一种"模拟测量"，而不完全是实际情况。只不过各种"模拟检测方法"与实际情况的相关性不同，而且除了"相关性"之外，还应考虑检测方法本身采用仪器设备的误差及我国（或各地区）的经济发展情况、经济实力、车辆发展情况、地域环境等各种因素。

第三节　汽车商品与环境保护

一、汽车商品对环境影响

汽车为人民提供了交通便利，但是传统的以石油为燃料的汽车也对环境造成了严重的污染。近年来，呼吸道疾病、癌症、头痛等发病率迅速增加，均与环境恶化有关。随着汽车进入家庭的增多，汽车排放的污染已成为城市大气污染的重要因素，越来越引起人们的广泛关注。减少汽车有害气体排放，营造绿色环保公共交通已经刻不容缓。

目前汽车的污染主要有以下几个方面。

（1）汽车噪声，主要指汽车在行驶过程中发生的噪声，它主要由发动机工作噪声和汽车行驶时振动和传动产生的噪声。目前评价和检测的方式主要有车外噪声和车内噪声两种，对于轻型汽车而言，一般要求小于 85db（A）以避免噪声污染。

（2）汽车的排气污染，主要指从汽车发动机排气管排出的废气，汽车种类不同，其污染物的成分不同。汽车排气污染是汽车的主要污染源，也是汽车环保的一个最重要的项目。

（3）燃油蒸发污染，主要是针对汽油车的汽油蒸发，汽油是一种挥发性极强的物质，在挥发物中含有大量对人体有害的成分，所以在对汽车环保控制中，增加了对燃油蒸发物的控制项目。

（4）曲轴箱污染，指发动机曲轴箱内，从发动机活动塞环切口泄漏出来的未完全燃烧的可燃性气体，它含有 CO 等人体有害的成分，因此要求不允许发动机曲箱内有废气排向大气环境。

除此之外，据调查，按照室内环境的检测标准，相当一部分新车车内空气不合格，部分新车污染物严重超标。其中甲醛超标 2～3 倍，挥发性有机化合物超标 5～6 倍。污染源除了来自车内的原装材料，比如扶手油漆、皮套等；更多的是车内的装潢用品，比如地垫、化纤织物靠垫等。在这些污染严重的车厢里待久了，人很容易产生呼吸不畅、口干舌燥、胸闷头晕等症状，严重的还能导致再生障碍性贫血。尽管如此，车内环保问题并没有引起消费者、厂家和商家的足够重视。室内环境监测研究中心专家提醒大家：对新车一定要像新装修的房子一样，注意通风，通风是目前减少车内污染危害最有效的做法，一般新车要通风半年到一年。另外，切不可用香水掩盖车内的异味，那样会产生更多的有毒化合物。

在环境问题中，由温室气体排放引起的全球气候变暖问题越来越受全球的高度重视。气候变暖已使全球自然灾害发生的频率和烈度不断增加，其中有 6 种气体大都与汽车有关，如二氧化碳、氮氧化物来自内燃机的燃烧，氯氟烃用车空调等。汽车尾气排放是城市大气污染的主要源头。由于汽车是低空排放，对低空大气环境污染和人体危害更大。

为了改善城市环境、减少污染，从长远看，环境、技术两大因素将主导汽车工业的未来，汽车生产企业如果仅仅依赖于传统燃料汽车，那么在当今环保要求更加苛刻，竞争更加激烈的市场中就将难以生存。同时，大规模发展汽油或柴油动力汽车，在资源方面也会遇到很大压力。因此，必须寻求汽车工业发展的新路，采用先进技术，开发生产低污染的清洁汽车。目前首先要加速燃油汽车的清洁度，重点在主导轿车、微型客车和轻型客车产品上推广应用闭环电喷技术，筛选、优化和合理匹配三元催化转化装置，使新生产的轻型车排放水平达到标准；对在用车，也要采用电控技术和催化转换器实行技术改造，减少尾气排放污染。

据测定，汽车每消耗 1 万升石油燃料，将排放 22.3t 二氧化碳。因此，降低汽车二氧化碳的排放，首要的是减少汽车的油耗，提倡使用小排量汽车，鼓励汽车节油。同时，尽量选用清洁燃油。目前销售的汽油产品中含铅量过高，应及时提高油质。车辆在使用过程中，如果车油不相配，也会造成因油损车的现象。要使车辆的排放尽量达标，一定要选用清洁的燃油。目前，有些加油站的燃油中没有加入清洁剂，甚至含有灰尘和水分。不洁的燃油会使许多电喷车出现喷嘴堵塞，进气阀出现沉积物，影响汽车性能，甚至会出现有色烟雾。

发动机是汽车主要的污染源，正确的加油减油是关键，要避免起步和停车过快。加油要轻踏轻放，切忌猛踩猛踏，起步过快使发动机超负荷，要比正常驾驶多耗 60% 的燃料。另外，不要有事没事轰几脚油门，这种习惯既伤车又耗油，且尾气大、噪声大、污染大。为节省燃油，行驶车勿使发动机以不必要的高转速运转，应尽可能挂入高速挡行驶，当发动机运转不平衡时就挂入低速挡。只有发动机、加速踏板、档位、三位一体配合默契方能输出最恰当的动力，车子就能够以顺畅稳定速度前进，汽油的耗损也会达到最低。

每种车型都有其最佳的经济速度，大型车一般是 35～45km，小型车则在 60～90km。此时发动机工作最轻松、经济、燃烧最充分、污染最小。一般来说，小轿车车速由每小时 20km 提高到 50km，其排放的一氧化碳、碳氢化合物可减少50% 左右。汽车频繁怠速、低速、加速、减速，既造成能源浪费，又加重了城区的空气污染。

二、减少汽车对环境影响的方法

汽车对环境的污染主要表现在汽车噪声和尾气排放两个方面，污染程度取决于汽车的技术状况和汽车的使用与维护。因此，驾驶员日常行为对控制汽车污染有着十分重要的意义。倘若每一位汽车驾驶员都能合理驾车、养车、用车，那么汽车对环境的污染程度一定会下降。

（一）合理使用汽车喇叭

喇叭是汽车的"嗓子"，它的鸣叫是提醒人们注意汽车的存在。喇叭音量调整要适度，鸣喇叭的节奏和间隔时间要合理，应尽量使其悦耳动听。在那些有禁鸣喇叭标志的地方，千万不要按喇叭，否则便违反了《道路交通管理条例》。

（二）适度踩踏加速板

汽车行驶中要慢踏、慢放加速踏板，尽量不急加速或急减速，否则，势必导致燃油的不正常燃烧而出现排放超标。同时，要尽量减少发动机怠速运行时间，因为处于怠速状态的发动机产生的有害气体比正常运行时要多，特别是 CO 的排放量最多。因此，遇到塞车等情况时，可将发动机熄火，以减少怠速时所造成的排放污染。

（三）保持发动机正常的工作温度

发动机工作正常的温度是 80℃～90℃。任何偏离正常温度的发动机，都会由于混合气燃烧不完全或机件温度过高而造成汽车尾气中有害气体含量增加。有些驾驶员担心发动机"开锅"，当水温刚达到 80℃时便打开百叶窗使冷却系降温，这样的操作对发动机正常工作及尾气排放不利。正确的操作是当发动机工作温度达到 90℃时（有些轿车是 95℃），方可打开百叶窗。

（四）不可忽视汽车各管路泄漏的检查

汽（柴）油管道若有泄漏，不仅影响汽车的使用，还会对环境造成污染。对汽车的燃油管道、机油管道及接头、空调管以及制动管要经常检查。如某处有油污，往往说明此处有泄漏现象，应及时排除，不可"带病"行车。

（五）防止发动机油气蒸发

汽车排放污染物的来源有 3 个方面：排气、蒸发和曲轴箱窜气，其中油箱、化油器和曲轴箱逃逸气体中碳氢化合物的含量占总排放污染的 45%。因此，驾驶员要经常检查并保持汽（柴）油箱的完好与紧固，应保持加机油口处、机油尺口处密封性良好，保持封闭式曲轴箱强制通风装置完好，保持曲轴箱通风管道的畅通和化油器平面监视调整孔的密封。

（六）随时检查尾气净化装置

在装有电子控制燃油喷射系统的发动机上，大多装有氧传感器和三元催化转换器，能对尾气中 CO、NO_x 的检测和控制起到一定的作用。因此，保持这些控制元件处于良好的工作状态对控制汽车尾气排放至关重要。首先，应使用无铅汽油，否则将会造成三元催化转换器堵塞、失效，严重时影响发动机的正常工作。

其次，可以通过检测排气管出口处内壁上的附着物来初步判断尾气净化装置的好坏。检查时，只需用手指在其内壁上轻擦一下，观看附着物颜色，若呈灰褐色则说明正常，否则就有可能出现了故障。再者，还可以用拆下氧传感器观察其顶部颜色的方法来判别尾气净化系统的工作情况。氧传感器顶尖正常颜色为淡灰色，若其顶尖呈红棕色，说明该车使用了含铅汽油，三元催化转换器可能有堵塞现象；若其顶尖呈黑色，则说明排气中积碳过多，混合气过浓；若其顶尖呈纯白色，说明氧传感器已失效，这是由于汽车维修时使用硅密封胶所致，此时应更换氧传感器。

（七）保证有关参数正常

对于汽车发动机中电、油、气三系统的元器件，许多参数都是为保证发动机正常工作而设定的，其中与环保有关的间隙及调整项目有分电器触点间隙、火花塞电极间隙、点火提前角、化油器油平面高度、怠速调整准确度、一氧化碳调整螺钉位置、气门脚间隙等。驾驶员应及时对这些参数进行检查与调整，以保证发动机动力性处于最佳状态，也使排放污染最低。

（八）不开严重污染环境的故障车

这是因为当发动机某一气缸不工作或工作失常时，往往会直接影响汽车的尾气排放。如：某缸火花塞不工作、气缸窜气、气门关闭不严、高速时断火、混合气过浓等都会使汽车尾气排放严重超标。总之，只要每一位驾驶员都能注意到汽车噪声和尾气排放对大气环境污染带来的影响，并引起足够的重视，科学而适时有效地处理好有关汽车驾驶、维护、保养等问题，就能减少汽车对大气的污染。

参考文献

[1] 刘北林. 商品学 [M]. 2 版. 北京：中国物资出版社，2010.

[2] 白世贞. 商品学 [M]. 2 版. 北京：中国人民大学出版社，2013.

[3] 汪永太. 商品学 [M]. 2 版. 北京：电子工业出版社，2013.

[4] 申纲领. 商品学 [M]. 2 版. 北京：北京理工大学出版社，2012.

[5] 赵苏. 商品学 [M]. 2 版. 北京：清华大学出版社，2012.

[6] 万融. 商品学概论 [M]. 4 版. 北京：中国人民大学出版社，2010.

[7] 张晓南. 工业品商品学 [M]. 2 版. 北京：中国物资出版社，2006.

[8] 张慧兰. 汽车商品学 [M]. 上海：上海交通大学出版社，2009.

[9] 宋杨. 电子电器商品学 [M]. 北京：中国物资出版社，2006.

[10] 窦志铭. 物流商品养护技术 [M]. 2 版. 北京：人民交通出版社，2007.